Baedeker
Allianz Reiseführer

Sardinien

VERLAG KARL BAEDEKER

Die wichtigsten Reiseziele

** Top-Reiseziele – auf keinen Fall versäumen!

◀ S. 1 Bronzestatuette des Sardus Pater mit Federkrone aus dem 4./3. Jh. v. Chr.

* Herausragende Reiseziele – möglichst besuchen!

Costa del Sud ▶ S. 118

Inhalt

Natur, Kultur, Geschichte

Seite 10 – 59

Nuraghe Orolo ▶ S. 28

Reiseziele von A bis Z

Seite 60 – 243

Bosa ▶ S. 93

La Maddalena ▶ S. 143

Santissima Trinità bei Sassari: ▶ S. 226

Praktische Informationen von A bis Z

Seite 244 – 301

Las Tronas ▶ S. 263

Surfer ▶ S. 288

Trauminsel

Sant' Ephisio

Eines von zahlreichen traditionellen Festen

Sardinien ist eine Insel wie aus dem Bilderbuch, die voller landschaftlicher Gegensätze steckt: Sie bietet traumhafte Sandstrände, Meeresbuchten, deren Wasser so türkis leuchtet, dass man sich in der Karibik wähnt und zerklüftete Felsformationen, die ihr bizarres Aussehen dem Ausgesetztsein von Wind und Wetter verdanken. Im Landesinneren zeigt sich ein anderes Bild: Hier dominiern Steineichenwälder und Macchiagestrüpp. Wanderer zieht es in den Nationalpark Genargentu: Die Gola su Gorroppu ist mit 500 m eine der tiefsten Schluchten Europas. Am Monte Tiscali findet man die Überreste eines Nuraghendorfes und auf dem Weg an den Golfo di Orosei bahnt man sich seinen Weg durch die unterschiedlichsten Naturlandschaften, die im Inneren der Insel noch längst nicht alle touristisch erschlossen sind.

Wahrzeichen Sardiniens sind die vielen hundert Nuraghentürme, deren Erbauer 1800 v. Chr. auf die Insel kamen. Ihre zahlreichen Stammesfürsten lagen untereinander ständig im Streit, und so

Arbatax

Beschauliches Hafenstädtchen an der Ostküste

mit Geschichte

hatten die Türme und meterdicken Mauerringe wohl Wehrfunktion. Dennoch birgt ihre Geschichte bis heute Rätsel. Der sardische Archäologie Giovanni Lilliu hat mit der Entdeckung des Nuraghendorfes bei Barumini in den 1950er-Jahren ein großes Puzzlestück hinzugefügt – Su Nuraxi gehört heute zum Weltkulturerbe.

Die Costa Smeralda ist seit 40 Jahren ein Ferienparadies für den Jetset, entstanden nach einer Idee des Aga Khan: Nach strengen Vorgaben schuf man hier Villen, Hotels und Sportanlagen im sardischen Stil. Auf Massentourismus und Bettenburgen wurde auf ganz Sardinien verzichtet. So konnte sich die Insel ihre Vielfältigkeit und Schönheit bewahren, die – der Legende nach – einst zu ihrer Entstehung führte: Gott betrachtete am siebten Tag das Werk seiner Schöpfung und blickte auf sein Lieblingsland Italien: Einen übrig gebliebenen Haufen Geröll warf er ins Meer und trat ihn fest. Dann nahm er von allen Ländern etwas weg, um es Sardinien hinzuzufügen. So entstand als letztes sein Meisterwerk.

Santu Antine

Steinerne Zeugen der Vergangenheit

Capo Testa

Die Karibik Europas

Capo d'Orso

Verwitterte Felsformationen als Pflichtprogramm für Sardinienreisende

Natur, Kultur, Geschichte

Zahlen und Fakten

Allgemeines

Lage, Größe und Ausdehnung

Die Insel Sardinien liegt im Zentrum des westlichen Mittelmeers. Sie ist Teil des mediterranen Landschafts- und Kulturraums, der durch Klima und Vegetation sowie geschichtliche Entwicklung eine Einheit bildet. Sardinien umfasst einschließlich der zahlreichen kleinen benachbarten Inseln eine Fläche von 24 089 km² und ist damit nach Sizilien die zweitgrößte Insel des Mittelmeers. Die Nachbarinsel Korsika (8680 km²) dagegen besitzt nur ein Drittel der Landfläche Sardiniens. Die Ausdehnung der Insel beträgt in Ost-West-Richtung 145 km, die Nord-Süd-Erstreckung 270 km. Neben vielen nur aus Fels bestehenden Eilanden zählen die Inseln La Maddalena und Caprera im Nordosten und die beiden Inseln Sant'Antioco (mit Sardinien über einen Isthmus verbunden) und San Pietro zu den größeren Inseln. Die gesamte Küstenlinie beträgt 1849 km.

Sardinien	**Fläche:** 24 089 km²
Hauptstadt: Cagliari	**Einwohnerzahl:** 1,6 Mio.
Lage : zwischen 38,8° und 41,2° nördlicher Breite	**Sprache:** Italienisch, Sardisch

◂ **Der Maestrale, ein von Frankreich her kommender Nordwestwind, sorgt das ganze Jahr über für Kühlung auf der Insel. Auch die Bäume bekommen den Wind zu spüren und neigen sich entsprechend.**

Die Entfernung zum Festland prägte wesentlich die Entwicklung der Insel bis in die heutige Zeit. Trotz seiner zentralen Lage im Mittelmeer war Sardinien lange Zeit im Abseits, wodurch der Beiname "vergessene Insel" geprägt wurde. Die kürzeste Verbindung zwischen Sardinien und dem Festland besteht nicht – wie man glauben könnte – zu der italienischen Halbinsel, sondern vielmehr zu Tunesien, nämlich zum 178 km von der sardischen Küste entfernten Cap Serrat. Die kürzeste Entfernung zum italienischen Festland besteht zum Monte Argentario in der Toskana: genau 188 km beträgt die Strecke von Olbia aus. Sizilien liegt 176 km und das Cap Camarat in Frankreich 278 km von Sardinien entfernt.

Entfernungen zum Festland

Der Legende nach ist Sardinien auf folgende, eigentümliche Weise entstanden: Als Gott mit der Schöpfung der Erde fertig war, da hatte er noch einen Haufen an Geröll und Gestrüpp übrig. Er formte daraus eine kleine Kugel, warf sie ins Mittelmeer und trat fest mit seiner Sandale darauf. Jedoch wirkte die Insel recht kahl, so dass er sich entschloss, von allen bisher geschaffenen Ländern etwas wegzunehmen, was er Sardinien hinzufügen konnte. So entstand als letztes Werk der Schöpfung und als "Meisterwerk" die Insel im Mittelmeer. Interessant sind in diesem Zusammenhang auch altgriechische Seekarten mit der Bezeichnung "Ichnousa" für Sardinien, was sich von der Bezeichnung für Schuhsohle ableitet. Geologisch gesehen hat sich Sardinien jedoch erst vor 65 Mio. Jahren zusammen mit Korsika vom Festland gelöst und in die heutige Lage gedreht.

"Fußabdruck Gottes"

Naturraum

Das Landschaftsbild der Insel hängt eng mit ihrer wechselvollen geologischen Geschichte zusammen. Zusammen mit der Nachbarinsel Korsika bildete Sardinien ursprünglich ein Randgebiet des europäischen Urkontinentes. Der sardisch-korsische Festlandsblock (die so genannte Tyrrhenische Landmasse) wurde erst im Tertiär von der europäischen Platte abgespalten und aus dem Golfe du Lyon in seine heutige Position verschoben. Im Unterschied zum erdgeschichtlich jungen italienischen Festland begann die Entstehung Sardiniens und Korsikas bereits vor über einer halben Milliarde Jahren – ein selbst in geologischen Dimensionen beachtlicher Zeitraum.

Geologischer Überblick

Fast drei Viertel der Oberfläche Sardiniens bestehen aus Gesteinen des Paläozoikums. Die ältesten Gesteine stammen aus dem Kambrium und kommen z. B. im Iglesiente und Sulcis vor. Im Karbon konnte glutflüssige Gesteinsschmelze in die Erdkruste eindringen, wo das erstarrende Magma einen mächtigen, vorwiegend aus Graniten aufgebauten Tiefengesteinskörper entstehen ließ. Dieser so genannte sardisch-korsische Batholith bildet heute das Fundament der beiden Inseln. Alle bisherigen Gesteinsschichten wurden dabei unter Druck und Hitze gefaltet, teilweise in kristalline Schiefer umgewandelt und über den Meeresspiegel angehoben. Es entstand ein Faltengebirge aus Gneisen, Phylliten und Glimmerschiefern. Wo diese Gesteinsschichten in späteren Erdzeitaltern abgetragen wurden, treten die einst unter ihnen verborgenen Granite heute weitflächig zu Tage. Granitlandschaften sind vor allem in Ostsardinien

Erdaltertum (vor 570 – 225 Mio. Jahren)

Korkeichen – weit verbreitet auf Sardinien

verbreitet, so in der Gallura, der nördlichen Barbagia und dem Sarrabus. Die Böden sind meist nährstoffarm und für den Ackerbau kaum geeignet. Daher findet hier meist extensive Weidewirtschaft statt; lichte Korkeichenwälder sind weit verbreitet.

Erdmittelalter (vor 225 bis 65 Mio. Jahren)

Während des Erdmittelalters wurde das heutige Sardinien teilweise von einem Flachmeer überflutet, wodurch sich mächtige Flachwassersedimente aus Kalken und Dolomiten ablagerten. Die Gesteine aus diesen Zeiten sind heute nur noch in kleinen Restvorkommen aufzufinden, da sie im Tertiär größtenteils abgetragen wurden. Zu ihnen gehören der Supramonte, die südliche Barbagia, der Sarcidano und die Nurra. In diesen Kalkstein- und Dolomitgebirgen liegen die meisten der berühmten Tropfsteinhöhlen Sardiniens.

Erdneuzeit (vor 60 Mio. Jahren)

Vor etwa 65 Mio. Jahren gelangte Sardinien in die Mühlen der Plattentektonik: Der korsisch-sardische Block wurde von der europäischen Platte getrennt und rotierte um ca. 60° gegen den Uhrzeigersinn in seine heutige Lage. Dabei kollidierte er mit keinem anderen Festland, weshalb Sardinien heute markante Gebirge fehlen. Stattdessen wurde die Insel gezerrt und gedehnt, wodurch der größte Grabenbruch des Campidano im Südwesten, der Nurragraben im Nordwesten sowie viele Bruchschollen entstanden. Gleichzeitig bekam die Erdkruste dabei Risse, so dass sich in zwei Phasen (Oligozän bis mittleres Miozän und Pliozän) riesige Mengen von dünnflüssiger Lava (vor allem Trachyt und Basalt) über die Westhälfte der Insel ergossen.
Es bildeten sich aber kaum typische Vulkankegel – das Monte-Arci-Massiv bei Oristano und der Monte Ferru sind solche Ausnahmen von alten Vulkanen –, die Lava floss dagegen meist entlang von Spalten aus und bildete flache Deckenergüsse. Heute findet man diese als Hochplateaus (= altipiani, z. B. Altopiano di Campeda) und Tafelberge wieder. Im Laufe der letzten zwei Mio. Jahre (im Quartär) wurden dann die Grabenbrüche mit mächtigen Sedimenten (Kies, Sand usw.) zu den eigentlichen Ebenen aufgefüllt.

Bodenschätze und Bergbau

Überwiegend die Gesteinsschichten aus dem Erdaltertum bilden die Grundlage für den Reichtum der Insel an Bodenschätzen. Bereits in der Antike, besonders unter den Römern, begann mit dem Abbau von Silber und Blei eine rege Bergbautätigkeit. Im Jahre 1872 wurde in Iglesias sogar eine eigene Bergbauschule gegründet (► Reiseziele von A bis Z, Iglesias). Heute sind alle Bergwerke wegen mangelnder Rentabilität geschlossen, auch wenn Sardinien einst das bedeutendste Bergbaugebiet Italiens war. Die während des 19.

und 20. Jh.s wichtigsten Lagerstätten waren die Blei-Zink-Minen im Sulcis und im Iglesiente im Südwesten Sardiniens. Ähnliche Lagerstätten im Sarrabus im Südosten der Insel lieferten auch Silber. Der Mineraliensammler kann hier noch fündig werden: Für ihn bleibt Sardinien weiterhin ein Eldorado.

Bodenschätze und Bergbau (Fortsetzung)

Landschaftsräume

Allgemeines

Verglichen mit der Nachbarinsel Korsika wirkt Sardinien mit einer durchschnittlichen Höhe von 334 m recht flach. Bei genauerer Betrachtung entpuppt es sich als Land der Hügel, denn 68% der Inselfläche werden zum Hügelland gerechnet. Das Gebirge nimmt nur 18% der Oberfläche ein, der höchste Gipfel ist die Punta La Marmora (1834 m) im Gennargentugebirge. Die Ebenen sind mit 14% Flächenanteil kleiner als die Gebirgsregionen, jedoch als Siedlungsraum und für die landwirtschaftliche Nutzung von Bedeutung.

Gebirge

Das größte Bergmassiv Sardiniens liegt im Zentrum der Insel, das Gennargentugebirge, dessen Gipfel jedoch unter 2000 m bleiben. Im Norden schließt sich der aus schroffen Kalkfelsen bestehende Supramonte an. Die wilde und unzugängliche Landschaft des Supramonte mit ihren tiefen Schluchten, Spalten und Höhlen war traditioneller Rückzugsort der “Banditen” im Inselinneren. Das Monte-Albo-Massiv im Osten der Insel erstreckt sich von Siniscola bis nach Lula und wird wegen seiner weißen Dolomitfelsen gern als “sardische Dolomiten” bezeichnet. Weitere Gebirgszüge im Nordosten sind die Monti di Ala und der Monte Limbara, beide aus Granitgestein mit interessanten Felsformationen und einer einmaligen Vegetation. Im Südosten der Insel liegt die Berggruppe der Sette Fratelli und südwestlich erheben sich die Berge des Iglesiente und Sulcis.

Höchster Gipfel ist hier der Monte Linas (1236 m) bei Villacidro. Besonders erwähnt werden müssen die Tafelberge Sardiniens, die durch ihre Form – ebene Hochflächen und steile Abbruchkanten – auffallen. Beispiele sind die Giara di Gesturi und die Giara di Serri. Weitere Landschaftsformen auf Sardinien sind die Hochflächen (“altipiani”), die vor allem in Nordsardinien vorzufinden sind (Altopiano di Budduso, di Campeda, di Abbasanta).

Was jahrhundertelang für Wohlstand sorgte, ist heute wegen mangelnder Rentabilität stillgelegt: Silberbergwerk in Argentiera.

Naturraum

Abendstimmung am Coghinas: Einer von mehreren Stauseen, angelegt zu Beginn des 20. Jahrhunderts.

Ebenen

Größte Tiefebene der Insel und schon in der Antike als Kornkammer geschätzt ist der Campidano, bis heute der wichtigste Agrarraum der Insel. Er erstreckt sich mit mehr als 1200 km² Fläche zwischen den Städten Cagliari und Oristano. Die übrigen flachen Gebiete, die im Sardischen "piane" oder "campi" heißen, sind viel kleiner, etwa der Cixerrigraben im Südwesten, die Ebene von Ottana im Zentrum der Insel, die von Posada an der mittleren Ostküste, die Ebene der Nurra im äußersten Nordwesten sowie die "campi" von Giave und Chilivani im zentralen Teil von Nordsardinien.

Flüsse und Seen

Sardinien ist eine wasserarme und oft großer Trockenheit ausgesetzte Insel. Um dem Wassermangel zu begegnen, wurden seit Anfang des 20. Jh.s künstliche Stauseen angelegt, die sich entlang der größten Flüsse Sardiniens (stets Fiume genannt), des Tirso, Coghinas, Flumendosa und Temo, befinden. Der zwischen 1918 und 1924 am Tirso aufgestaute Lago Omodeo war seinerzeit mit einem Fassungsvermögen von 402 Mio. m³ der größte Stausee Europas. Die Flusssysteme Sardiniens haben gemeinsam, dass ihre Flussläufe nicht sehr lang sind und dass sie – mit Ausnahme des Unterlaufs des Tirso – nicht schiffbar sind. Die kleineren Flüsse Sardiniens bezeichnet man als Riu. Es sind meist so genannte Torrenten, d. h. periodisch Wasser führende Flüsse. Sie trocknen im Sommer für mehrere Monate aus, können jedoch in den Wintermonaten nach heftigen Regenfällen beträchtliche Wassermengen mit sich führen.

Feuchtgebiete

Nur noch 15 000 ha sind von den ehemals landschaftsbestimmenden Feuchtgebieten übrig geblieben. Durch Maßnahmen zur Malariabekämpfung und Trockenlegung großer Flächen für die Landwirtschaft wurden die ehemals großen Flächen in der ersten Hälfte des 20. Jh.s drastisch verkleinert.

Naturraum (Fortsetzung)

Die "stagni" genannten Feuchtgebiete sind Lagunen, durch einen Strandriegel (Haff) vom Meer abgetrennte Wasserflächen, die durch ihre Mischung aus Süß- und Salzwasser Lebensgrundlage für viele Pflanzen und Tiere bilden, vor allem für Wasser- und Zugvögel. Die großen Feuchtzonen befinden sich am Golf von Oristano und in der Umgebung von Cagliari.

Küsten

Die Küstenlinie Sardiniens besitzt eine Länge von 1849 km und damit fast ein Viertel des gesamten Küstenverlaufs Italiens. Diese außerordentliche Länge ist bedingt durch die starke Gliederung der zerklüfteten sardischen Gestade mit kleinen Stränden und Buchten zwischen kurzen Abschnitten mit Steilküste.

Klima

Allgemeines

Das Klima Sardiniens ist durch seine geografische Lage, den Inselcharakter und die Morphologie bestimmt. Im Winter wird Sardinien von den Luftmassen der atlantischen Tiefausläufer erreicht, wogegen im Sommer die subtropischen Hochdruckgebiete wetterbestimmend sind. Im Allgemeinen sind deshalb die Sommer trocken und warm und die Winter feucht und kalt, doch der Inselcharakter mildert die Strenge des Klimas, vor allem in den Küstengebieten und Hügellagen. Das sardische Klima wird deshalb auch als mediterranes, warmgemäßigtes Meeresklima definiert.

Temperaturen

Die Temperaturen Sardiniens liegen bei einem Jahresmittel von 17 °C. Frühjahr und Herbst haben angenehme Temperaturen, doch kann es bei Schlechtwettereinbrüchen auch empfindlich kalt werden. Der Norden der Insel hat insgesamt etwas niedrigere Temperaturen als der Süden, ebenso ist es in den Berggebieten das ganze Jahr über kühler als im restlichen Teil der Insel.

Niederschläge

Die durchschnittlichen Jahresniederschläge auf Sardinien liegen bei ca. 450 mm im südlichen Teil der Insel, in den Bergregionen können sie bis zu 1200 mm ansteigen. Die meisten Niederschläge fallen in den späten Herbstmonaten bis in den Winter hinein. Es folgt eine Periode der winterlichen Trockenheit, die "secche di gennaio" (Trockenperiode des Januar), die zeitlich variieren kann. Sie wird abgelöst von den teils heftigen Frühjahrsregen, denen etwa ab Mai die lange Sommertrockenheit folgt.

Winde

Die Insel Sardinien ist in starkem Maße den Winden ausgesetzt. Das ganze Jahr über kann der Maestrale auftreten, ein Nordwestwind, der bis zu 160 Tage im Jahr vor allem an der Westküste für Kühlung sorgt. Er kommt von Frankreich herüber und ist dort als Mistral bekannt. Im Süden tritt gelegentlich der heiße Wind aus der Sahara, der Scirocco, auf.

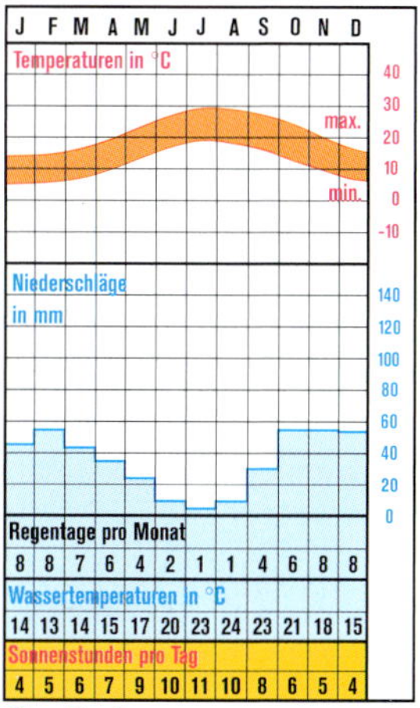

Cagliari

Flora

Allgemeines

Die Vegetation Sardiniens kann, verglichen mit dem umliegenden Festland, als relativ artenarm bezeichnet werden, doch kommen – bedingt durch die isolierte Insellage – viele Pflanzen nur auf Sardinien und teilweise auf Korsika vor, sind also endemisch. Sardinien zählt zur immergrünen mediterranen Vegetationszone, allerdings sind von dieser ursprünglichen Pflanzenbedeckung, wie auch im übrigen Mittelmeerraum, nur noch spärliche Reste vorhanden.

Macchia

Weite Teile der Insel sind heute nur mit Macchia (niederem Buschwald) bewachsen. Im Inselinneren nehmen die Weideflächen für die Schafe große Gebiete ein. Diese künstlich geschaffenen Kulturflächen sind häufig durch Überweidung gefährdet; Pflanzen wie Affodill und dornige Kugelbüsche zeigen dies an. Die Art der Pflanzendecke ist von Klima, Landschaftsform und Höhenlage abhängig, so dass man auf Sardinien, was die Verteilung der Vegetation betrifft, nach den vier Landschaftsräumen Küste, Ebene, Hügelland und Gebirge unterscheiden kann.

Küste

Die Küstenlandschaft ist von der Macchia geprägt, die Folgevegetation der ehemaligen mediterranen Wälder. Diese Niedrigwald- und Buschvegetation setzt sich aus Kräutern, Sträuchern und, eher seltener, Bäumen zusammen. Typische Vertreter der Macchia sind Mastixstrauch, Erdbeerbaum, Phönizischer Wacholder, Stechwinde, Zistrose, Myrte, Ginsterarten, Baumheide, Zwergpalme und Kräuter wie Lavendel, Thymian und Rosmarin. Im Frühjahr steht die Macchia in farbenprächtiger Blüte und verströmt im Sommer und bis in den Herbst hinein intensive Düfte. Die niedrigere Variante der Macchia mit Büschen bis zu einem Meter wird als Garrigue bezeichnet. Typische Pflanzen sind verschiedene Wolfsmilchgewächse, Ginster, Kräuter sowie Knollen- und Zwiebelgewächse. Die Flächen der Macchia und Garigue werden zunehmend zu stark beweidet, wodurch immer mehr Pflanzenarten verschwinden.

Olivenbäume am Hang des Supramonte: Sie liefern das hochwertige Olivenöl.

Ebenen

Die Ebenen Sardiniens werden heute von verschiedenen Nutzpflanzen eingenommen. Neben Getreide, Obst und Wein werden Sonderkulturen wie Tomaten und Artischocken kultiviert. Daneben spielen Ölbäume eine große Rolle; die Oliven werden überwiegend zu hochwertigem Speiseöl verarbeitet.

Hügelland

Das Hügelland prägt vor allem die Landschaft Nordost- und Ostsardiniens. Häufig sind hier noch Eichenwälder verbreitet. Die drei wichtigsten Arten sind die Steineiche und in Lagen oberhalb 800 m die Korkeiche und die Flaumeiche. Die Nutzung und Verarbeitung der Rinde der Korkeiche ist in dieser Region ein wichtiger Wirtschaftszweig.

Hügelland (Fortsetzung)

Gebirge

Ursprünglich waren die Berge von ausgedehnten Eichenwäldern bedeckt, von denen aber nur noch Restbestände erhalten sind. Verstreute Kastanienhaine liefern Esskastanien. Eine Besonderheit ist das Vorkommen von Eibenhainen, die als Bestandteil der ursprünglichen Wälder überdauert haben. Sie befinden sich im Gebiet von Badde Salighes (bei Bolotana) und am Monte Ferru (bei Santu Lussurgiu). Viele Wälder wurden im späten 19. Jh. durch Abholzungen zur Holzkohlegewinnung zerstört, heute gehen große Flächen durch die häufigen sommerlichen Waldbrände verloren.

Fauna

Mufflon, Wildschwein

In den Bergen des Inselinneren leben zwei Tierarten, die besonders typisch für Sardinien sind: Das Mufflon, das sardische Wildschaf, ist streng geschützt, aber nur noch in wenigen abgelegenen Bergregionen vertreten, nämlich in Teilen des Gennargentu und beim Monte Albo. Das zweite wichtige sardische Tier ist das Wildschwein, das in der Macchia und im Wald lebt. Besondere Aufmerksamkeit widmet man heute dem äußerst seltenen sardischen Hirsch, der nur noch in wenigen geschützten Staatsforsten und einem Naturreservat des World Wildlife Fund vorkommt.

Öfter als einem lieb ist trifft man auf der Insel auf halbwilde Schweine.

Vogelwelt

Auf Sardinien sind viele in Europa selten gewordene Vogelarten heimisch, die entlang der Küsten noch ungestörte Nistplätze finden. Die wenigen Exemplare der Greifvögel wie Gänsegeier und Goldadler wird man nur mit Glück einmal zu Gesicht bekommen. Mönchsgeier und Lämmergeier wurden erfolgreich wieder ausgewildert. An der Küste des Sulcis nistet der Eleonorenfalke, der nach der sardischen Richterin Eleonora d'Arborea (▶ Berühmte Persönlichkeiten) benannt ist. Die Seevögel, die entlang der Küsten beobachtet werden können, sind zahlreich. Es kommen hier neben Königsmöwen auch Korallenmöwen (eine sehr seltene, einheimische Möwenart), Seemöwen, Schwarzkopfmöwen, See- und Zwergschwalben, diese aber mit stark rückgängigen Zahlen, vor. Eine weitere Besonderheit sind die schwarzen Kormorane, die auf Sardinien nisten, ihre einzige bekannte Zufluchtsstätte im Mittelmeer. Gern gesehene Gäste sind die Flamingos. Auf sardisch heißen sie wegen der Farbe ihres Gefieders "sa genti arrubia", das rote Volk. In großer Anzahl bevölkern sie in der Zeit des Vogelzuges die Strandseen bei Oristano und Cagliari.

Auch das Meer, so sehr dieser Lebensraum verarmt ist, bewahrt noch einen Teil der typischen Fauna des Mittelmeers. Ausgestorben ist die Mönchsrobbe, die einst in den Grotten an der Küste von Dorgali und Tavolara lebte. Fast ausgerottet ist auch der Tunfisch, auf dessen Fang einst eine blühende Industrie beruhte. Reste der "tonnare", der mit besonderen Netzen ausgerüsteten Tunfischfangstellen, sind noch in Stintino an der Nordwestküste und in Portoscuso an der Südwestküste zu sehen. In den Küstenbereichen gibt es Langusten, die in handgearbeiteten Reusen gefangen werden. Fischreich sind zum Teil die Strandseen, besonders Meeräschen und Aale kommen hier vor.

Meerestiere

Zahlreiche Amphibien, Reptilien und Insekten sind auf Sardinien vertreten. Zwei einheimische Schlangenarten, die Hufeisennatter sowie die Vipernatter, beide ungiftig, zählen zu den wenigen Schlangenarten auf der Insel. An der Westküste Sardiniens, aber auch in der Gallura leben einige geschützte Schildkröten. Regional auf sehr kleine, isolierte Räume beschränkt, existieren Wildpferde und Esel. Auf der Insel Asinara lebt eine besondere Eselrasse: kleine weiße Tiere. Einmalig sind auch die Wildpferde auf der Giara di Gesturi.

Weitere Tiere

Die gesamte Tierwelt Sardiniens steht unter Naturschutz, insbesondere die einheimischen Arten der Insel. Viele sardische Tiere sind auf der Liste der gefährdeten oder vom Aussterben bedrohten Arten verzeichnet.

Naturschutz

Bevölkerung und Verwaltung

Bevölkerung

Sardinien zählt zu den dünn besiedelten Regionen Italiens. Häufige Auswanderungswellen zum italienischen Festland, nach Europa und Übersee aus wirtschaftlicher Not haben immer wieder zu einer Verringerung der Bevölkerung geführt. Erst im letzten Jahrhundert nahm die Bevölkerung Sardiniens wieder stetig zu. Derzeit leben 1,6 Mio. Sarden auf der Insel.

Allgemeines

Bis heute besteht eine Zweiteilung der sardischen Bevölkerung, deren Wurzeln weit in die Vergangenheit zurückreichen. Die Eigenschaften des Bodens haben im Laufe der Jahrhunderte die Ausrichtung und Differenzierung der Wirtschaftszweige bestimmt. Der sardische Boden ist im Allgemeinen sehr karg, vor allem im Gebirge, wo die Weidewirtschaft als beinahe einzige Nutzungsform vorherrscht, insbesondere die Schafzucht. Die Landwirtschaft hat sich vor allem in den niedrigen Hügellagen und in der Ebene entwickelt. Besondere Bedeutung kamen dem Anbau von Getreide (das Campidano war fünf bis sechs Jahrhunderte lang eine der Kornkammern des Römischen Reiches) und in den Hügellagen der Produktion von Oliven und Mandeln zu. Die unterschiedlichen Wirt-

Hirten und Bauern

◂ **In kleinen Orten wie Posada trifft man nur noch auf eine betagte Altersschicht; aus wirtschaftlichen Gründen sind junge Leute in die Städte wie Cagliari oder Sassari oder aufs Festland abgewandert.**

Bevölkerung (Fortsetzung)

schaftsformen führten im Laufe der Zeit zu einer klaren Trennung zwischen der Gebirgsbevölkerung, die hauptsächlich aus Hirten bestand, und den Bewohnern der Ebene, die in erster Linie Bauern waren.

Politische Gliederung

Verwaltung

Seit 1948 ist Sardinien eine der zwanzig Regionen Italiens. Aufgrund der Verfassung der Italienischen Republik besitzt die Insel eine eingeschränkte Autonomie, die besondere Formen der Selbstverwaltung garantiert.

Hauptstadt

Hauptstadt Sardiniens und Regierungssitz der Autonomen Region Sardinien ist Cagliari. Die Insel ist in vier Provinzen gegliedert: Sassari (7250 km^2, die größte Provinz Italiens) und Cagliari (6895 km^2) sind die ältesten; die Provinz Nuoro (7044 km^2) wurde 1927 gegründet; zuletzt kam 1974 die jüngste und kleinste Provinz Oristano (2631 km^2) dazu.

Historische Landschaftsnamen

Viele sardische Landschaftsbezeichnungen, die die Insel in kleinräumige Einheiten unterteilen, existieren heute neben den offiziellen Verwaltungsbezeichnungen (vgl. Karte): Ganz im Nordwesten liegt die Landschaft Nurra (zwischen Alghero, Sassari und Porto Torres), im Norden schließt sich die Anglona, das Turritano (oder Sassarese um Sassari) und die Gallura im gebirgigen Nordosten an. Im mittleren Teil von Nordsardinien folgen von Westen nach Osten Planargia, Goceano, Montacuto und die Baronie aufeinander. Im Westen liegt am Meer Monte Ferru, in östlicher Richtung befinden sich das Nuorese und die Barbagia, das Herz des zentralen Sardinien. Sarcidano, Marmilla und Trexenta verbinden die Bergregion des Inselinneren mit den südlichen Ebenen, den Campidani (Campidano di Oristano, di Sanluri, di Cagliari). Gebirgig sind dagegen wiederum die Landschaften, die die großen Ebenen begrenzen, Sulcis und Iglesiente im Südwesten, Gerrei, Ogliastra und Sarrabus im Südosten.

Wappen der autonomen Region Sardinien

Im Jahre 1952 wurde der kurz zuvor gegründeten Region Sardinien gestattet, ein offizielles Wappen zu führen. Man übernahm das Emblem, das schon seit Jahrhunderten Symbol der Insel war: ein rotes Kreuz auf weißem Grund, umgeben von den Köpfen von "vier Mohren" mit verbundenen Augen. Nach einer katalanischen Legende geht es auf den Krieg Peters I. von Aragonien gegen die Mauren im Jahr 1096 zurück. Damals sei in der Schlacht von Alcoraz ein geheimnisvoller, weiß gekleideter Ritter mit einem großen, roten Kreuz auf der Brust erschienen und habe die Mauren vernichtend geschlagen. Nach dem Ende des Kampfes habe man auf dem Schlachtfeld vier abgeschlagene, mit Kronen und Edelsteinen geschmückte Häupter von Mauren gefunden. Zum Andenken an das wunderbare Ereignis habe König Peter die vier Mauren und das rote Kreuz in sein Wappen aufgenommen.
Tatsächlich wurde das Wappen von den Aragoniern auf die Insel gebracht: Die vier Mohren schmückten das Siegel von verschiedenen Urkunden, die der Stadt Cagliari eine Reihe von Privilegien verliehen. Seitdem war das Wappen den aragonischen, dann den

Sardinien
Die vier Provinzen und die wichtigsten Landschaften

spanischen Königen der Insel Sardinien vorbehalten. Die Verlagerung der Binde von der Stirn auf die Augen der Mohren ist auf den Irrtum eines zerstreuten Kopisten oder eiligen Stempelherstellers zurückzuführen, der im letzten Jahrhundert das Emblem falsch interpretierte und die Binde über die Augen der vier Mauren rutschen ließ.

Politische Gliederung (Fortsetzung)

Wirtschaft

Allgemeines Obwohl Sardinien im eigentlichen Sinne nicht zu Süditalien gehört, hat es eine Reihe von Problemen mit dieser Region gemein. Sie sind durch die wirtschaftliche Unterentwicklung bedingt und gingen als "Frage des Mezzogiorno" in Politik und Forschung ein. Obwohl die Insel große Anstrengungen zur Industrialisierung unternahm, hat die Region Sardinien nach wie vor eines der niedrigsten Pro-Kopf-Einkommen Italiens, und auch die Zahl der Arbeitslosen bleibt uneingeschränkt hoch. Immer noch leben mehrere hunderttausend Sarden als Arbeitsemigranten im Ausland.

Erwerbstätigkeit Von etwa 500 000 berufstätigen Sarden arbeiten heute rund 14% in der Landwirtschaft (Italien: 10%), 23% in der Industrie (Italien: 32%) und 63% im tertiären Sektor (Italien: 58%). Nach statistischen Daten zum Pro-Kopf-Einkommen der 20 italienischen Regionen steht Sardinien an 15. Stelle.

Landwirtschaft Die Landwirtschaft war bis in die 1960er-Jahre der traditionelle Erwerbszweig für etwa die Hälfte der sardischen Bevölkerung, heute bietet sie mit weiter sinkender Tendenz gerade noch 14% der Beschäftigten eine Einkommensquelle. Erfolg versprechende Agrarproduktionen sind die intensiven Kulturen in den Ebenen und Meliorationsgebieten, den trockengelegten Flächen der ehemaligen Sumpfgebiete. Dazu zählen der Gemüseanbau (Frühgemüse, Tomaten, Artischocken) sowie Weinproduktion und Baumkulturen (Agrumen). Zur Römerzeit war Sardinien als Kornkammer des Römischen Reiches bekannt. Getreide wird jetzt nur noch in geringer Menge angebaut. Es liefert den Hartweizengrieß für die sardischen Nudeln, die "malloreddus". Doch Sardinien besteht hauptsächlich aus Hügelland und Bergen, so dass nur geringe Flächen für den Ackerbau zur Verfügung stehen. Im Hügelland dominieren, gekoppelt mit der Weidewirtschaft, Baumkulturen (Oliven, Mandeln) und der Weinanbau. In der Gallura liegt der wirtschaftliche Schwerpunkt bei der Korkproduktion aus der Rinde der Korkeiche. Bis in die heutigen Tage stellt die Weidewirtschaft, der wohl älteste Erwerbszweig der Insel, weiterhin eine der Grundlagen der sardischen Wirtschaft dar. Doch auch das Hirtenleben, das sich durch die Jahrhunderte als traditionsreiche Kultur im Inselinneren behaupten konnte, veränderte sich in den vergangenen Jahrzehnten grundlegend. Obwohl die Produktion von Käse und der Verkauf von Lammfleisch lukrativ ist und Arbeitserleichterungen (z. B. neue Straßen zu den Weideplätzen) selbstverständlich geworden sind, führen die Hirten nach wie vor ein entbehrungsreiches und arbeitsames Leben. Den Verdienst schmälern die Pachtgelder, die im Winter für die Weideflächen in den Ebenen aufge-

Landwirtschaft spielt auf Sardinien immer noch eine nicht zu unterschätzende Rolle.

Einige hundert Tiere braucht ein Hirte, um sich und seine Familie zu ernähren. Aus der Milch der Tiere stellen die Hirten den Pecorino-Käse her, der heute weltweit exportiert wird.

Landwirtschaft (Fortsetzung)

bracht werden müssen. Ein weiteres Problem sind die großen Viehbestände – es gibt allein etwa 4 Mio. Schafe –, die zunehmend den Druck auf die vorhandenen Weidegebiete erhöhen. In den Bergregionen kommt es dadurch immer mehr zu Interessenkonflikten zwischen Hirten und Naturschützern, denn durch Überweidung und Verbiss verarmen ökologisch wertvolle Berggebiete zusehends.

Industrie

Die Großindustrie Sardiniens, die durch die wirtschaftlichen Fördermaßnahmen der 1960er- und 1970er-Jahre auf Sardinien entstand, konnte die Probleme der Insel nicht lösen. Die petrochemischen Industrieanlagen von Sarroch und Porto Torres blieben ökonomisch instabil und mussten eine große Anzahl von Arbeitsplätzen abbauen. Das zunächst viel versprechende Kunstfaserwerk in Ottana im Inselinneren zählt mittlerweile zu den modernen Industrieruinen. Auch die Papierfabrik in Arbatax produziert nur noch in eingeschränktem Maße. In dem ehemaligen Bergbaugebiet des Iglesiente, das durch die Schließung der Bergwerke im 19. Jh. schwere wirtschaftliche Krisen durchmachte, konnte sich in Portovesme ein neuer Industriestandort mit einem Aluminiumwerk etablieren. Viele Arbeitsplätze bot in den letzten Jahrzehnten die Bauindustrie, die dank der touristischen Entwicklung einen Aufschwung zu verzeichnen hatte. Die rege Bautätigkeit ließ aber durch die zunehmende Verschlechterung der wirtschaftlichen Gesamtsituation wieder nach. Vom Aufschwung der Bauindustrie profitierten auch die Steinbrüche (Granit) und Zementwerke Sardiniens.

Handwerk

Das sardische Handwerk, das auf eine lange Tradition zurückblickt, konnte in den Bereichen des Kunsthandwerks wieder an Boden gewinnen. Eine Aufwertung der kunsthandwerklichen Produkte steht in Zusammenhang mit der Förderung der regionalen sardischen Kultur und dem Ausbau des touristischen Absatzmarktes. So konnten auch neue Werkstätten gegründet werden (▶ Praktische Informationen, Handwerk).

Tourismus

Hoffnungsträger der sardischen Wirtschaft ist der Tourismus, der dank seiner erst spät einsetzenden Entwicklung heute noch Gestaltungsmöglichkeiten hat. Touristisch entdeckt wurde Sardinien Anfang der 1960er-Jahre durch den Ausbau des nordöstlichen Küstenstreifens der Costa Smeralda durch Aga Khan und sein Konsortium (▶ Baedeker-Special S. 38/39). Mit dem zugkräftigen Namen begann die touristische Erschließung sowohl der angrenzenden Küstenstreifen als auch anderer Teile der Insel, wobei so manche schöne Bucht und Küste Opfer der Bauspekulation wurde. Heute kann Sardinien auf ein ausreichendes Bettenkontingent zurückgreifen. Dementsprechend sieht die neue Tourismusstrategie aus. Es sollen keine weiteren Hotelprojekte mehr gefördert, sondern die Auslastung der vorhandenen Kapazitäten angestrebt werden – einhergehend mit einer Saisonverlängerung. Der touristischen Fremdbestimmung durch auswärtige Investoren (Aga Khan und der Mailänder Medienmagnat und Ministerpräsident Silvio Berlusconi) versucht man möglichst entgegenzutreten. Die Verabschiedung des Gesetzes zum Schutz der Küsten (1989), das eine Bebauung des 500 m breiten Küstenstreifens mit Privat- und Ferienhäusern unterbindet (für Hotels gilt die Ausnahmeregelung von 150 m), lässt hoffen, dass die malerischen Küsten und Landschaften zukünftig in ihrer Schönheit erhalten werden können.

Agriturismo

Agriturismo, die italienische Variante von Ferien auf dem Bauernhof, ist eine Zuverdienstquelle für die Landwirtschaft und ermöglicht gleichzeitig eine Begegnung zwischen Einheimischen und Touristen. Wer wirklich das Leben der Sarden kennen lernen will, dem ist dieser Urlaub anzuraten. Auf Sardinien hat sich diese Form des Fremdenverkehrs schnell durchgesetzt, mehrere Organisationen bieten, auf bestimmte Gebiete beschränkt oder inselweit, Unterkünfte an (▶ Praktische Informationen, Hotels). Die Zahl der Übernachtungen hat in den letzten Jahren zugenommen.

Geschichte

Vorgeschichte

Altsteinzeit

Die ältesten menschlichen Spuren auf Sardinien wurden in der Umgebung von Perfugas gefunden. Steinwerkzeuge bezeugen, dass bereits im Paläolithikum (Altsteinzeit, 200 000 – 150 000 v. Chr.) Menschen auf der Insel lebten, die während der Riss-Eiszeit, vor mehr als 150 000 Jahren, vermutlich über eine Landbrücke eingewandert waren.
In der Grotta Corbeddu bei Oliena wurden bearbeitete Hirschknochen und ein Teil eines menschlichen Unterkiefers aus der Zeit zwischen 20 000 und 15 000 v. Chr. entdeckt.

Jungsteinzeit

Nach dem sardischen Archäologen Giovanni Lilliu wird das Neolithikum (Jungsteinzeit, 6000 – 2500 v. Chr.) in drei Perioden gegliedert und als Epoche der geschliffenen Steingeräte bezeichnet. Aus dem frühen Neolithikum (6000 – 3730 v. Chr.) stammen Funde von Keramiken mit eingeritztem Muster und Tongefäße aus der Höhle von Filiestru bei Mara. Das mittlere Neolithikum (3730 – 3300 v. Chr.) hat die Kultur von Bonu Ighinu (bei Mara) hervorgebracht, von der Zeugnisse hochwertiger Keramikkunst – rundleibige, weibliche Idole (Dea-Madre-Figuren) – erhalten geblieben sind. Zum späten Neolithikum (3300 bis 2480 v. Chr.) zählt die Kultur von Ozieri oder San Michele, die nach der Grotta di San Michele bei Ozieri benannt wurde, wo die ersten Zeugnisse entdeckt wurden: kunstvoll verzierte Keramiken, weibliche Idole in kykladischer Form, Gefäße aus Stein und Steinbeile. Es handelt sich um die früheste Zivilisation, deren Spuren fast auf der gesamten Insel verbreitet sind. Im gleichen Zeitraum erscheint in der Gallura die Kultur von Arzachena, deren Kennzeichen runde Steinkreisgräber sind, die man auch als Gigantengräber bezeichnet.

Das Gigantengrab S' Ena 'e Thomes nordwestlich von Dorgali ist eines der bedeutendsten Grabdenkmäler.

Kupferzeit, Eisenzeit

In diesen Epochen (2480 – 1855 v. Chr.) entwickelten sich drei Kulturen beinahe parallel: die Kultur von Abealzu-Filigosa (bei Osilo und Macomer), von Monte Claro (Cagliari) und die Glockenbecherkultur. Sie stellen den Übergang zur größten und am weitesten verbreiteten Zivilisation der Insel dar, der Nuraghenkultur.

Einer von vielen hunderten Nuraghentürmen auf der Insel: Nuraghe Orolo bei Macomer

Nuraghenkultur

Der Zeitraum der Nuraghenkultur (1855 – 238 v. Chr.) ist nach dem altsardischen Ausdruck "nuraghe" oder "nurake" benannt (von "nur", was vermutlich "Feuer" bedeutet, aber auch "Höhle" und "hoher Steinhaufen"). Als Nuraghen bezeichnet man die in Form von Kegelstümpfen gebauten Türme, die aus ringförmigen Reihen ohne Mörtel aufgeschichteter Steinblöcke errichtet wurden. Es gibt etwa 7000 Nuraghen auf Sardinien, die als Wahrzeichen einer Kultur gelten, die Sardinien nachhaltig geprägt hat. Man kann diese Epoche in vier Perioden untergliedern: archaische Nuraghenzeit (Periode der Protonuraghen, 1855 – 1490 v. Chr.), die mittlere Epoche (1400 – 900 v. Chr.), die späte Nuraghenzeit (900 – 500 v. Chr.) und die Endphase (500 – 238 v. Chr.). Nur drei Jahrhunderte, von 1200 bis 900 v. Chr., dauerte die Blütezeit an. In dieser Periode brachte die nuraghische Zivilisation ihre höchsten Leistungen hervor (Gräber, Geräte, Bronzeskulpturen und eindrucksvolle Bauwerke). Wie die Geschichtsdaten erkennen lassen, lebte die Nuraghenkultur auch nach dem Erscheinen der Phönizier und später der Karthager auf der Insel weiter (auch ▶ Kunst und Kultur, Nuraghenkultur).

Phönizier, Punier und Römer

Phönizier

Auf die Zeit zwischen 1100 und 1000 v. Chr. gehen die frühesten Spuren der Anwesenheit von Phöniziern auf Sardinien zurück – in Nora und im Gebiet von Alghero. In der phönizischen Inschrift der Norastele (▶ Reiseziele von A bis Z, Cagliari, Archäolog. Museum) aus der Zeit zwischen 900 und 800 v. Chr. erscheint der Ausdruck "Shrdn", der als die erste Erwähnung des Namens Sardinien gilt.

Die ersten großen phönizischen Handelshäfen, die sich später zu richtigen Städten entwickeln, werden 900 – 700 v. Chr. vor allem im Süden Sardiniens gegründet. Es sind Tharros, Sulci, Nora und Karales; wenig später entstehen weitere kleinere Siedlungen.

Phönizier (Fortsetzung)

Die Karthager erobern 520 – 510 v. Chr. Sardinien. In verschiedenen Verträgen, die zwischen 509 und 278 v. Chr. geschlossen werden, erkennen die Römer die Herrschaft der Karthager über Sardinien zunächst an. Beim Friedensschluss am Ende des Ersten Punischen Kriegs (264 – 241 v. Chr.) müssen die besiegten Karthager Sizilien und die umliegenden Inseln verlassen, Sardinien bleibt ihnen zunächst noch. Im Jahr 238 v. Chr. nimmt dann der römische Konsul Titus Sempronius Gracchus einen Aufstand karthagischer Söldner in Nordafrika zum Anlass, auch Sardinien zu annektieren. Die Punier müssen der römischen Herrschaft über Sardinien zustimmen. In der Folgezeit lehnen sich die Sarden, vor allem die Gebirgsbevölkerung, gegen die Römer auf. Während sechs aufeinander folgender Jahre triumphieren die Konsuln über die Rebellen, doch die Unruhen dauern in Form von Kleinkriegen bis in die Kaiserzeit an. Im Zweiten Punischen Krieg (218 – 201 v. Chr.) weist der Prätor Mamula den römischen Senat auf die Gefahr eines allgemeinen Aufstandes in Sardinien hin. Ein sardischer Fürst und Großgrundbesitzer, Hampsicora, stellt im Jahr 215 v. Chr. ein Heer auf, dessen Kerntruppe die aus den gebirgigen Regionen der Insel stammenden “Fell-Sarden” (sardi pelliti) sind. Die Bezeichnung bezieht sich auf ihre Kleidung, die Mastruca, eine große Jacke aus Schafsfell. Er verbündet sich mit den Karthagern, doch in der Schlacht von Cornus in der Nähe des heutigen Bosa unterliegen sie den Römern.

Punier (Karthager)

Cornus: Die punische Siedlung wurde 215 v. Chr. von den Römern in einer blutigen Schlacht eingenommen.

Römer

Sardinien wird 177 v. Chr. römische Provinz. Es kommt zu erneuten Aufständen vonseiten der Gebirgsstämme der Iliensi und der Balari. Sie werden besiegt und verlieren nach römischen Quellen 12 000 Mann. In den Jahren 49 – 46 v. Chr. tobt der Krieg zwischen Cäsar und Pompejus. Auf Sardinien stellt sich Karales (Cagliari) auf die Seite Cäsars, Sulci auf die des Pompejus. Im Frühling des Jahres 46 verleiht der siegreiche Cäsar der Stadt Karales das römische Bürgerrecht, während Sulci durch eine Steuererhöhung bestraft wird. Unter Augustus wird Sardinien 27 v. Chr. senatorische Provinz, die ein Prokonsul verwaltet. Nachdem es 7 n. Chr. erneut zu Unruhen kommt, wird sie der Aufsicht von Kaiser Augustus unterstellt. Außerdem entsendet Rom Truppen gegen die sardischen “Banditen”. Am Ende des 1. Jh. n. Chr. wird die Ortschaft Aquae Hypsitanae als Forum Traiani (das heutige Fordongianus) die wichtigste Garnison gegen die Stämme der Barbaria, einer Gebirgsregion. (Die heutige Landschaft Barbagia leitet sich von dem römischen Wort “barbaria” ab, dem Land, in dem – nach Ansicht der Römer – die Barbaren

Hl. Ephisius, allgegenwärtiger Schutzpatron

hausten.) Wie alle anderen Einwohner des Reichs erhalten im Jahr 212 auch die Sarden von Caracalla das römische Bürgerrecht.

Märtyrer in römischer Zeit

Der hl. Ephisius erleidet der Überlieferung nach am 1. Mai 303 das Martyrium und wird Schutzpatron von Cagliari. Im folgenden Jahr sterben als Märtyrer in Olbia der hl. Simplicius, im Forum Traiani der hl. Lussorius, in Turris (dem heutigen Porto Torres) die drei Märtyrer Gavinus, Protus und Januarius, die später Schutzpatrone von Sassari werden, sowie in Karales der hl. Saturnus und in Sulci der hl. Antiochus. In der Schlacht an der Milvischen Brücke (312) steht Sardinien auf der Seite des römischen Kaisers Konstantin. Auch er wird später als Heiliger auf der Insel besonders verehrt. Die bedeutenden sardischen Bischöfe Eusebius und Luciferus nehmen 354 am Konzil von Arles und später am Konzil von Mailand teil; sie werden von Kaiser Konstantin II. verbannt.

Vandalenherrschaft und byzantinische Zeit

Vandalen

Die Vandalen, die Nordafrika besetzt haben, beginnen 440, Sardinien anzugreifen. Sie besetzen in den Folgejahren die Insel und bleiben etwa 80 Jahre lang auf Sardinien.

Byzanz

Byzanz befreit Sardinien 534 von den Vandalen. Die Insel gehört nun zum Oströmischen Reich und bildet gemeinsam mit den Balearen und Korsika eine der sieben Provinzen der Diözese Afrika. Die Araber, die sich nach der Eroberung Karthagos (698) dauerhaft in Nordafrika niedergelassen haben, beginnen im 8. Jh. ihre Überfälle auf Sardinien. Diese Piratenüberfälle setzen sich bis ins 19. Jh. fort.

Judikate und Richterzeit

Beginn der Richterzeit im 9./10. Jh.

Die Loslösung von Byzanz, die auch durch die Vorherrschaft der Araber im Mittelmeer bedingt ist, beginnt etwa um 815, als sardische Gesandte den Frankenkönig Ludwig den Frommen um Hilfe bitten. Im Machtvakuum entstehen in Form kleiner Staaten die vier Teile der Insel, die von sardischen Adligen regiert werden, die vermutlich von zivilen und militärischen byzantinischen Statthaltern abstammen. Man bezeichnet diese Patrizier als “Richter” (“judices”, sardisch “iudikes”) und die vier Territorien als Judikate, die die Insel in vier fast gleich große Teile gliedern: Logudoro oder Torres im Nordwesten, Gallura im Nordosten, Arborea im Südwesten und Cagliari im Süden und Südosten. Die ersten Urkunden, die die

Existenz der Judikate belegen, gehen auf die Zeit zwischen 900 und 1000 zurück.

Richterzeit (Fortsetzung)

Genua und Pisa im 11. Jh.

Die Seerepubliken Genua und Pisa senden 1016 auf Veranlassung des Papstes eine Flotte gegen die Araber aus, deren Anführer, Mugahid ibn Abd Allah al Amiri, mit schweren Verlusten unterliegt. Pisa und Genua beginnen daraufhin, ihre wirtschaftlichen und politischen Hegemonieansprüche auf Sardinien auszudehnen.

Tätigkeiten der Orden (ab 1063)

Der Richter von Torres bittet 1063 den Abt von Montecassino, Mönche nach Sardinien zu entsenden, um die Landwirtschaft im Judikat Torres zu entwickeln. So beginnt das Wirken von besonders tatkräftigen Orden auf der Insel, u. a. der Viktoriner, die dem Benediktinerorden angehören, der Kamaldulenser und später der Zisterzienser. Die Mönche machen das Land urbar und errichten die großen mittelalterlichen Kirchen, die heute noch einige Landschaften Sardiniens beherrschen.

Rivalitäten zwischen Genua und Pisa im 12./13. Jh.

Durch die Heirat (1157) des Richters von Arborea, Barisone, mit der katalanischen Adligen Agalbursa von Bas aus dem Grafengeschlecht von Barcelona werden Handelskontakte im westlichen Mittelmeer aufgebaut. Sardinien gerät ins Blickfeld der expandierenden katalanisch-aragonischen Macht. Barisone ersucht 1164 Kaiser Friedrich I. (Barbarossa), ihn mit Unterstützung Genuas zum König von Sardinien zu ernennen. Die Krönung findet im selben Jahr in Pavia statt. Auf Sardinien bekämpfen sich die verschiedenen Judikate in lokalen Kriegen. Pisa und Genua streiten um den Besitz der Insel und wenden sich 1175 an Kaiser Friedrich I., der Sardinien in zwei Teile aufteilt. Logudoro und Campidano erhält Genua, die Gallura fällt an Pisa. Die Zeit der vom Festland stammenden Richter beginnt mit dem Pisaner Guglielmo Oberlenghi di Massa, der 1187 seinem Großvater Costantino als Herrscher über das Judikat Cagliari folgt. Die pisanische Familie Visconti regiert in Gallura und Torres, das Geschlecht der Della Gherardesca in Cagliari. Adelasia di Torres, die Witwe des Ubaldo Visconti, heiratet 1238 Enzio, den Sohn Friedrichs II., der später den Titel "König von Sardinien" trägt. Im Jahr 1249 wird er im Kampf von den Bolognesen gefangen genommen; 1272 stirbt er in der Haft in Bologna. Die Judikate Cagliari und Torres erlöschen in den Jahren 1257 – 1259, da sie unter mächtigen pisanischen Familien (im Süden) und genuesischen Familien (im Norden) aufgeteilt werden. Das Judikat Gallura endet 1298 mit dem Tod von Nino Visconti, eines Freundes von Dante Alighieri. Die Stadt Sassari, die seit mehr als 60 Jahren nicht mehr von den Richtern von Torres beherrscht wird, unterzeichnet 1294 ein Abkommen, das sie unter den Schutz Genuas stellt.

Spanisch-aragonische Herrschaft

Eroberung Sardiniens durch die Aragonier

Am 4. April 1297 belehnt Papst Bonifaz VIII. König Jakob von Aragonien mit dem Regnum Sardiniae et Corsicae. Der Infant Alfons von Aragonien landet am 12. April 1323 im Golf von Palmas. Er befehligt ein großes Heer, das Sardinien zu erobern beginnt. 1326 wird der Friedensschluss zwischen Aragonien und Pisa besiegelt. Doch in verschiedenen Teilen Sardiniens kommt es bereits zu Aufstän-

Eroberung durch die Aragonier (Fortsetzung)

den und Unruhen, die lange währen und unter der Führung der Richter von Arborea den Charakter eines "Nationalkrieges" annehmen. Die zweite Erhebung der im Vorjahr von den Aragoniern eroberten Stadt Alghero findet 1354 statt. König Peter IV. greift persönlich mit einer Flotte von beinahe 100 Schiffen ein, belagert Alghero, bezwingt es und entvölkert die Stadt, deren Einwohner er durch Siedler aus seinem Reich ersetzt. Im Jahr darauf entsteht durch Erlasse Peters IV. das sardische Parlament. Es setzt sich aus drei Ständen, den "istamentos", zusammen, die Adel, Klerus und die sechs größten Städte vertreten. Sardinien wird zwischen mächtigen aragonischen Familien aufgeteilt. Dieses System der Feudalherrschaft besteht auf der Insel fast bis in die Mitte des 19. Jahrhunderts.

Gesetzgebung

Am Ausgang des 14. Jh.s (1392) erlässt die Richterin des Judikats Arborea, Eleonora d'Arborea (▶ Berühmte Persönlichkeiten), die "Carta De Logu", ein Zivil- und Strafgesetzbuch, dessen Gültigkeit 1421 auf das gesamte Gebiet der Insel (mit Ausnahme der Städte) ausgedehnt wird und bis ins 19. Jh. bestehen bleibt.

Spanische Herrschaft

Das Judikat von Arborea erlischt 1409 durch die Schlacht von Sanluri, bei der das Heer von Arborea unterliegt. Im folgenden Friedensschluss von San Martino (1410) wird das Judikat Markgrafschaft von Oristano; die Macht der Aragonier erstreckt sich nun auf die ganze Insel. Leonardo Alagon, der Markgraf von Oristano, ein Nachfahre der berühmten Familie Arborea, nimmt den Kampf gegen Aragonien wieder auf. Nachdem er im Jahr 1470 in Uras siegreich war,

Die Sarazenentürme, die man seit dem 16. Jh. überall entlang der Küste vorfindet, sollten gegen Piratenüberfälle schützen.

unterliegt er in der Feldschlacht von Macomer (1478) und stirbt in spanischer Gefangenschaft. Mit der Thronbesteigung (1479) Ferdinands II. von Aragonien, des Gemahls der Isabella von Kastilien, beginnt auch auf Sardinien die Zeit der spanischen Herrschaft, die bis zum Beginn des 18. Jh.s dauert. In dieser Epoche wird die Landbevölkerung Sardiniens zu Leibeigenen der Feudalherren degradiert und verarmt immer mehr.

Spanische Herrschaft (Fortsetzung)

An allen Küsten der Insel kommt es zwischen 1509 und 1520 wiederholt zu Überfällen nordafrikanischer Seeräuber. Aus Siniscola werden viele Bewohner deportiert und als Sklaven verkauft. Bei verheerenden Überfällen unter der Führung des berühmten Piraten Khayr ad Din "Barbarossa" werden zwischen 1546 und 1553 die Ortschaften Cabras, Orosei und Terranova (das heutige Olbia) zerstört.

Piraterie im 16. Jh.

Im Krieg zwischen Kaiser Karl V. und Franz I. von Frankreich wird Sassari 1527 durch ein von Andrea Doria befehligtes Heer besetzt und geplündert. Tausende von Todesopfern fordert 1582 eine Pestepidemie in Alghero, Sassari und Logudoro, eine weitere Epidemie grassiert im Jahre 1652. Unter der Regierung Philipps II., des Nachfolgers Karls V., beginnt 1587 die Errichtung der Sarazenentürme entlang der Küsten. Diese Wehrtürme sollen die Insel gegen Überfälle schützen. Eine Urkunde Philipps II. genehmigt 1620 die Gründung der Universität Cagliari. (Die Jesuiten hatten 1562 in Sassari eine Schule gegründet, die den ältesten Kern der späteren Universität bildete.) 1637 wird Oristano von der französischen Flotte bombardiert. Die Soldaten gehen an Land, um die Stadt zu plündern, doch werden sie bald zum Rückzug gezwungen. Das Ende der großen Pestepidemien fällt in das Jahr 1657. Die Bürger von Cagliari beschließen, den 1. Mai als großes Fest des Schutzpatrons der Stadt, des hl. Ephisius, zu begehen. Seine Fürsprache, so glauben sie, hat die Seuche beendet. 1668 kommt es zwischen dem sardischen Parlament und dem Vizekönig, dem Markgrafen Manuel de los Cobos de Camarasa, zu Spannungen. Die Sarden verlangen den Zugang zur Prälatenwürde und zu den hohen Ämtern, die den Spaniern vorbehalten sind. Dieses Zugeständnis soll als Gegenleistung für die Erhöhung des "donativo", einer Steuer, die alle Einwohner der Insel an den spanischen Staat entrichten müssen, gewährleistet werden. Durch den Frieden von Utrecht (1714) fällt Sardinien an Österreich.

16. – 18. Jh.: Kriege, Pest, erste Universität

Königreich der Savoyer

Der Londoner Vertrag (1718) teilt das inzwischen wieder von den Spaniern besetzte Sardinien dem Herzog von Savoyen, Viktor Amadeus II., zu. Das sardisch-piemontesische Königreich Sardinien unter der Dynastie der Savoyer entsteht und bleibt bis 1861 erhalten. Am 20. Mai 1720 wird Filippo Guglielmo Pallavicino, Baron von Saint-Remy, erster savoyischer Vizekönig von Sardinien. Die Abtretungsurkunde wird in Cagliari am 8. August unterzeichnet. Die piemontesische Regierung entwickelt 1726 ein Programm zur Einführung und Verbreitung der italienischen Sprache auf Sardinien, wo bis in die ersten Jahre des folgenden Jahrhunderts auch in amtlichen Urkunden das Kastilische und das Katalanische gebrauchlich

Entstehung des Königreichs Sardinien

Königreich der Savoyer (Fortsetzung)

sind. 1738 folgt eine Gruppe aus Ligurien stammender Fischer der Einladung, von Tabarka an der tunesischen Küste auf die Insel San Pietro überzusiedeln. Sie gründen ein Dorf, das zu Ehren des Königs Karl Emanuel II. Carloforte genannt wird. Weitere Siedler aus Tabarka ziehen nach Calasetta auf der Insel Sant'Antioco.

Aufstände gegen Feudalherren und Fremdherrschaft

Besonders im Norden Sardiniens breitet sich das Banditenwesen Mitte des 18. Jh.s aus. Nach der Schlacht bei Chiaramonti (1749) sind einige hundert Banditen aus den Bergen von Su Sassu gezwungen, nach Korsika zu fliehen; viele lassen bei diesen Kämpfen ihr Leben. Eine große Getreideknappheit (1780) in Nordsardinien ist der Auslöser für einen Aufstand in Sassari, bei dem die Menge den Stadtpalast stürmt und die Dokumente des städtischen Archivs verbrennt. Im Jahr der Französischen Revolution (1789) lehnt sich auf Sardinien die Bevölkerung vieler "ville" (Dörfer) gegen die Habgier der Lehensherren und deren Tributforderungen auf. Im Krieg zwischen der Republik Frankreich und dem Königreich Sardinien wird Cagliari 1793 von einer französischen Flotte bombardiert, doch die Sarden drängen den Truppenverband, kaum dass er am nahen Strand von Quartu gelandet ist, aufs Meer zurück. Auch auf La Maddalena wird ein kleines französisches Kontingent besiegt (einer der Offiziere ist der junge Napoleon Bonaparte). Kurzfristig – von Januar bis Mai – wird die Insel San Pietro besetzt. Die Stände präsentieren dem König die "cinque domande". Diese fordern für die Sarden mehr politischen Einfluss, eine Beteiligung an den Regierungsgeschäften und allgemein eine größere Aufmerksamkeit gegenüber den Problemen der Sarden von Seiten des Staates. Doch die "cinque domande" werden abgelehnt, und die gespannte Atmosphäre, die auf der Insel herrscht, löst in Cagliari am 28. April 1794 einen Aufstand gegen die piemontesische Fremdherrschaft aus. Der Vizekönig und Anhänger Piemonts werden von der Insel vertrieben. In Cagliari herrscht auch im folgenden Jahr eine Stimmung der offenen Revolution. Man beschuldigt den höchsten Verwaltungsbeamten und den Oberbefehlshaber der Streitkräfte des Komplotts gegen das Parlament; sie werden zunächst verhaftet und dann vom wütenden Volk getötet. Am Ende des Jahres nimmt ein Bauernheer Sassari ein und besetzt es. Der Richter von Cagliari und höchste Beamte von Sardinien, Giovanni Maria Angioy (▶ Berühmte Persönlichkeiten), zieht 1796 an der Spitze eines antifeudalistischen Heers gegen die Hauptstadt, wird aber bei Oristano besiegt und ist gezwungen, ins Exil zu gehen. Diese Ereignisse werden als die "Sardische Revolution" bezeichnet. Seeräuber überfallen 1789 Carloforte, nehmen etwa 800 Bürger gefangen, plündern und morden. Die Gefangenen werden als Sklaven nach Tunis verschleppt und kehren erst 1803 nach Sardinien zurück.

Verhängnisvolle Bodenreform und Ende des Feudalismus

1799 ergibt sich der savoyische König Karl Emanuel IV. den Franzosen, verlässt Piemont und flieht mit Familie und Hofstaat in die andere Hälfte seines Königreichs, nach Sardinien (Cagliari). In Cagliari wird 1812 eine "bürgerliche" Verschwörung gegen die Piemontesen aufgedeckt. Der "Erlass zur Einfriedung" (Editto delle Chiudende vom 6. Oktober 1820) legt neue Vorschriften zur Privatisierung in der Landwirtschaft fest. Bisher wurden Weiden und Äcker gemeinschaftlich genutzt; nun erhält jeder das Land, das er einzäunt. Von dieser Bodenreform, welche die Streitigkeiten zwischen

1820 bestimmte der spätere Sardenkönig Carlo Felice per Gesetz, dass jeder das Land, das er bewirtschaftet und abgesteckt hatte, behalten dürfte. So entstand das Netz niedriger Mauern – tancas – auf der Insel.

Königreich der Savoyer (Fortsetzung)

Hirten und Ackerbauern lösen sollte, profitieren hauptsächlich die "prinzipales", die reichen Bauern. Die nun entstehenden "tancas" (eingezäunte Grundstücke mit Steinmauern oder Kakteenhecken) prägen heute noch das Landschaftsbild weiter Teile Sardiniens. In Paris erscheint 1828 die erste Ausgabe des Buchs "Voyage en Sardaigne" des Piemontesen Alberto della Marmora. Es trägt dazu bei, die "vergessene Insel", über die in ganz Europa kaum Kenntnisse vorhanden sind, einer breiten Öffentlichkeit nahe zu bringen. König Carlo Alberto erlässt 1835 die ersten Gesetze, durch die der Feudalismus auf Sardinien abgeschafft werden soll. Die Gemeinden müssen jedoch große Ablösesummen für die Lehensherren aufbringen. Viele Sarden verarmen und müssen emigrieren.

Sardiniens "Risorgimento"

Ende des Königreichs Sardinien

Mehrere Demonstrationen finden 1847 in Cagliari und Sassari statt. Die wirtschaftliche Lage Sardiniens ist so aussichtslos, dass eine sardische Abordnung dem König den Verzicht der Sarden auf die Autonomie anbietet (die ihnen beim Übergang der Insel von Spanien an die Savoyer zuerkannt worden war). Der König stimmt dem vollständigen Zusammenschluss mit Piemont am 30. November 1847 zu. Der italienische Freiheitskämpfer Giuseppe Garibaldi (▶ Berühmte Persönlichkeiten) verbringt 1849 während seiner Reise ins Exil einige Tage auf La Maddalena und sieht zum ersten Mal die Insel Caprera. 1855 erwirbt er einen Teil des Eilandes und lässt sich 1856 dort nieder. Vorübergehend ist er Abgeordneter von Ozieri im italienischen Parlament. Am 2. Juni 1882 stirbt der Freiheitskämpfer auf Caprera. Sardinien wird 1861 unter piemontesischer Herrschaft Teil des italienischen Einheitsstaates. Vittorio

Sardiniens "Risorgimento" (Fortsetzung)

Emanuele II. erklärt sich zum König von Italien. Das Ende des "Königreichs Sardinien" ist gekommen; die Insel ist verarmt, unterentwickelt und von Feudalherrschaft und Steuerlast ausgebeutet.

Eisenbahnbau

Der erste kurze Abschnitt der Bahnlinie wird 1871 in Betrieb genommen. Fertig gestellt (1883) verbindet sie Cagliari mit Sassari, Porto Torres und Golfo Aranci, dem Hafen, von dem aus die Fährschiffe nach Civitavecchia ablegen. Der Bau der Eisenbahn, der durch den Verkauf von 200 000 ha Gemeindeland finanziert wird, führt zur Abholzung weiter Waldgebiete in verschiedenen Teilen der Insel, besonders im Gennargentugebirge.

Banditen

Um gegen die Zunahme des Banditenwesens im Gebiet von Nuoro einzuschreiten, entsendet die Regierung 1899 ein Infanteriekorps. Es kommt zu Verhaftungen und Feuergefechten mit den "Räubern"; manche untergetauchten Banditen stellen sich.

Sardinien im 20. Jahrhundert

Erster Weltkrieg und Zwischenkriegszeit

Im Ersten Weltkrieg wird eine fast ausschließlich aus Sarden bestehende Truppenabteilung, die "Brigata Sassari", wegen ihres Heldenmutes ausgezeichnet. Unter dem Einfluss der Bewegung der ehemaligen Kämpfer wird 1921 die Sardische Aktionspartei (Partito Sardo d'Azione, PSdA) gegründet, die für die Unabhängigkeit Sardiniens und seine wirtschaftliche und soziale "Wiedergeburt" eintritt.
König Vittorio Emanuele II. weiht 1924 die Staumauer des Tirso ein. Sie bildet den Omodeo-Stausee, der zu diesem Zeitpunkt der größte Europas ist.

Während des Faschismus entstanden auf Sardinien neue Städte, deren Kennzeichen geometrisch angelegte Strukturen waren: z .B. Arborea.

Faschismus und Zweiter Weltkrieg

Im Zentrum des großen, trockengelegten Gebietes in der Umgebung von Oristano entsteht 1930 das Dorf Mussolinia di Sardegna (heute Arborea). Während des Faschismus in Italien werden auch auf Sardinien weitere "neue Städte" geschaffen: Fertilia (1936) am Golf von Alghero und Carbonia (1938) im Kohlerevier von Sulcis. Von Februar bis Mai 1943 ist Cagliari Ziel verheerender Luftangriffe. Auch andere sardische Ortschaften werden bombardiert (Alghero, Olbia und Gonnosfanadiga).

Autonomie Sardiniens und wirtschaftliche Anstrengungen

Am 31. Januar 1948 ratifiziert die verfassunggebende Nationalversammlung das Sonderstatut für die Insel. Sardinien ist Autonome Region der zwei Jahre vorher konstituierten Republik Italien. Zum ersten Mal in der Geschichte der Insel wird im Jahr 1950 kein Malariafall mehr registriert. Die Krankheit wurde durch eine 1946 vom E.R.L.A.A.S. (Ente Regionale per la Lotta Anti-Anofelica in Sardegna) durchgeführte Kampagne besiegt. Im selben Jahr wird die Cassa per il Mezzogiorno gegründet. Dieser staatliche Hilfsfond soll die wirtschaftliche Unterentwicklung im Süden Italiens mit Hilfe von hohen finanziellen Zuschüssen abbauen. Das italienische Parlament billigt 1952 einen außerordentlichen Zwölfjahresplan wirtschaftlicher und sozialer Maßnahmen (Piano di Rinascita). In der Folgezeit fließen große Geldsummen zur Industrialisierung nach Sardinien, sie können die strukturellen Probleme der Region jedoch nicht lösen. Ebenfalls 1952 gründet eine internationale Finanzgruppe unter dem Vorsitz des Aga Khan das Konsortium Costa Smeralda, das Kapital in die Schaffung einer großen touristischen Siedlung an der Nordostküste der Gallura, zwischen Olbia und dem Golf von Arzachena, investiert (▶ Baedeker-Special, S. 38/39). In den Jahren 1962 – 1974 vollzieht sich der Aufschwung und Niedergang der Petrochemie auf Sardinien (Porto Torres und Cagliari). Die 1960er- und 1970er-Jahre sind die Zeit der Industrialisierung Sardiniens, die durch die Maßnahmen des Piano di Rinascita und der Cassa per il Mezzogiorno gefördert wird. In Olbia, Macomer, Ottana, Oristano, Villacidro, Sarroch und Cagliari entstehen Industriebetriebe. Die Bevölkerung von Orgosolo besetzt 1969 ihre Weiden auf der Hochebene von Pratobello. Die Entstehung eines NATO-Truppenübungsplatzes wird dadurch verhindert.

Küstenschutz für die Costa Smeralda, Entwicklung bis ins neue Jahrtausend

Das sardische Regionalparlament verabschiedet 1989 ein Gesetz, das den ausufernden touristischen Ausbau, der in den letzten Jahrzehnten entlang der Küsten eingesetzt hat, eindämmen soll. Von nun an dürfen auf dem 500 m breiten Küstenstreifen der Costa Smeralda keine Privathäuser oder Feriensiedlungen mehr gebaut werden. Nachdem der Milliardär Karim Aga Khan, Oberhaupt der Ismailiten, Erbauer der exklusiven Feriensiedlungen an der Costa Smeralda, 1994 erneut ein Veto von der Regionalregierung bezüglich eines weiteren, großräumigen Bauvorhabens erhalten hat, verkauft er den Großteil seines Besitzes an der Smaragdküste an die italienische Hotelkette Ciga. 1995 kauft Sheraton den Besitz, möbelt die Hotels auf und vermarktet sie als "Luxury Collection", zu der 48 feinste Hotels rund um die Welt zählen. Im Jahr 1998 übernimmt schließlich Starwood, Hotelgigant mit 650 Häusern, den Sheraton Konzern und wird Hausherr über die gesamte Costa Smeralda mit ihren Hotels, Ferienanlagen und einem extravaganten Golfplatz.

Das Paradies des Aga Khan

Noch in den 1950er-Jahren durchstreiften nur wenige einsame Wanderhirten mit ihren Schafen die unberührte und unwegsame Landschaft im Nordosten der Insel, die von wilder Macchia, schroffen Granitfelsen und unzähligen versteckten Buchten geprägt ist. Hätte man damals prophezeit, dass sich dieser Landstrich in Zukunft zu einem der exklusivsten und teuersten Ferienrefugien der Welt mausern würde, der Costa Smeralda, wäre man von den Sarden ohne Zweifel für verrückt erklärt worden.

Nicht viel anders müssen die Inselbewohner 1962 von Aga Khan IV., der damals 25 Jahre alt war, gedacht haben, als dieser sich nach langer Suche entschloss, in diesem wilden, unberührten Stück Natur sein gigantisches Projekt anzugehen: ein luxuriöses Urlaubsparadies für den internationalen Jetset zu schaffen, nachdem die Côte d'Azur, Monte Carlo und Ibiza an Exklusivität eingebüßt hatten. Aga Khan ist das Oberhaupt (Imam) der Ismailiten, einer islamischen Glaubensgemeinschaft mit ca. 15 Mio. Gläubigen, die in aller Welt verstreut leben. Der Imam, einer der reichsten Männer der Welt, gründete zusammen mit dem Biermagnaten Patrick Guiness und mehreren Weltbanken ein Konsortium, das den Landstrich inklusive 55 km Küste kaufte. Da Sardinien in den 1960ern touristisch noch kaum erschlossen war, erhoffte sich die Region einen wirtschaftlichen Aufschwung und sicherte dem "Consorzio Costa Smeralda" den teuren Ausbau der Infrastruktur zu.

Sardischer Einspruch

Schon damals begann sich aber auch der Widerstand der sardischen Autonomisten gegen die "costa rubata", die "gestohlene Küste" zu regen. Im Vergleich zum heutigen Wert des Bodens (2500 bis 3500 €/m²) zahlte das Konsortium 1963 einen Spottpreis (umgerechnet 13 – 30 Cent/m²), freilich erschien den Besitzern damals dieser Preis für ihr karges Gebiet, das ihre Schafe nur dürftig ernähren konnte, noch sehr hoch. Die Kontroverse zwischen Autonomisten und Konsortium trat offen zu Tage, als Aga Khan Mitte der 1970er-Jahre eine zweite Bauphase an der Küste anlaufen lassen wollte. 10 Jahre lang wurde ihm keine Baugenehmigung erteilt; erst nach der Intervention der italienischen Zentralregierung, die mit dem Projekt einen weite-

Eines der wenigen Fotos des vierten Aga Khan: 30 000 Anhänger ehren den Führer der Ismailiten in Khorog, Tadschikistan.

ren Tourismusschub für Sardinien erwartete, setzte sich das Konsortium 1983 durch. Doch 1994 warf der Imam schließlich das Handtuch: Als ein weiteres Bauvorhaben am Veto der Regionalregierung scheiterte, verkaufte Aga Khan seine Anteile. 1995 wurde der amerikanische Sheraton-Konzern Besitzer der Hotels, der wiederum 1998 vom Hotelgiganten Starwood aufgekauft wurde.

Internationaler Jetset

Doch Aga Khan konnte lange Zeit mit seinem Projekt zufrieden sein: Das extravagante Ferienparadies lockte wie gewünscht die oberen Zehntausend an. Adlige, Schauspieler, Modedesigner und Großunternehmer ließen es sich dort für viel Geld gut gehen; Brigitte Bardot, Roger Moore, Jean-Paul Belmondo, Bo Derek und Mick Jagger quartierten sich hier ebenso ein wie die Thurn und Taxis und Juan Carlos. Möchte man standesgemäß auftreten, bringt man seine Yacht mit: Im hochmodernen Hafen gibt es etliche Liegeplätze – schon für 2000 € pro Nacht kann man dort ein 50 m langes Boot vertäuen. Dann hat man die Möglichkeit, auf dem Wasserweg die vielen kleinen, vom Land her nicht zugänglichen Buchten und Strände zu besuchen.

Projekt geglückt

Denn trotz der Bebauung mit vielen Hunderten von Häusern und Villen hat die Region nicht an Charme verloren: Das Konsortium hat strenge Bauvorschriften erlassen, z. B. darf nur drei Etagen hoch gebaut werden, so dass die kleinwüchsigen Steineichen nicht von den Häusern überragt werden. Man schuf den neosardischen Stil: eine Mixtur verschiedener Bauformen des Mittelmeerraums, geprägt von flachen Bauten mit kleinen nuraghenförmigen Türmchen, vielen Treppen und Terrassen. Als Baumaterial ist nur Naturstein zugelassen; die Farben ocker, weiß und felsgrau fügen sich harmonisch in die Natur ein. Um das Gesamtbild nicht zu stören, müssen sämtliche Leitungen und Kabel unterirdisch verlaufen. In der teuersten Kläranlage der Welt werden die Abwässer gereinigt, die aus den mehrere Millionen schweren Privatvillen an der "Smaragdküste" und den edlen Hotelunterkünften fließen, für die man pro Nacht bis zu 2500 € bezahlt. Um in einer der großen Hotelanlagen Aufnahme zu finden, genügte bis vor wenigen Jahren übrigens nicht nur ein dickes Portmonee: Sorgfältig wurden die Gäste ausgewählt – für die Prominenz sollte eine intime Atmosphäre geschaffen werden. Doch die Zeiten ändern sich: Heute kann man auch als Normalsterblicher ein einigermaßen erschwingliches Zimmer an der Costa Smeralda buchen – die High Society wird sich ein neues Paradies suchen müssen.

Architektur im neosardischen Stil: geprägt von flachen Bauten mit kleinen, nuraghenförmigen Türmchen

Berühmte Persönlichkeiten

Giovanni Maria Angioy (1751 – 1808)

Giovanni Maria Angioy, den man als den Helden der "Sardischen Revolution" bezeichnet, war der unglückliche Anführer der sardischen Bewegung gegen das Feudalsystem Ende des 18. Jahrhunderts. Er war Professor der Rechtswissenschaften und später Beamter der Reale Udienza, der höchsten Behörde der Insel. In Cagliari stand er an der Spitze des Aufstandes gegen die Piemonteser und die Lehensherren (1794/1795). 1796 wurde er als "alternos" (Stellvertreter mit sämtlichen Machtbefugnissen) des Vizekönigs nach Sassari entsandt, um die Stadt, die eine Hochburg des Widerstandes der Adligen war, zu befrieden. Doch als er mit einem Volksheer nach Cagliari zurückkehren wollte, wurde er in Oristano von den Truppen des Vizekönigs und seines Parlaments geschlagen. Angioy war gezwungen, von der Insel zu fliehen und starb im Pariser Exil.

Eleonora d'Arborea (1340 – 1402/04)

Eleonora d'Arborea stammte aus der Familie Bas-Serra, den Herrschern über Arborea. Sie war die Tochter des Richters Marianus IV. und seiner Gemahlin Timbora di Roccaberti. Als ihr Bruder Ugone II. 1383 bei einem Volksaufstand ums Leben kam, wurde sie de facto Richterin und übernahm im Namen ihres Sohnes Marianus die Regierung des Judikats (1388). Eleonora nahm den Kampf gegen Aragonien wieder auf, den ihr Vater lange Zeit geführt hatte, und konnte zwanzig Jahre lang den Widerstand gegen die verhassten Fremdherrscher aufrechterhalten. Im Jahre 1392 erließ sie die "Carta De Logu", ein damals sehr fortschrittliches Zivil- und Strafgesetzbuch, dessen Gültigkeit die Aragonier später auf ganz Sardinien ausdehnten; es blieb bis 1827 in Kraft. Die Richterin starb vermutlich 1402 oder 1404 an der Pest. Auf Sardinien bewahrt man ihr Andenken als das einer energischen Frau mit großer politischer Begabung.

Pietro Cavaro (? – 1537)

Pietro Cavaro entstammt der Künstlerfamilie Cavaro; sein Vater, Lorenzo Cavaro, wirkte schon gegen Ende des 15. Jh.s als Maler in Cagliari, sein Sohn Michele konnte später die Berühmtheit seines Vaters nicht erreichen. In den Jahren seiner intensivsten Schaffensphase (1535 – 1537) stand Pietro Cavaro im Mittelpunkt der "Schule von Stampace", deren Sitz im gleichnamigen Stadtviertel von Cagliari war. Im Jahre 1518 signierte und datierte er sein erstes Werk, das Retabel der Pfarrkirche von Villamar. Zu seinen herausragenden Spätwerken gehören das "Ratsherrenretabel" im Rathaus von Cagliari und der "Retablo della Crocifissione" im Dom. In seiner Malerei sind niederländische Einflüsse erkennbar, doch entwickelte er seinen Stil weiter zum Manierismus der Spätrenaissance.

Pietro Cavaro (Fortsetzung)

Grazia Deledda (1871 – 1936)

Die Schriftstellerin Grazia Deledda sandte ihre ersten Werke aus dem abgelegenen Nuoro des späten 19. Jh.s an Zeitschriften und Buchverlage des italienischen Festlandes. Sie selbst berichtet von ihrem Debüt in dem autobiografischen Roman "Cosima", den sie in den letzten Jahren ihres Lebens schrieb. Er wurde posthum veröffentlicht und stellt vielleicht ihr schönstes Buch dar. Im Jahre 1900 siedelte sie nach Rom um, doch blieb sie in ihren Werken thematisch der Darstellung des Lebens Innersardiniens treu.

Im Mittelpunkt fast aller ihrer Romane und Novellen, besonders der frühen Werke, steht die archaische Kultur der Barbagia, die von einer starken Religiosität und dem Empfinden des Lebens als Geheimnis und Schuld geprägt ist. Zu ihren bekanntesten Büchern gehören die Titel "Elias Portolu", das erste Meisterwerk Grazia Deleddas (1903), "Cenere" (1904, nach der Vorlage dieses Romans entstand später ein Film mit Eleonora Duse), "L'edera" (1908, "Efeu"), "Colombi e sparvieri" (1912), der Novellenband "Chiaroscuro" (1912), "Canne al vento" (1913, "Schilf im Wind") und "Marianna Sirca" (1915). Viele Titel sind auch auf Deutsch erschienen. Im Jahre 1926 wurde die Schriftstellerin wegen ihrer von einem hohen Ideal getragenen Ausdruckskraft, die in plastischen Formen das Leben ihrer abgelegenen Insel schildert und mit Tiefe und Wärme Themen von allgemeinem menschlichen Interesse behandelt, mit dem Nobelpreis für Literatur ausgezeichnet.

Giuseppe Garibaldi (1807 – 1882)

Der italienische Freiheitskämpfer Garibaldi, der seinen Lebensabend auf der Insel Caprera verbrachte, war zunächst Marineoffizier, kämpfte 1848/1849 in der Lombardei gegen die Österreicher und setzte sich seit 1853 für die Einigung Italiens unter Vittorio Emanuele II., dem König von Sardinien, ein. Nach weiteren Kämpfen gegen die Österreicher (1859) unternahm er mit Unterstützung Cavours mit seinen Rothemden den legendären "Zug der Tausend": Nachdem er am 11. Mai 1860 bei Marsala auf Sizilien gelandet war, zwang er die königlich-neapolitanischen Truppen in Palermo zur Kapitulation und übernahm im Namen Vittorio Emanueles die Diktatur. Dann setzte er auf das Festland über, nahm Reggio und belagerte Neapel. Indem er gemeinsam mit Vittorio Emanuele II. in Neapel, der Hauptstadt der Bourbonen, einzog, waren die Grundlagen für die Schaffung eines Königreichs Italien gegeben. 1862 unternahm Garibaldi mit einem Freikorps von Palermo aus einen Zug zur Befreiung Roms von der päpstlichen Herrschaft, der, ebenso wie ein weiteres Unternehmen, erfolglos blieb. Es wurde immer deutlicher, dass sein Revolutionsgeist im Widerspruch zur italienischen Regierung stand, und so zog er sich 1865, enttäuscht von der politischen Entwicklung des jungen Nationalstaates, auf die Insel Caprera zurück, die Sardinien vorgelagert ist. Im italienischen Par-

Giuseppe Garibaldi (Fortsetzung)

lament setzte er sich für die Tiberregulierung und die Urbarmachung von Sümpfen ein. Die letzten Jahre, deutlich gezeichnet von Krankheit und Alter, verbrachte er wiederum auf seinem Landgut auf Caprera, wo ihm nach seinem Tod im Jahre 1882 seine Familie ein Denkmal setzte. Haus und Ställe sind noch erhalten und zum Museum umgestaltet worden.

Antonio Gramsci (1891 – 1937)

Trotz der Armut seiner Familie besuchte Antonio Gramsci auf Sardinien die Schule bis zum Abitur. Danach setzte er seine Ausbildung als Stipendiat des Collegio della Provincia in Turin fort. Er studierte Philosophie und Geschichte, doch legte er nie die Doktorprüfung ab, denn bald widmete er sich vollständig der Politik. Der Sozialistischen Partei verlieh er eine entschieden linksgerichtete Tendenz. Ab 1919 gab er die Zeitschrift "L'Ordine Nuovo" heraus. Gramsci gehörte zu den Gründern der Kommunistischen Partei Italiens, die 1921 aus der Spaltung der Sozialistischen Partei in Livorno hervorging, und wurde ihr Generalsekretär. 1924 wählte man ihn zum Abgeordneten. Am 8. November 1926 verhafteten ihn die Faschisten, gegen die er ein Bündnis mit den bürgerlichen Parteien eingegangen war. Zwei Jahre später verurteilte ihn ein Sondergericht zu über 20 Jahren Haft. 1933 entließ man Gramsci aus dem Gefängnis von Turin, um ihn zunächst in Formia, dann in Rom ins Krankenhaus einzuweisen, wo er, von Krankheit und Gefangenschaft gezeichnet, starb. Neben den zahlreichen Artikeln, die er vor der Zeit des Faschismus und in den Jahren bis 1926 verfasst hatte, hinterließ Gramsci in den "Quaderni del carcere" (die erst 1975 ungekürzt herausgegeben wurden) die Ergebnisse seines politisch-philosophischen Denkens, außerdem einige hundert Briefe aus dem Gefängnis, die "Lettere dal carcere", deren vollständigste Ausgabe 1965 erschien. Er übte posthum mit seinen Schriften einen großen Einfluss auf die italienische Linke aus.

Emilio Lussu (1890 – 1975)

Emilio Lussu wuchs als Sohn eines Hirten in der rauen Landschaft Gerrei auf und studierte später auf Sardinien und in Rom. Wenige Monate vor dem Eintritt Italiens in den Ersten Weltkrieg promovierte er in den Rechtswissenschaften. Lussu gehörte der politischen Strömung des "demokratischen Interventionismus" an und nahm in den Reihen der Brigata Sassari, einer fast ausschließlich aus sardischen Soldaten bestehenden Truppenabteilung, am Ersten Weltkrieg teil. Von seinen Erlebnissen im Krieg erzählt Lussu in seinem bekanntesten Buch "Un anno sull'altopiano" (1938). Nach Ende des Kriegs war er unter den Gründern der Sardischen Aktionspartei (Partito Sardo d'Azione, 1921), welche die Freiheitsbestrebungen der ehemaligen Soldaten vertrat. Auch wegen des Mutes, den er im Kampf bewiesen hatte, wurde Emilio Lussu sogleich charismatischer Führer dieser Partei. 1926 verhaftete man ihn, weil er einen Faschisten, der ihn angegriffen hatte, getötet hatte. Lussu wurde auf die Insel Lipari verbannt, von der er auf abenteuerliche Weise fliehen konnte. 1948 verließ er den Partito Sardo d'Azione und gründete den Partito Sardo d'Azione Socialista. Die Partei ging später in der Sozialistischen Partei Italiens auf, aus der er im Jahre 1964 austrat, um gegen die Beteiligung seiner Partei an einer Mitte-

Links-Regierung zu protestieren. Der große Polemiker und politische Redner war auch ein begabter Schriftsteller. Seine bedeutendsten Werke gehen auf die Zeit des Exils zurück: "Marcia su Roma e dintorni" (1934) und "Teoria dell'insurrezione (1936)".

Emilio Lussu (Fortsetzung)

Costantino Nivola (1911 – 1988)

Der Autodidakt stellte sein Können zuerst als Assistent des Malers Mario Delitala für die Dekorationen der großen Aula der Universität Sassari unter Beweis (1927). In Mailand begann er eine fruchtbare Zusammenarbeit mit zwei weiteren sardischen Künstlern, Salvatore Fancello und Giovanni Pintori, doch 1938 musste er Italien verlassen, um seine Frau vor der Judenverfolgung zu schützen. Der Künstler ließ sich in New York nieder und schuf zahlreiche Denkmäler in verschiedenen Städten der Vereinigten Staaten. Häufig kehrte er nach Sardinien zurück. Der Sebastiano Satta gewidmete Platz in Nuoro ist sein Werk; die Skulpturen sollen den Platz in ein Gesamtkunstwerk verwandeln. Weitere Arbeiten Nivolas, die er kurz vor seinem plötzlichen Tode fertig stellte, befinden sich im Hof des neuen Palazzo del Consiglio Regionale in Cagliari an der Via Roma.

Antonio Pigliaru (1922 – 1969)

Pigliaru war Professor für Staatslehre an der Universität Sassari, Philosoph und bedeutender Kulturschaffender. Bekanntheit erlangte er mit der Gründung der demokratischen, der sardischen Autonomie gewidmeten Zeitschrift "Ichnusa", die er von 1949 bis 1969 leitete. Aufsehen erregte sein Buch "La vendetta barbaricina come ordinamento giuridico" (1959; eine Neuauflage trägt den Titel "Il banditismo in Sardegna"). Dieses Werk beleuchtet die Hintergründe des Banditenwesens und nimmt eine originelle wissenschaftliche Untersuchung der Regeln vor, die das Leben der Hirtengemeinschaften auf der Insel bestimmten. Er forderte die politischen und kulturellen Kreise Italiens auf, ihre Vorurteile gegenüber dem sardischen Hirtenleben zu revidieren und mehr Aufmerksamkeit und Verständnis den Problemen der Insel Sardinien und deren Bewohnern entgegenzubringen.

Salvatore Satta (1902 – 1975)

Salvatore Satta war Professor für Zivilrecht an den Universitäten Padua, Genua und Rom. Aufgrund seines monumentalen Werkes "Commentario al codice di procedura civile" gilt er als einer der größten Experten des Zivilrechts. Auch als Autor belletristischer Literatur erlangte er einige Berühmtheit. Aus dem Nachlass wurden zuerst der Roman "Il giorno del giudizio" (1977), den Satta in seinen letzten Lebensjahren geschrieben hatte, und "La veranda" (1979) aus der Zeit von 1928 bis 1930 veröffentlicht. Vor allem sein erstes Werk machte Satta zum geschätzten Schriftsteller. Bewundert wurde seine beinahe wilde Kraft, mit der er seine Figuren – besonders das städtische Bürgertum – und das Leben der Stadt Nuoro am Anfang des Jahrhunderts schildert. Originell und faszinierend erscheint auch seine kleine moralische Schrift "De profundis", die Satta während des Krieges verfasste und bereits 1948 veröffentlichte.

Sebastiano Satta (1867 – 1914)

Der demokratisch gesinnte Intellektuelle und berühmte Rechtsanwalt gilt neben Grazia Deledda als einer der bedeutendsten Dichter Sardiniens. Sein Debüt hatte Satta in Sassari, wo er die Universität besuchte und in fortschrittlichen, kulturellen Kreisen der Stadt ver-

Sebastiano Satta
(Fortsetzung)

kehrte. Dort veröffentlichteer 1893 die Bände "Nella terra dei nuraghes" (gemeinsam mit seinen Freunden Popeo Calvia und Luigi Falchi) und die "Versi ribelli". Erst 1910, als ihn schon die Lähmung befallen hatte, die sein Leben vorzeitig beenden sollte, folgte der Gedichtband "Canti barbaricini". Im Jahre 1924, zum zehnten Todestag des Dichters, erschienen die "Canti del salto e della tanca". 1955 brachte ein Mailänder Verlagshaus den Band "Canti" heraus, eine Gesamtausgabe seiner beiden Gedichtbände.

Kunst und Kultur

Prähistorische Stätten

Kultur von Ozieri

Domus de janas

Mehrere tausend Felskammergräber, die häufig große Nekropolen (Gräberfelder) bilden, gibt es auf Sardinien. Der sardische Ausdruck Domus de janas bedeutet nach gängiger Deutung "Feenhaus" (sard. domu = "Haus"; Giana oder sard. jàna soll eine Fee sein, abgeleitet von der römischen Jagdgöttin Diana). Wahrscheinlich ist aber "Haus des Übergangs" (vom Diesseits ins Jenseits) gemeint, hergeleitet von sard. jànna = "Pass, Durchgang" (nach Janus, dem altrömischen Gott mit Doppelantlitz). Mit primitiven Steinhacken wurden die Kammergräber in den Fels getrieben. Der Form und Größe nach sind diese Felsgräber Nachbildungen von Wohnhäusern in verkleinertem Maßstab. Dementsprechend wurden sie mit Säulen, Pfeilern und Wandmalereien ausgeschmückt und Dachformen

Nekropole von Sant'Andrea Priu bei Bonorva: Die Kammergräber sind Nachbildungen von Wohnhäusern mit Dachformen, Säulen und Malereien.

Kultur von Ozieri (Fortsetzung)

nachgeahmt. Stilisierte Stierhörner als Zeichen des Stiergotts sind die symbolischen Wächter der Felskammergräber. Interessante Beispiele sind die Nekropolen von Sant'Andrea Priu bei Bonorva und Anghelu Ruiu bei Alghero.

Menhire

Die sardische Landschaft weist viele Spuren von Kulturen auf, die der nuraghischen Epoche vorausgehen. Die letzte und zugleich bedeutendste jungsteinzeitliche Kultur Sardiniens, deren Zeugnisse auf der ganzen Insel zu finden sind, wurde nach einem ihrer ersten Fundorte, der Grotta di San Michele bei Ozieri, benannt. Ihre charakteristischen Zeugnisse sind die Domus de janas und Menhire der Ozierikultur (3300 – 2480 v. Chr.). Unter dem Einfluss der westlichen Megalithkulturen entstanden Monumente wie Menhire und Dolmen. Menhir ist ein bretonisches, aus "men" (= Stein) und "hir" (= lang) zusammengesetztes Wort; der Begriff (und das aus dem Griechischen stammende Synonym "baitylos", Plural "baityloi") wurde übernommen, um die großen aufgerichteten Monolithen mit religiöser Bedeutung zu bezeichnen. Im Sardischen heißen sie "perdas fittas" oder "perdas longas" ("in den Boden gerammte Steine" bzw. "lange Steine").

Einige Menhire wurden durch den Menschen plastisch gestaltet und weisen Symbole für das männliche und das weibliche Geschlecht auf (sie zeigen z. B. Wölbungen in Form von Brüsten) oder Symbole, die in Verbindung zum Totenkult stehen. Auf der Insel zählt man etwa 260 Menhire. Die interessantesten sind die von Pranu Mutteddu bei Goni in der Landschaft Gerrei (Provinz Cagliari), wo man in jüngerer Zeit 60 Menhire ausgegraben und in ihrer ursprünglichen Anordnung aufgestellt hat.

Dolmen

Der Begriff "Dolmen" (Tisch) stammt aus dem Keltischen und bezeichnet eine große, gemeinschaftlich genutzte Grabkammer aus Steinplatten mit steinerner Deckplatte. Ihre Form erinnert an einen Tisch; einfachere Varianten aus vier seitlichen Steinplatten und einer Deckplatte bilden die so genannten Steinkistengräber (z. B. Li Muri bei Arzachena). Ein anschauliches Beispiel eines Dolmen ist Sa Coveccada bei Mores.

Nuraghenkultur

Nuraghen

Die Nuraghen, Wahrzeichen der Insel, beherrschen das Landschaftsbild Sardiniens. Sie wurden in einer Epoche errichtet, die nach ihnen benannt wurde: die Nuraghenkultur (1855 – 238 v. Chr.). Die klassische Nuraghe ist ein großer Turm in Form eines Kegelstumpfs, der aus reihenweise mörtellos aufgeschichteten Steinblöcken gebaut ist. Der Innenraum wird von einem falschen Gewölbe überdeckt, das aus übereinander gelegten, vorkragenden Mauerringen besteht, die eine so genannte Kragkuppel bilden. Größere Nuraghen besitzen zwei, gelegentlich sogar drei Stockwerke. Nicht selten wurden die Nuraghen im Laufe der Zeit zu komplexen Festungsanlagen ausgebaut, indem der bereits bestehende Hauptturm von einer Ringmauer mit Seitentürmen umgeben wurde. Beson-

Santa Sabina bei Silanus: Die Nuraghe entspricht dem Typus des Einzelturms. Von oben hat man einen beeindruckenden Rundblick. ▶

Nuraghenkultur (Fortsetzung)

ders großartige Nuraghenburgen sind Santu Antine bei Torralba, Su Nuraxi bei Barumini (als Weltkulturerbe der UNESCO klassifiziert) und Arrubiu bei Orroli.

Nuraghische Dörfer

Die Nuraghenkultur kannte keine größeren Städte, doch sind Reste von Dörfern erhalten. Sie lagen teils bei den Nuraghen, teils frei in der Landschaft und auch um die Kultstätten herum, die von den Bewohnern der nahen und fernen Umgebung aufgesucht wurden. Das berühmteste nuraghische Dorf ist das von Serra Orrios bei Dorgali mit seinen beiden Megarontempeln sowie das Dorf um Su Nuraxi herum.

Su Nuraxi bei Barumini ist von der UNESCO als Weltkulturerbe klassifiziert und gehört zu den schönsten Nuraghen auf der Insel. Im Hintergrund der Kegelberg Las Plassas mit der gleichnamigen Burgruine.

Brunnenheiligtümer

Die Nuragher verehrten vor allem die Natur und deren Kräfte als Gottheiten. Es wird vermutet, dass wegen der Wasserknappheit auf Sardinien dem Wasser und dabei vor allem dem Quellwasser eine besondere Rolle zukam. Heute sind auf Sardinien über 50 Brunnenheiligtümer bekannt. Die Bauweise folgt jeweils einem einheitlichen Schema. Von einem Vorplatz führt eine Treppe zum eigentlichen Heiligtum, dem Brunnenraum, in dem die Quelle gefasst ist. Je nachdem, wo die Quelle entspringt, kann der Brunnenraum unterirdisch oder ebenerdig sein. Das Bauwerk ist nach außen oft mit einer Mauer begrenzt. Besonders eindrucksvolle Brunnentempel sind Santa Cristina bei Paulilatino, der durch seine exakt behauenen Steine auffällt, und Su Tempiesu bei Orune, ein oberirdisch angelegter Tempel.

Nuraghenkultur (Fortsetzung)

Gigantengräber

Weitere typische Zeugnisse der nuraghischen Kultur sind die unter dem volkstümlichen Namen Gigantengräber (Tombe dei giganti) bekannten Grabstätten. In ihnen wurden keine besonders großen Menschen beerdigt, sondern sie stellen Massengräber dar. Vermutlich wurden bis zu 200 Personen in einem Gigantengrab bestattet. Das eigentliche Grab besteht aus einer länglichen Kammer aus Steinblöcken. An der Stirnseite befindet sich ein halbrunder Vorplatz, der von hochkant in den Boden gerammten Steinen begrenzt wird. In der Mitte der Steinreihe erhebt sich eine große, in Form eines Rundbogenportals aufgestellte Stele. Die kleine Öffnung in Bodennähe diente als Zugang zur ansonsten geschlossenen Grabkammer, die manchmal auch von einem Grabhügel (Tumulus) überdeckt und von Menhiren, gleichsam steinernen Wächtern, beschützt wurde. Die Gigantengräber entwickelten sich aus Dolmen (s. o.) und Galeriegräbern. Zu den schönsten Gigantengräbern, von denen über 500 bekannt sind, gehören Li Lolghi und Coddu Vecchiu bei Arzachena sowie S' Ena 'e Thomes bei Dorgali.

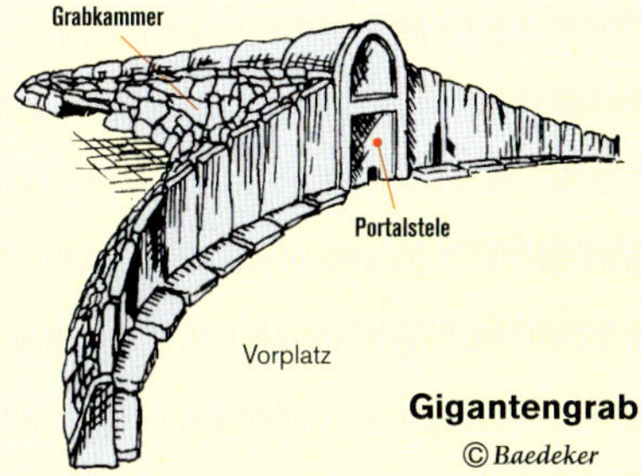

Gigantengrab
© *Baedeker*

Kunstgeschichte

Kunstgeschichte

Vor- und Frühgeschichte

Ozierikultur

Die ältesten Zeugnisse künstlerischen Schaffens auf Sardinien, Gräber und Kultstätten, datieren aus der Jungsteinzeit (▶ Prähistorische Stätten). Zu den ersten plastischen Bildwerken gehören die Menhire der Ozierikultur und kleine figürliche Darstellungen einer Muttergottheit (Dea Madre).

Nuraghische Bronzestatuetten

Die Plastik der nuraghischen Epoche bringt ihre Meisterwerke nach 1000 v. Chr. hervor. Etwa 500 Bronzefigürchen wurden auf Sardinien gefunden, zumeist als Votivgaben an den Brunnentempeln. Die sorgfältige Verarbeitung der Statuetten lässt auf einen hohen Entwicklungsstand des nuraghischen Bronzehandwerks schließen und zeigt große Kunstfertigkeit. Man findet unterschiedliche Personen der nuraghischen Gesellschaft (Hirtenfürsten, Krieger, Priester und Frauen) ebenso wie Tiere, häusliche Gerätschaften, Waffen und für den Export nach Etrurien bestimmte Votivschiffchen, die wohl als Öllämpchen dienten. Zu den berühmtesten, häufig dargestellten Motiven gehört eine Mutter, die ihren gefallenen oder schwer kranken Sohn auf dem Schoß hält und ergreifend an eine Pietà erinnert. Die bedeutendste Sammlung nuraghischer bronzetti findet sich im Archäologischen Nationalmuseum von ▶ Cagliari.

Antike

Phönizisch-punische Kunst

Seit der Eroberung durch die Karthager (um 500 v. Chr.) sind in der Kunst Einflüsse von fremden Kulturen wahrzunehmen. Besonders interessante Zeugnisse der punischen Epoche sind – außer den Städten Tharros, Nora, Sulci und der Festung des Monte Sirai – die spezifischen Äußerungen der phönizisch-punischen Religion: der phönizisch-punische Tempel (von besonderem Interesse ist der Tempel von Antas) und das Tophet. Das Wort Tophet stammt aus dem Hebräischen und bedeutet "Brandstätte". Die Archäologen bezeichnen mit diesem Ausdruck die Brandopferstätten (etwa in Tharros, Nora und Sulci), auf deren Gelände kleine Terrakotta-Urnen verteilt waren, die Asche und Reste von Menschenknochen enthielten. Die Annahme, es handle sich um die Überreste erstgeborener Kinder, die der Göttin Tanit geopfert worden seien, um sie gnädig zu stimmen und ihren Schutz zu erhalten, ist nach neuesten Erkenntnissen nicht mehr wahrscheinlich. Heute geht man davon aus, dass die Kinder eines natürlichen Todes und nicht als Opfer blutiger Rituale starben. Von den Heiligtümern aus phönizisch-punischer Zeit sind außerdem Tausende von kleinen Kultgefäßen mit Darstellungen von Opfer darbringenden Figuren, Gottheiten und deren Symbolen erhalten. Die Plastik dieser Epoche bringt darüber hinaus eine große Zahl von Stelen (frei stehende Platten oder Pfeiler aus Stein) hervor, die Figuren der vielfältigen Götterwelt darstellen. Man verehrte auf Sardinien etwa 40 phönizisch-punische Gottheiten, die auf kleinen und großen Stelen identifizierbar sind. Im Übrigen hinterlässt diese Kultur ein reiches Erbe an Schmuck und kostbarem Gerät.

Römische Kunst

Die punische Kultur durchdringt das künstlerische Schaffen Sardiniens so stark, dass sie noch nach Jahrhunderten der römischen Herrschaft prägend ist. Erst gegen Ende des 2. Jh.s n. Chr. zeigt die Architektur der Insel einen wirklich römischen Stil, nachdem noch über Jahrhunderte die römische Rahmenbauweise (opus africanum) angewandt wurde. Zu diesem Zeitpunkt sind die Römer seit fast einem halben Jahrtausend Herren Sardiniens. Die bedeutendsten Zeugnisse römischer Kultur auf Sardinien finden sich in den von ihnen besiedelten Städten, vor allem in Turris Libyssonis, dem heutigen Porto Torres, und Karales (Cagliari). In der sardischen Hauptstadt wurden die Reste von großen vornehmen Wohnvierteln und Tempeln freigelegt. Besonders interessant ist in Cagliari das Amphitheater (Ende 2. Jh. n. Chr.). Es ist großenteils direkt in den Kalkstein des die Stadt beherrschenden Hügels hineingeschlagen worden und zählt zu den größten Amphitheatern des Mittelmeerraums. Auch Nora besitzt ein kleines, schönes römisches Theater, das noch heute für Aufführungen genutzt wird.

Das römische Theater in Nora ist erhalten geblieben – es finden sogar noch Aufführungen statt.

Mittelalter

Romanische Kunst (11. Jh.)

Gleichzeitig mit der Beruhigung der politischen Situation (die Niederlage des Mauren Mugahid fällt in das Jahr 1016) entstehen in der Architektur und Plastik Ende des 11. Jh.s herausragende Werke. Der Bau einer der schönsten Basiliken Sardiniens, San Gavino in Porto Torres, beginnt. In dieser Epoche werden die Grundsteine der Sakralbauten San Pietro in Bosa und San Michele in Plaiano (Sassari) gelegt. Skulpturen schmücken diese Kirchen; als Beispiele seien in Oristano die Chorschranken des Doms und die Löwen der Fassade von Santa Giusta erwähnt. Die zwei Jahrhunderte vor der Eroberung durch Aragonien zeichnet eine außergewöhnliche Bauaktivität aus, die durch den Einfluss von Genua und Pisa sowie durch die sich auf der Insel verbreitenden Mönchsorden bedingt ist. Auf diese Zeit gehen die großen romanischen Kirchen zurück, deren häufig einsame, aber schöne Lage, oft auch am Rande kleiner Ortschaften, einen besonderen Reiz ausüben.

Romanische Kunst (12./13. Jh.)

In den Jahren 1135 bis 1145 errichten Künstler vom italienischen Festland die Kathedrale Santa Giusta in der Nähe des heutigen Oristano. Sie zeigt lombardische Einflüsse. Nach diesem Vorbild entstehen in der Folgezeit die schönsten romanischen Kirchen auf Sardinien: Sant'Antioco di Bisarcio in der Ebene von Chilivani, San Nicola in Ottana und Santa Maria in Bonarcado. Im Norden der Insel werden wahre Meisterwerke gebaut wie die Kirche Santissima Trinità di Saccargia. Im Inneren befindet sich der einzige Freskenzyklus Sardiniens aus dem 13. Jahrhundert. Ende des 13. Jh.s entstehen große Sakralbauten wie die Kirche San Pantaleo in Dolianova, in der sich romanische und gotische Elemente mischen (1289), die 1291 von dem Baumeister Anselm von Como geschaffene Kirche San Pietro di Zuri und Santa Maria di Betlem außerhalb der Stadtmauer Sassaris. Zudem werden die Errichtung und Verstärkung von Bastionen, Mauern, Befestigungsanlagen und Türmen intensiv vorangetrieben, so in Castelsardo, Bosa, Alghero und Oristano (Torre di San Cristoforo, 1294). In Cagliari ragen noch heute die Torre San Pancrazio und der Elefantenturm auf dem Castello-Hügel auf, die der einheimische Baumeister Giovanni Capula zwischen 1305 und 1307 erbaute.

Das Mittelalter lehrt das Gruseln: Ein dämonisches Kapitell an der Kirche Santissima Trinità di Saccargia.

Katalanische Einflüsse (14./15. Jh.)

Die Eroberung Sardiniens durch Aragonien und die folgenden Aufstände, die sich fast ein Jahrhundert lang hinziehen, lassen die rege Bautätigkeit der vorangegangenen Epoche unvermittelt abbrechen. Bedeutendere Bauwerke bringt erst das nächste Jahrhundert hervor, aus denen die 1432 begonnene Kirche San Francesco in Iglesias, San Giacomo (1438) und San Domenico (im Zweiten Weltkrieg zerstört) in Cagliari, die neue, großartige Anlage des Doms (1441)

Der Dom von Sassari wurde im 15. Jh. im Stil der aragonisch-katalanischen Gotik erbaut, die Fassade jedoch wurde im 17. und 18. Jh. im spanischen Kolonialbarock umgestaltet.

Mittelalter (Fortsetzung)

und die Umgestaltung von Santa Maria (1465) in Sassari sowie San Giorgio in Perfugas (Ende des 15. Jh.s) herausragen.
Im 15. Jh. dehnt sich der katalanische Einfluss auch auf Malerei und Plastik aus. Von den Skulpturen dieser Zeit sind das Nikodemus-Kruzifix der Kirche San Francesco in Oristano, ein "Meisterwerk der gotischen Plastik Europas" (R. Delogu) aus farbig gefasstem Holz, und die Madonna di Bonaria, die Arbeit eines vermutlich in Neapel wirkenden Künstlers, zu nennen.
In der Malerei ist das "Retablo di San Bernardino" von Juan Figuera und Raphael Thomas das älteste vollständig erhaltene Beispiel katalanischer Malerei Sardiniens (heute befindet es sich ebenso wie Dutzende von anderen großartigen Werken aus der 1875 zerstörten Kirche San Francesco von Stampace in der Pinacoteca Nazionale in Cagliari).

Renaissance und Barock

16. Jahrhundert

Das an Baudenkmälern so arme 16. Jh. bringt in der Malerei überaus reiche Werke hervor, die z. T. noch an ihren ursprünglichen Bestimmungsorten in den kleinen und großen Kirchen, größtenteils aber in der Pinacoteca Nazionale in Cagliari aufbewahrt werden. Die Künstlerfamilie Cavaro aus Cagliari, von der drei Generationen eine eigene Malschule, die "Schule von Stampace", begründen, ist nach dem Viertel von Cagliari benannt, in dem die Cavaros arbeiteten und besteht eineinhalb Jahrhunderte lang, von 1450 bis 1600.

Lorenzo, der Maler des "Retablo di San Paolo in Gonnostramatza" (Cagliari), ist weniger bedeutend; sein Sohn Pietro (▶ Berühmte Persönlichkeiten) erreicht den größten Ruhm. Pietros Sohn Michele setzt das Werk des Vaters in der zweiten Hälfte des Jh.s fort. Ein weiterer sardischer Maler der zweiten Hälfte des 16. Jh.s ist Antioco Mainas, der zwischen 1537 und 1571 tätig ist und sich durch einen eklektizistischen Stil auszeichnet, mit dem er bedeutende Erfolge erlangt. Er malt verschiedene Retabel für Kirchen in Iglesias, Lunamatrona, Gergei und Oristano sowie ein kleines Gemälde der Grablegung Christi (Universität Cagliari), das als sein Meisterwerk gilt. Zur selben Zeit wirkt auch der so genannte Meister von Ozieri, der in Nordsardinien das große "Retablo della Vergine di Loreto" in der Kathedrale von Ozieri und einige Tafeln des "Retablo di Sant'Elena" hinterlässt, das heute in Sassari aufbewahrt wird.

Renaissance und Barock (Fortsetzung)

17. Jahrhundert

In der Architektur triumphiert der Barock mit einer stärker römisch geprägten Stilrichtung (Umgestaltung der Kathedrale von Cagliari, Errichtung der Kathedrale von Ales durch den genuesischen Architekten Domenico Spotorno). An der Küste Sardiniens entstehen im 17. Jh. unzählige Wachtürme, die Spanien seit der Herrschaft Philipps II. zum Schutz vor den Mauren errichten lässt. Die großen Malerwerkstätten des 16. Jh.s sind im Barockzeitalter nicht mehr nachgewiesen.

18. Jahrhundert

Das 18. Jh. bringt im Gefolge der Savoyer piemontesische Architekten nach Sardinien, z. B. Saverio Belgrano aus Famolasco (Universität, Priesterseminar und Theater von Cagliari), Giuseppe Viana (Rokokobau der Chiesa del Carmine in Oristano) und Valino (Palazzo Ducale in Sassari). Die Rezeption dieser Architektur durch sardische Baumeister wird an der schönen Fassade der Kirche von Bonu Ighinu bei Mara anschaulich. Gemälde für Kirchen schaffen im Gebiet von Cagliari Sebastiano Scaleta und Francesco Massa, um Sassari der Neapolitaner Gerolamo Rufino und der Genuese Bartolomeo Augusto. In der Holzschnitzerei wetteifern Sarden und Spanier miteinander: Die Kirchen füllen sich mit geschnitzten, farbig gefassten und vergoldeten Barockaltären, die den spanischen Einfluss widerspiegeln (Santa Maria di Betlem in Sassari besitzt mehrere solche Altäre, in Castelsardo gestaltet Jaume Camilla 1765 den Chor aus). In der Zeit des Rokoko sind Andachtsfiguren sehr verbreitet; berühmt sind diejenigen von Giuseppe A. Lonis.

Moderne

19. Jahrhundert Architektur

Im 19. Jh. entstehen in den Städten große öffentliche Gebäude: die aus Holz gebauten Theater in Cagliari, Sassari und Alghero (nur hier ist es noch erhalten), der Palazzo della Provincia und der Palazzo Giordano in Sassari (beide Ende des Jh.s) und der 1899 eingeweihte Palazzo Municipale in Cagliari. Um die Mitte des Jahrhunderts gestaltet Gaetano Cima, der größte Architekt seiner Zeit, das neue Bild der sardischen Hauptstadt, das die ehemalige Festung in eine moderne Stadt verwandelt. Die Architektur der Zeit von König Umberto I. prägt viele Städte, darunter die beiden größten Städte Cagliari und Sassari und in geringerem Maße Ozieri, Tempio, Bosa und La Maddalena.

Moderne (Fortsetzung) Malerei

In der Malerei ist Giovanni Marghinotti (1798 – 1865) aus Cagliari zu nennen. Seine Porträts von König Carlo Alberto waren bei den Stadträten der größeren sardischen Ortschaften sehr beliebt. Cesare Vacca und Pietro Bosio, die vom italienischen Festland stammen, dekorieren das Querschiff des Doms von Sassari (1830 – 1834).

Skulptur

Büsten und Denkmäler erinnern an Persönlichkeiten der sardischen Geschichte und Freunde der Insel. Auf Caprera befindet sich eine Büste Garibaldis von Leonardo Bistolfi (1883); in Cagliari erschafft Vincenzo Vela 1858 das Bildnis des Alberto La Marmora, und Giuseppe Sartorio gestaltete das Denkmal des Giovanni Spano in Cagliari. Auch die Büste von Quintino Sella in Iglesias und das Standbild von König Vittorio Emanuele II. stammen von Sartorio. Das Denkmal der Eleonora d'Arborea in Oristano ist das Werk von Ulisse Cambi.

20. Jahrhundert Architektur

Die Architektur charakterisieren in der ersten Hälfte des Jahrhunderts die monumentalen Bauten der faschistischen Städtegründungen (Mussolinia-Arborea sowie Fertilia bei Alghero und Carbonia bei Iglesias).

In der Nachkriegszeit entstehen in den großen und kleinen Städten zahlreiche Wohnsiedlungen aus mehrstöckigen Häusern und gewaltige touristische Komplexe in "neonuraghischem" oder "pseudomediterranem" Stil. Doch können in Cagliari die Anlage der Cittadella dei Musei (1962, Architekten Cecchini und Gazzola) und das Gebäude des Credito Industriale Sardo von Renzo Piano als zukunftsweisend für die sardische Architektur gelten.

Malerei

Im 20. Jh. ist die Malerei die dominierende Kunstrichtung. Mit Giuseppe Biasi (1885 – 1945) aus Sassari, einem Anhänger der Bewegung

Murales und Dolce far niente im Bauerndorf Villamar

der römischen Sezession und Bewunderer von Gustav Klimt, entsteht die "sardische" Kunst. Es beginnt eine Zeit der intensiven Erforschung der traditionsgebundenen inneren Regionen Sardiniens.

Moderne (Fortsetzung)

Murales

In den 1970er-Jahren taucht in vielen sardischen Dörfern eine neue Kunstrichtung auf, die Wandmalereien oder "Murales". Sie müssen als Ausdrucksform einer politischen Protestbewegung gesehen werden, die Missstände auf Sardinien anprangert und Zusammenhänge aufdeckt. Die Hauswände dienen als "Leinwände" der meist in Gemeinschaftsarbeit entstehenden Kunstwerke. Pinuccio Sciola, ein Freund und Anhänger der mexikanischen Muralisten, hatte diese Kunstform nach Sardinien gebracht. Die interessantesten Wandmalereien sind in Orgosolo zu sehen, doch auch in vielen anderen Orten kann man diese Kunstform entdecken.

Skulptur

Die als "sardismo artistico" bezeichnete Stilrichtung tritt fast gleichzeitig auch in der Plastik hervor. Der 24-jährige Francesco Ciusa aus Nuoro beeindruckt 1907 bei der Biennale in Venedig mit seiner "Trauernden Mutter des Gefallenen"; zwei Jahre später debütiert Biasi mit der "Prozession in der Barbagia". Nach dem Zweiten Weltkrieg lebt diese Kunstströmung in veränderter Form wieder auf und widmet sich nun Themen der regionalen Autonomie und sozialen Problemen. Der Muralist Sciola hat sich auch als Bildhauer einen Namen gemacht. In San Sperate und anderen Ortschaften der Insel beeindrucken seine großen, kraftvollen Skulpturen.

Sprache

Allgemeines

Die sardische Sprache ist stark verwoben mit der Geschichte der Insel. Das Sardische ist eine eigenständige romanische Sprache, die in vielem noch stark an das Lateinische erinnert, besonders in der zentralen Gebirgsregion, der Barbagia, und im Nuorese. Vernachlässigt man die Untergliederung der zahlreichen Mundarten, so kann man heute zwei große Dialektgruppen des Sardischen unterscheiden: das Longudoresische, das vor allem im Nordwesten Sardiniens gesprochen wird, und das Campidanesische im Süden der Insel. Obwohl der Gebrauch der sardischen Sprache zurückgeht, kann man davon ausgehen, dass 750 000 Sarden Campidanesisch und 650 000 Longudoresisch sprechen. Offizielle Amts- und auch Umgangssprache ist Italienisch, das von allen Sarden gesprochen wird. Zweisprachigkeit kennzeichnet vor allem die ländlichen Regionen der Insel.

Mundarten

Daneben existieren auf Sardinien lokale Mundarten, die der italienischen Sprachgruppe angehören, insbesondere das Sassare (das in Sassari und Umgebung von etwa 150 000 Personen gesprochen wird) und das Galluresische im Nordosten der Insel. Zu den kleineren Sprachinseln gehört Alghero, dessen Dialekt sich aus der Sprache der nordspanischen (vor allem katalanischen) ersten Siedler entwickelt hat. Das Ligurische wurde auf den Inseln Sant'Antioco und San Pietro in Carloforte und Calasetta eingeführt.

Sprachgeschichte

Durch die Geschichte sich ablösender Fremdherrschaften veränderte sich die auf Sardinien gesprochene Sprache. Nur wenige Wörter aus älteren Sprachen (z. B. des Punischen) haben sich aus der vorrömischen Zeit erhalten. Prägend wurde der Einfluss der Römer: Das

Sprachgeschichte (Fortsetzung)

Lateinische ist die Grundlage des Sardischen. Die Spanier, die die Insel 1323 – 1720 beherrschten, beeinflussten die sardische Sprache, z. B. die besondere Lautung des Campidanese. In den letzten beiden Jahrhunderten hat das Italienische das Sardische immer mehr zurückgedrängt und den Wortschatz zudem durch die Einführung zahlreicher Neologismen verändert. Zum ersten Mal wissenschaftlich erforscht hat das Sardische der Münchner Sprachforscher Max Leopold Wagner (1880 – 1962), dessen Werke "La Lingua Sarda" (1950) und "Dizionario etimologico Sardo" (1962) wegweisend für den Bereich der romanischen Sondersprachen wurde. Sie gelten heute noch als Standardwerke für die sardische Sprache.

Feste und Folklore

Allgemeines

Sardinien besitzt einen einzigartigen Reichtum an volkstümlichen Überlieferungen und Traditionen. Die großen sardischen Volksfeste, die mehrheitlich religiöse Feste sind, bieten eine gute Gelegenheit, Kultur und Brauchtum der Sarden näher kennen zu lernen.

Sardische Feste

Kirchweihfeste: Sagra di S. Ephisio (in Cagliari), Sagra del Redentore (in Nuoro)

Die Kirchweihfeste von Cagliari und Nuoro gleichen einander. Es handelt sich um religiöse Prozessionen zu Ehren bestimmter Heiliger (des hl. Ephisius, des Schutzpatrons von Cagliari, am 1. Mai, und des Erlösers in Nuoro, am 29. August), an denen Gruppen aus vielen Orten der Insel in einem Trachtenumzug teilnehmen. Die jeweils ortstypischen Trachten stammen aus den Dörfern sämtlicher Provinzen. In Nuoro ist die Prozession vom Trachtenzug getrennt, der nun nicht mehr am 29. August, sondern am vorletzten Sonntag des Monats stattfindet.

Cavalcata Sarda, I Candelieri (in Sassari)

In Sassari feiert man zwei große Volksfeste. Das beliebte Reiterfest, die "Cavalcata Sarda", findet am vorletzten Maisonntag statt. Sie ist eine rein touristische Veranstaltung, die ins Leben gerufen wurde, um die traditionellen Trachten fast ganz Sardiniens in einem Trachtenzug zu versammeln (an dem Umzug nehmen durchschnittlich 3000 Personen mit 600 Pferden teil). Das religiöse Fest "I Candelieri" geht auf das 16. Jh. zurück und ist das wichtigste Volksfest von Sassari. Die Feierlichkeiten werden von den Mitgliedern der "gremi" durchgeführt, der Zünfte, in denen im Mittelalter wie auch heute noch die Handwerker und Arbeiter von Sassari zusammengeschlossen sind. Zur Erinnerung an das plötzliche Ende der Pest (ob es sich um die Epidemie von 1580 oder um die von 1682 handelt, ist ungewiss) tragen die in ihre spanische Tracht gekleideten Mitglieder der Gremi in dem Prozessionszug vom Palazzo di Città zur Kirche Santa Maria di Betlem neun große, bemalte und dekorierte Kerzen aus Holz auf ihren Schultern. Das Fest wird am Nachmittag des 14. August gefeiert.

Die filigranen Sos-Breves-Schmuckkugeln gehören zur traditionellen Festtagstracht.

Feste auf Sardinien gibt es buchstäblich wie Sand am Meer. Ein Anlass zum Feiern findet sich immer.

Faschingsfeste

In verschiedenen Teilen der Insel feiert man große, ausgelassene Faschingsfeste. Sie beginnen am Vorabend des 17. Januar (Fest des hl. Antonius) mit großen Holzfeuern, die in etwa 70 Ortschaften entzündet werden, und enden am Faschingsdienstag mit Feiern unterschiedlicher Art. Bekannt sind die Maskenfeste einiger Ortschaften der Barbagia, deren düstere Gestalten mit den Masken der "mamuthones" und "issocadores" in Mamoiada, der "boes" und "merdules" in Ottana und der "thurpos" in Orotelli archaisch erscheinen.

Sartiglia (in Oristano)

In Oristano zieht am letzten Faschingssonntag und am Faschingsdienstag die "Sartiglia" durch die Stadt. Dieser Name ist vermutlich spanischen Ursprungs und soll auf das spanische Wort "sortija" zurückgehen, das vom lateinischen "sorticula" (Ring) abzuleiten ist. Die Sartiglia entspricht im Wesentlichen dem Typus des in anderen italienischen Regionen verbreiteten und als "corsa dell'anello" (Ringlauf) bezeichneten Pferderennens. Die Reiter versuchen, vom galoppierenden Pferd aus einen Stern mit einem Loch in der Mitte, der über der Rennbahn aufgespannt ist, zu durchbohren. In Oristano sind die Reiter maskiert, und das Ankleiden der Hauptfigur "Su compoidori" ist eine eigene, von magischen Elementen geprägte Zeremonie. Sie geht auf vorchristliche Sühneriten zurück, die im Frühling abgehalten wurden, um eine gute Ernte zu sichern.

Reiterfeste

Einige Faschingsveranstaltungen bestehen aus akrobatischen Pferderennen, bei denen die Teilnehmer paarweise reitend um Geschicklichkeit wetteifern (Pariglias) oder auf dem Pferderücken stehend ihre Künste darbieten (z. B. in Santu Lussurgiu und Oristano).

Reiterfeste (Fortsetzung)

Das größte Reiterfest ist die "S'Ardia" in Sedilo. Das Wort "ardia" bedeutet soviel wie "Wache", und da das Fest zu Ehren von Kaiser Konstantin gefeiert wird, den man auf Sardinien besonders verehrt, verweist dieses Reiterfest vermutlich auf die berittene Wache des Kaisers. Zwei Gruppen von Reitern, die um die Kirche San Costantino galoppieren, kämpfen um die Fahne, die eine der beiden konkurrierenden Parteien schwingt. Die S'Ardia von Sedilo am Ufer des Lago Omodeo, der fast in der geografischen Mitte Sardiniens liegt, ist das bekannteste Reiterfest und findet am 6. und 7. Juli statt.

Feste ländlicher Wallfahrtskirchen

Etwa 40 Wallfahrtskirchen in den ländlichen Gebieten Sardiniens sind von "cumbessias" oder "muristenes" genannten Bauten umgeben, in denen die Gläubigen während der Novenen wohnen, den neuntägigen Andachten vor den großen Festen. Man tauscht kleine Geschenke aus und feiert den Abschluss der Novene mit einem üppigen, gemeinsamen Festmahl. In vielen Ortschaften Sardiniens finden außerdem ein- bis zweimal im Jahr in der Umgebung von Kirchen, die meist auf dem Lande liegen und in der Regel nur zu diesen Anlässen geöffnet und besucht werden, große Feste statt, die einen oder zwei Tage dauern.

Osterfeste

Das Brauchtum der Osterzeit ist reich an religiösen Veranstaltungen. Zu diesen gehören die Prozessionen der Bruderschaften (in Cagliari und Sassari sowie in Alghero, wo sie spanisch beeinflusst sind), das Passionsspiel "S'Iscravamentu" ("die Entfernung der Nägel"), mit dem man am Karfreitag die Kreuzabnahme Jesu begeht, und die Zeremonie "S'Incontru" ("die Begegnung"), in der zwei Prozessionen einander auf verschiedenen Wegen entgegengehen, bis sie auf dem Dorfplatz die Statuen der Muttergottes und des Auferstandenen zusammentreffen lassen. Regionale Bedeutung hat der Lunissanti ("heiliger Montag"), den man in der Gegend von Castelsardo und Tergu am Montag der Karwoche feiert. Während der Prozession der Bruderschaften (confraternitate) werden von Chören mittelalterliche Gesänge vorgetragen.

Baedeker TIPP Festkalender

Eine gute Übersicht über die jeweils aktuellen Feste und Prozessionen findet man – wie auch sonst allerlei Nützliches – im Veranstaltungskalender auf der Internetseite www.sardinien.com.

Hirtenfeste

Die Hirten Innersardiniens, die schon immer nach ihren eigenen Gesetzen und Traditionen lebten, haben ihre speziellen Feste, die an die wichtigen Ereignisse des Hirtenlebens gebunden sind. An erster Stelle steht die Schafschur "Su tusolzu". Nachdem die Arbeit beendet ist, halten die Hirten und ihre Gäste ein großes Festmahl ab, in dessen Mittelpunkt die für die Küche der Hirten typischen Gerichte stehen, besonders gekochtes Lammfleisch mit Kartoffeln.

Folklore

Sitten und Bräuche

Die sardische Kultur ist reich an Sitten und Traditionen, die allerdings durch die gesellschaftliche Anpassung der Sarden an einen modernen Lebensstil vielfach verloren gingen. Trotz des Niedergangs dieser Sitten konservativer Hirtenkultur konnten Bräuche

Beim Kirchweihfest von Cagliari (Sagra di S. Ephisio), dem größten Fest auf Sardinien, werden die schönsten Trachten getragen.

Folklore (Fortsetzung)

wie "Sa paratura" (in der Landschaft Gallura "punitura") lebendig erhalten werden. Dieser Brauch half Hirten, Notsituationen durch gemeinschaftliche Hilfe zu überstehen. Wenn ein Hirte durch einen Unglücksfall (Diebstahl, Krankheit oder Haft) seine Herde verlor, wurde er von den anderen Hirten entschädigt, indem ihm jeder ein Schaf schenkte und dadurch die Herde so zum Teil wieder aufgebaut wurde. Immer seltener wird der Brauch "S'attittu" (oder "attitidu") praktiziert. S'attittu ist die Totenklage, die von Klageweibern gehalten wurde. Die Frauen waren entweder mit dem Verstorbenen verwandt oder wurden als Klageweiber angestellt. Alle wichtigen Ereignisse im Leben, besonders Geburt, Heirat und Tod, sind in der traditionellen sardischen Gesellschaft mit rituellen Handlungen und Feiern verbunden. Am häufigsten werden wohl noch Hochzeiten nach den traditionellen Bräuchen der jeweiligen Ortschaft in den schönen alten Trachten gefeiert.

"ballu tundu"

Eine vermutlich weit zurückgehende Tradition hat der "Nationaltanz" der Sarden, der "ballu tundu". Bei diesem Gruppentanz bilden die Tänzer und Tänzerinnen lange Ketten, die sich zu Kreisen schließen. Zu dem sardischen Rundtanz spielen oft die "launeddas" auf, die dreirohrigen sardischen Hirtenflöten, die ein Indiz für das Alter dieses Tanzes sind.

Gesang

Eine andere traditionelle Ausdrucksform der Hirten sind die "canti a tenores", improvisierte Sprechgesänge, die oft aktuelle Ereignisse zum Inhalt haben. Es werden regelrechte Wettkämpfe ausgetragen; vier Männer singen den Refrain, der fünfte, der Tenor, übernimmt jeweils im Wechsel die Rolle des Vorsängers. Diese Liedform folgt streng festgelegten überlieferten Gesangsmustern.

Reiseziele von A bis Z

Routenvorschläge

Die folgenden Routenbeschreibungen sind so gewählt, dass viele der Hauptsehenswürdigkeiten berührt werden. Die vorgeschlagenen Streckenführungen lassen sich auf der zum Buch gehörenden Reisekarte verfolgen, die die genaue Reiseplanung erleichtert.
Orte, die im Abschnitt "Reiseziele von A bis Z" unter einem Hauptstichwort beschrieben sind, erscheinen innerhalb der folgenden Routenvorschläge **in halbfetter Schrift**; Beschreibungen der anderen erwähnten Orte, Landschaften, archäologischen Stätten und einzeln stehenden Sehenswürdigkeiten können über das Register nachgeschlagen werden. Bei den Entfernungsangaben in Klammern handelt es sich um gerundete Kilometerzahlen, die sich auf den genauen Routenverlauf beziehen.

Route 1: Von Sassari nach Alghero (ca. 260 km)

Sassari

Castelsardo

Perfugas

Nachdem man die hübsche Altstadt und das sehenswerte Museum Sanna in ***Sassari** besucht hat, verlässt man die zweitgrößte Stadt Sardiniens in nördlicher Richtung (SS 200) und gelangt über Sorso auf die Küstenstraße, die nach einigen Kilometern nach ***Castelsardo** führt. Die mittelalterliche Festung des Ortes beeindruckt durch ihre imposante Lage schon von weitem. Die Besichtigung der Burg und des alten Ortskerns ist sehr zu empfehlen. Besonders interessant ist die nun folgende Strecke von Castelsardo nach **Perfugas**. Am Straßenrand überrascht die eindrucksvolle Felsformation des *Roccia dell'Elefante. Die Straße führt bergab in die Piana dell'Anglona und steigt Richtung Sedini wieder an. Hinter Bulzi erblickt man schon von der Straße aus die schöne Kirche *San Pietro di Simbranos (11. Jh.), ein Beispiel der pisanischen Romanik auf Sardinien. In Perfugas sollte man das *Archäologische Museum nicht auslassen, das die Funde aus der Umgebung anschaulich präsentiert. Von Perfugas geht die Fahrt auf der SS 127 weiter nach Martis, von wo aus ein Abstecher zum "Versteinerten Wald von Carucana" möglich ist, dann biegt man nach Chiaramonti ab und fährt Richtung Codrongianos weiter. Auf dieser Strecke warten auf den kunsthistorisch Interessierten zwei Kostbarkeiten: linker Hand die Kirche San Michele di Salvenero und ein Stückchen weiter die Abteikirche **Santissima Trinità di Saccargia. Von hier aus kann man auf der SS 131 in südlicher Richtung einen Abstecher nach Torralba machen und eine der schönsten Nuraghen Sardiniens, die von **Santu Antine, besichtigen. Auch die südöstlich gelegene *Ne-

◂ **Die Basilika Santissima Trinità di Saccargia mit ihrem weithin sichtbaren schwarz-weißen Mauerwerk liegt in der Nähe von Sassari.**

Routenvorschläge

Die Bucht am Capo Testa: Einsame Strände laden zur erholsamen Pause in wunderschöner Felslandschaft ein.

Route 1 (Fortsetzung)

Porto Torres

kropole Sant'Andrea Priu ist sehenswert. Die Route folgt nun weiter nordwärts der Schnellstraße Carlo Felice (SS 131), an Sassari vorbei, das man zur Rechten liegen sieht, nach **Porto Torres**. In Porto Torres steht ein weiteres Meisterwerk der sardischen Kirchenbaukunst, die *Basilika di San Gavino. Die Route führt jetzt auf einer Provinzstraße, die parallel zur Küste verläuft, nach **Stintino**. Unterwegs passiert man die beiden Strandseen Stagno di Pilo und Stagno di Casaraccio, die sich im nördlichsten Teil der Landschaft Nurra befinden. Das kleine Fischerdorf Stintino liegt zwischen einer tiefen, als Fischereihafen ausgebauten Reede und einer kleinen Bucht. Von hier ist es nicht mehr weit zum *Capo del Falcone, dem schönen Aussichtspunkt zur Isola Asinara. Der weiße Badestrand La Pelosa und das seichte, türkisfarbene Wasser versprechen angenehme Badefreuden. Zurück in Porto Torres, erreicht man nach ca. 35 km Fahrt in südlicher Richtung das attraktive ***Alghero**, dessen Altstadt mit seinem spanisch-sardischen Flair ebenso einladend ist wie seine lebendigen Einkaufsstraßen und die weißen Sandstrände in unmittelbarer Umgebung. Vom Hafen der Stadt fahren täglich Ausflugsboote zur nahen *Grotta di Nettuno, eine der schönsten Tropfsteinhöhlen Sardiniens.

Stintino

Alghero

Route 2: Von Tempio zur Costa Smeralda (ca. 160 km)

Tempio Pausania

Von dem Ferien- und Kurort **Tempio Pausania** gelangt man über das kleine, von Granitbergen eingerahmte Dorf Aggius weiter zur *Valle della Luna, das rechter Hand an der Straße nach Trinità d'Agultu liegt, dem nächsten Punkt der Route. Wenige Kilometer von Trinità d'Agultu entfernt liegt am Meer das Fischerdorf Isola Rossa, das sich zu einem lebendigen Fremdenverkehrsort entwickelt hat. Nun kehrt man wieder auf die Panoramastraße Porto Torres – Santa Teresa di Gallura zurück und fährt durch eine großartige Landschaft, das Meer zur Linken und die grüne mediterrane Macchia zur Rechten, auf den bekannten Badeort **Santa Teresa di Gallura** zu. Hier lohnt sich ein Abstecher zum **Capo Testa mit seiner bizarren Felslandschaft und seinen beliebten Stränden. Die Fahrt geht weiter durch die felsige Küstenlandschaft auf der Straße 133 nach Palau (möglicher Abstecher zum *Capo d'Orso). Hier kann man mit der Fähre zur Insel ***La Maddalena** übersetzen (15 Min.). Ein Besuch des Garibaldi-Museums auf der Nachbarinsel Caprera, die durch eine Brücke mit La Maddalena verbunden ist, informiert über den berühmten italienischen Freiheitskämpfer. Zurück in Palau, gelangt man auf der SS 125 über Berg und Tal zwischen Granitfelsen hindurch nach **Arzachena**, das ursprünglich ein Bauern- und Hirtendorf war. Westlich des heute bekannten Ferienortes liegen einige bedeutende prähistorische Fundstätten, die unbedingt besichtigt werden sollten: die **Gigantengräber von Li Lolghi und von Coddu Vecchiu. Von Arzachena ist es nicht mehr weit bis zu den herrlichen Stränden und berühmten, eleganten Ferienorten entlang der ****Costa Smeralda**, der "Smaragdküste" des Aga Khan. Der Küstenstreifen beginnt westlich des Hauptortes Porto Cervo und zieht sich nach Süden bis Portisco.

Route 2 (Fortsetzung)
Santa Teresa di Gallura
La Maddalena
Arzachena
Costa Smeralda

Route 3: Von Olbia nach Nuoro (ca. 190 km)

Die Route beginnt am Corso Vittorio Emanuele in **Olbia** und führt an zahlreichen beliebten Badeorten an der Nordostküste vorbei. Man verlässt die Stadt in südöstlicher Richtung auf der SS 125, die dem Verlauf der Küste folgt. Hinter dem Ferienort San Teodoro mit seinem schönen Strand entfernt sich die Strecke etwas vom Meer, um sich ihm kurz vor *Posada, das auf einer Bergspitze thront, wieder zu nähern. Schließlich gelangt man durch das Provinzzentrum **Siniscola**, hinter dem sich das herrliche Bergmassiv des *Monte Albo erhebt, nach **Orosei**, das auf einem ausgeschilderten historischen Rundgang erkundet werden kann. Durch eine schöne Karstlandschaft fährt man bis zum hoch gelegenen **Dorgali**. Hier bieten sich Besichtigungen und kleine Wanderungen in großer Zahl an, etwa zur *Grotta d'Ispinigoli, zum *Gigantengrab von S'Ena 'e Thomes und zum *nuraghischen Dorf Serra Orrios. Ein Abstecher zum Badeort Cala Gonone ist ebenfalls lohnend: Hier werden Bootsausflüge zu den schönsten Grotten der Umgebung, z.B. zur *Grotta del Bue Marino, und zu herrlichen Stränden angeboten. Etwa 20 km südlich von Dorgali können Wanderfreudige die schönste Schlucht Sardiniens erkunden, die **Gola su Gorruppu. Die Fahrt geht weiter durch Oliven- und Mandelhaine nach **Oliena**, dessen Lage am Fuße des felsigen *Supramonte beeindruckend ist. Nun kann man sich entscheiden, ob man von hier aus als Erstes ***Orgosolo** einen Besuch abstatten oder zunächst nach Nuoro weiterfahren will. Die direkte Verbindung Oliena – Orgosolo besteht aus einer 18 km langen, recht kurvenreichen Straße entlang des Supramonte, von der sich immer wieder neue reizvolle Ausblicke in die Landschaft ergeben. Das Hirtendorf zählt wegen der rauen Natur, die es umgibt, und dem traditionellen Lebensstil seiner Einwohner zu den typischen Ortschaften der Barbagia. Berühmt sind hier die politischen Wandmalereien (*Murales), die auf zahlreichen Häuserfassaden zu sehen sind. Von Orgosolo bis **Nuoro** folgt die Straße

Olbia
Siniscola
Orosei
Dorgali
Oliena
Orgosolo
Nuoro

Route 3
(Fortsetzung)

fast ununterbrochen dem Tal des Flusses Cedrino durch eine liebliche Landschaft mit Weinbau und Baumkulturen. In Nuoro, Provinzhauptstadt und Heimat der Nobelpreisträgerin Grazia Deledda (▶ Berühmte Persönlichkeiten), kann die Besichtigung der Museen, vor allem des *Museo della vita e tradizioni, und ein Ausflug zum Monte Ortobene empfohlen werden.

Route 4: Von Bosa zur Costa del Sud (ca. 270 km)

Bosa

Cuglieri

Oristano

Arborea

Costa Verde

Iglesias

Carbonia

San Pietro

Sant' Antioco

Costa del Sud

Pula

Die am Temo gelegene, hübsche Stadt ***Bosa**, die in ein grünes Tal gebettet ist und von einem verfallenen Kastell überragt wird, verlässt man auf der SS 292 in Richtung des Bergdorfs **Cuglieri**. Von dort geht es bis nach **Oristano**, der heute noch ländlich wirkenden Provinzhauptstadt mit einer kleinen, beschaulichen Altstadt. Es empfiehlt sich ein Ausflug zur Sinis-Halbinsel und zur berühmten Ausgrabungsstätte von **Tharros. Unmittelbar hinter Oristano (SS 126) sollte man die Kathedrale Santa Giusta am Rande des gleichnamigen Ortes nicht auslassen und dann weiter an **Arborea** und Terralba vorbei der langen, geraden Straße durch die weite Ebene des Campidano folgen. Durchaus lohnenswert ist ein Abstecher an die ***Costa Verde**, einem der teilweise noch ursprünglichen Küstenstreifen der Westküste. Die Fahrt geht auf der SS 126 von Guspini in Richtung Iglesias über Fluminimaggiore weiter. In diesem Gebiet sind viele Zeugnisse der sardischen Bergbauepoche zu sehen (Abraumhalden, verfallene Bergbausiedlungen etc.). Wenige Kilometer nach Fluminimaggiore führt ein kleiner Feldweg rechter Hand zu einem römischen Tempel (**Tempio di Antas), der in die grüne Landschaft eingebettet ist. **Iglesias** hat neben dem Mineralogischen Museum eine schöne Altstadt mit verwinkelten Gassen zu bieten. Es geht weiter durch ehemalige Bergbaugebiete und an **Carbonia** vorbei, in dessen Nähe die *phönizisch-punische Festung auf dem Monte Sirai besichtigt werden kann. Nun ist es nicht mehr weit nach Portovesme, dem Fährhafen zur Isola di **San Pietro**, wo das Städtchen *Carloforte den Besucher empfängt. Von hier setzt man mit dem Fährschiff zur Nachbarinsel **Sant'Antioco** über. Sonnenbaden an einem der Strände oder ein Besuch der römisch-punischen Ausgrabungen bei der Stadt Sant'Antioco bieten sich auf dieser Insel an. Zurück auf Sardinien folgt man der SS 195 bis 3 km vor Teulada, um dort zur ***Costa del Sud** abzubiegen. Von der Panoramastraße hat man herrliche Ausblicke auf die fantastische Küstenlandschaft mit ihren geschützten kleinen Stränden und Buchten, zu denen man auch hinuntersteigen kann. Die Straße stößt schließlich wieder auf die SS 195, auf der man am Badeort Santa Margherita vorbei nach **Pula** und zur nahe gelegenen, berühmten Ausgrabungsstätte **Nora gelangt, wo die Route endet.

Route 5: Mit der Schmalspurbahn von Cagliari nach Arbatax

Cagliari

Senorbi

Der Ausflug mit der Schmalspurbahn (ca. 227 km) ist nichts für Langschläfer, denn die Fahrt beginnt zu früher Morgenstunde (Abfahrt im Sommer: 6^{50} Uhr). Die erste Etappe von der Hauptstadt ***Cagliari** nach Mandas über Dolianova und **Senorbi** stimmt den Reisenden auf die kommende Bergstrecke ein. Man fährt durch relativ flaches Land, bis sich der Zug schließlich hinter Mandas langsam bergauf bewegt. Die englische Eisenbahngesellschaft wurde beim Bau dieser Strecke vor 100 Jahren nach Kilometern bezahlt, weswegen der Zug bis heute in unendlichen Kurven die Berge hinaufschnaubt, jede Kurve der Täler ausfährt und man vergeblich nach Eisenbahnbrücken Ausschau hält. Die Fahrt geht nun durch das wilde Bergland der Barbagia, das zuerst noch lieblich mit Weiden, Öl- und Eichenbäumen wirkt, aber dann – mit zunehmender Höhe – rauer und herber wird. Die Bergdörfer Orroli, Nurri und Sadali werden nur am Rande gestreift. Mit Ausnahme von **Seui** liegen die Bahnhöfe teilweise weit außerhalb der Ortschaften. Hinter Seui geht es nun weiter durch einsames Bergland, eine der schönsten Gebirgslandschaften Sardiniens. Der nächste große Ort ist erst wieder **Lanusei**, die Kreishauptstadt der Landschaft Ogliastra. Von hier führt die Fahrt in vielen Kurven bergab in wieder mildere und fruchtbare Gegenden. Über Tortoli erreicht man schließlich die Endstation an der Ostküste der Insel, **Arbatax**, das für seine leuchtend roten Porphyrfelsen berühmt ist.

Seui

Lanusei

Arbatax

Die roten Porphyrklippen bei Arbatax sind ein beliebtes Fotomotiv; dass die Umgebung zubetoniert wurde, sieht man auf den Bildern oft nicht.

Alternativen

Die Strecke lässt sich auch verkürzen und variieren. Da allerdings nur einmal am Tag ein Zug in jede Richtung fährt, ist die Auswahl nicht sehr groß. Eine Möglichkeit besteht darin, die Fahrt erst in Mandas zu beginnen und gleich in die Bergwelt einzutauchen. Die andere Variante wäre, die Strecke von Arbatax aus als Tagesausflug zu planen. Von hier könnte man bis nach **Seui** fahren und dann den Gegenzug wieder zurück nach Arbatax nehmen. Auch die Nebenstrecke von Mandas nach Sorgono ist reizvoll. Wer lieber mit der Dampflokomotive fährt, kann an einer der Sonderfahrten des Trenino Verde (▶ Praktische Informationen, Eisenbahn) teilnehmen.

Reiseziele von A bis Z

Alghero F 5

Provinz: Sassari (SS)
Höhe: 7 m ü. d. M.
Einwohnerzahl: 41000

***Stadt mit spanisch-katalanischem Erbe**

Bereits um 1900, als sich die Savoyerkönige die Sommerresidenz Las Tronas (▶ Praktische Informationen, Hotels) erbauen ließen, begann die touristische Entwicklung Algheros. Sie war die erste Stadt Sardiniens, die eine große Anzahl an Urlaubern beherbergen konnte. Nach dem Flanieren durch die schöne, lebendige Altstadt mit ihrem spanisch-sardischen Flair kann man einen Abstecher an einen der Strände um Alghero machen, die Grotta di Nettuno besuchen oder ein prähistorisches Zeugnis besichtigen.
Auf einer kleinen Landzunge im Nordwesten Sardiniens erbaut, zeichnet sich Alghero durch eine besonders exponierte Lage aus. Nur 300 Seemeilen trennen die Stadt von der spanischen Küste; Barcelona liegt somit genau gegenüber in Richtung Westen. Die Stadt war in ihrer Geschichte immer eher zum Meer und damit Richtung Katalonien orientiert. Der Name Alghero (katalanisch L'Alguer) soll von dem Wort Alge abgeleitet sein, aber auch eine arabische Herkunft des Ortsnamens ist denkbar.

Geschichte

Schon im Neolithikum und auch während der Epoche der Nuragher war das Gebiet um Alghero einschließlich seiner Meeresgrotten (vor allem der Grotta Verde an der Küste der Landzunge Capo Caccia) besiedelt, wie die Nekropole von Anghelu Ruiu und die dortigen Funde bezeugen. Mit der Eroberung Sardiniens durch die Römer (238 v. Chr.) wurde die Umgebung Algheros erneut dauerhaft besiedelt. In der nahen Bucht von Porto Conte existieren noch Reste von Villen aus der Römerzeit. Die Stadtgründung geht auf die genuesische Familie Doria zurück, welche 1102 die Stadtbefestigung um eine bestehende kleine Siedlung anlegen ließ: Der intensive Handelsverkehr zwischen Genua und der nördlichen Küste Sardiniens sollte mit der Gründung von Alghero weiteren Auftrieb erhalten.
Um 1283 belagerten die Pisaner fast einen Monat lang vergeblich die Stadt. Im Rahmen der aragonesischen Eroberung Sardiniens wurde Alghero 1353 als letzte Stadt der Insel eingenommen. Im folgenden Jahr vertrieb König Peter IV. von Aragonien die aufständische genuesenfreundliche Bevölkerung Algheros und ersetzte sie durch katalanische Siedler. So erwarb die Stadt einige auffällige Besonderheiten: ihre Sprache, eine katalanische Mundart, und ihre Architektur, in der heute noch katalanische Einflüsse klar zu erkennen sind. In den letzten Jahren wurde die katalanische Sprache

wieder aufgewertet, was sich in den zweisprachigen Straßenschildern der Altstadt widerspiegelt.

Geschichte (Fortsetzung)

Lebendige Altstadt

Schon durch seine außerordentliche Lage, gedrängt auf einer kleinen Landzunge, ist Alghero etwas Besonderes. Obwohl die Altstadt im Mai 1943 durch alliierte Luftangriffe teilweise zerstört wurde, ist sie sonst recht gut erhalten und wurde durch umfangreiche Sanierungsarbeiten und Verkehrsberuhigung (kein Autoverkehr) aufgewertet. Das rege Treiben in den engen Gassen, die Treffs auf den vielen sonnigen Plätzen und die Einkaufsmöglichkeiten laden zum Flanieren ein.

Dass sich die Stadt dem Tourismus verschrieben hat, erkennt man an den vielen Souvenir- und Schmuckläden, die Korallenschmuck in allen Variationen anbieten. Die Korallenverarbeitung hat eine lange Tradition in Alghero; früher stammten die Korallen aus der Umgebung des Capo Caccia. Echten Korallenschmuck nach Deutschland zu importieren ist seit dem Washingtoner Artenschutzabkommen allerdings verboten! Die Stadt zeichnet sich auch

MURALLA
DE L'ESPITAL
65

durch eine vielfältige und ausgezeichnete Gastronomie aus, die insbesondere katalanische Spezialitäten (vor allem Fisch und Meeresfrüchte, z. B. "arragosta alla catalana") anbietet.
Rund um die alte Stadtbefestigung hat sich das moderne Alghero entwickelt. Entlang der Küste im Norden und Süden reihen sich die zahlreichen Hotels, wogegen landeinwärts viele neue Wohnsiedlungen entstanden sind, in denen die einheimische Bevölkerung lebt.

Altstadt (Fortsetzung)

Sehenswertes in Alghero

Rundgang

Alghero erscheint dem Besucher mit seiner stimmungsvollen Altstadt als ein Ort, in dem die Zeit stehen geblieben ist. Doch zugleich befindet man sich in einer sehr modernen Stadt mit einer herrlichen Umgebung – Meer, Strände und die sich im Südosten erstreckenden Olivenhaine. Um die Stadt kennen zu lernen, kann man sich entweder einfach in das Gassengewirr der Altstadt stürzen oder dem Rundgang folgen, der hier beschrieben ist: Er beginnt am Platz Porta a Terra und führt zunächst rund um den Altstadtkern von Alghero.

Piazza Porta a Terra

Die Piazza Porta a Terra verbindet die Altstadt mit den modernen Vierteln; sie liegt neben dem Stadtpark mit seinen mächtigen Eichen und der Marmorstatue (1894) des aus Alghero stammenden Historikers Giuseppe Manno. Am Ende des Platzes erhebt sich die Torre degli Ebrei ("Judenturm"), 1630 mit Unterstützung der jüdischen Gemeinde erbaut. Der trutzige Turm gehörte einst zur Stadtbefestigung, die besonders zur Seeseite hin noch gut erhalten ist.

Türme der östlichen Stadtmauer

Geht man an der Torre di Porta Terra vorbei nach Süden die Via Sassari und die Via Mazzini entlang, so erreicht man den Largo San Francesco mit der Torre di San Juan (San Giovanni) aus dem 14. Jahrhundert. Weiter auf der Via Regina Elena, die den Largo San Francesco mit der Piazza Sulis verbindet, gelangt man zur Torre di Sulis. Hier war 1799 – 1821 der profranzösische Revolutionär Vincenzo Sulis aus Cagliari inhaftiert. Die Türme sind die Reste der landseitigen Stadtbefestigung, die man aus stadtplanerischen Gründen im 19. Jh. niederriss. Erhalten sind die Mauerzüge auf der Seeseite.

Piazza Sulis

Die Piazza Sulis an einer verkehrsreichen Straße ist das Herz von Alghero. Rund um die Uhr trifft man sich hier; Cafés und Restaurants laden zum Verweilen ein, wenn man sich vom Autolärm nicht stören lässt. Am Abend ist der Platz – besonders vor den Kinos

Baedeker TIPP Katalanischsprachiges Erbe

Wenn man durch die Gassen Algheros flaniert, sollte man auf die zweisprachigen Straßenschilder achten. Neben dem italienischen Via oder Vicolo findet sich auch das katalanische Carrer. Gesprochen wird Katalanisch von den alteingesessenen Algheresen allerdings nur untereinander. Sobald sie mit Fremden (und dazu gehören, zumindest historisch gesehen, auch die Sarden!) ins Gespräch kommen, ist Italienisch angesagt.

◀ **Zumindest in Algheros Altstadt ist die Zeit stehen geblieben: Im Abendlicht werfen Spaziergänger Schatten an die Hauswände.**

Piazza Sulis (Fortsetzung)

und zur Strandpromenade hin – fest in der Hand der Jugendlichen. Hier führt man seinen neuen Motorroller oder das erste Auto vor und verbringt lange Abende unter freiem Himmel.

Strandpromenaden

An der Piazza Sulis beginnt die Strandpromenade Lungomare Dante, die in südlicher Richtung verläuft. Sie wurde in den 1950er-Jahren angelegt und ist auf der Landseite von einer Reihe von Jugendstilvillen flankiert. Nach Westen und Norden schließen sich Lungomare Cristoforo Colombo und Lungomare Marco Polo an; diese führen unterhalb der Befestigungsanlagen und Bastionen aus dem 17. Jh. um die Altstadt herum.

Entlang der westlichen Festungsmauer

Entlang der Festungsmauer stößt man am Ende des Lungomare Cristoforo Colombo auf die achteckige gotische Torre di San Giacomo. Beinahe gegenüber steht am Ende der Via Cavour die schöne Kirche Nostra Signora del Carmelo (17. Jh.). Über den Lungomare Marco Polo erreicht man den Bastione del Mirador, von dem aus man den Blick über die ganze Bucht von Alghero schweifen lassen kann, und trifft auf die runde Torre della Polveriera, neben der das ehemalige Kloster Santa Chiara steht. Die Promenade wendet sich nun nach Osten und passiert die Torre de Castilla unterhalb der Straße.

Hafen

Weiter geht es nun zum Jacht- und Fischereihafen. Hier legen die Ausflugsboote (z. B. zur Grotta di Nettuno) ab. Folgt man der Hafenpromenade unterhalb der Stadtmauer, so gelangt man zur Porta a Mare und bald danach zum Forte della Maddalena.

Piazza Civica

Betritt man die Altstadt durch die Porta a Mare, so gelangt man auf die Piazza Civica, die "gute Stube" der Bürger von Alghero. Hier reihen sich schöne Boutiquen und Cafés aneinander. An der südöstlichen Ecke steht der aufwändig renovierte aragonesisch-gotische Palazzo d'Albis (Palazzo de Ferrera) aus dem 16. Jh., in dem Karl V. während seines Aufenthalts in Alghero logierte. Ebenso ist der Palazzo del Veguer (Palast des Vikars) mit klassizistischer Fassade beachtenswert. Er liegt an der Piazza Civica zwischen der Via Carlo Alberto und der Via Maiorca.

Baedeker TIPP Mare Nostrum Aquarium

Fische aus dem Mittelmeer und aus den Tropen lassen sich im einzigen Aquarium Sardiniens in aller Ruhe betrachten. Hier tummeln sich z. B. Haie und Piranhas; auch Reptilien sind zu bestaunen. Via XX Settembre 1, ☎/FAX 079 97 83 33, Internet: www.aquariumalghero.it. Öffnungszeiten: Juni und Okt. tgl. 10^{00} – 13^{00} und 16^{00} bis 21^{00} Uhr, Juli und Sept. 10^{00} bis 13^{00} und 17^{00} – 23^{00} Uhr, Aug. 10^{00} – 13^{30} und 17^{00} bis 24^{30} Uhr; Nov. – Mai nur Sa., So. 16^{00} – 21^{00} Uhr.

Cattedrale Santa Maria

Am westlichen, höher gelegenen Ende der Piazza Civica erspäht man die Kathedrale der Stadt. Davor liegt die säkularisierte Chiesa del Rosario (18. Jh.), in der heute wechselnde Ausstellungen gezeigt werden. Die Kathedrale Santa Maria an der Piazza del Duomo geht auf die Jahre 1562 bis 1579 zurück, als sie im katalanisch-gotischen Stil erbaut wurde. Aus dieser Zeit stammen noch der achteckige Campanile (Glockenturm) mit einer bunt gekachelten Kuppel und das Südportal. Der unpassende, mehr an ein Theater erinnernde spätklassizistische Portikus mit dorischen Säulen bildet seit dem 18. Jh. die Domfassade.

Die Befestigungsmauern von Alghero: Einst von den Spaniern zur Verteidigung errichtet, sind sie heute nur noch abweisend in Richtung Meer gekehrt.

Via P. Umberto

Hinter der Kathedrale erreicht man durch die Via Santa Barbara die von alten Palazzi gesäumte Via Principe Umberto. Rechts steht der Palazzo Machin, ein Wohnpalast aus dem 16. Jh. mit einem Renaissanceportal und gotischen Fenstern.
Nach links öffnet sich die Piazza Vittorio Emanuele, an der die neoklassizistische Fassade des 1862 erbauten Theaters (Teatro Civico) auffällt. Am Ende der Via Principe Umberto erhebt sich die Chiesa della Misericordia, die von den Franziskanern im Jahre 1508 erbaut wurde.

Chiesa della Misericordia

San Michele

Die nahe Piazza Ginnasio wird von der Kirche San Michele, die 1612 über einem älteren Bau errichtet und 1675 von den Jesuiten fertig gestellt wurde, beherrscht. Die Barockkirche hat ein Dach aus bunten Keramikkacheln; im Innenraum fällt das Chorgestühl auf.

Via Carlo Alberto

Geht man von der Piazza San Michele in nördlicher Richtung die Via Carlo Alberto (Carrer Major) entlang, passiert man einige schöne Patrizierhäuser, darunter der Palazzo Guillot mit Biforien und einem schönen Portal aus dem 17. Jh., bevor man die Kirche San Francesco erreicht.

San Francesco

Hinter der schlichten Fassade der Kirche San Francesco verbirgt sich ein sehenswerter Innenraum. Ursprünglich in der zweiten Hälfte des 14. Jh. errichtet, wurde die Kirche mehrfach umgebaut. Gotisch sind noch die Seitenschiffe mit ihren schönen Kapitellen, während das Mittelschiff nach einem Einsturz 1593-98 im Stil der Renaissance mit einem Tonnengewölbe wieder aufgebaut wurde. Bemerkenswert ist der Chorraum (Presbyterium) mit seinem hohen Kreuzrippengewölbe und den unterschiedlichen Bogenöffnungen des Frauenchors. Durch die Sakristei gelangt man in den romanischen, im 19. Jh. aufgestockten Kreuzgang. In einem Teil des Klos-

ters ist heute das Hotel San Francesco (▶ Praktische Informationen, Hotels) untergebracht.

San Francesco (Fortsetzung)

Via Roma

Von der Via Carlo Alberto zweigt östlich die Via Roma mit dem Palazzo Peretti ab, der eine schöne Loggia aus dem 18. Jh. besitzt und an der Fassade ein Adelswappen zeigt.

Badestrände

Nördlich der Altstadt von Alghero, gleich hinter dem Hafen, beginnt ein 6 km langer Sandstrand, der sich bis nach Fertilia zieht. Der erste Abschnitt nennt sich Lido di San Giovanni. Die leichte rosa Färbung des sehr feinen Sandes rührt von den kleinen Korallenbruchstücken her, mit denen er durchsetzt ist. Im Süden der Stadt bestimmt die Felsküste das Bild; Baden ist in mehreren Buchten möglich.

Fahrt entlang der Nordküste

Fertilia

Am Ende des langen Badestrandes im Norden Algheros (7 km nördlich) liegt Fertilia, das in den 1930er-Jahren gegründet wurde. Der Ort entstand als Verwaltungszentrum für das damals urbar gemachte und von norditalienischen Bauern besiedelte Schwemmland der Nurra. Mit seinen rechtwinkelig angeordneten Straßenzügen, einer für Aufmärsche geeigneten Allee und einem überdimensionalen Denkmal ist es ein Musterbeispiel für Städtebau des Faschismus. Fertilia ist heute ein Wohnvorort von Alghero. Eine kleine Sehenswürdigkeit ist die römische Brücke, deren Reste (13 Bögen) im Süden von Fertilia aus dem Wasser des Stagno di Calich ragen, der hier ins Meer mündet. Während der Herrschaft der Römer gehörte die Brücke zur Straßenverbindung zum Porto Conte.

Römische Brücke

*Nuraghe Palmavera

Nach weiteren 4 km in Richtung Porto Conte trifft man auf die Nuraghe Palmavera, die sich rechts der Straße am Hang erhebt. Sie wurde in mehreren Phasen zwischen dem Jahr 1000 v. Chr. und dem 8. Jh. v. Chr. errichtet. Ihre heutige Form zeigt einen besonderen Grundriss: Den Mittelturm ergänzen eine Bastion in Form einer Ellipse und ein weiterer kleiner Turm im Innenhof. Man kann das Innere betreten und eine Plattform ersteigen, von der aus man einen weiten Blick über die Landschaft genießt. Mehrere Ausgrabungen erbrachten einige großartige Keramikfunde, die im archäologischen Museum von ▶ Sassari zu sehen sind.

Öffnungszeiten
April – Okt.
tgl. 9^{00} – 19^{00}
Nov. – März
9^{30} – 16^{00}
☎ 079 95 32 00

Spiaggia delle Bombarde, Spiaggia Lazzaretto

Fährt man von Fertilia direkt am Meer entlang, gelangt man auf kurzen Stichstraßen zur schönen Spiaggia delle Bombarde, einem feinsandigen Badestrand mit kristallklarem Wasser. Ganz in der Nähe erhebt sich die Torre del Lazzaretto (17. Jh.) am gleichnamigen Strand, von dem aus man auch einen schönen Blick bis nach Alghero hat.

*Porto Conte

Auf dem Weg zum Capo Caccia (24 km westlich von Alghero) umfährt man den großen Naturhafen Porto Conte. An diesem antiken

◀ **Die steilen Kalksteinwände des Capo Caccia ragen 168 m über dem Meer auf. Von hier oben hat man eine beeindruckende Aussicht.**

Porto Conte (Fortsetzung)

Portus Nympharum (Nymphenhafen) lag einst ein römisches Landgut (Villa rustica), dessen Ruinen besichtigt werden können. Für eine Besichtigung muss man sich an die Soprintendenza Archeologica in Sassari wenden (☎ 0 79 23 27 06). Das Meer und die Landschaft ringsum sind von besonderer Schönheit, die Strände aber nur zum Teil zugänglich. Im Südosten der Bucht ragt am Ende der Straße zur Punta del Giglio die Torre Nuova (17. Jh.) auf; in dem Turm ist heute ein Nachtclub untergebracht. Folgt man dem westlichen Teil der Küstenstraße, erreicht man die Cala del Tramariglio mit einem Turm aus dem 17. Jh. und einem kleinen Badeort.

Eine der schönsten Tropfsteinhöhlen: die Grotta di Nettuno

***Capo Caccia**

Schon wegen der schönen Aussichten auf das Meer und die Bucht von Porto Conte lohnt sich ein Abstecher zum Capo Caccia, einem aus hellen Kalkfelsen bestehenden Kap, das nur mit kargem Macchiagesträuch bewachsen ist und 168 m hoch über dem Meer aufragt. Am Ende der Straße befindet sich ein Parkplatz, von dem man einen guten Blick auf die senkrecht abfallenden Felswände hat. Eine Bar mit Souvenirladen bietet Stärkung für den folgenden Abstieg: Hier beginnt die in die Klippen gehauene "Escala del Cabirol" (katalan. "Rehbockstreppe"), die hinab zur Grotta di Nettuno führt.

***Grotta di Nettuno**

Die Tropfsteinhöhle Grotta di Nettuno, die zu den schönsten des Mittelmeers gehört, öffnet sich auf Meereshöhe und ist sowohl auf dem Landweg über die 656 Treppenstufen der "Escala del Cabirol" als auch mit einem Ausflugsboot von Alghero vom Meer aus (ca. 40 Min. Überfahrt, mehrmals täglich vom Hafen Algheros) zu erreichen. Vom insgesamt ca. 3 – 4 km langen Höhlensystem sind die vorderen 500 m erschlossen (Eintritt) und können mit Führung besichtigt werden. Entdeckt wurde die Höhle schon im 14. Jh. von sardischen Fischern. Hauptattraktion ist die Lagune im Inneren der Grotte, um die herum sich die einzelnen Säle mit ihren prächtigen Tropfsteingebilden gruppieren, bei stärkerem Seegang ist die Höhle nicht mit dem Boot zugänglich!

Grotta di Nettuno (Fts.)
Besichtigung
April – Sept.
tgl. 9^{00} – 19^{00}
Okt. 10^{00} – 17^{00}

In der benachbarten Grotta Verde, die sich (ebenfalls auf Meereshöhe) zum Porto Conte öffnet, hat man Grabbeigaben aus dem Zeitraum von 6000 – 5000 v. Chr. gefunden. Die Grotte kann nicht besichtigt werden.

Grotta Verde

Im Norden des Porto Conte findet man zwei besonders schöne Strände: die Badebucht bei der Torre del Porticciolo und den herrlichen Strand von Porto Ferro, der zwischen den Türmen Torre Negra, Torre Bianca und Torre Bantine-Sale in einer noch unverbauten Bucht liegt. Landeinwärts liegt der Lago Baratz, der einzige natürliche Süßwassersee Sardiniens.

Strände bei Torre del Porticciolo und Porto Ferro

Weiter im Norden liegt an der Küste die ehemalige Silberbergbaustadt Argentiera (▶ Porto Torres).

Argentiera

Umgebungsziele im Hinterland Algheros

Zur etwa 9 km nördlich von Alghero gelegenen Nekropole Anghelu Ruiu, die in der Form von Domus de janas (Felskammergräber) angelegt ist, gelangt man auf der so genannten Strada dei due Mari Richtung Porto Torres. Nur ein kleines Hinweisschild an einer Parkbucht kurz hinter der Abzweigung zum Fertilia-Flughafen markiert die Einfahrt. Die Nekropole stammt aus der Zeit der Ozierikultur (3300 – 2500 v. Chr.) und zählt zu den bedeutendsten und größten Anlagen dieser Art auf Sardinien. Die Stätte besteht aus 38 Gräbern, die die architektonische Struktur von Wohnhäusern nachahmen. Beachtenswert sind die stilisierten Stierhörner über einem Grabeingang. Sie sind typische Schmuckmotive der Felsengräber auf Sardinien. In den Domus de janas wurden Grabbeigaben von

***Nekropole Anghelu Ruiu**

Baedeker TIPP Ein Weingut mit Tradition

Folgt man der Straße hinter der Nekropole noch etwa 1 km weiter, erreicht man das mit 500 Hektar Anbaufläche größte, bereits 1899 gegründete Weingut Sardiniens, Sella & Mosca. Hier kann man sich von der Qualität der Weine überzeugen und z. B. den roten Dessertwein Anghelu Ruiu verkosten. Tenute Sella & Mosca, Località I Piani, I-07041 Alghero, ☎ 079 99 77 00, FAX 079 95 12 79, Internet: www.sellaemosca.com. Führungen durch das Weingut vom 15. Juni bis 30. September Mo. – Sa. 17^{30} Uhr; in den übrigen Jahreszeiten sind Führungen nach telefonischer Voranmeldung möglich. Öffnungszeiten der Enoteca: Mo. – Sa. 8^{30} – 13^{00} und 15^{00} – 19^{00} Uhr; in den Monaten Juni, Juli und August auch sonntags geöffnet.

Nekropole Anghelu Ruiu (Fts.)

großem Wert gefunden, die in den archäologischen Museen von ▶ Cagliari und ▶ Sassari besichtigt werden können.

*Nekropole von Santu Pedru

Zu empfehlen ist auch der Besuch der Nekropole von Santu Pedru am Fuße des Monte San Pietro, 12 km nordöstlich von Alghero. Man verlässt Alghero auf der SS 127, biegt beim Straßenwärterhaus Rudas in Richtung Ittiri ab und folgt der Straße etwa 3 km. Die Totenstätte besteht aus Domus de janas, d.h. einzelnen, in den Fels gehauenen Grabkammern, die den Wohnhäusern der damaligen Zeit nachempfunden wurden. Das größte Grab der Nekropole hat einen 15 m langen Gang und einen großen, viereckigen Saal, von dem aus man die anderen Kammern betreten kann. Die Nekropole, eine der interessantesten Sardiniens, stammt aus der Ozieri-Zeit (3300 bis 2500 v. Chr.) und wurde vermutlich als aufwändige Grabstätte für einen bedeutenden Stammesfürsten erbaut.

Olmedo

Der kleine Ort Olmedo liegt an der Straße Richtung Sassari, 14 km nördlich von Alghero. Im oberen Teil des Dorfs wurde die romanische Kirche Nostra Signora di Talia im 12. Jh. errichtet. Der Bau besitzt drei Kirchenschiffe mit Apsiden und ist außen mit schönen Blendarkaden geschmückt. Viele Legenden ranken sich um diese Kirche, die das ganze Jahr über, besonders aber während des Kirchweihfestes (1. Mai) Ziel von Wallfahrten ist. Talia heißt auch die Nuraghe in der Nähe des Ortes.

Von Alghero ins Bergland von Montresta

Die landschaftlich beeindruckende, sehr kurvige Straße SS 292 von Alghero ins Bergland von Montresta hinauf führt durch das am Hang liegende Bergdorf Villanova (24 km östlich von Alghero) mit seinen engen Gassen.

Lago del Temo

Auf der Weiterfahrt nach Pozzomaggiore kann man tief unten den großen Stausee Lago del Temo sehen. Er nimmt eine weite Fläche nördlich des Monte Minerva ein und entstand durch eine Talsperre des Flusses Temo, der bei Bosa ins Meer mündet.

Monteleone Rocca Doria

Eine beschilderte Linksabzweigung führt hier 2 km in Serpentinen nach Monteleone Rocca Doria hinauf. Der verschlafene Weiler liegt mit herrlichem Weitblick über See und Umland auf einer markanten Anhöhe. Die Entstehung der Ortschaft geht auf eine 1436 zerstörte Festung der genuesischen Familie Doria zurück, die Anfang des 12. Jh.s errichtet worden war. Ein Teil der Einwohner gründete daraufhin 10 km weiter nordöstlich Villanova Monteleone.

*Küstenstraße von Alghero nach Bosa

Verlauf

Spiaggia della Speranza

Die hoch gelegene Küstenstraße von Alghero nach ▶ Bosa folgt einem malerischen, zum Teil noch unberührten Küstenabschnitt Sardiniens. Der erste Abschnitt ist vom Gegensatz des silbrigen Grüns der Olivenbäume zum Grau der felsigen Gebirgsausläufer im Osten geprägt. Vor der Spiaggia della Speranza (schöner Sandstrand) in Poglina erblickt man zur Linken, nahe der Straße, die Cappella della Speranza; an der Küste wachen die Reste der Torre di Poglina über die Landschaft. Danach verläuft die Straße am Fuße des Trachytberglandes von Montresta, wo noch Gänsegeier leben, bis nach

Bosa. Bizarr kontrastieren die von Wind und Wetter zernagten Felsen (Tafonis) mit den weiten Ausblicken aufs Meer.

Umgebung von Alghero (Fts.)

Arbatax

K 13 14

Provinz: Nuoro (NU)
Höhe: 13 m ü. d. M.
Einwohnerzahl: 500

Berühmt für seine roten Klippen

*Capo Bellavista

Arbatax erreicht man über eine wenige Kilometer lange Stichstraße von Tortoli aus. Berühmt sind die roten Klippen, die man besonders gut vom Aussichtspunkt beim Leuchtturm am Capo Bellavista sieht. Leider liegen diese Felsen, im 19. Jh. von den Reisenden viel gerühmt, heute in hässlicher Umgebung. Hier befindet sich nahe dem bedeutenden Fährhafen eine Schiffswerft und eine große Papierfabrik. Von Arbatax aus bestehen Schiffsverbindungen nach Cagliari, Civitavecchia, Genua und Olbia. Hier ist auch Endstation eines Seitenastes der sardischen Schmalspurbahn, die von Mandas durch das wilde Bergland der Barbagia Seulo führt.

Tortoli

Tortoli liegt nahe der mittleren sardischen Ostküste in der Landschaft Ogliastra, in einer von Bergen umgebenen Küstenniederung. Die einst sumpfige und malariaverseuchte Ebene ist durch Entwässerungsmaßnahmen urbar gemacht worden. Die Stadt ist nicht gerade eine Schönheit, aber sie ist das Geschäftszentrum der Region; in der Nähe liegt ein kleiner Flughafen.

Arbatax ist ein ruhiger, kleiner Ferienort an der Ostküste, in dem es, abgesehen von der nahe gelegenen Industrie, recht beschaulich zugeht.

Provinz: Nuoro (NU)
Höhe: 795 m ü. d. M.
Einwohnerzahl: 1700

Sommerfrische mit malerischem Ortskern

Aritzo (75 km südlich von Nuoro und 15 km südlich von Tonara) ist ein typisches, von dichten Kastanienwäldern umgebenes Gebirgsdorf der Barbagia, das wegen seiner frischen Luft und der reizvollen Umgebung bekannt wurde. Der traditionelle Fremdenverkehrsort mit seinem malerischen Ortsbild ist auch ein idealer Ausgangspunkt für Wanderungen in die Berge des Gennargentu. Bekannt sind die hier hergestellten, kunsthandwerklichen Holzschnitzereien; besonders beachtenswert sind die mit traditionellen Motiven geschmückten Truhen aus Kastanienholz. Im Ortskern blieben typische Beispiele der ländlichen Architektur der Barbagia erhalten. Diese Häuser zeigen Mauern aus unverputztem Schieferbruchstein und schmale Holzbalkone. Entlang der langen Durchgangsstraße von Aritzo stehen einige Hotels. Sehenswert ist das Museo Etnografico mit einer schönen Sammlung zur Volkskunde, untergebracht im Schulhaus (Besichtigung nach Voranmeldung, ☎ 07 84 62 92 23).

Umgebung von Aritzo

Monte Texile

Der 4 km westlich von Aritzo gelegene Monte Texile (gesprochen: Teschile) ist leicht mit dem Auto zu erreichen. Es handelt sich um

Diese Fassaden in Desulo in der Barbagia könnten einen neuen Anstrich vertragen. Der Ort liegt weitab von den belebten Küstengebieten.

einen Felsturm aus Kalkstein (975 m), dessen eigenartige Form an einen Pilz erinnert. Der Berg ragt einsam aus der mit dichter Vegetation bedeckten Landschaft hervor.

Monte Texile (Fortsetzung)

Desulo

Auch die Ortschaft Desulo (13 km nordöstlich von Aritzo) ist ein beliebter Ausgangsort für Wanderungen in das Gennargentumassiv, besonders zum höchsten Gipfel, der Punta La Marmora. Umgeben von Kastanienwäldern liegt der Ort malerisch an einen steilen Hang gelehnt, weitab von den belebten Küstengebieten der Insel. Bekannt ist Desulo für seine schönen Trachten, die teilweise noch im Alltag getragen werden.

Gennargentu

Das zentralsardische Bergland wird von den Monti del Gennargentu gebildet, die zusammen mit dem nordöstlich angrenzenden Supramonte als Nationalpark unter Schutz stehen. Der Name Gennargentu bedeutet entweder Silber- oder Windpass (genna = "Pass", argentu = "Silber", bentu = "Wind") und könnte auf das im Sonnenlicht silbrig glänzende Schiefergestein oder auch auf den über die Bergkuppen pfeifenden Wind zurückgehen. Das Bergmassiv wird strahlenförmig nach allen Seiten durch tiefe Kerbtäler zerschnitten und kulminiert in einer etwa 5 km langen Kammregion, aus der sich der höchste Gipfel, die Punta La Marmora (1834 m), jedoch kaum hervorhebt. Im Gennargentumassiv liegen gefaltete paläozoische Schieferdecken dem großen Granitsockel der Insel auf. Als mächtige Aufwölbung ragt das granitische Grundgebirge in der Kammregion des Gennargentu knapp aus den Schieferdecken heraus.

*** Punta La Marmora**

Die Punta La Marmora erhebt sich östlich von Desulo. Man fährt von dort zunächst die Provinzstraße Richtung Fonni und am Passo di Tascusì rechts bis zum Refugio (beschildert). Anfänglich wandert man auf einem nicht markierten Fußweg, dann weglos bis zum Gipfel hinauf.
Der Name des Berges (ursprünglich Perda Crapias, "Ziegenstein" genannt) erinnert an den berühmten piemontesischen Geografen Alberto de La Marmora, der in fast zwanzigjähriger Arbeit, neben einem landeskundlichen Werk über Sardinien, die erste große, wissenschaftliche Landkarte Sardiniens entwarf (1845). Das Panorama ist großartig: An klaren Tagen bietet sich ein 360°-Ausblick bis zu fast allen Küsten der Insel; nur die nördlichen Regionen werden durch die Limbara-Kette verdeckt.

Atzara

Der ursprüngliche Charakter des auf das Mittelalter zurückgehenden Bergdorfs Atzara (16 km westlich von Aritzo) ist noch relativ intakt geblieben. Besuchenswert ist die dem hl. Antiochus geweihte Pfarrkirche. Sie stammt aus dem späten 15. Jh. und ist im Stil der katalanischen Gotik gestaltet. Eine Rosette aus Trachytgestein und ein massiver Glockenturm in romanischen Formen bereichern die schöne, zinnengekrönte Fassade.
Im Inneren werden zwei herrliche Barockaltäre von einheimischen Holzschnitzern, eine Marienstatue (16. Jh.) und kostbare Silberschmiedearbeiten (16. Jh.) aufbewahrt. Besondere Tradition hat die Produktion von handgewebten Teppichen, die zu den berühmtesten der Insel gehören. Die in Atzara erzeugten Weine sind ebenfalls von hervorragender Qualität.

Aritzo (Fts.) Tonara

Das typische Gebirgsdorf liegt auf 910 m Höhe an der Westflanke des Gennargentumassivs, etwa 11 km nördlich von Aritzo. In jüngster Zeit hat Tonara (2500 Einwohner) den Fremdenverkehr entdeckt, der nun einen bedeutenden Beitrag zur Wirtschaft leistet, die traditionell auf der Viehzucht und der handwerklichen Herstellung von Kuhglocken, Teppichen und torrone, eine Art türkischer Honig, beruht. Den alten Ortskern, der wegen seiner charakteristischen Bauernhäuser im traditionellen Stil interessant ist, lassen große, von sardischen Künstlern geschaffene Skulpturen aus Stein und Holz lebendiger erscheinen.

> *Baedeker* TIPP **Bei den "Barbaren"**
>
> Nirgendwo auf Sardinien sind alte Traditionen noch so lebendig wie in den Dörfern der Barbagia, den waldreichen Bergländern rings um das Gennargentumassiv. Diese "barbarische" Gegend erhielt ihren Namen wohl von den alten Römern, denen es nur schwer gelang, die einheimische Bevölkerung in den Bergen zu unterwerfen. Bis heute leben hier viele Menschen von der Landwirtschaft, deren Produkte in den kleinen supermercati erhältlich sind. Berühmt sind pecorino sardo, ein würziger Schafskäse, und ricotta, Frischkäse aus Schafsmilch. Dazu eingelegte Oliven und pane carasau, die dünnen Trockenbrotfladen der Hirten, und schon ist der Picknickkorb gefüllt. Für den Nachtisch empfiehlt sich torrone, der entweder aus Haselnüssen oder Mandeln hergestellt wird.

Tiana

Tiana (11 km nördlich von Tonara) ist wegen seiner Walkmühle, der Gualchiera Zedda, bekannt. Das um 1975 stillgelegte Werk besitzt die am besten erhaltene der zahlreichen Walkmühlen, die einst an den Ufern des Riu Torrei in Betrieb waren und die wichtigste Einnahmequelle der kleinen Dorfgemeinschaft von Tiana darstellten.

Santuario di San Mauro

Die Wallfahrtskirche erhebt sich 5 km südwestlich der Ortschaft Sorgono (ca. 15 km westlich von Tonara) in einer herrlichen Hügellandschaft. Eine Gruppe von alten "cumbessias" (Pilgerhäuschen) umgibt die Kirche. Diese geht auf das 16. Jh. zurück und verbindet außen wie innen auf harmonische Weise gotische und manieristische Formen. Die rechteckige, zinnenbekrönte Fassade aus grauen Trachytblöcken zieren ein Renaissanceportal und eine gotische Fensterrose von großen Ausmaßen, die aus einem einzigen Block gestaltet wurde. Das Fest von San Mauro, eines der beliebten Kirchenfeste der Gegend, findet alljährlich am 26. Mai statt.

Nuraghe Talei

Östlich der Wallfahrtskirche (ca. 200 m) steht die Nuraghe Talei, die sich durch ihren rechteckigen Grundriss auszeichnet.

Arzachena — C 12

Provinz: Sassari (SS)
Höhe: 83 m ü. d. M.
Einwohnerzahl: 9000

Archäologisches Zentrum im Nordosten

Arzachena liegt im Norden Sardiniens, in der Landschaft Gallura, 25 km von ▸ Olbia und 5 km von der Küste des tief ins Land eingeschnittenen Golfs von Arzachena entfernt. Zum Gebiet der Gemeinde Arzachena gehört die ▸ Costa Smeralda, die berühmteste touristisch ausgebaute Küstenregion Sardiniens. Der Tourismus, der sich hier in den letzten 25 Jahren stark entwickelt hat, stellt heute die wichtigste Einnahmequelle der Gemeinde dar. Die Kleinstadt zieht sich stufenförmig am Hang eines Hügels hinauf; im Hintergrund ragt ein Bergkamm mit Granitfelsspitzen auf.

Archäologisches Zentrum im Nordosten (Fts.)

Geschichte

Das bereits in prähistorischer Zeit besiedelte Gebiet weist reiche Zeugnisse der kupfersteinzeitlichen Kultur der Gallura (um 2000 v. Chr.) auf. Während der römischen Herrschaft war Arzachena eine bedeutende Station. Nach einer Pestepidemie (1376) verließen sämtliche Einwohner den Ort. In den folgenden Jahrhunderten wurde durch die Gleichgültigkeit der spanischen Regierung und durch die ständig drohende Gefahr von Überfällen aus dem nordafrikanischen Raum das umliegende Gebiet mehr und mehr entvölkert. So blieben in der Ebene nur einige kleine Hirtensiedlungen zurück, deren Bewohner sich jedes Jahr beim Kirchlein Santa Maria Maggiore versammelten. Im Jahre 1776 wurde in der Nähe die Kirche Santa Maria della Neve errichtet; um sie herum entwickelte sich die Ortschaft.

Umgebung von Arzachena

Cannigione

Das ehemalige Fischerdorf am lang gestreckten Golf von Arzachena, 7 km nördlich von Arzachena gelegen, hat sich dem Tourismus verschrieben, was die Vielzahl von Hotels und Ferienwohnungen belegt.

Nuraghe Albucciu

Etwa 2 km südöstlich von Arzachena auf der SS 125 nach Olbia weist ein Schild auf einen kurzen Fußweg zur Nuraghe Albucciu hin, eines der interessanten prähistorischen Denkmäler der Gegend. Ihr Grundriss entspricht dem einer Korridornuraghe. Die oberen Räume, zu denen eine Treppe führt, dienten als Wohnung. Charakteristisch sind an der Stirnseite des Gebäudes die Steinkonsolen, auf denen eine hölzerne Galerie ruhte.

Megarontempel Malchittu

Führungen
☎ 03 38 6 52 12 36, 03 38 3 67 26 46 oder 03 30 54 55 39
www.legambiente-gallura.com

Unweit der Nuraghe Albucciu befindet sich an der SS 125 das Besucherzentrum mit Parkplatz, von wo aus ein Feldweg zu dem auf einem kleinen Bergsattel gelegenen Megarontempel Malchittu führt (Hinweisschilder; 20 Min. Fußmarsch). Das um 1500 v. Chr. entstandene Monument ist bis auf das einstige hölzerne Giebeldach fast vollständig erhalten und gehört mit fünf weiteren Bauwerken seiner Art zu einem Sondertypus der nuraghischen Tempelarchitektur. Es besteht aus einem rechteckigen Raum mit rückwärtiger Apsis; im Inneren verlaufen niedrige Sitzpodeste entlang der Längsseiten. Am Eingang fassen vorgezogene Seitenwände (Anten) einen kleinen Vorplatz ein.

**Coddu Vecchiu

Man folgt der Straße nach Luogosanto, hält sich nach 2 km an der Gabelung rechts und nimmt nach weiteren 2 km die beschilderte Linksabzweigung zum Besucherzentrum am Gigantengrab. Die Grabanlage entstand in zwei Bauphasen: Einem Ganggrab (18.–16. Jh. v. Chr.) wurde in nuraghischer Zeit (16.–12. Jh. v. Chr.) ein halbkreisförmiger Vorplatz für kultische Zwecke und Opferriten (Exedra) vorgeblendet, der von aufgestellten rechteckigen Steinplatten (Orthostaten) gebildet wird. Die gut 4 m hohe zentrale Portalstele

Hoch oben auf dem Berg hat der Wind kunstvoll einen Fels verformt. Hat man die "Roccia dell'Orso" erklommen, ergibt sich eine traumhafte Aussicht auf das La-Maddalena-Archipel.

Coddu Vecchiu (Fortsetzung)

aus Granit ist mit einem Rand im Hochrelief und einer kleinen, 60 cm hohen Öffnung am Boden ausgestattet, die den einzigen Zugang zur einstmals vollständig abgedeckten Grabkammer bot. Hier wurden die Gebeine der Toten wie in einem Beinhaus bestattet.

*Li Muri

Das Gräberfeld Li Muri liegt in 8 km Entfernung von Arzachena. Man fährt auf der Straße nach Luogosanto weiter, bis 2,5 km nach der Abzweigung zum Gigantengrab Coddu Vecchiu rechts eine beschilderte Schotterstraße abzweigt. Nach 2 km parkt man rechts neben einem größeren Gebäude; links steigt ein holpriger Feldweg an zwei Gehöften vorbei an, ehe nach 10 Min. Fußmarsch rechts die eingezäunte Nekropole kommt. Mehrere rechteckige Steinkisten, die stark an Dolmen erinnern, dienten als Grabstätte. Die Steinkisten sind kreisförmig von senkrecht aufgerichteten, kleineren Steinplatten umgeben, die einst die heute verschwundenen, aus Erde aufgeschütteten Grabhügel (tumuli) einfassten. Daneben stehen kleine Steinkisten für Opfergaben und mehrere umgestürzte Menhire. In diesen aufwändig gebauten Einzelgräbern fand man die Toten, zweifellos hochgestellte Persönlichkeiten, in Hockstellung bestattet. Die Nekropole datiert in die jungsteinzeitliche Hirtenkultur von Arzachena (3500 – 2700 v. Chr.).

**Li Lolghi

Zum Gigantengrab Li Lolghi fährt man nach dem Abstecher zur Nekropole Li Muri 500 m auf der Straße weiter, bis links der Parkplatz kommt. Das 27 m lange Gigantengrab mit seiner fast 4 m hohen Portalstele steht frei auf einer kleinen Anhöhe. Es scheint aus einem älteren Steinkistengrab (1800 – 1600 v. Chr.) hervorgegangen zu sein, das in nuraghischer Zeit (1600 – 1200 v. Chr.) verlängert wurde. Ursprünglich war es mit einem ellipsenförmigen Grabhügel (Tumulus) bedeckt. Gigantengräber sind daher wohl als Weiterentwicklung einfacherer Megalithgräber (Steinkisten und Dolmen) zu verstehen.

Arzachena, Umgebung (Fts.)

Palau

Palau liegt 13 km nördlich von Arzachena. In seinem Hafen legen die Fähren zur nahen Insel ▶ La Maddalena an. Die Stadt lebt vom Fährbetrieb, von ein wenig Tourismus und von den US-Soldaten, die hier vor allem abends das Straßenbild prägen, denn auf der ebenfalls vorgelagerten Insel Santo Stefano befindet sich ein Stützpunkt der NATO. Zum Baden gibt es um Palau herum einige Möglichkeiten.

*Capo d'Orso

Etwa 5 km östlich von Palau erhebt sich auf dem Gipfel des felsigen Kaps die Roccia dell'Orso, eine gewaltige, massive Granitformation, die durch Wind und Wetter stark verwittert ist und an einen großen Bären erinnert. Von der Straße führt ein steiler, felsiger Fußweg hinauf, der vor einem verrosteten Gitter eines verlassenen Militärareals abzweigt (10 Min.). Der bereits in der "Geographia" des Ptolemäus erwähnte gewaltige Felsen beherrscht den großartigen Maddalena-Archipel mit den Inseln Santo Stefano, La Maddalena, Caprera und weiteren Eilanden und der Küste von Palau, die gleich hinter dem Ort von den mächtigen Granitskulpturen des Colle di Punta Sardegna (111 m) begrenzt wird.

Barumini · Su Nuraxi

L 9 / 10

Provinz: Cagliari (CA)
Höhe: 206 m ü. d. M.
Einwohnerzahl: 1500

Ausgangspunkt nach Su Nuraxi

Barumini liegt am östlichen Rand der Marmilla, einer vulkanisch geprägten, hügeligen Landschaft. Im Norden erheben sich der Steilrand der Giara di Tuili; im Südwesten schweift der Blick zum Namen gebenden Bergkegel der Marmilla ("Brust") bei Las Plassas, bekrönt von den Ruinen einer mittelalterlichen Burg. Bekannt wurde Barumini durch die nahe gelegene Nuraghenfestung Su Nuraxi, die zu den bedeutenden architektonischen Zeugnissen der bronzezeitlichen Megalithkultur Sardiniens zählt und in die Liste des Weltkulturerbes der UNESCO aufgenommen wurde.

Sehenswertes in Barumini und Umgebung

Kirche und Palazzo

Das Bauern- und Hirtendorf Barumini war im Mittelalter Hauptort der Marmilla. Interessant ist die um 1550 in spätgotischem Stil errichtete, später umgestaltete Pfarrkirche. Die ältesten Teile sind das Presbyterium und der Chor, die auf die zweite Hälfte des 17. Jh.s zurückgehen. Der Palazzo Zapata ist ein schönes Beispiel für die sardische Architektur des 16. und 17. Jahrhunderts.

Tuili

Das Bauerndorf Tuili (1400 Einwohner) liegt 4 km westlich von Barumini am südlichen Abhang der Hochebene Giara di Gesturi. Das

Tuili (Fortsetzung)

malerische Ortsbild ist noch weitgehend unversehrt erhalten. Sehenswert sind die Bauernhäuser mit ihren stattlichen Hofeinfahrten. Die Pfarrkirche San Pietro Apostolo birgt den "Retablo di San Pietro". Dieses Altarbild des Meisters von Castelsardo gilt als Hauptwerk der gotischen Malerei auf Sardinien. Es entstand vor 1500 und ist vom Einfluss der Renaissance noch weit gehend unberührt.

*Giara di Gesturi

Die Giara di Gesturi ist ein weites Basaltplateau nördlich von Tuili, das eine Fläche von etwa 50 km² auf 500 bis 600 m Höhe einnimmt und naturkundlich, landschaftlich und archäologisch überaus interessant ist. Man erreicht das Gebiet, indem man ab der Ortsmitte etwa 6,5 km weit einer asphaltierten Straße folgt, die kurvenreich an der steilen Südflanke bergauf bis zu einem Parkplatz führt. Die Hochfläche ist unbesiedelt und erscheint wild und unberührt. Die Vegetation besteht hauptsächlich aus mediterraner Macchia, Korkeichenwäldern und Wiesen. Das Regenwasser bildet zahlreiche kleine "paulis" (Sümpfe) genannte Teiche, die die wichtigsten Tränken der Tiere darstellen. Zur Erkundung der unübersichtlichen Hochfläche sollte man mit Kartenmaterial versorgt sein.

Wildpferde

Auf der Giara di Gesturi streifen rund 600 Exemplare einer nur hier vorkommenden kleinwüchsigen Rasse von halbwilden Pferden umher, die man mit etwas Glück von weitem beobachten kann. Die Tiere tragen Brandzeichen und haben allesamt ihre Besitzer – Bauern aus den umliegenden Dörfern. Einmal im Jahr werden die Pferde zusammengetrieben und die Fohlen mit Brandzeichen versehen. In prähistorischer Zeit wurden an den Rändern des Plateaus, das ein fast uneinnehmbares, natürliches Bollwerk bildete, zahlreiche Nuraghen errichtet. Einige von ihnen sind noch gut erhalten.

Auf der Giara di Gesturi leben noch einige hundert halbwilde Pferde.

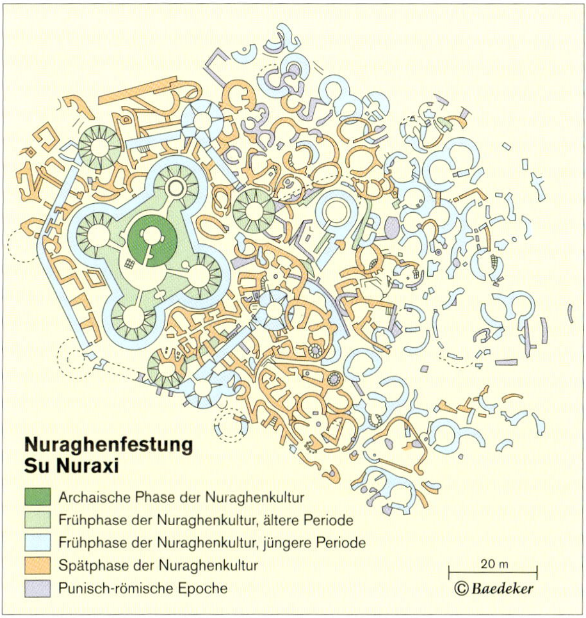

**Nuraghenfestung Su Nuraxi

Lage und Geschichte

Westlich von Barumini (1 km), an der Straße nach Tuili, liegt auf einer Anhöhe die größte Nuraghenfestung Sardiniens, Su Nuraxi (gesprochen: Nuraschi). Die gesamte Anlage nimmt eine Fläche von über 1000 m² ein. Der in Barumini geborene sardische Archäologe Giovanni Lilliu entdeckte die Anlage und begann Anfang der 1950er-Jahre mit den Ausgrabungen, die sich über einen Zeitraum von zehn Jahren erstreckten. Es wurde eine nuraghische Festung freigelegt, die ab 1500 v. Chr. in mehreren Bauphasen errichtet und erweitert wurde. In ihrer unmittelbaren Nähe stieß man auf die Reste eines aus annähernd 150 Hütten bestehenden nuraghischen Dorfes, das Spuren einer hoch entwickelten gesellschaftlichen Organisation aufweist. Die nuraghische Festung wurde mehrfach belagert und zerstört, endgültig von den Karthagern, doch war das Dorf noch bis in die römische Zeit bewohnt. Su Nuraxi ist heute wohl die anschaulichste Anlage, die einen Einblick in die nuraghische Gesellschaftsform gibt.

Öffnungszeiten
Sommer
tgl. 8³⁰ – 19³⁰
Winter
tgl. 9⁰⁰ – 17⁰⁰

Festung

Die Anlage der Burg ist komplex: Im Mittelpunkt erhebt sich als ältester Baukörper ein hoher, aus ringförmigen Reihen großer Basaltblöcke (an der Basis 1,20 x 0,45 m) erbauter Turm aus der Zeit um 1500 v. Christus. Er ist 10 m breit und 14 m hoch, doch dürfte er ursprünglich mit dem eingestürzten dritten Stockwerk und der Dachterrasse fast 19 m hoch gewesen sein. In jedem der durch Treppen verbundenen Stockwerke befindet sich ein Raum mit Kragge-

Im Hintergrund sieht man den zentralen Turm, umgeben von Rundhütten, die außerhalb der Festung entstanden: Unklar ist die Bedeutung der beiden Räume mit Rundbogen und Steinbecken in der Mitte.

Festung (Fortsetzung)

wölbe. Den Mittelturm umgibt eine mächtige Bastion (13./12. Jh. v. Chr.), die einen eindrucksvollen Innenhof bildet, mit vier großen Türmen an den Ecken.

Rund um die Bastion verlief eine äußere Ringmauer, die mindestens zwei Türme besaß. Ab 1000 v. Chr. wurde die gesamte Anlage mit einem neuen Mauergürtel verstärkt; die Umfassungsmauer erreichte so eine Dicke von 5 m, und der Haupteingang wurde aus Gründen der Sicherheit auf eine Höhe von 7 m über dem Erdboden verlegt. Zusätzlich errichtete man eine neue Ringmauer mit sieben Türmen; sie umschloss einen Hof, der als Versammlungsplatz diente, und schützte ein großes, rundes Gebäude, das als Sitz des Ältestenrates gedeutet wird.

Rundhüttendorf

Die vielen Rundhütten, deren Reste die Burganlage umgeben, entstanden ebenfalls in unterschiedlichen Phasen: Zunächst (um 1000 v. Chr.) baute man außerhalb der Festung; erst nach der weitgehenden Zerstörung der Burg errichtete man auch innerhalb der ehemaligen Ringmauer größere Wohnkomplexe. Bis heute rätselhaft ist die Bedeutung von zwei Räumen mit fein behauenem Sitzrund und Steinbecken in der Mitte sowie einem Rundbogen. Vielleicht war es die Backstube mit Knettrog, vielleicht auch eine Kultstätte mit Weihwasserbecken.

Bosa H 6/7

Provinz: Nuoro (NU)
Höhe: 2 m ü. d. M.
Einwohnerzahl: 8900

***Glanzvolle Vergangenheit**

Bosa ist die westlichste Ortschaft der Provinz Nuoro, 47 km südlich von Alghero. Besonders reizvoll ist die Lage der Stadt: Sie befindet sich nahe dem Meer und ist ins grüne, landwirtschaftlich genutzte Tal des Flusses Temo zwischen hoch aufragenden Felsen und flachen Hügeln gebettet. Dank seiner günstigen Lage war Bosa von alters her bewohnt und erlebte Zeiten des Wohlstandes, deren Spuren an seinen z. T. restaurierten Gebäuden heute noch zu sehen sind. Von lokaler Bedeutung sind Kunsthandwerk (Schmuck, Filetstickerei und Holzschnitzerei), Fischfang und Korallenverarbeitung. Neben dem Gemüse- und Obstanbau ist das Gebiet für seine guten Weine, darunter besonders für den berühmten Malvasia, bekannt. Heute ist die Entwicklung des Fremdenverkehrs in Bosa ein weiterer wirtschaftlicher Schwerpunkt.

Stadt am Fluss

Am Ufer des träge dahinströmenden Flusses Temo breitet sich die hübsche Altstadt von Bosa aus, die sich dann steil den Hang hinauf in kleinen Gässchen zum mittelalterlichen Kastell zieht, das hoch über der Stadt thront. Die meisten Altstadthäuser wie auch die alte Temobrücke sind aus rötlichem Trachytgestein erbaut, dessen warmer Farbton an Buntsandstein erinnert. Etwa 2 km weiter westlich mündet der Temo ins Meer: Hier liegt der kleine Badeort Bosa Marina mit seinem langen Sandstrand und einigen Restaurants.

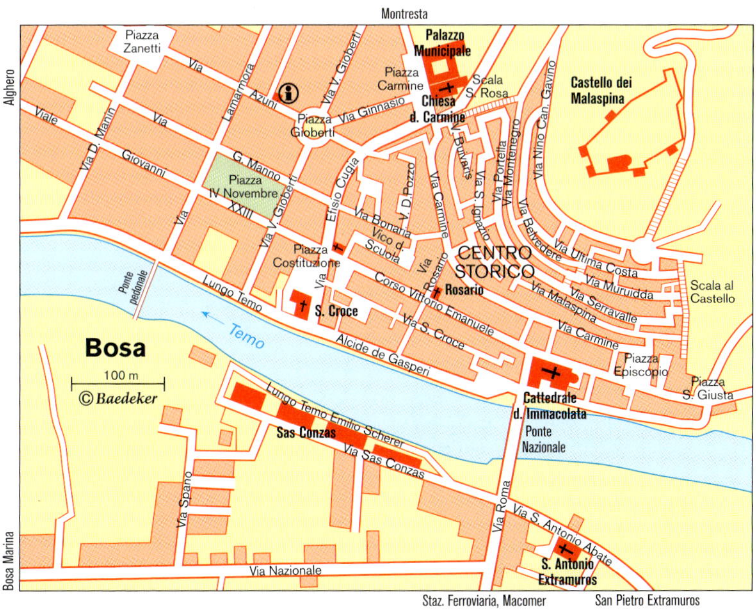

Baedeker SPECIAL

Sas Conzas – Wirtschaftlicher Aufstieg und Fall Bosas

Auf der von Bosa abgewandten Seite des Temo, Sardiniens einzigem schiffbaren Fluss, sticht eine Reihe zweistöckiger Gebäude ins Auge. Bei den teilweise verfallenen Gemäuern handelt es sich um die alten Gerbereien "Sas Conzas", die zu Beginn des 19. Jh.s erbaut wurden und heute ein Nationaldenkmal sind.

Reisende, die im 19. Jh. nach Bosa kamen, beschrieben die Stadt folgendermaßen: "Bosa ist von Bergen umgeben und befindet sich in einem angenehmen und fruchtbaren Tal eine Meile vom Meer entfernt; es ist malerisch, aber feucht, neblig, und die konzentrierte Luft macht es ungesund. Das wird noch durch die Dämpfe verstärkt, die vom Fluss aufsteigen, der "Fluss von Bosa" genannt wird, der alte Temo, ... wo die Abwässer der Gerbereien hineingeleitet werden." Der deutsche Linguist Max Leopold Wagner schreibt zu Beginn des 20. Jh.s: "Von außen betrachtet erscheint dieser Ort sehr freundlich, aber sobald man ihn betritt, ändert sich das Bild. ... Die Luft ist verpestet durch abgestandenes Wasser und durch das Miasma der Gerbereien."

So hatte man sich 1958 die Arbeit in der Gerberei vorzustellen: Eine zeitgenössische Fotografie zeigt, wie die Häute gepresst und damit in Form gebracht werden.

Wachsender Wohlstand

Diese Nachteile nahm man jedoch in Kauf: Die Gerbereien brachten nicht nur einigen ortsansässigen Familien großen Wohlstand, sondern sie waren auch für ihre fortschrittliche und innovative Produktionstechnik bekannt. So stellte man z. B. ein spezielles Leder her, das besonders bei Buchbindern beliebt war.
Die Produktion konzentrierte sich bald in den Händen einiger weniger Familien; von einst 28 Firmen, die es 1834 gab, blieben nur noch die Solinas, Mocci Marras Brüder und die Sanna Mocci Gerberei übrig, die um 1950 die letzte große Gerberei in Bosa war.
Seit dem Beginn des 20. Jh.s gingen von Sanna Mocci zahlreiche technische Neuerungen aus, Maschinen wurden eingesetzt, die die schwere Arbeit nun leichter und effektiver verrichteten. Um 1800 dauerte der Gerbprozess noch ganze sechs Monate; um 1920 führten die Gebrüder Sanna Mocci die Schnellgerbung ein, die den Vorgang auf 45 Tage verkürzte.

Einst verhießen sie Wohlstand für eine ganze Stadt, heute erinnern die Gebäuden der Gerbereien an der Uferpromenade des Temo nur noch an die glanzvolle Vergangenheit.

Seit den 1960er-Jahren lohnten sich jedoch keine weiteren Neuinvestitionen, so dass die Gerberei schließlich endgültig geschlossen wurde.

Sinnvoller Standort

Die Lage am Temo war von großem Vorteil, weil man das Wasser des Flusses für den industriellen Vorgang des Gerbens benötigte. Die Stadt – im 17. Jh. noch von einer Stadtmauer umgeben – war durch den Temo räumlich von "Sas Conzas" getrennt, die Entfernung ließ sich jedoch zu Fuß überwinden. Heute noch kann man sehen, dass die Bahnlinie nicht weit entfernt lag. Von hier aus wurde das Leder zum Hafen gebracht, um es zum italienischen Festland oder nach Frankreich zu transportieren.

Äußere Erscheinung

Die Gerbereien existierten bereits seit Mitte des 16. Jahrhunderts. Im 19. Jh. wurde dann eine architektonische sowie organisatorische Umstrukturierung und Vereinheitlichung vorgenommen, die das heutige Bild entstehen ließ.
Die nach außen gekehrte Strenge der Architektur findet sich auch im Inneren der Gebäude wieder. Die Verteilung der Arbeitsbereiche auf zwei Ebenen geschah nach streng produktionstechnischen Grundsätzen und als Schutz vor den gerade in jüngerer Zeit nicht selten auftretenden Hochwassern. In den oberen Stockwerken wurde dem Leder dann sein endgültiges Aussehen verliehen. Hier befanden sich auch die Lagerräume für die fertig gegerbte Ware.

Künftige Nutzung

Heute liegen die Industrieanlagen teilweise verlassen und dem Verfall anheim gegeben da – nicht ohne nach wie vor einen anziehenden, wenngleich morbiden Charme auszustrahlen: Einige der Gebäude sind bewohnt oder werden gewerblich genutzt. Während der Sommermonate öffnet ein Restaurant seine Pforten. Pläne, nach denen man die exponierte Lage der historischen Gemäuer zu schätzen weiß, warten auf ihre Umsetzung. Derweil bietet ihre nächtliche Beleuchtung einen einmaligen Anblick.

Sehenswertes in Bosa

***Corso Vittorio Emanuele**

Herzstück von Bosa ist der Corso Vittorio Emanuele, die schönste Straße der Altstadt, die parallel zum Fluss Temo verläuft. Altehrwürdige Bürgerhäuser aus dem 18. und 19. Jh. reihen sich aneinander; kleine Plätze lockern die Häuserfront auf. An der kleinen Chiesa Rosario prangt eine überdimensionale alte Uhr.

Die alte Uhr an einem Kirchlein am zentralen Corso Vittorio Emanuele

Temo und *Uferpromenade

Zum Flanieren lädt außerdem die von Palmen gesäumte, 500 m lange Uferpromenade Lungotemo De Gasperi entlang des Flusses Temo ein. Hier legen auch die Fischerboote an. Als einziger Fluss Sardiniens ist der Temo in seinem Unterlauf auf 3 km schiffbar. Sas Conzas heißen die aneinander gereihten halb verfallenen Gebäude, die im 19. Jh. am gegenüberliegenden Ufer des Temo erbaut wurden und als Gerbereien dienten (▶ Baedeker-Special S. 90/91).

Cattedrale dell' Immacolata

Die Cattedrale dell' Immacolata nahe der alten Temobrücke ist von überladenem, piemontesischem Barock geprägt.

Altstadt am Hang

Das Altstadtviertel am Hang des Serravalle-Hügels, auf dem sich die Burg der pisanischen Adelsfamilie Malaspina erhebt, hat von allen Teilen der kleinen Stadt am stärksten sein mittelalterliches Gepräge bewahrt. Enge Gassen, die nur von winzigen Plätzen unterbrochen werden, ziehen sich den Hang entlang und sind z. T. durch Steintreppen miteinander verbunden.

***Castello dei Malaspina (Castello di Serravalle)**

Besichtigung
☎ 07 85 37 61 07

Zur Burg auf dem Serravalle-Hügel gelangt man am besten vom Osten der Altstadt aus, indem man die Treppen östlich der Kathedrale emporsteigt. Die große Anlage wurde nach 1112 erbaut; Türme und Umfassungsmauern sind noch erhalten. Bemerkenswert ist der auf das frühe 14. Jh. zurückgehende und zur Burgseite hin offene Nordturm, die Torre dei Malaspina. Die Aragonier verstärkten und erweiterten die Burganlage zu einem Gesamtumfang von 300 m. Die Burgkapelle Nostra Signora di Regnos Altos besitzt einen Freskenzyklus aus aragonischer Schule (14./15. Jh.).

Sant' Antonio Extramuros

Am Südufer des Temo liegt unweit der alten Flussbrücke die Kirche Sant' Antonio Extramuros an der Via Sant' Antonio Abate. Der im 16. Jh. errichtete Bau zeigt noch den Stil der katalanischen Gotik.

***San Pietro Extramuros**

Öffnungszeiten
tgl. 10⁰⁰ – 19⁰⁰

Weiter auf der Straße, vorbei an der Kirche San Giorgio, erreicht man nach 1,5 km die Kirche San Pietro Extramuros ("außerhalb der Stadtmauern"). Sie wurde 1073 als Hauptkirche des mittelalterlichen Bosa gegründet, noch bevor die Adelsfamilie Malaspina den Ort auf die andere Temoseite zu Füßen des Burgbergs verlagerte. Das balkengedeckte Hauptschiff dieser ältesten rein romanischen Kirche Sardiniens beeindruckt durch archaische Schlichtheit. Massige Viereckpfeiler ohne Basis oder Kapitell sind durch einfache Mauerbögen miteinander verbunden. Durch schmale Rundbogenfenster dringt etwas Licht in den dämmrigen Innenraum. Die Apsis und der wuchtige, viereckige Glockenturm wurden 1110–1120 erbaut. Anfang des 13. Jh.s, bereits an der Schwelle zur Gotik, gestalteten Zisterziensermönche die Fassade neu und versahen sie mit frühgotischen Arkaden, Kreuzbogenfriesen unter den Traufen, Vierpassfenstern und einem Giebelaufsatz mit Knotensäulen, der französischen Einfluss zeigt. Links bzw. rechts des Hauptportals sind (mit abgeschlagenen Köpfen) die Evangelistensymbole für Lukas (Stierfuß mit gespaltener Klaue) und Johannes (Adlerfuß) erkennbar. Der unplastische, beinahe ornamentale Stil des Sandstein-Architravs über dem Eingang erinnert an byzantinische und frühromanische Reliefs. Er zeigt von links nach rechts: Paulus (mit Schwert), Kaiser Konstantin (mit Krone), die Madonna mit Kind und den heiligen Petrus (mit Schlüssel); ihm ist die Kirche geweiht.

San Pietro Extramuros (Fortsetzung)

Umgebung von Bosa

Bosa Marina

Der 2 km westlich des Städtchens auf der Landzunge zwischen der Flussmündung und dem Meer gelegene, beliebte Badeort verfügt über einen breiten Strand mit dunklem Sand. Strandbars und Surfbrettverleihe bieten dort ihre Dienste an. Der Hafen wird vor allem für Sportboote, aber auch für Fischerboote benutzt. Der Strand von Bosa Marina wird im Norden von einem Damm geschützt.

Der Temo ist Sardiniens einziger schiffbarer Fluss, an dessen palmengesäumter Uferpromenade die farbenprächtigen Boote der Fischer liegen. Im Hintergrund das Castello dei Malaspina.

Provinz: Sassari (SS)
Höhe: 575 m ü. d. M.
Einwohnerzahl: 1200

Einstiges Hirtendorf Der kleine Ort Burgos liegt am östlichen Abhang der Catena del Goceano, eines Höhenzuges, der die fruchtbare Tallandschaft am Mittellauf des Tirso, den Goceano, von der Landschaft Meilogu trennt. Das Hirtendorf wurde 1353 von Marianus IV. – dem Richter von Arborea – gegründet, nachdem er die benachbarte Burg auf der Bergspitze erobert hatte.

Sehenswertes in Burgos und Umgebung

Castello Hoch über dem kleinen Ort thront eine alte Burg, die der Richter Gonarius von Torres in den Jahren 1127 – 1129 errichten ließ. Sie wurde von Arborea erobert und fiel später an die Aragonier. Man erreicht sie über einen Fußweg von Burgos aus. Die Burg mit ihrem fast vollständig erhaltenen Mauerring und dem schönen, restaurierten Mittelturm beherrscht das breite Tal des Tirso. Einen einzigartigen Blick auf die Burg und den Ort hat man von der kleinen Passstraße aus, die nach Westen in Richtung Bolotana verläuft.

Nekropole von Sant'Andrea Priu Folgt man der Straße über Foresta di Burgos (Pferdegestüt) in Richtung Bonorva, passiert man die berühmte Nekropole von Sant'Andrea Priu (▶ Macomer).

Bono Im Nordosten von Burgos liegt die Ortschaft Bono, der Geburtsort von Giovanni Maria Angioy (▶ Berühmte Persönlichkeiten), dem sardischen Volksheld, der 1794/1795 einen Aufstand gegen das Feudalsystem wagte. Am Ortsrand auf einer Anhöhe befindet sich die Kirche San Raimondo. Der Hochaltar zeigt eine Statue des hl. Franziskus (14. Jh.). Alljährlich findet hier am 31. August ein Volksfest mit folkloristischen Darbietungen statt. Es soll an den Überfall sardisch-piemontesischer Truppen auf das Dorf erinnern (1800), das eine Hochburg der Bewegung gegen das Feudalsystem war.

***Catena del Goceano** Bono stellt einen hervorragenden Ausgangspunkt für Wanderungen im herrlichen Waldgebiet der Catena del Goceano dar. Der Höhenzug kulminiert im Monte Rasu (Sendestation; 1258 m), von wo sich ein herrlicher Rundblick bietet.

Nekropole von Molia Die Nekropole liegt etwa 10 km südlich von Illorai an der Straße Ottana – Cantoniera del Tirso. Die Anlage besteht aus zahlreichen Felsgräbern, unter denen eines durch die kunstvolle Ausgestaltung der Räume mit Lisenen und Architraven auffällt. Einige Kammern dieses Grabes sind mit Ocker rot gefärbt. Die Nekropole, deren ältester Kern auf das späte Neolithikum zurückgeht (um 3300 bis 2480 v. Chr.), wurde bis in die Bronzezeit benutzt und in der punischen und römischen Epoche teilweise wieder verwendet.

Eine mittelalterliche Burg beherrscht das eng zusammengedrängte Örtchen Burgos und die umliegende Landschaft. ▶

Cagliari

Hauptstadt der Autonomen Region Sardinien
Provinz: Cagliari (CA)
Höhe: 4 m ü. d. M.
Einwohnerzahl: 234 000

****Stadt der Kontraste**

Cagliari, die Hauptstadt Sardiniens, liegt im Süden der Insel am Rande der Ebene des Campidano. Das Meer, zwei Strandseen und eine Gruppe steiler, nicht sehr hoher Kalkhügel, auf denen die wichtigsten Befestigungsanlagen errichtet wurden, umgeben die Stadt. Über allem ragt der Castello-Hügel (Su Casteddu) auf, der das Stadtbild prägt. Cagliari ist zum einen eine lebendige Großstadt mit guten Einkaufsmöglichkeiten, ausgezeichneten Restaurants, dichtem Verkehr und entsprechendem Lärm, zahlreichen Hochhäusern und hässlichen Neubauvierteln, aber sie besitzt auch eine schöne, verwinkelte Altstadt mit versteckten Kirchen und kleinen, beschaulichen Plätzen, die von altehrwürdigen Palazzi gesäumt sind und zum Verweilen einladen.

Geschichte

Cagliari wurde vermutlich von den Phöniziern gegründet, wie sein alter Name "Karalis" bezeugt. Es folgten die Punier, unter deren Herrschaft Cagliari sich zu einem bedeutenden Handelszentrum entwickelte. Die günstige Lage der Stadt am Golfo degli Angeli (Engelsgolf), am Rande der fruchtbaren Ebene des Campidano und in der Nähe des Bergbaugebietes von Sulcis und Iglesiente, verhalf der Stadt zum Aufstieg. Während der römischen Epoche erlangte die Stadt erst in der Kaiserzeit größere Bedeutung (Stadtrecht 27 v. Chr.). Nach dem Untergang des Römischen Reichs verließ die Bevölkerung zum Schutz vor Seeräuberüberfällen die unsichere Küste.
Unter byzantinischer Herrschaft blieb Cagliari zunächst Hauptstadt Sardiniens, wurde dann allerdings für mehrere Jahrhunderte aufgegeben; man verlegte die Stadt (seit 455 n. Chr.) nach Santa Igia, einer wenig entfernten, von Strandseen und Sümpfen geschützten Ortschaft am Stagno Santa Gilla. In dieser Zeit kam es zu mehreren Eroberungsversuchen seitens der Araber, die aber mit Hilfe der Flotten Pisas und Genuas zurückgeworfen wurden (1016). Vom 11. Jh. an war Cagliari die Hauptstadt des Judikats Cagliari, eines der vier autonomen Reiche, in die sich die Insel nach der Loslösung von Byzanz teilte.
Die Anlage des Kastells mit Festungsmauern und Türmen auf dem Burgfelsen ("Castrum Karalis") unter den Pisanern ab dem Jahr 1217 kam einer Neugründung der Stadt gleich. Am Fuße des Burgfelsens entstanden allmählich die neuen Viertel Marina (Hafenviertel), Stampace (westlich des Altstadt- und Hafenviertels) und Villanova (östlich des Altstadtviertels). Nach der Eroberung durch die Spanier (1324) wählte König Peter IV. von Aragonien die Stadt zum Sitz des ersten sardischen Parlaments der Ständeversammlung. Während der aragonesischen und spanischen Herrschaft über Sardinien wurde die Insel von Cagliari aus verwaltet. Nach dem Spanischen Erbfolgekrieg fiel die Insel 1720 an Savoyen-Piemont und Cagliari wurde Residenz des savoyischen Königs.
1794 führte ein durch die wirtschaftliche Notlage verursachter Volksaufstand zur Vertreibung der Savoyer aus der Stadt. Nach dem Ende der Revolte und nach dem Scheitern der von Giovanni Maria

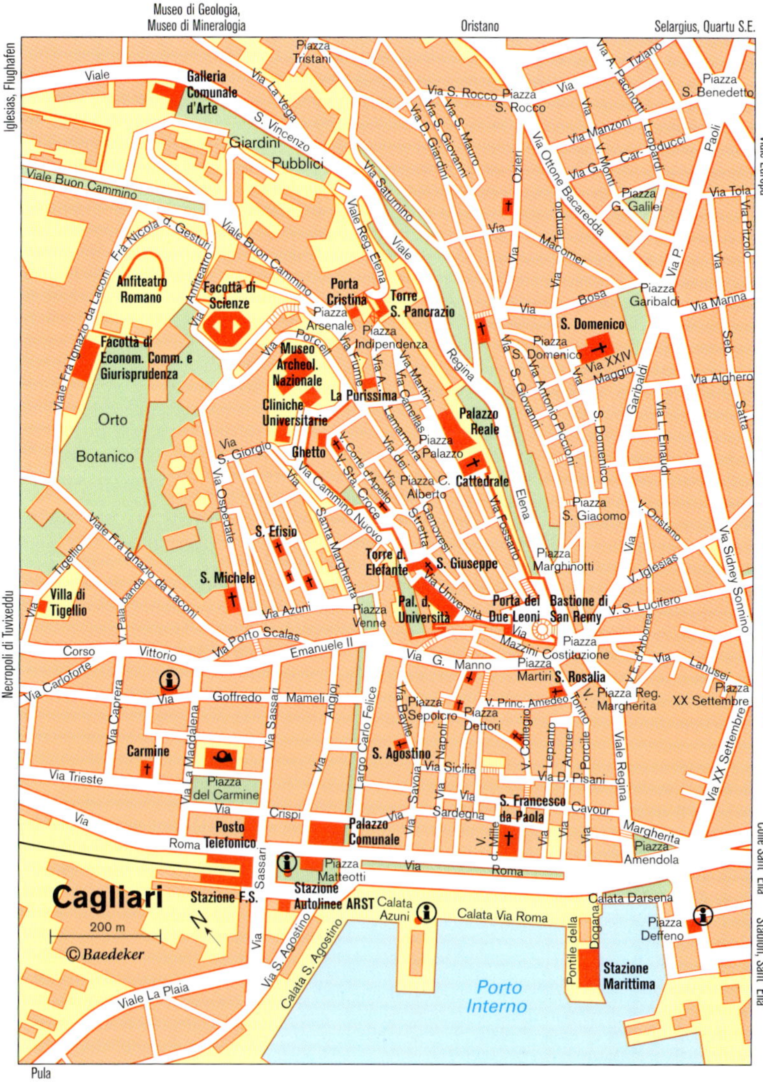

Angioy (▶ Berühmte Persönlichkeiten) geleiteten Erhebung gegen die Fremdherrschaft war Cagliari vorübergehend Sitz des piemontesischen Hofs (1799 und 1806 – 1814).

Geschichte (Fortsetzung)

Von 1862 an galt Cagliari nicht mehr als militärische Festung, sondern entwickelte sich zu einer modernen Stadt. Die Verwaltung der vier Stadtviertel wurde zusammengelegt; anstelle der Stadtmauern, die man abtragen ließ, wurden Straßen angelegt, die heute die wichtigsten Verkehrsadern sind: Largo Carlo Felice, Viale

Geschichte (Fortsetzung)

Regina Margherita und Via Roma. Während des Zweiten Weltkrieges zerstörten alliierte Luftangriffe zahlreiche Häuser und Kirchen. Seit 1949 ist Cagliari Regierungssitz der Autonomen Region Sardinien.

Wirtschaft

Cagliari ist das bedeutendste Handels- und Verwaltungszentrum Sardiniens. Seit den 1960er-Jahren spielt die petrochemische Industrie südwestlich der Stadt eine bedeutende Rolle, doch ist der Dienstleistungssektor weiterhin führend.
Der durch seine natürliche Lage geschützte Hafen hatte schon zu Zeiten der Phönizier Bedeutung. Heute wird der größte Teil des sardischen Handels im Containerhafen von Cagliari abgewickelt. Er ist aber auch Passagier- und Fährhafen.

Rundgang

Der Rundgang durch Cagliari beginnt am Passagierhafen mit der Stazione Marittima, direkt an der Via Roma gelegen, am östlichen Ende der Via Roma, und führt um das Hafenviertel herum bis zur Bastione di San Remy, von der aus man über eine große Treppe ins Altstadtviertel Castello gelangt. Durch dieses Viertel kann man an der Kathedrale vorbei bis zum Museumskomplex Cittadella dei Musei flanieren.
Wenige Schritte weiter westlich lohnen das römische Amphitheater, die städtische Kunstsammlung, der Botanische Garten und einige Kirchen den Besuch. Östlich der Altstadt sind vor allem die Basilika San Saturno und der Klosterkomplex Santuario di Bonaria sehenswert.

Am Passagierhafen mit der Stazione Marittima kommen täglich die Schiffe der großen Fährgesellschaften an. Im Hintergrund die Via Roma mit dem Palazzo Comunale.

Hafenviertel (Marina)

Kulinarische Anlaufstelle

Im Hafenviertel Marina mit seinen engen, z.T. etwas düsteren Gassen hat sich eine Vielzahl guter Restaurants, Bars und Trattorien niedergelassen. Das Viertel wird von den Straßen Via Roma, Largo Carlo Felice, Via Manno und Viale Regina Margherita begrenzt.

Via Roma

Der palmenbestandene Boulevard Via Roma am Hafen ist zwar eine stark befahrene Straße, die aber gleichwohl einen besonderen Reiz zum Bummeln ausübt: Vor den klassizistischen Palazzi an der Nordseite der Via Roma verlaufen mehrere hundert Meter lange, hohe Arkaden, unter denen reges Leben herrscht; Boutiquen, fliegende Händler und kleine Läden bieten ihre Waren an, und die verschiedenen Cafés sind beliebte Treffpunkte bis in die Nacht. An der Ecke zum Largo Carlo Felice kann man im größten Kaufhaus Sardiniens, "La Rinascente", einkaufen. Überquert man den Largo Carlo Felice, steht man vor dem neugotischen, mit weißem Marmor verkleideten Palazzo Comunale (Rathaus), der im Inneren mit Fresken des sardischen Malers Filippo Figari geschmückt ist. Auf der gegenüberliegenden Straßenseite kann man sich auf der Piazza Matteotti unter Palmen ausruhen. Hier befindet sich eine Touristeninformation, eine Bushaltestelle und wenig weiter westlich der Bahnhof.

> *Baedeker* TIPP **Erst Pranzo, dann Siesta ...**
>
> Zum Mittagessen, il pranzo, geht man am besten mit den Cagliaritanern in eines der Speiselokale in der Via Sardegna. Von der einfachen Trattoria bis zum teuren Restaurant findet man hier etwas für jeden Geschmack. Einfach, aber ausgezeichnet und immer gut besucht ist die Trattoria Gennargentu (Nr. 60, ☎ 070 65 82 47). Noch etwas voller (und lauter!) geht es in der Trattoria Lillicu zu (Nr. 78, ☎ 070 65 29 70). Etwas gehobener ist das Piccolo Ristoro dei Mille (Nr. 64, ☎ 070 65 37 53). Auch die Antica Hostaria in der Via Cavour 60 (☎ 070 66 58 70), einer Parallelstraße zur Via Sardegna, ist für ihre ausgezeichnete Küche bekannt.

Palazzo Comunale

Piazza Matteotti

Largo Carlo Felice

Beim Palazzo Comunale beginnt die breite, von Jacarandabäumen gesäumte Straße Carlo Felice, die die westliche Begrenzung des leicht ansteigenden Hafenviertels bildet. Hier finden sich zahlreiche Banken.

Sant' Agostino

Etwa in der Mitte des Largo Carlo Felice erhebt sich an seiner Ostseite hinter einem grünen Innenhof die Kirche Sant'Agostino, die einzige echte Renaissancekirche Sardiniens. Sie besteht aus einem Zentralbau, der von einer großen Kuppel überwölbt ist, und vier symmetrischen Seitenarmen (Hauptportal an der Via Baylle) und geht auf das Jahr 1580 zurück. Im Inneren sind u.a. die Reste einer römischen Therme erhalten, die man bei Renovierungsarbeiten fand.

Piazza Yenne

Der Largo Carlo Felice mündet in die Piazza Yenne, benannt nach dem Vizekönig Marchese Yenne. Auf diesem lebhaften Platz steht eine Ziersäule aus rotem Porphyr, davor erhebt sich das Standbild des Königs Carlo Felice, des Auftraggebers der hier beginnenden Schnellstraße Cagliari – Porto Torres, der heutigen SS 131, die von Süden nach Norden quer durch die Insel führt.

***Via G. Manno**

Die Haupteinkaufsstraße von Cagliari ist die verkehrsberuhigte Via G. Manno, die von der Piazza Yenne nach Osten zum Bastione di San Remy reicht. In prachtvollen Bürgerhäusern aus der Zeit um 1900 mit schmiedeeisernen Balkonen residieren die nobelsten Modeboutiquen, Schuhläden und Juweliere. Galerien und Antiquariate findet man in der überdachten Passage, die etwa in der Mitte der Via G. Manno über Treppen ins Hafenviertel hinabführt.

Baedeker TIPP – Kaffeegenuss mit Stil

Das Caffè Genovese an der Piazza Costituzione gilt als die traditionsreichste Bar in Cagliari. Hier kann man in aller Ruhe einen Cappuccino mit besonders guter Crema schlürfen, ehe man den Stadtrundgang fortsetzt und über den Bastione San Remy in das Castello-Viertel aufsteigt.

Via Garibaldi

Ist man an der Piazza Costituzione mit der mächtigen Bastion angelangt, kann man den Einkaufsbummel in der Via Garibaldi fortsetzen, die in nordöstlicher Richtung verläuft. Hier ist nicht mehr teure Eleganz, sondern junge Mode bestimmend.

*Altstadt (Castello)

Bastione di San Remy

Der Bastione di San Remy wurde zu Beginn des 20. Jh.s im klassizistischen Stil errichtet und beherrscht die Piazza Costituzione, an der die Hauptstraßen der Stadtteile Marina und Villanova, das Stadtviertel östlich der Altstadt, zusammentreffen.

Terrazza Umberto I.

Über den eindrucksvollen marmornen Treppenaufgang erreicht man die weite Aussichtsterrasse Umberto I., die den Blick auf den Hafen, den Golfo degli Angeli und weite Teile des dicht bebauten Cagliari freigibt.

Gebäude und Gassen des Altstadtviertels

Hier oben, auf dem Kalksteinrücken über der Stadt, liegt das Altstadtviertel Castello, das seinen mittelalterlichen Charakter weit gehend erhalten hat. Seit der Gründung des Viertels zu Zeiten der pisanischen Herrschaft (13. Jh.) war Castello bis ins 19. Jh. Mittelpunkt des städtischen Lebens und Zentrum der Macht. Die ehemaligen Adelsresidenzen waren Sitze der geistlichen und weltlichen Oberhäupter. Durch das von Bastionen umgebene und durch zwei Türme, die Torre di San Pancrazio und die Torre dell'Elefante (s. u.), abgeschlossene Viertel ziehen sich lange, enge Gassen, die zu den beiden Eingangstoren, Porta Arsenale und Porta dei Due Leoni, führen. Heute ist der frühere Glanz dieses Viertels verblichen. Die Altstadtsanierung macht zwar sichtbare Fortschritte, doch gibt es vielfach noch – wie auch im Viertel Marina – schlechte Wohnsubstanz und sichtbaren Verfall der Gebäude. Es ist schwer vorstellbar, dass die Sarden unter der aragonesischen Fremdherrschaft das damalige Regierungsviertel nur tagsüber betreten durften. Wer nachts nicht rechtzeitig Castello verlassen hatte, wurde über die Mauer gestürzt. Diese Regelung wurde erst im 16. Jh. außer Kraft gesetzt. Der Ausdruck "Foras los Sards" (Sarden raus) stammt aus dieser Zeit.

Der Bastione di San Remy bildet den beeindruckenden Aufgang zur Altstadt. Was hier so massig daherkommt, entstammt dem 20. Jahrhundert. ▸

Über die Via dell'Università, eine der typischen Gassen des Viertels, gelangt man zur Universität. Das 1765 errichtete Gebäude bildet zusammen mit dem ehemaligen Priesterseminar einen großen Gebäudekomplex. Neben der Verwaltung befindet sich hier die Universitätsbibliothek mit ihrem wertvollen Buchbestand.

Universität

Die beiden mächtigen Türme wurden in den Jahren 1305 – 1307 als Bestandteil der Befestigungsanlagen errichtet, deren Bau die Pisaner 1217 mit dem Kastell auf dem Colle di San Michele begannen. Die Türme sind mit akribischer Präzision aus Kalksteinquadern gebaut und zur Kastellseite hin offen. Der Elefantenturm, gleich neben der Universität, erhielt seinen Namen nach einer Marmorstatue seitlich über dem Eingang, einem kleinen Elefanten als Sinnbild von Weisheit und Stärke. Durchquert man nun das Stadtviertel, gelangt man zum Dom von Cagliari.

***Torre di San Pancrazio, Torre dell' Elefante**

Die Kathedrale Santa Maria (Duomo Santa Maria) an der Piazza Palazzo geht auf das 13. Jh. zurück und wurde ursprünglich im pisano-romanischen Stil erbaut. Im Laufe der Jahrhunderte wurde sie mehrmals umgestaltet; besonders prägend war die Barockisierung der Kathedrale im 17. Jahrhundert. Aus der pisanischen Bauphase sind nur noch der Campanile und die Portale in den Seitenschiffen übrig geblieben. Selbst die Fassade, die so typisch pisanisch erscheint, ist in Wirklichkeit das Ergebnis einer 1933 erfolgten Rekonstruktion nach den alten pisanischen Plänen. Dabei wurde leider die Barockfassade von 1702 zerstört. Im barocken Inneren werden zahlreiche kostbare Kunstwerke aufbewahrt, wie etwa das Silbertabernakel in Form einer Renaissancekirche auf dem Hochaltar (1610). Aufmerksamkeit sollte man dem Doppel-Triptychon "Retablo della Crocifissione" (1528/30) schenken, das die Kreuzigung und die

***Cattedrale Santa Maria di Castello**

Cattedrale Santa Maria di Castello (Fortsetzung)

thronende Madonna zum Thema hat. Bei der Besichtigung sollte die Krypta nicht ausgelassen werden. Besonders beeindruckend ist das mit unzähligen Rosetten verzierte Tonnengewölbe der Hauptkapelle. In den kleinen Wandnischen sind die Reliquien von Märtyrern aufbewahrt. Das Prunkstück des Doms ist die marmorne Kanzel von Guglielmo (1159 – 1162), die zu den einzigartigen Werken der romanischen Plastik auf Sardinien zählt. Ursprünglich stand die Kanzel im Dom zu Pisa, wurde aber als Geschenk der Pisaner an die Stadt Cagliari nach Sardinien transportiert und im Dom aufgestellt. Diese Gabe fand nicht immer gebührende Beachtung. So wurde die Kanzel bei der barocken Umgestaltung des Domes kurzerhand in zwei Teile geteilt und rechts bzw. links des Hauptportals aufgestellt. Die ausdrucksstarken Löwen des Kanzelfußes, von denen jeder ein Beutetier bezwingt, fanden am Choraufgang Platz. Die schön gearbeiteten Reliefs der Kanzeln zeigen Szenen aus dem Leben Christi.

*Kanzel von Guglielmo

Castello, die höher gelegene Altstadt, wird von Festungsmauern umgeben, deren Bestandteile die mächtigen Türme sind, die von den Pisanern zur Verteidigung im 13. Jh. begonnen wurden.

Piazza Palazzo

Den Dom umgeben an der sich anschließenden Piazza Palazzo mehrere Paläste, darunter auch der Palazzo Regio (Königspalast) aus dem 18. Jh., heutiger Amtssitz der Präfektur, und der Palazzo di Città, das ehemalige Rathaus, ebenfalls aus dem 18. Jahrhundert. Die Piazza Palazzo dient heute als Parkplatz, was die optische Wirkung der Palazzi beeinträchtigt.

Cittadella dei Musei

Der moderne Gebäudekomplex an der Piazza Arsenale thront hoch über der Stadt an der Stelle, an der sich die ehemalige spanische

Zitadelle erhob, die zu piemontesischen Zeiten als Arsenal genutzt wurde. Ein Teil der alten Stadtmauer und das Arsenal wurden in den neuen Bau einbezogen. Hier liegen das Archäologische Museum, die Pinakothek, ein orientalisches Museum und ein Wachsfigurenkabinett. Geht man durch den terrassenartig angelegten Komplex nach oben, hat man rechts (gegenüber der Pinakothek) einen schönen Blick über Cagliari.

Cittadella dei Musei (Fortsetzung)

Das Museo Archeologico Nazionale ist neben dem Archäologischen Museum von ▶ Sassari das bedeutendste Museum Sardiniens. Zum Verständnis der Kulturen Sardiniens von der Vorgeschichte bis ins frühe Mittelalter sind die Sammlungen des Museums von großer Bedeutung. Von herausragendem künstlerischen Wert ist die große Sammlung nuraghischer Bronzestatuetten (9. – 7. Jh. v. Chr.) mit ihren ausdrucksstarken Darstellungen von Stammesfürsten, Kriegern, Priestern und Menschen aus dem einfachen Volk; ebenso sind Tiere, Schiffe und allerlei Gerätschaften nachgebildet. Ein weiterer Schwerpunkt ist die phönizisch-punische Epoche. Neben den vielen Keramiken und Öllampen sind schöne Bronzestatuetten zu sehen. Beeindruckend sind die Funde von Sulci, u. a. eine große Anzahl an Stelen und eine große Frauenstatue. Hier steht auch die "Norastele" mit einer phönizischen Inschrift aus dem 9. Jh. v. Chr., welche die älteste bisher bekannte Erwähnung des Namens Sardinien aufweist. Schließlich sind Funde aus der Römerzeit ausgestellt.

****Museo Archeologico Nazionale**

Öffnungszeiten
Di. – So.
9⁰⁰ – 20⁰⁰

Auch die Pinacoteca Nazionale ist in der Zitadelle untergebracht. Dieses außergewöhnliche Museum zeigt Werke der größten sardischen und katalanischen Maler des 14. und 17. Jh.s und der Vertreter der "Schule von Stampace" (sardische Renaissance), Lorenzo, Pietro und Michele Cavaro sowie Antioco Mainas (Öffnungszeiten wie Archäologisches Museum).

***Pinacoteca Nazionale**

In dem Komplex befindet sich zudem das Museo Siamese S. Cardu, das eine reichhaltige Sammlung orientalischer Waffen und Gebrauchsgegenstände aus China und Thailand (11. – 19. Jh.) besitzt (Öffnungszeiten: Di. – So. 9 00 – 13 00, 15 30 – 19 30 Uhr).

Museo Siamese S. Cardu

Das Wachsfigurenkabinett besteht aus 23 anatomischen Modellen, die der Florentiner Wachsbildner Clemente Susini (1757 – 1814) im Auftrag des Vizekönigs Carlo Felice anfertigte (Öffnungszeiten: Di. – So. 9 00 – 13 00, Di. – Sa. 16 00 – 19 00 Uhr).

Wachsfigurenkabinett

Baedeker TIPP Geschichte der Türme

Überall an der Küste Sardiniens trifft man auf die Wehrtürme des 16. und 17. Jh.s, die fremde Eroberer und Seeräuber abschrecken sollten. Nun gibt es auch ein Museum, das sich mit ihrer Geschichte und mit der der Burgen auf Sardinien beschäftigt. Modelle von Befestigungsanlagen kann man sich im Museo delle Torri e dei Castelli Sardi anschauen. Ghetto di Cagliari, Via Santa Croce 18, ☎ 070 640 2115. Öffnungszeiten: Di. – So. 10 30 – 13 00 und 17 00 – 20 30 Uhr.

Zwei Launeddas-Spieler während der Sagra di Sant' Efisio. Hier wird die Vergangenheit mit lustigem Flötenspiel zumindest einmal im Jahr zurückgeholt.

Westlich der Altstadt (Stampace-Viertel)

Museo Sardo di Antropologia ed Etnologia

Im Stadtteil Stampace, das sich vom Amphitheater im Norden bis zur Via Roma im Süden zieht, liegt das anthropologische und völkerkundliche Museum in der Via Porcelli. Es enthält Knochenfunde aus dem Neolithikum (Jungsteinzeit) sowie sardische Trachten und Votivgaben.

***Amphitheater**

Nicht weit entfernt (300 m westlich der Cittadella dei Musei) kann man sich auf den Spuren der Römer bewegen: Das Amphitheater ist auch heute noch ein anschauliches Beispiel römischer Architektur.

Das Theater wurde im 2. Jh. n. Chr. in einer Einsenkung des Felsabhangs in elliptischer Form direkt aus dem Gestein herausgemeißelt. Es besitzt mit 1148 m^2 beträchtliche Ausmaße. Noch gut erhalten sind die in den Felsen gehauenen Gänge, der Tiergraben und der Zuschauerraum mit ca. 20 000 Sitzplätzen, was der damaligen Gesamtbevölkerung Cagliaris entsprach. Während der Sommermonate finden hier zeitweise Konzerte und andere Open-Air-Veranstaltungen statt (Öffnungszeiten: Di. – So. April – Okt. 10^{00} – 13^{00} und 15^{00} – 18^{00}, Nov. – März 10^{00} – 16^{00} Uhr).

Galleria Comunale d'Arte

Öffnungszeiten
Di. – So.
9^{00} – 13^{00}
16^{00} – 19^{00}

Die städtische Kunstsammlung (in der Viale Regina Elena nördlich des Amphitheaters) ist in einer Villa im Park am Ende des "Walls" untergebracht, wie man die Viale Regina Elena nennt, die dem Verlauf der ehemaligen piemontesischen Befestigungsanlagen folgt. Zu den Exponaten gehören Werke moderner Maler sowie sardische Malerei, Plastik und Grafik von der Jahrhundertwende bis zu den 1970er-Jahren.

Orto Botanico

Der Botanische Garten erstreckt sich zu Füßen des römischen Amphitheaters bei der Via Frà Ignazio da Laconi auf einer Fläche von 5 ha. Er gehört zum Botanischen Institut der Universität von Cagliari und zeigt in den Anlagen verschiedene Herbarien sowie einheimische und exotische Pflanzen.

Römische Patrizierhäuser

Grundmauern römischer Patrizierhäuser (2.–4. Jh. n. Chr.) befinden sich südlich des Botanischen Gartens in der Via Tigellio, darunter die Villa di Tigellio, die angeblich der sardische Dichter und Sänger Tigellius bewohnte, ein Zeitgenosse von Kaiser Augustus. Die Reste eines Atriums, Säulen und Schmuckelemente sind zu besichtigen.

San Michele

Die Jesuiten erbauten diese Kirche (südöstlich des Botanischen Gartens in der Via Azuni) in der zweiten Hälfte des 17. Jahrhunderts. Sie ist eines der interessantesten Beispiele der barocken Architektur auf Sardinien. Hinter der eindrucksvollen Fassade verbirgt sich ein Atrium. Im Kircheninneren fällt die kostbare Ausschmückung mit Stuckaturen auf; besonders sehenswert ist der Hochaltar. Mehrere Gemälde sowie mit Intarsien geschmückte oder bemalte Schränke sind in der Sakristei zu bewundern, einem hellen, reichlich mit barockem Stuckwerk ausgestalteten Raum.

Sant' Anna

Etwas weiter die Via Azuni entlang gelangt man zur nächsten Barockkirche aus den Jahren 1785–1817. Nach schweren Beschädigungen im Zweiten Weltkrieg wurde sie originalgetreu wiederhergestellt.

Sant' Efisio

In der Nähe des von Gaetano Cima entworfenen klassizistischen Gebäudes des Ospedale Civile (1858) liegt Sant' Efisio. Die 1870 erbaute Kirche besitzt keine herausragenden architektonischen Besonderheiten; ihre Bekanntheit ist an die Sagra di Sant'Efisio gebunden, das bekannte Kirchenfest von Cagliari.

Fest des Sant' Efisio

Die Sagra (Kirchweihfest) di Sant' Efisio ist eine der wichtigsten religiösen Feiern Sardiniens und das bedeutendste Fest von Cagliari. Es wird alljährlich vom 1.–4. Mai zur Erinnerung an das Ende der Pestepidemie von 1656 begangen. Eine Prozession, an der Tausende von Gläubigen in Tracht teilnehmen, zieht am 1. Mai durch die Straßen von Cagliari. Dabei wird das Bildnis des Heiligen in einem gläsernen Schrein auf einem von Ochsen gezogenen Wagen bis nach Nora (▶ Pula) geführt, der legendären Stätte, an welcher der heilige Ephisius den Märtyrertod erlitten haben soll.

Westlich des Stampace-Viertels

Necropoli di Tuvixeddu

Die älteste archäologische Stätte von Cagliari geht auf die punische Zeit zurück. Es handelt sich um die Nekropole am Tuvixeddu-Hügel (Viale Sant'Avendrace). Die Gräber (7.–6. Jh. v. Chr.) sind in den Kalkstein geschlagen. In einigen von ihnen wurden Grabbeigaben gefunden, die heute im Museo Archeologico Nazionale von Cagliari ausgestellt sind. Die Anlage macht leider einen etwas verwahrlosten Eindruck. Man erreicht sie über den Corso Vittorio Emanuele, der im Westen in die Viale Trento übergeht. Von dieser biegt nach etwa 300 m die Via Vittorio Veneto nach Nordwesten ab, die zur Nekropole führt.

Grabmal der Attilia Pomptilla (Grotta della Vipera)

Am Fuß des Tuvixeddu-Hügels liegt in der Viale Sant'Avendrace eine noch erhaltene Begräbnisstätte aus römischer Zeit (nicht zugänglich). Aus dem 2. Jh. n. Chr. stammt das Grabmal, das der Patrizier Cassius Philippus seiner Gattin Attilia Pomptilla widmete. Es wird nach den beiden am Giebel eingemeißelten Vipern auch "Grotta della Vipera" genannt.

Östlich der Altstadt (Villanova-Viertel)

Kloster San Domenico

Das Kloster San Domenico an der Piazza San Domenico (westlich der Cittadella dei Musei) stellt das älteste gotische Baudenkmal Sardiniens dar. Die im Zweiten Weltkrieg halb zerstörte Kirche wurde später restauriert. Im Inneren wird eine Fahne aufbewahrt, die der Überlieferung nach den sardischen Schützen gehörte, die an der Schlacht von Lepanto (1571) gegen die Türken teilnahmen.

Kreuzgang der Wallfahrtskirche Santuario di Bonaria

***San Saturno**

Die im Volksmund San Saturnino genannte Kirche (offiziell San Saturno) an der Piazza San Cosimo ist der älteste Sakralbau Sardiniens und gehört zu den bedeutendsten frühchristlichen Kunstdenkmälern. Den weiten, kubischen Zentralbau krönt eine Kuppel aus dem 5. Jahrhundert. Die wegen der Einfälle der Vandalen unterbrochenen Bauarbeiten wurden von den Viktorinern aus Marseille wieder aufgenommen. Unter Einbeziehung der alten byzantinischen Details wurde die Kirche im Stil der provenzalischen Romanik um 1100 vollendet.

Wichtige Neuerungen waren der Grundriss in Form eines lateinischen Kreuzes und das Tonnengewölbe. Im Inneren wird eine Votivgabe aus Marmor mit der ältesten Darstellung von San Saturno aufbewahrt. San Saturno war Vorbild für weitere Kirchenbauten auf Sardinien, darunter die Kirche San Giovanni auf der Sinis-Halbinsel nahe Cabras. In spanischer Zeit verfiel San Saturno; die Reste wurden bei einem Luftangriff der Alliierten 1943 stark beschädigt. Die Restaurierung der Ruine ist inzwischen abgeschlossen.

Der Klosterkomplex Bonaria, auf einem Hügel über dem Meer an der Viale Bonaria gelegen, setzt sich zusammen aus einer kleinen Wallfahrtskirche (Santuario di Bonaria) in der Mitte, einem sich links anschließenden Klosterbereich mit Kreuzgang und einer mächtigen Basilika im Piemonteser Barock rechts daneben. Eine große Freitreppe, die anlässlich des Besuchs von Papst Paul VI. errichtet wurde (1970), führt zur Basilika und zur Wallfahrtskirche.

Klosterkomplex Santuario di Bonaria

Die 1323/1324 erbaute Wallfahrtskirche ist das einzige Überbleibsel aus der Zeit, als die Aragonesen hier während der Belagerung Cagliaris ihr Hauptquartier aufschlugen. Aus der Erbauungszeit erhalten sind der achteckige Glockenturm mit der darunter liegenden Capilla Mayor. Auf dem Hauptaltar steht die Statue der Madonna di Bonaria (15. Jh.).

Wallfahrtskirche

Ostwärts Richtung Poetto

Der 8 km lange Sandstrand Poetto ist ein beliebter Badestrand von Cagliari. Entlang der Zufahrtsstraße reihen sich Restaurants, Bars und Apartmenthäuser. Auch wenn hier im Sommer ein reges Badeleben herrscht, findet man dank der Länge des Strandes meist im östlichen Abschnitt noch ein ruhiges Plätzchen.

Strand von Poetto

Am Golfo degli Angeli liegen mehrere Strandseen, die zusammen eines der bedeutendsten Feuchtgebiete Europas bilden. Den westlichen Teil nimmt der Stagno di Santa Gilla (Stagno di Cagliari) mit einer beachtlichen Fläche von 4000 ha, den östlichen der Stagno di Molentargius (500 ha) ein. Die beiden Lagunen bilden einen wichtigen Lebensraum für zahlreiche Tierarten.

Strandseen

Außerordentlich eindrucksvoll ist der Anblick der Flamingos, die sich im Stagno di Molentargius aufhalten. Besonders die westlichen Feuchtgebiete sind durch Eingriffe (Industrialisierung der sich anschließenden Gebiete, Bau eines Containerhafens) stark in Mitleidenschaft gezogen. Die Bestände der dort überwinternden Vögel sind rückläufig.

Umgebung von Cagliari (nach Osten)

Die große gesichtslose Trabantenstadt, die zum Ballungsgebiet von Cagliari gehört, liegt 7 km östlich von Cagliari. Quartu Sant'Elena (58 000 Einwohner) ist nach dem Zweiten Weltkrieg rasch angewachsen, was durch die Gründung neuer Wirtschaftszweige und den Bau von Wohnvierteln für Pendler nach Cagliari bedingt wurde. Es ist heute nach Cagliari und Sassari die drittgrößte Stadt Sardiniens.

Quartu Sant' Elena

In der Via Porcu 143, unweit der zentralen Piazza Azuni und des modernen Rathauses, liegt das sehenswerte volkskundliche Museum Sa Dom 'e Farra (Mehlhaus bzw. Vorratshaus). In diesem typischen großen Bauernhof des Campidano sind Arbeitsgeräte und Gegenstände des traditionellen Alltagslebens ausgestellt. Der Hof umfasst mehr als 40 Räume, darunter den Keller, die Tenne, auf der Getreide und Hülsenfrüchte gedroschen und gemahlen wurden, Ställe und Scheunen, die Wohnräume der Besitzer und den Innenhof, der von Lauben umgeben war.

Museum Sa Dom 'e Farra

Öffnungszeiten
tgl. 9⁰⁰ – 13⁰⁰
16⁰⁰ – 20⁰⁰

Selargius

Selargius liegt etwa 2 km von Quartu Sant'Elena entfernt. Alljährlich findet hier Ende September die "Settimana Selargina" statt. Hauptattraktion dieser Festwoche ist der Matrimonio Selargino, eine Hochzeit nach alten Bräuchen, bei der das Brautpaar traditionelle Tracht trägt. Die Messe wird in der Mundart des Campidano gehalten. Die Kirche von Selargius wurde im 11./12. Jh. errichtet.

Sinnai

Sinnai liegt 8 km nördlich von Quartu Sant'Elena und ist über Selargius zu erreichen. Das landwirtschaftlich geprägte Dorf hat sich zu einem Wohnvorort für Pendler nach Cagliari entwickelt. Am westlichen Rand der Ortschaft erhebt sich die ehemalige Pfarrkirche Santa Vittoria aus dem 15. Jh. mit einem Lorenzo Cavaro, Maler der "Schule von Stampace", zugeschriebenen Retabel.

Dolianova

Die Agrargemeinde Dolianova (7900 Einwohner) liegt in einem Hügelgebiet, ca. 20 km nordöstlich von Cagliari.

***San Pantaleo**

Die heutige Pfarrkirche und ehemalige Kathedrale San Pantaleo befindet sich im Norden von Dolianova am Ende der Via Vescovado und war einst Bischofssitz. Der romanische Baukörper bis knapp zur Dachtraufe entstand 1160-70, blieb aber unvollendet, bis arabische Bauleute aus Spanien nach Sardinien kamen und San Pantaleo 1261-89 vollendeten. Der arabische Stil (Mudejarstil) mit seiner reichen Ornamentik drückt sich in der üppigen Ausschmückung des romanischen Baukörpers aus. In der Nähe des Eingangs befindet sich ein Taufbecken, in dem der Täufling untergetaucht werden konnte – das einzige dieser Art auf Sardinien.

Santa Maria di Sibiola

Wenige Kilometer südwestlich der Ortschaft Serdiana steht die kleine, Anfang des 12. Jh.s erbaute Kirche Santa Maria di Sibiola frei in der Landschaft. Es ist die besterhaltene sardische Doppelapsiskirche, eine Bautradition, die auf den provenzalischen Benediktinerorden der Viktoriner zurückgeht.

***Monte dei Sette Fratelli**

Einen schönen Ausflug mit Wandermöglichkeiten in die Umgebung Cagliaris verspricht die Fahrt Richtung ▶ Muravera auf der SS 125 zum Monte dei Sette Fratelli (30 km östlich von Cagliari). Beim Pass Arcu 'e Tidu, wo linker Hand die Straße nach Burcei von der SS 125 abzweigt, beginnt rechts ein Fahrweg, der an der Forststation vorbei in den Staatsforst um den Monte dei Sette Fratelli führt. In dieser unter Naturschutz stehenden Gebirgsregion versucht man, Mufflons und sardische Hirsche wieder heimisch zu machen. Weite, noch intakte Waldflächen mit mediterraner Vegetation, vor allem Steineiche, Baumheide, Korkeiche, Myrte, Kreuzdorn und Erdbeerbaum, wechseln mit Granitgipfeln ab. Sieben Felssporne, die im höchsten Teil des Gebirgszuges aufragen, haben dem Gebiet den Namen verliehen. Wildschweine und Marder sind zahlreich vertreten, auch Gänsegeier und Steinadler kommen vor.

Punta Serpeddi

Fährt man bei o.g. Abzweig von der SS 125 nach links Richtung Burcei, führt von dort eine nicht asphaltierte, streckenweise sehr steile Straße zur Punta Serpeddi (1067 m). Auf dem Gipfel angelangt, bietet sich ein schönes Panorama auf Cagliari, die umliegenden Ortschaften und das Meer.

Küstenstraße

nach ▶ Villasimius

Umgebung von Cagliari (nach Westen)

Küstenstraße nach Pula

In südwestlicher Richtung verläuft die SS 195 nach ▶ Pula und zur bekannten Ausgrabungsstätte Nora.

Assemini

Assemini liegt etwa 11 km nordwestlich von Cagliari in der Campidano-Ebene. Das ehemalige Bauerndorf hat sich in den letzten Jahrzehnten zu einem eher gesichtslosen Vorort von Cagliari mit zahlreichen Pizzerien, Bars und Diskotheken entwickelt. Berühmt ist die Ortschaft für ihre traditionsreiche Keramikproduktion. Hinter der Dorfkirche San Pietro (Katalanische Gotik, 16. Jh.) liegt das byzantinische Oratorio di San Giovanni. Der im 10./11. Jh. errichtete Zentralbau zählt zu den besterhaltenen vorromanischen Kirchen Sardiniens.

Uta

*Santa Maria

Das große ehemalige Bauerndorf Uta, westlich von Assemini gelegen, ist schnell gewachsen und hat einen Teil seines ursprünglichen Reizes eingebüßt. Am östlichen Ortsrand liegt die herrliche Kirche Santa Maria (1135 – 1145) aus geädertem Kalkstein. Sie stellt die letzte bedeutende architektonische Leistung der Viktoriner dar und lässt bereits die Mitwirkung arabischer und pisanischer Künstler erkennen.

Villaspeciosa

Beim Besuch der nahe gelegenen Ortschaft Villaspeciosa (4 km nordwestlich von Uta) kann man die Kirche San Platano, ebenfalls ein Werk der südfranzösischen Viktoriner, besichtigen.
Trotz zahlreicher Umgestaltungen und Restaurierungen sowie der Rekonstruktion einzelner Teile zeigt die Kirche noch die ursprüngliche Anlage der Viktoriner, die um 1141 entstand. Im Mauerwerk der Fassade sind Marmorblöcke, die vermutlich aus der kleinen Kirche San Cromazio stammen, ungleichmäßig verteilt und unterbrechen die regelmäßige Anordnung der Kalksteinquader.

San Sperate

Ursprünglich beruhte die Bedeutung von San Sperate (9 km nordöstlich von Villaspeciosa) auf der Landwirtschaft. Seit Ende der 1960er-Jahre hat sich das Ortsbild jedoch entscheidend verändert. Damals gelang es dem Künstler Pinuccio Sciola, sein Heimatdorf mit dem Freiheitsgeist der 1968er-Jahre anzustecken; er sah Kunst auch als Ausdrucksform von Sozialkritik und politischer Äußerung.
Zahlreiche bekannte und unbekannte Künstler schufen auf den Hauswänden Wandgemälde ("Murales")" mit unterschiedlicher, in erster Linie sozialer Thematik. Sciola arbeitete mit einer von ihm gegründeten Kooperative als Bildhauer; verschiedene Skulpturen, die an das archaische Sardinien der Nuraghenzeit anknüpfen sollen, sind ebenfalls zu sehen.

Siliqua

Siliqua liegt 14 km westlich von Uta im Cixerrigraben, wo das breite Tal in den Campidano übergeht und verbindet das Gebiet von Cagliari mit den großen Ortschaften des Iglesiente. Die SS 130 nach Iglesias und die Bahnlinien von Cagliari nach Iglesias und Carbonia führen durch Siliqua. Gegenüber der Pfarrkirche San Giorgio, die noch Spuren der ursprünglichen Anlage im Stil der katalanischen Gotik aufweist, erhebt sich das gut erhaltene Gebäude eines alten Kornspeichers.

Umgebung von Cagliari (Fts.) *Castello di Acquafredda

Die Burg von Acquafredda erreicht man von Siliqua aus, indem man 5 km in südlicher Richtung der SS 293 nach Giba folgt; daran schließt sich ein kurzer, aber steiler Aufstieg zu Fuß an der Flanke eines felsigen Hügels an.

Auf dem Gipfel befinden sich Reste des Mauerrings, der Türme und des Innenhofs des großen Kastells, das die pisanische Familie Donoratico della Gherardesca in der zweiten Hälfte des 13. Jh.s erbauen ließ. Der Aufstieg auf diesen von weitem sichtbaren Vulkankegel lohnt sich besonders wegen der schönen Aussicht auf die Ebene des Campidano.

Carbonia — O/P 7

Provinz: Cagliari (CA)
Höhe: 111 m ü. d. M.
Einwohnerzahl: 32 000

Bergbaustadt der Mussolini-Zeit

Carbonia liegt in Südwestsardinien, 25 km südlich von Iglesias, am Nordrand des Sulcisgebirges. Die von schlichten Betonbauten geprägte Stadt wurde in den Jahren 1936 bis 1938 während der Mussolini-Ära in der Absicht erbaut, die Produktion von Braunkohle, die in der Umgebung reichlich vorhanden war, zu steigern. Die Architektur der planmäßig angelegten Siedlung mit ihren schnurgeraden Straßen spiegelt den damaligen Zeitgeschmack wider: Zwei- und Vierfamilienhäuser mit Garten sind in langen, symmetrischen Reihen angeordnet.

Da Carbonia – wie schon der Name ausdrückt – als reine Kohlebergbaustadt gegründet wurde, musste sie die Folgen des Rückgangs der Kohleförderung verkraften. 1950 wurde die letzte Mine geschlossen; starke Abwanderung aus dieser von Krisen geschüttelten Stadt war die Konsequenz. Heute hat sich die wirtschaftliche Situation dank der nahe gelegenen Industriegebiete wieder verbessert.

Sehenswertes in Carbonia

Piazza Roma, Via Gramsci

Die große, mit Granitplatten gepflasterte Piazza Roma ist das Zentrum der Stadt. Sie ist von den wichtigsten öffentlichen Gebäuden aus roh behauenen Trachytquadern aus der Zeit der Stadtgründung umgeben. Die Haupteinkaufsstraße mit großen Kaufhäusern, Boutiquen u. a. ist die Via Gramsci. Um den Eindruck der grauen Betonklötze, die die Straße säumen, aufzulockern, hat man zahlreiche Bäume und Palmen gepflanzt.

Museen

In der Via Napoli 4 zeigt das 1988 eröffnete Archäologische Museum (Civico Museo Archeologico Villa Sulcis) in zwei Sälen Funde aus prähistorischer Zeit, vor allem aber von der phönizisch-punischen Festung auf dem Monte Sirai (▶ Umgebung. Öffnungszeiten: Di. – So. Sommer 9^{00} – 13^{00} und 15^{00} – 19^{00}, Winter 9^{00} – 17^{00} Uhr, ☎ 07 81 6 40 44).

700 Fossilien aus einer Zeitspanne von 600 Millionen Jahren zeigt das Museo di Paleontologia e Speleologia "Martel" in der Via Campania 1 (Öffnungszeiten: Di. – So. 9^{00} – 13^{00} und 15^{00} – 19^{00} Uhr, ☎ 07 81 6 40 44).

Auf dem Monte Sirai lebten Phönizier, Katharger und Römer, doch kurz nach der Zeitenwende wurden Festung und Siedlung verlassen.

Umgebung von Carbonia

*Phönizisch-punische Festung auf dem Monte Sirai

In der Umgebung von Carbonia sind verschiedene Zeugnisse von Siedlungen aus prähistorischer Zeit erhalten. So war auch der Monte Sirai, ein Tafelberg 4 km nordwestlich von Carbonia, bereits in der nuraghischen Epoche bewohnt. Von den Phöniziern, die aus dem nahen Sulci (dem heutigen ▶ Sant'Antioco) kamen, wurde der Berg um 650 v. Chr. kolonisiert und eine Festung auf seinem Gipfel errichtet. Diese Festungsanlage diente zur Überwachung des Iglesiente und des Cixerritals. Später erneuerten die Karthager die Festung und machten sie zum wichtigsten militärischen Stützpunkt des Sulci-Gebiets. Auch in der Römerzeit war die Siedlung zunächst bewohnt, bis sie mit Beginn der Kaiserzeit strategisch bedeutungslos und allmählich aufgegeben wurde.
Die Festung wird durch eine um das Gipfelplateau herum verlaufende Verteidigungslinie gesichert. Die bedeutendsten archäologischen Reste der Akropolis (300 x 60 m), an deren Eingang sich heute der Parkplatz befindet, sind die Nekropole und das Tophet (eine Brandopferstätte mit Urnen). Ein Teil der Fundstücke wird heute im Archäologischen Museum in Carbonia aufbewahrt. Vom Parkplatz aus durchschreitet man ein Eingangstor und betritt die Akropolis: Diese wird durch drei parallel verlaufende Straßen gegliedert, zwischen denen sich die Reste der Häuser und des Hauptturms (rechts nach dem Eingang) befinden. Vor der Akropolis liegt etwas unterhalb die Nekropole, ein Gräberfeld mit etwa einem Dutzend in den Fels gehauenen Kammern. Ca. 200 m nordwestlich der Akropolis trifft man auf das Tophet, eine Brandopferstätte, von de-

Umgebung von Carbonia (Fortsetzung)

ren Tempel nur noch die Grundmauern erhalten sind, in deren Umkreis man die Urnen mit der Asche verstorbener Kinder aufstellte.

Tratalias

In der kleinen Ortschaft Tratalias, 15 Kilometer südöstlich von Carbonia gelegen, ist die Kathedrale Santa Maria einen Besuch wert. Sie wurde 1213 erbaut und zeigt in ihren klaren Formen den Übergang von der pisanischen Romanik zur Gotik. Zu den Besonderheiten dieser Kirche gehören die beiden pisanischen Rhomben im Mauerwerk sowie die Treppe, die aufs Dach führt und nur im letzten Abschnitt sichtbar wird. Bedeutsam sind im Inneren die Skulpturen an den Kapitellen des Südportals und das schöne Relief am Architrav des Nordportals, das zwei einander gegenüberstehende Löwen darstellt.

Portoscuso

In der Nähe des Fährhafens von Portovesme, von dem man zur Isola di San Pietro übersetzen kann, liegt Portoscuso (15 km westlich von Carbonia). Die Ortschaft entwickelte sich im 17. Jh. rund um eine so genannte Tonnara, eine Tunfischfangstelle, deren Anlagen noch erhalten sind, und blieb lange Zeit ein typisches Fischerdorf, ist jedoch heute industriell geprägt.

Castelsardo — D 8

Provinz: Sassari (SS)
Höhe: 114 m ü. d. M.
Einwohnerzahl: 5000

***Lebhaftes Touristenstädtchen mit Castello**

Castelsardo liegt sehr malerisch auf einem hohen Felssporn am Golfo dell'Asinara im Nordosten von Sassari. Von der Nordostspitze der Insel, d. h. von Santa Teresa di Gallura aus, führt eine Küstenstraße mit schönen Aussichten nach Castelsardo. Heute spielt der Tourismus hier und im sich anschließenden Küstengebiet eine bedeutende Rolle. Diese Entwicklung findet auch in der regen Bautätigkeit am Ortsrand ihren Ausdruck. Große Souvenirläden und gastronomische Betriebe entlang der Einfallstraßen sind auf Reisegruppen vorbereitet. Castelsardo ist ein traditionelles Zentrum für die handwerkliche Erzeugung von Körben aus Zwergpalmenblättern. Im alten, verwinkelten Ortskern unterhalb der Burg sitzen die Frauen vor ihren Häusern, bieten ihre Flechtwerke zum Verkauf an und lassen sich bei der Arbeit zusehen.
Durch seine exponierte Lage ist Castelsardo ein beliebtes Ausflugsziel geworden. Zahlreiche Läden im alten Ortskern hoch oben auf dem Berg bieten Kunsthandwerk und Souvenirs jeglicher Art in reichlicher Auswahl an. Der Aufstieg zur Burg und der Besuch der darunter liegenden Altstadt mit ihren z.T. steilen Treppengässchen, den unverputzten oder pastellfarbenen alten Häusern und schmalen Torbögen ist zu Fuß zu empfehlen.

Geschichte

Das Dorf wurde 1102 von der genuesischen Familie Doria als Festung gegründet, um die Besitzungen im Inselinneren zu verteidigen. Damals noch Castel Genovese genannt, erlebte der Ort eine Blütezeit mit kommunaler Selbstständigkeit. Unter den neuen Eroberern wurde der Name 1448 in Castel Aragonese abgewandelt, und schließlich 1727, in der piemontesischen Epoche, erhielt die Ortschaft ihren jetzigen Namen.

Geschichte (Fortsetzung)

Sehenswertes in Castelsardo

Kastell

Oberhalb des Städtchens erheben sich die Reste des Mauerrings der Festung. Man erreicht sie per Auto nur über die Via Nazionale, die sich am Südhang den Berg hochschraubt; zu Fuß durchstreift man die Altstadt vom Hauptplatz über steile, enge Gassen mit Treppenabschnitten. Der Blick aufs Meer und den Küstenabschnitt des Golfo dell'Asinara ist großartig.
Im Inneren des renovierten Kastells zeigt ein kleines Museum (Civico Museo dell'Intreccio Mediterraneo) u.a. Beispiele der traditionellen Flechtkunst der Region.

Öffnungszeiten
Sommer
tgl. $9^{00} – 13^{00}$
$14^{00} – 24^{00}$
Winter
$9^{30} – 13^{00}$
$15^{00} – 17^{30}$

Kathedrale Sant' Antonio Abate

Die Kirche ist leicht an ihrem schönen aragonischen Glockenturm mit einem Dach aus farbigen Majoliken zu erkennen. Sie besitzt ein kostbares, in Holz gearbeitetes und vergoldetes Inventar (Altäre, Kanzel, Gestühl und Orgel, 17./18. Jh.) und Reste der Bildtafeln eines dem anonymen "Meister von Castelsardo" zugeschriebenen Retabels.

Castelsardo wurde als Festung gegründet.

Santa Maria

Die im oberen Teil der Ortschaft gelegene Kirche Santa Maria zeigt Stilelemente des Mittelalters und des 17. Jahrhunderts. Santa Maria ist Ausgangspunkt und Ziel der berühmten Prozession des Lunissanti (des "heiligen Montags" der Karwoche), bei der die in weiße Kutten gekleideten Mitglieder der Bruderschaften alte Lieder singen.

Hafen

Westlich des Ortes (ca. 2 km), am Fuße des Berges Richtung Sassari, wurde an der Stelle der ursprünglichen Siedlung der kleine Hafen von Frigiano angelegt. Hier liegen Fischerboote und Jachten vor Anker. Seine östliche Grenze bildet ein alter spanischer Wachturm.

Umgebung von Castelsardo

Baden

Schöne, lange Strände befinden sich nur in einiger Entfernung von Castelsardo, nämlich im Westen bei Marina di Sorso (▶ Porto Torres) und im Osten bei Valledoria und Isola Rossa.

***Roccia dell' Elefante**

Dieser markante Felsen liegt 5 km südöstlich von Castelsardo an der SS 134 nach Sedini, bei der Kreuzung mit der Straße von Porto

2 PT 134
EOLO

Castelsardo im Abendlicht. Oberhalb des Städtchens erhebt sich die Festung bzw. das, was von ihr übrig geblieben ist.

Wind und Wetter formten diesen gewaltigen Felsen zu dem steinernen Standbild eines Elefanten.

Roccia dell' Elefante (Fortsetzung)

Torres nach Santa Teresa. Durch Erosion hat der Trachytfelsen die Form eines Elefanten angenommen. Aus prähistorischer Zeit stammen die Grabkammern (Domus de janas) der Ozierikultur (3./2. Jt. v. Chr.), die in den Fuß des Felsens hineingeschlagen wurden.

Nuraghe Su Tesoru

In der Nähe des Elefantenfelsens erhebt sich an der Straße nach Santa Teresa di Gallura die mächtige Nuraghe Su Tesoru, deren rotschwarze Steinblöcke herrlich mit dem Grün und Gelb der hügeligen Landschaft kontrastieren.

Tergu

***Nostra Signora di Tergu**

6 km südlich von Castelsardo liegt der kleine Ort Tergu. Ein Besuch lohnt sich wegen der am Rande der Ortschaft sich erhebenden Kirche Nostra Signora di Tergu (13. Jh.), die zum bedeutendsten, heute verfallenen Benediktinerkloster Sardiniens gehörte. Der Bau aus rotem Trachyt und weißem Kalkstein weist eine rechteckige, von Blendarkaden, Säulen und Keramikkacheln belebte Fassade auf, die der pisanischen Architektur entspricht.

Küstenstraße nach Santa Teresa di Gallura

Allgemeines

Schöne Ausblicke aufs Meer, versteckte Buchten und kleine touristische Siedlungen, umgeben von einem Hinterland, das von Macchia und Felslandschaft bestimmt ist, machen den Reiz dieses Küstenabschnitts aus. Es ist empfehlenswert, für diese Strecke genügend Zeit einzuplanen und ab und zu einen Abstecher an die Küste zu unternehmen.

Am Rande einer kleinen Bucht bilden die weißen Häuser des Badeortes Isola Rossa (24 km nordöstlich von Castelsardo) einen schönen Kontrast zu den roten Felsen ringsum. Über den malerischen Porphyrklippen ragt ein Turm aus dem 16. Jh. auf. Mit seinem schönen, langen, allerdings im Sommer sehr überfüllten Sandstrand und zahlreichen Cafés, Bars und Restaurants entlang der Hauptstraße am Meer ist es kein Wunder, dass sich Isola Rossa zu einem bekannten Ferienort entwickelt hat.

Isola Rossa

Costa del Sud

Q 8/9

Provinz: Cagliari (CA)

An den südlichen Ausläufern des Sulcisgebirges verläuft die Costa del Sud, ein wilder, felsiger Küstenlandstrich mit zahlreichen kleinen Buchten und feinsandigen Stränden, der sich zwischen dem Porto di Teulada und dem Capo Spartivento erstreckt. Es gibt hier nur ganz vereinzelte Feriensiedlungen und da dieser Küstenabschnitt heute unter Naturschutz steht, gilt ein genereller Baustopp. Man erreicht die Costa del Sud über die landschaftlich reizvolle Küstenstraße, die 4 km südöstlich von Domus de Maria von der SS 195 nach Chia abzweigt. Dieser Panoramastraße folgt man 24 km westwärts, bis man kurz hinter dem Porto di Teulada wieder auf die Staatsstraße einmündet.

*Kilometerlange Sandstrände

Sehenswerte Orte und Plätze an der Costa del Sud

Einen Ausblick auf die ganze Küste bietet die Punta Sébera (979 m): Man folgt einem Fahrweg, der im Ferienort Santa Margherita di Pula (▶ Pula) von der SS 195 nach Nordwesten abzweigt, gelangt nach Is Cannoneris und geht von dort aus zu Fuß weiter.

Punta Sébera

Eine Abzweigung führt zu der kleinen Landzunge mit der Torre di Chia. Zu Füßen des Turms liegen die größtenteils noch von Sand bedeckten Reste der phönizisch-punischen Stadt Bithia. Ptolemäus und Plinius erwähnten die Kolonie, die sich um die damals größere, auch als Hafen dienende Lagune herum ausdehnte und, wie Funde belegen, vom 8. Jh. v. Chr. bis in die römische Kaiserzeit bewohnt war. Zu erkennen sind die phönizisch-punischen Reste des Mauerrings und Wohnhäuser, eine Zisterne sowie Spuren der großen Nekropole und des Tophet.

*Chia

Bithia

Baedeker TIPP Südsee-Impressionen

Bei den Ferienanlagen von Chia liegen zwei Lagunen, der Stagno di Chia und der Stangioni de su Sali. Davor erstrecken sich kilometerlange, feinsandige Traumstrände, die seicht ins türkisblaue Wasser abfallen. Im Sommer sind sie aber ebenso wie die anderen Strände entlang der Costa del Sud ziemlich stark von den Cagliaritanern frequentiert.

Auf Höhe des Capo Spartivento (das "Kap, das den Wind teilt") lässt man die Ferienanlagen hinter sich und genießt nun die herrlichen Ausblicke auf die urwüchsige Küstenlandschaft. Entlang der kurvenreichen Strecke durch eine der schönsten Küstenlandschaften der Insel wechseln sich Granit-, Kalkstein- und Schieferfelsen mit

*Costa del Sud

Costa del Sud (Fortsetzung)

duftender Macchia ab; im Frühjahr beleben weiß blühende Zistrosen und die Farbschattierungen der Baumartigen Wolfsmilch das Bild. Auf den Vorgebirgen stehen Sarazenentürme, die im 16. Jh. gegen die Piratenangriffe errichtet wurden. Über den Golfo di Teulada hinweg sieht man im Westen den Capo Teulada, die südlichste Landspitze Sardiniens. Da es militärisches Sperrgebiet ist, kann es nicht betreten werden.

Porto di Teulada

Am tiefen Kusteneinschnitt des Porto di Teulada schwenkt die Straße landeinwärts. Man passiert den kleinen Fischerhafen und die Abzweigung, die zum jenseits der Bucht liegenden Jachthafen führt; malerisch wird er von der Torre del Budello bewacht. Schon die Punier nutzten diesen hervorragenden Naturhafen. Bei der Fahrt landeinwärts kommt links in der grünen Talniederung kurz ein massiger Turm in Sicht, der zur Wehrkirche Sant'Isidoro gehört.

Sie bildete einst den Mittelpunkt einer kleinen Ortschaft, die bereits in römischer Zeit unter dem Namen Tegula ("Dachziegel") bekannt war und im 16. Jh. unter dem Druck der anhaltenden Piratenüberfälle weiter ins Landesinnere verlegt wurde, wo das heutige Teulada entstand. Man erreicht das kleine Bauern- und Hirtendorf, indem man der SS 195 3 km nach Osten folgt. Entlang der Hauptstraße wurden interessante Bildhauerarbeiten aufgestellt.

*Grotta Is Zuddas Pirosu

Fährt man von Teulada durch das Sulcisgebirge nordwärts nach Santadi, liegt rechts nach ca. 10 km die zauberhafte Tropfsteinhöh-

Strände wie aus dem Bilderbuch an der Baja di Chia: Die Costa del Sud ist Anziehungspunkt für alle, die neben den Sehenswürdigkeiten auch die traumhafte Küste nicht außer Acht lassen.

le Is Zuddas Pirosu. Außerordentlich sind die scharfen, weißen Kristallnadeln aus Aragonit, die neben den gewöhnlichen Tropfsteinbildungen zu sehen sind. Die Höhle diente in der nuraghischen Epoche als Kultstätte.
Hier entdeckte man eine große Menge von Gefäßen, darunter viele in Miniaturformat, Waffen und Schmuck sowie ein schönes Exemplar eines Bronzedreifußes, der dem zypriotischen Typus entspricht. Führungen durch die Höhle veranstaltet die Cooperativa Monte Meana (☎ 07 81 95 57 41).

Öffnungszeiten
Mai – Sept.
tgl. 9 °° – 12 °°
14 °° – 19 °°
Okt. – April
Sa., So.
10 °° – 12 °°
14 °° – 17 °°

Santadi

Das kleine Santadi liegt 20 km nördlich von Teulada. Der Ortsname leitet sich von dem mittelalterlichen, höher gelegenen Ortsteil Santa Ada de Sulcis ab. Jedes Jahr findet hier Anfang August der "Matrimonio Mauritano" statt, ein Fest, das mit einer traditionellen Hochzeit nach alten Bräuchen begangen wird.

Festung von Pani Loriga

Auf einem Tafelberg im Südwesten von Santadi Richtung Giba liegen die Reste der phönizisch-punischen Festung Pani Loriga. Sie wurde an einem Ort gegründet, an dem bereits nuraghische und vornuraghische Bauten und Gräber auf einem U-förmigen Hügel existierten; Reste einer Nuraghe und einige Domus de janas (Felskammergräber) sind noch zu sehen. Die phönizisch-punische Siedlung nahm den Gipfel der Anhöhe vollkommen ein; diese erscheint heute in drei Zonen aufgeteilt: eine westliche mit der Akropolis, eine südliche mit den Wohnhäusern der Zivilbevölkerung und eine östliche mit einem Tempel. Ein Mauerring umschloss alle Teile der Siedlung. Die phönizisch-punischen Nekropolen sind an den Flanken des Hügels zu erkennen, mit phönizischen Fossa-Gräbern an der Südwestseite und punischen Kammergräbern an der Nordwestseite. Die prähistorischen Felskammergräber befinden sich ebenfalls an der Nordwest- und an der Südostflanke des Höhenrückens, wo später die phönizisch-punische Nekropole errichtet wurde.

Domus de janas des Monte Essu

In der Nähe von Narcao (12 km nördlich von Santadi) liegt die Nekropole des Monte Essu. Mit ihren etwa 40 Domus de janas (Felskammergräbern) ist sie eines der eindrucksvollsten Zeugnisse der vornuraghischen Kultur Sardiniens. In einem "natürlichen Amphitheater" wurden Felskammergräber von unterschiedlichen Formen und Ausmaßen ins Gestein geschlagen. Unter ihnen fallen zwei große Gräber auf, die als Heiligtümer gedeutet werden können; sie besitzen einen Vorraum, in dem die Begräbnisriten ausgeführt wurden. Außerdem sind zwei weitere Gräber besonders interessant, von denen eines mit dem Relief von zwei Stierhörnern dekoriert ist, das andere mit eingeritzten Spiralmotiven.

Öffnungszeiten
tgl. 9 °° – 13 °°
15 °° – 18 °°

Costa Smeralda — C 12 / 13

Provinz: Sassari (SS)

**Feriendomizil des Jetsets

Die Costa Smeralda trägt ihren Namen "Smaragdküste" zu Recht: Türkisfarben leuchtet das Meer in zahlreichen Buchten mit herrlichen Stränden entlang der zerklüfteten Küste, hinter der sich das Hügelland mit seiner dunklen Macchia und bizarr geformten Granitfelsen erhebt. Die Costa Smeralda umfasst einen Küstenab-

Feriendomizil des Jetsets (Fortsetzung)

schnitt von insgesamt etwa 50 km Länge an der Nordostküste Sardiniens; sie beginnt nördlich von Portisco am Golf von Cugnana und zieht sich hinauf bis Liscia di Vacca westlich von Porto Cervo, dem Hauptort der Region.
Zahlreiche Hotels und Ferienapartments, Restaurants, Cafés und andere Freizeiteinrichtungen stehen dem gehobenen Tourismus zur Verfügung. Dabei ist es gelungen, hässliche Hotelbunker zu vermeiden; stattdessen fügen sich die Feriendomizile ungewöhnlich harmonisch in die Landschaft ein. Dass dafür ein entsprechend hoher Preis verlangt wird, versteht sich von selbst.

Geplantes Paradies

"Costa Smeralda" ist ein Kunstname, der Anfang der 1960er-Jahre als verkaufsträchtiger Begriff einer noch zu schaffenden Tourismusregion von den Investoren kreiert wurde. Mit der Geschichte der touristischen Erschließung der Region durch den Ismailitenkönig Aga Khan, der hier ursprünglich ein Paradies für die Reichen schuf, beschäftigt sich das ▶ Baedeker-Special S. 38/39.

Sehenswertes an der Costa Smeralda

Porto Cervo

Hauptort der Costa Smeralda ist Porto Cervo am nördlichen Ende des Küstenstreifens an einer tief eingeschnittenen Bucht. Seit den 1960er-Jahren wurden hier Ferienhäuser terrassenförmig angelegt, deren Pastellfarben den neuen Bauten Patina verleihen sollten. Porto Cervo gilt als der Ferienort, dessen architektonische Gestaltung vorbildlich geglückt ist, z. B. die Hotels Cala di Volpe und Pitrizza sowie die Kirche Stella Maris. Die Architektur aller Häuser bis hin zur Kirche in Größe, Aussehen und mit entsprechendem Baumaterial ist perfekt in die vorhandene Landschaft eingepasst. Da Porto Cervo ein reiner Ferienort ist, wirkt er außerhalb der Saison verlassen und lässt nicht erahnen, dass dies der Treffpunkt der "feinen Gesellschaft" ist.

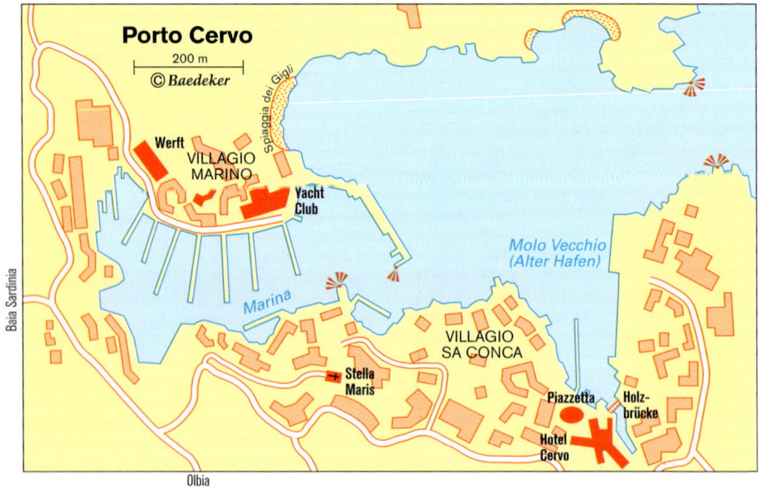

Porto Cervo ist der Hauptort der Costa Smeralda. Außerhalb der Saison ahnt man nicht, dass sich hier in den Sommermonaten der Jetset trifft.

Porto Cervo (Fortsetzung)

Den Mittelpunkt des Ortes bildet die Piazzetta nahe dem alten Hafen (Porto Vecchio). Zum Shopping laden die zahlreichen Nobelboutiquen mit exklusiven Markenartikeln ein, die um den Platz herum angelegt sind. In etwas erhöhter Position im Westen von Porto Cervo befindet sich die kleine weiß getünchte Kirche Stella Maris ("Meeresstern"), die nach dem Entwurf des Architekten Michele Busiri Vici, einem der "Gründer" der Costa Smeralda, errichtet wurde. Ihr Kirchturm ist der Form der Nuraghen nachempfunden, gewaltige Granitblöcke, die an die sardischen Menhire erinnern, tragen den Portikus. Im Inneren beeindrucken neben dem indirekt beleuchteten Altarraum mit seinem schönen deutschen Kruzifix eine neapolitanische Orgel aus dem 17. Jh. und die "Mater dolorosa" von El Greco. Das Gemälde ist ein Geschenk einer deutschen Millionärin, der Schwester von Heinrich Thyssen, an die Kirche, nachdem sich ihre Tochter von einer schweren Krankheit erholt hatte. Etwas räumlich getrennt vom Ort liegt weiter nördlich die moderne Marina von Porto Cervo. Sie stellt einen der größten und bestausgestatteten Jachthäfen des Mittelmeers dar und verfügt über 500 auf sieben Piers verteilte Liegeplätze.

*Stella Maris

Marina

Liscia di Vacca

Wenig weiter westlich von Porto Cervo liegt Liscia di Vacca. Hier befindet sich das wohl nobelste und teuerste Hotel der Costa Smeralda: das Hotel Pitrizza, das einen in den Fels gehauenen Meerwasserpool besitzt.

Baja Sardinia

Offiziell bezieht sich der Name Costa Smeralda zwar nicht mehr auf das Gebiet von Baja Sardinia, aber es liegt nur knapp 5 km west-

Costa Smeralda (Fortsetzung)

lich von Porto Cervo und zählt noch zu den begehrten Ferienplätzen Sardiniens. Oberhalb der 200 m langen Bucht mit Sandstrand schmiegen sich die Apartments, Hotels, Restaurants, Bars und Geschäfte an den ansteigenden Hang.

***Halbinsel Capriccioli**

Fährt man von Porto Cervo in südlicher Richtung entlang der Costa Smeralda, kommt man nach 6 km zur Halbinsel Capriccioli. Sie besitzt einige herrliche Strände und zwei der berühmtesten Hotels der Smaragdküste. Das Hotel Cala di Volpe ist das wohl bekannteste der Region (EZ pro Tag ab 410 €). Der Architekt Jacques Couelle hat

Baedeker TIPP Im Hinterland

Im Landesinneren, 5 km westlich von Portisco, liegt das beschauliche Dorf San Pantaleo eingebettet zwischen hoch aufragenden Felsen. Nur zwei Kilometer von San Pantaleo entfernt befindet sich ein wunderschönes Hotel auf einer felsigen Anhöhe. Morgens gibt es einen Shuttle-Service zum Strand, und es besteht die Möglichkeit, an einem Ausflug mit der hoteleigenen Yacht teilzunehmen. Als Besonderheiten des Restaurants gelten die sardischen Abendessen unter freiem Himmel rund um den unterhalb des Hotels gelegenen Pool. Rocce Sarde *****Loc. Milmeggiu, ☎ 07 89 6 52 65/6/7, FAX 07 89 8 52 68, Internet: www.roccesarde.it, E-Mail: roccesarde@tiscalinet.it.

sich mit den pastellfarben angemalten, verschachtelten Etagen mit diversen Türmchen, Balkonen, Treppen und Bögen an eine Ritterburg angelehnt. Einige hundert Meter weiter steht das ebenfalls burgartige Hotel Romazzino mit sternförmigem Grundriss mit einem schönen Park, der bis ans Meer reicht. Zwei besonders schöne Strände sind die Cala Liscia Ruja (nach einem 2 km langen, schlecht ausgebauten Feldweg kurz hinter der Kreuzung von der Küstenstraße nach Capriccioli gelangt man an eine sanft geschwungene Bucht, die von dichter Macchia umstanden ist) und La Celvia nahe beim Hotel Capriccioli.

Cala Liscia Ruja

Arzachena

Arzachena und Cannigione sind unter ► Arzachena beschrieben.

Costa Verde M 7 · M / N 6

Provinz: Cagliari (CA)

***Unberührte Traumstrände**

Die noch relativ unerschlossene Costa Verde westlich von Guspini bietet eine Mischung aus Felsküste und kilometerlangen, einsamen Sanddünenstränden. Allerdings bestehen Ausbaupläne, die diesen Küstenabschnitt langfristig verändern werden. Etwas Tourismus besteht in den Badeorten Montevecchio Marina, Marina di Arbus und Riu Piscinas. Die bis zu 50 m hohen Sanddünen sind die Hauptattraktionen an dem Küstenstreifen.

Sehenswerte Orte und Plätze an der Costa Verde

Guspini

Die im Südwesten Sardiniens zwischen den großen Städten Oristano und Iglesias gelegene Ortschaft Guspini ist ein bedeutender Verkehrsknotenpunkt: Hier stoßen die SS 126 Richtung Iglesias und die SS 197 von Sanluri aufeinander sowie die Nebenstraße, die von der Costa Verde und dem großen, heute stillgelegten Bergwerk von Montevecchio kommt. Guspini liegt inmitten einer Gegend, die reich an Spuren prähistorischer Siedlungen ist. Der Ort lebt heute von der Landwirtschaft und vom Bergbau, der im nahen Gebirge noch betrieben wird.

Riu Piscinas

Folgt man der Küstenstraße nach Süden bis zu ihrem Ende, erreicht man das Tal des Flusses Piscinas. Einladend und leer ist der kilometerlange Sandstrand, der sich nach Süden zieht. Da hier Meeresschildkröten ihre Eier legen, sollte man aber nicht allzu weit in das Gebiet eindringen.

Portixeddu und *Küstenstraßen

Der kleine, in jüngerer Zeit entstandene Badeort Portixeddu ("kleiner Hafen") liegt im äußersten Süden der Costa Verde, westlich von Fluminimaggiore (▶ Iglesias), und ist über die SS 126, die zur Küste abzweigt, zu erreichen. Hinter dem Strand und der Feriensiedlung erheben sich prachtvoll die Berge. Von Portixeddu aus führt eine Küstenstraße mit schönen Panoramablicken in nordwestlicher Richtung weiter bis nach Capo Pecora unweit der Punta Mumullonis und in südlicher Richtung bis nach Buggerru. Diese

Kilometerlange, einsame Sandstrände bei z.T. recht starker Brandung: Die Costa Verde, das noch unendeckte Paradies an der Westküste, ist ganz anders als die anderen Strände Sardiniens.

Verlassene Bergwerksminen und kilometerlange Sandstrände

Die Costa Verde gehört noch zu den Geheimtipps auf Sardinien. Umso neugieriger macht der Ruf, der einem der außergewöhnlichsten Hotels Sardiniens vorauseilt, das mitten in den Dünen in völliger Abgeschiedenheit liegt: das Le Dune.

Entsprechend hoch waren unsere Erwartungen bei der Anreise: An einem nebelverhangenen Abend, an dem die Wolken tief und dunkel in den Bergen des Iglesiente liegen, führt der Weg von Guspini, einem Verkehrsknotenpunkt im Südwesten der Insel, zunächst nach Montevecchio. Die ehemalige Minenstadt liegt verlassen da, das Bergwerk, einst Zeugnis der Industriekultur des 19. Jh.s, dämmert nunmehr vor sich hin. Bis in die 1960er-Jahre wurden hier in einer der größten Förderanlagen Europas Silber, Zink und Blei gewonnen. Als der wirtschaftliche Profit ausblieb, verfielen die Anlagen, und so wird der Weg heute von aufgegebenen Fördertürmen gesäumt. Nur selten begegnet uns ein Auto auf der kurvenreichen Straße, die sich bergauf, bergab durch die abgeschiedene Region schlängelt. Ingurtosu zeigt sich noch stärker als Montevecchio als verlassene Bergarbeiterstadt, bei der nicht viel zu spüren ist von den Bestrebungen, die Küstenregion touristisch zu erschließen. Von hier aus sind es noch 7 km bis an die Costa Verde, die Straße geht in eine Schotterpiste über, und die einzigen Gefährten am Wegesrand sind ein paar Ziegen.

Montevecchio: Verlassene Anlagen, die einst für Wohlstand einer Region sorgten

Lichtblick

Langsam wird die Vegetation spärlicher, wir lassen die Berge hinter uns, und das Meer schimmert zwischen den Dünen hindurch. Als wir den Strand erreichen, sehen wir auch das Hotel an der Stelle, an der früher einmal Depot und Stallungen lagen, die mit der Aufgabe des Bergbaus ihre Funktion verloren hatten. Anfang der 1990er-Jahre hatte der Sohn des letzten Bergwerksdirektors die Idee, die exponierte Lage der alten Bauten zu nutzen, um ein Hotel zu errichten. Seine Idee war von Erfolg gekrönt. Die 25 Zimmer des Hotels sind fast immer belegt, in der Abgeschiedenheit genießen auch wir die langen Sandstrände und die einmalige Atmosphäre.

Le Dune, Via Bau 1, Piscinas, I-09030 Ingurtosu, ☎ 0 70 97 71 30, FAX 97 72 30, www.leduneingurtosu.it

Das ungewöhnlichste Hotel Sardiniens? Nichts als Strand und Wasser ringsum. ▶

Küstenstraßen (Fortsetzung)

Strecke führt entlang des kristallklaren Meeres und weiten herrlichen Stränden (Bademöglichkeiten) mit meterhohen Dünen und kleinen Felsen.

Rundfahrt an der Costa Verde

Routenbeschreibung

Im Folgenden werden die Stationen entlang einer Rundfahrt beschrieben, die bei Guspini beginnt, in nördlicher Richtung auf der SS 126 bis zur Abzweigung nach Westen zur Santa Maria di Neapoli bzw. nach Sant'Antonio di Santadi führt und parallel zur Küste nach Süden wieder nach Guspini zurückführt.

Nuraghenfestung Sa Urecci

Das 9 km nördlich von Guspini gelegene Monument erreicht man, indem man zunächst der SS 126 und dann der Nebenstraße nach Sant'Antonio di Santadi folgt. Links der Straße erhebt sich der Hügel Saurecci (175 m), auf dessen Gipfel die Reste einer großen Festung mit vier Türmen zu sehen sind. Vermutlich wurde sie errichtet, um die Wege zu kontrollieren, die das Gebiet von Oristano mit den Bergen des Südwestens verbanden.

Porto Palma

Der neue Badeort Porto Palma liegt 33 km nordwestlich von Guspini nahe der Küste. In der Bucht von Porto Palma war früher eine "tonnara" in Betrieb, eine Anlage zum Fang von Tunfischen. Die Gebäude der Anlage sind noch erhalten. Im Norden der großen Feriensiedlung führt eine Stichstraße zur Torre di Flumentorgiu und zur südlicheren Torre dei Corsari. Hier beginnt ein schöner Strand.

Monte Arcuentu

Der Monte Arcuentu, ein zerklüfteter Felsgrat vulkanischen Ursprungs, der sich aus der Ferne mit markantem Profil abzeichnet,

Verfallen und längst nicht mehr bewohnt: Der prachtvolle Eingang zu den alten Minen im Iglesiente zeugt von einer glanzvollen Vergangenheit.

bildet die südöstliche Grenze der weiten Ebene des Campidano di Oristano. Er liegt in der Nähe der gewundenen Straße, die von Porto Palma zurück nach Guspini führt. Im weiteren Verlauf der Straße nach Guspini passiert man die stillgelegte Bergwerkssiedlung Montevecchio, wo verrostete Förderanlagen an den Abbau von silberhaltigem Blei und Zink erinnern.

Rundfahrt an der Costa Verde (Fortsetzung)

Montevecchio

Von Villacidro aus kann man zahlreiche Wanderungen in das Gebiet des Monte Linas unternehmen. Etwa 1,5 km nördlich der Ortschaft befinden sich die Cascata della Spendula, die herrlichen Wasserfälle, die Gabriele D'Annunzio in einem Sonett besungen hat. Mühsamer ist es, den Gipfel des Monte Linas zu erreichen. Man muss zunächst die Punta Santu Miali ersteigen und von dort aus zum höchsten Punkt (1236 m) weiterwandern.

*Monte Linas

Dorgali · Cala Gonone

H 13

Provinz: Nuoro (NU)
Höhe: 387 m ü. d. M. (Dorgali)
Einwohnerzahl: 8000

Das Städtchen Dorgali liegt nahe der Ostküste Sardiniens auf halber Höhe am Hang des Kalksteinmassivs Monte Bardia, etwa 30 km östlich von Nuoro und wurde im Mittelalter an einer bereits in prähistorischer Zeit besiedelten Stätte gegründet. Heute passieren die meisten den Ort nur, um zum beliebten, touristisch stark frequentierten Bade- und Ferienort Cala Gonone zu gelangen, der 7 km entfernt am Meer liegt. In unmittelbarer Nähe von Cala Gonone gibt es einige schöne Strände und mehrere berühmte Grotten, zu denen täglich Schiffstouren angeboten werden. Die Altstadt von Dorgali ist von zahlreichen typischen Gebäuden aus dunklem Basalt geprägt.

Verschlafenes Städtchen am Fuße eines Bergmassivs

Die lokale Weinproduktion, die hauptsächlich aus der Genossenschaftskellerei stammt, ist groß und von guter Qualität, beliebt ist vor allem der berühmte Rotwein Cannonau di Dorgali. Bekannt ist Dorgali außerdem für sein Kunsthandwerk; Lederverarbeitung, Töpferei, Teppichknüpferei und Goldschmiedekunst haben hier eine lange Tradition. Die Produkte werden überall in Läden an der Hauptstraße und den umliegenden Gassen angeboten.

Das interessante archäologische Museum von Dorgali (Museo Civico Archeologico im Rathaus, Hauptstraße, ☎ 0784 96113) enthält einen Teil der zahlreichen Funde aus vornuraghischer, nuraghischer, phönizisch-punischer, römischer und frühmittelalterlicher Zeit aus der Umgebung, die besonders reich an Zeugnissen der Vergangenheit ist (Öffnungszeiten: Mai–Nov. Di.–So. 10^{30}–13^{00} und 15^{30}–19^{00} Uhr).

Museo Civico Archeologico

Cala Gonone und der Küstenverlauf nach Süden

Der kleine Ort Cala Gonone liegt 7 km östlich von Dorgali an der Küste und ist über eine Straße mit schöner Aussicht zu erreichen, die von der SS 125 abzweigt. Nach einem kurzen Tunnel durch den

Cala Gonone

Cala di Luna: Die wunderschöne Bucht ist für die Emsigen per Wanderweg zu erreichen, die Anderen nehmen das Boot.

Cala Gonone
(Fortsetzung)

Monte Bardia kommt man plötzlich auf eine große Terrasse mit herrlichem Blick aufs Meer, dann führt die Straße in die Ortschaft hinunter. Das ehemalige Fischerdorf Cala Gonone ist heute ein beliebter Badeort mit Jachthafen und zahlreichen Hotels, Restaurants und Bars. Am südlichen Ortsausgang gibt es einen kleinen Strand. Vom Hafen aus werden Bootstouren zu den schönsten Stränden und den berühmten Grotten angeboten.

Strand
Cala Fuili

2 km südlich von Cala Gonone schmiegt sich ein schöner Kiesstrand an die Bucht Fuili vor einer hohen Felswand. Ein befestigter Weg führt am Ende der asphaltierten Straße hinab. Am oberen Teil dieses Weges zweigt ein Pfad zum Strand der Cala di Luna ab.

*Grotta del
Bue Marino

Die Grotta del Bue Marino ist eine der größten und eindrucksvollsten Höhlen Sardiniens. Sie liegt etwa 5 km südlich von Cala Gonone und ist nur vom Meer aus zu erreichen; die Boote fahren am Hafen von Cala Gonone und ▶ Santa Maria Navarrese ab und anschließend zum Strand von Cala di Luna weiter, es bietet sich an, beides miteinander zu verbinden (Abfahrtszeiten Cala Gonone: Apr. – Juni, Okt./Nov. 11^{00}, 15^{00}, Juli std. 10^{00} – 12^{00}, 15^{00}, Aug. std. 9^{00} – 12^{00}, 15^{00} – 17^{00}, Sept. 10^{00}, 11^{00} und 15^{00} Uhr).
Der Name der Höhle erinnert daran, dass sie einer der letzten Lebensräume der Mönchsrobbe im Mittelmeer war, die heute hier nicht mehr vorkommt. Die in zwei Arme geteilte Grotte hat eine Gesamtlänge von etwa 5 km; nur ein Arm ist zugänglich. Mit ihren fantastischen Tropfsteingebilden und kleinen Seen erscheint sie an vielen Stellen überaus faszinierend. Man kann die Höhle auf einem

gesicherten und beleuchteten, etwa 900 m langen Steg besichtigen. An der Sala della Spiaggia delle Foche (Mönchsrobbenstrand) endet die Führung, hier vereint sich das Süßwasser aus der Höhle mit dem Meerwasser bis ins Frühjahr hinein in einem kaskadenartigen Wasserfall.

Grotta del Bue Marino (Fortsetzung)

*Cala di Luna

Der Strand an der Cala di Luna, 7 km südlich von Cala Gonone, ist vom Meer aus oder über einen schönen Wanderweg zu erreichen. Von der Grotta del Bue Marino fahren die Boote weiter zur Mondbucht. Ein etwa 800 m langer Küstenstreifen mit weißem Sand trennt das Meer von der Lagune am Ausgang der Schlucht Codula di Luna; sie ist von einem reizvollen Oleanderwäldchen umgeben. Nördlich des Strandes öffnen sich die großen Eingänge von acht Grotten, die sich am Fuße einer Felswand aneinander reihen. Das türkis schimmernde Wasser und der feine Sandstrand sind mittlerweile vom Geheimtipp zur allzu beliebten Badebucht geworden und recht überlaufen.

*Cala Sisine

Der Strand an der Cala Sisine liegt etwa 12 km südlich von Cala Gonone und ist vom Meer aus zu erreichen (Überfahrt mit Booten im Sommer von Cala Gonone und Santa Maria Navarrese) oder auf einem mehrstündigen Fußweg über den Sopramonte di Baunei. Die bezaubernde sandige Bucht liegt an der Meermündung der Schlucht Codula de Sisine.

Umgebung nördlich von Dorgali

*Grotta di Ispinigoli

Die Höhle liegt etwa 6 km nördlich von Dorgali und ist leicht über die SS 125 in nördlicher Richtung zu erreichen; nach etwa 4 km zweigt rechts eine Nebenstraße ab, auf der man nach 1,5 km den Eingang der Höhle erreicht. Mit einer Länge von über 10 km ist sie eine der größten Tropfsteinhöhlen Italiens. In dem gewaltigen Grottenraum, der bereits in nuraghischer Zeit aufgesucht wurde und vielleicht als Kultstätte diente, fällt unter den unzähligen Tropfsteingebilden in fantastischen Formen ein mehr als 36 m hoher Stalagmit auf. An seinem Fuß öffnet sich ein tiefer Schlund, in dem zahlreiche Schmuckgegenstände und einige Menschenknochen gefunden wurden. Früher glaubte man, hier seien Menschenopfer nach Riten der Punier praktiziert worden (daher die Bezeichnung Abisso delle Vergini, "Jungfrauenschlund"), aber dafür gibt es keine eindeutigen Belege. Die Funde kann man im Museo Archeologico von Dorgali besichtigen (Führungen: März – Nov. std. 9^{00} – 12^{00}, 15^{00} – 17^{00}, Juni – Sept. zusätzlich 18^{00}, Juli/Aug. zusätzlich 13^{00}, 18^{00}, nur Aug. 19^{00}, Okt./Nov. nicht um 9^{00} Uhr).

*Nuraghisches Dorf Serra Orrios

Die nuraghische Siedlung liegt etwa 10 km nordwestlich von Dorgali auf der rechten Seite der Provinzstraße, die in die SS 129 mündet. Die mediterrane Landschaft mit üppiger Vegetation, welche die Stätte umgibt, lässt den Reiz des nuraghischen Dorfes, das von allen bis jetzt bekannten das größte erhaltene ist, noch stärker wirken. Der Komplex besteht aus über 100 Hütten, Brunnen, einem heiligen Bezirk und zwei Megarontempeln mit rechteckigem Grundriss, weshalb man annimmt, dass der Platz auch als Kultstätte für Bewohner aus umliegenden Dörfern genutzt wurde. Die bei

Nuraghisches Dorf Serra Orrios (Fortsetzung)

den Grabungen freigelegten Funde werden teilweise im Museo Archeologico von Dorgali aufbewahrt. Verwaltet wird das nuraghische Dorf von der Kooperative Ghivine (☎ 07 84 96 72 1, Internet: www.ghivine.com, E-Mail: ghivine@tiscalinet.it, Führungen: stdl. 9⁰⁰ bis 12⁰⁰, 15⁰⁰ – 17⁰⁰, Juli 16⁰⁰ – 18⁰⁰, Okt. – März 14⁰⁰ – 16⁰⁰ Uhr).

***Gigantengrab S' Ena' e Thomes**

Das Gigantengrab S' Ena 'e Thomes befindet sich etwa 15 km nordwestlich von Dorgali, isoliert inmitten einer einsamen und faszinierenden Landschaft über dem Tal des Riu Isalle. Es ist eines der bedeutendsten Grabdenkmäler der sardischen Vorgeschichte. Die lang gestreckte Grabkammer ist durch eine herrliche Portalstele verschlossen, die aus einer einzigen, 3,65 m hohen und 2,10 m breiten Granitplatte gearbeitet ist.

*Hochstraße von Dorgali nach Tortoli

***Hochstraße**

Eine eindrucksvolle Fahrt hat man auf der SS 125 von Dorgali bis Santa Maria Navarrese (südlich von Baunei) vor sich. In Serpentinen schlängelt sich die Hochstraße über das Gebirge und ermöglicht immer wieder fantastische Blicke ins Tal.

****Gola su Gorroppu**

Die herrliche Schlucht su Gorroppu, die bekannteste auf Sardinien, liegt etwa 18 km südwestlich von Dorgali und ist auf einem kurvenreichen Sträßchen zu erreichen, das von der SS 125 1 km hinter dem Tunnel nach Cala Gonone abzweigt. Auf der rechten Seite

Auch an der SS 125 steht eine Casa Cantoniera: Die charakteristischen, roten Straßenwärterhäuser, die heute keine Funktion mehr besitzen, sind ein ständiger Begleiter bei der Fahrt über die Landstraßen.

führt eine schmale Straße in den Talgrund der Valle di Oddeone. Am Ende der asphaltierten Fahrbahn folgt man rechts der Schotterpiste bis zur Flussbrücke hinab und wandert von hier 4 km im Tal des Riu Flumineddu nach Süden bis zum Eingang der Schlucht. Die eindrucksvolle Schlucht wird von vollkommen senkrechten, über 200 m hohen Kalksteinwänden gebildet.

Gola su Gorroppu (Fortsetzung)

Fonni

Provinz: Nuoro (NU)
Höhe: 1000 m ü. d. M.
Einwohnerzahl: 4400

Ort in Höhenlage

Die Ortschaft liegt am Nordhang des Gennargentugebirges, längs der SS 389 von Nuoro nach Lanusei, etwa 29 km von Nuoro entfernt. Fonni ist die höchst gelegene Gemeinde Sardiniens. Aufgrund ihrer schönen Lage in luftiger Höhe ist Fonni als Urlaubsort, Wintersportplatz und Ausgangspunkt interessanter Bergwanderungen beliebt.

Sehenswertes in Fonni und Umgebung

Traditionelle Architektur

Im alten Ortskern mit schönen Beispielen traditioneller ländlicher Architektur aus Granit sind die beiden wichtigsten Baudenkmäler zu sehen: die Pfarrkirche San Giovanni Battista, die noch Spuren der ursprünglichen spätgotischen Struktur aufweist, und das Santuario della Madonna dei Martiri.

Nuraghe Logomache

Die Nuraghe steht etwa 2 km westlich des Ortes auf der rechten Seite der Staatsstraße nach Gavoi. Die komplexe Anlage, die aus einem Mittelturm und einem Mauerring mit drei Türmen besteht, wiederholt in veränderter Form und kleineren Abmessungen den Grundriss der großen Nuraghen Losa bei Abbasanta und Santu Antine bei Torralba. Kürzlich durchgeführte Ausgrabungen brachten zahlreiche Gebrauchsgegenstände zu Tage.

Nuraghische Dörfer Abini und S' Urbale

Im Gebiet von Teti (südwestlich von Ollolai und Olzai) liegen zwei Nuraghendörfer, Abini und S'Urbale. Das Erstere, das wegen verschiedener Funde von Bronzegegenständen seit 1865 bekannt ist, wurde kürzlich ausgegraben und sorgfältig restauriert. Man hat zahlreiche Bauten mit rundem Grundriss, einen eingefriedeten Versammlungsplatz und einige bereits in den 1930er-Jahren ausgegrabene Hütten freigelegt. Das zweite Dorf, das auf dem Hügel Cuccuru s'Urbale liegt, besteht aus etwa 50 kreisförmigen Gebäuden. Bei den Ausgrabungen fand man rund hundert Gegenstände.

Gigantengrab von Bidistili

Das Gigantengrab von Bidistili befindet sich etwa 7 km nordöstlich von Fonni auf der rechten Seite der Staatsstraße nach Mamoiada. Das Monument, das auf einer ebenen Lichtung liegt, wirkt kurz und gedrungen; über dem niedrigen, schmalen und rechteckigen Eingang erhebt sich eine gezackte Stele. Die reichen Funde, die man hier entdeckte, belegen, dass an dieser Stätte Opfergaben niedergelegt wurden.

Fonni (Fts.) Santuario di San Cosimo

Die Kirche liegt ca. 6 km nördlich des Gigantengrabes von Bidistili auf einer Hochebene. Wie viele andere sardische Wallfahrtskirchen ist sie von einer hohen Mauer umgeben. Innerhalb der Einfriedung erheben sich die schlichten Pilgerhütten (cumbessias). In ihnen wohnt die Gemeinschaft der Gläubigen während der Novenen (9-tägige Andacht vor dem Fest) und während des Festes, das hier am 26. September mit Gottesdiensten und folkloristischen Darbietungen begangen wird (Festa di San Cosimo).

Monte Spada

Der Monte Spada liegt 8 km südöstlich von Fonni (Richtung Desulo) an der Westflanke des Gennargentumassivs. Er ist 1595 m hoch und fast völlig unbewaldet, weshalb er im Winter als Skihang dient; Skilifte sind vorhanden. Am Ende der Stichstraße führt ein kurzer Weg auf den Gipfel.

Bruncu Spina

Folgt man der Straße von Fonni nach Desulo weiter, erhebt sich etwa 15 km südöstlich von Fonni der Berg Bruncu Spina (1829 m). Man erreicht den in einer herrlichen Umgebung gelegenen Berg über eine Straße, die an der Westflanke entlang fast bis zum Gipfel führt. Zu diesem gelangt man dann entweder zu Fuß (30 Min.) oder mit der Seilbahn. Der Bruncu Spina ist der zweithöchste Gipfel des Gennargentu und Sardiniens.

Ghilarza · Lago Omodeo — I 9

Provinz: Oristano (OR)
Höhe: 290 m ü. d. M.
Einwohnerzahl: 4600

Mittelalterliches Städtchen

Das Dorf Ghilarza liegt westlich nahe dem Lago Omodeo auf dem Altopiano di Abbasanta und kann schnell über den Abzweig Richtung Abbasanta von der nach Nuoro führenden Schnellstraße Carlo Felice erreicht werden. Ghilarza entstand vermutlich im Mittelalter durch den Zusammenschluss von fünf älteren Dörfern. Heute ist der Ort schon wegen seiner vielen Kirchen und dem Geburtshaus von Antonio Gramsci einen Besuch wert.

Sehenswertes in Ghilarza

Casa Gramsci

Öffnungszeiten
tgl. 9^{30} – 12^{30}
16^{00} – 19^{00}

In Ghilarza lebte von 1898 bis 1911 Antonio Gramsci, der Gründer der Kommunistischen Partei Italiens (▶ Berühmte Persönlichkeiten). Seiner Ausbildung wegen ging er nach Turin, doch sooft er konnte, kehrte er auf die Insel zurück. Er starb nach langer Gefangenschaft, zu der ihn die faschistische Regierung verurteilt hatte. Das Haus seiner Familie (Corso Umberto 57) wurde in ein kleines Museum umgewandelt, das Dokumente, Fotografien und Schriften aus seinem Leben zeigt.

San Palmerio

Die romanische Pfarrkirche San Palmerio (12. Jh.) besitzt eine schöne Fassade aus Trachytblöcken, in der weiße Streifen mit dunklen abwechseln. Genau gegenüber der Kirche erhebt sich ein Ende des 15. Jh.s erbauter Turm. Im restaurierten Inneren finden heute Veranstaltungen statt.

Sehenswertes am Lago Omodeo

Lago Omodeo

6 km östlich von Ghilarza entfernt liegt der Lago Omodeo, ein schöner, künstlicher See, der durch eine Talsperre am mittleren Lauf des Flusses Tirso entstand. Als 1924 die Staumauer eingeweiht wurde, war der Lago Omodeo der größte Stausee Europas.

***San Pietro di Zuri**

Um zu verhindern, dass die alte, kleine Kirche San Pietro di Zuri im Wasser des Sees versinkt, wurde sie in ihre Einzelteile zerlegt und ganz in der Nähe wieder aufgebaut. Auch die Ortschaft Zuri wurde umgesiedelt. Wie aus einer Inschrift hervorgeht, wurde die Kirche 1291 erbaut; ihre Formen entsprechen dem Stil der lombardischen Romanik. Die Quader der leuchtend rosafarbenen Fassade bestehen aus dem für die Gegend typischen Trachyt. Die Kapitelle der Pfeiler, auf denen die drei Bogenstellungen der Fassade ruhen, und der Architrav sind mit Blumen und kleinen Figuren ausgestaltet. Im Inneren des Baus zeigt ein weiteres Kapitell die Darstellung des traditionellen "ballu tundu" (Reigentanz, ▶ Zahlen und Fakten, Feste und Folklore).

Relief an einem Kapitell der Kirche San Pietro mit der Darstellung des traditionellen "ballu tundu"

Tadasuni

Tadasuni liegt wenig östlich von Zuri am Westufer des Lago Omodeo. Die Häuser sind hier aus schwarzem Lavagestein erbaut. Im Pfarrhaus kann man eine Sammlung z. T. origineller sardischer Musikinstrumente besichtigen, die der Pfarrer Don Giovanni Dore zusammengetragen hat. Besuch nach Absprache: Via Adula 7, ☎ 07 85 5 01 13.

Sedilo

Das Gebiet um Sedilo, 10 km nordöstlich von Ghilarza oberhalb des Lago Omodeo, wurde in der prähistorischen Epoche intensiv genutzt, wie die vielen Reste von Nuraghen zeigen. Die im Jahr 1703 rekonstruierte Pfarrkirche San Giovanni Battista zeigt noch Elemente des ursprünglichen Baus aus dem 16. Jahrhundert. Auf dem Vorplatz der Kirche wurden einige aus der Umgebung stammende Baityloi (Kultsteine aus der Nuraghenzeit) aufgestellt.

Santuario di San Costantino

Die bedeutende Wallfahrtskirche liegt etwa 4 km südöstlich von Sedilo über dem Tal des Tirso. Sie ist Kaiser Konstantin geweiht, den die Sarden gemäß byzantinischer Tradition als Heiligen verehren. Der ursprüngliche Bau stammt vermutlich aus dem Mittelalter; die heutige Kirche wurde 1789 errichtet. Für volkskundlich Interessierte ist die große Anzahl von zum Teil sehr alten Votivgaben zu erwähnen, die im Inneren der Kirche an den Wänden hängen. In der Nähe der Kirche steht ein Baitylos aus der nuraghischen Epoche. Eine Legende berichtet, es handle sich um eine Frau, die zur Strafe für ihre fehlende Ehrerbietung dem Heiligen gegenüber zu Stein geworden sei. In der großen Einfriedung mit den Pilgerhütten um die Kirche herum findet alljährlich vom 5. bis 8. Juli das

****Reiterfest S'Ardia**

Santuario di San Costantino (Fortsetzung)

berühmteste ländliche Fest der Insel statt. Sein Höhepunkt ist S'Ardia, ein waghalsiges Pferderennen, das nach einem seit Jahrhunderten unveränderten Zeremoniell in der Nähe der Brücke durchgeführt wird. Es erinnert an den Sieg Konstantins über Maxentius an der Milvischen Brücke.

Umgebung des Lago Omodeo

Abbasanta

Abbasanta schließt westlich an Ghilarza an und besitzt im Gegensatz zu diesem einen Bahnhof. Die auf der gleichnamigen basaltischen Hochebene liegende Ortschaft (315 m) mit ca. 2600 Einwohnern wirkt von ihrer Bebauung her eher schlicht. Im Ortskern sind noch einige Häuser aus dem 16. und 17. Jh. erhalten, wobei ein Wohnhaus mit einem Portikus, dessen Säulen im Stil der katalanischen Gotik gestaltet sind, auffällt.

*Nuraghe Losa

2 km südwestlich von Abbasanta steht die Nuraghe Losa, eines der bedeutendsten Monumente der prähistorischen sardischen Kultur. Der mächtige Komplex aus gewaltigen Basaltblöcken besteht aus dem um 1000 v. Chr. errichteten, heute noch zweistöckigen Zentralturm (13 m), der um drei jüngere Ecktürme (8./7. Jh. v. Chr.) zur Bastion ausgebaut wurde. Vor dem Eingang der Nuraghe liegt eine große Versammlungshütte; daneben befinden sich Wohnhütten sowie Reste eines kleineren Befestigungsrings mit Türmen und Schießscharten. In weitem Bogen umschließt ein äußerer Mauerring mit Doppeltortürmen (Dipylontürmen) die Anlage, der wohl im 7./6. Jh. v. Chr. angelegt wurde – vielleicht von karthagertreuen Nuraghern. Im Museo Nazionale von ► Cagliari werden die Funde aufbewahrt, die bei den Ausgrabungen zu Tage kamen.

**Brunnenheiligtum von Santa Cristina

Öffnungszeiten tgl. 9^{00} – 21^{00}

Das Brunnenheiligtum von Santa Cristina, ca. 12 km südwestlich von Abbasanta gelegen, ist direkt von der SS 131 Carlo Felice aus zu erreichen (eigene Ausfahrt). Die große Anzahl nuraghischer Brunnentempel auf Sardinien verdeutlicht die Bedeutung des Wassers in den kultischen Vorstellungen der damaligen Zeit. Das noch sehr gut erhaltene Heiligtum von Santa Cristina stammt vermutlich aus dem 9. Jh. v. Chr. und ist ein besonders eindrucksvolles Beispiel dieser Bauwerke.

Den unterirdischen heiligen Brunnen umgeben eine innere und eine äußere Mauer, die den heiligen Bezirk eingrenzen. Der Treppenabgang zur Quelle besteht aus präzise behauenen Steinquadern, die gegeneinander leicht versetzt sind, so dass die Wände ein elegantes, die Perspektive verstärkendes Sägezahnprofil bilden. Die umgekehrte Treppe an der Decke scheint aus dem mystischen Urgrund in den Himmel zu führen – ein beeindruckendes Symbol der Transzendenz. Der im Erdreich liegende, sich nach oben verjüngende Brunnenraum ist wie die Kragkuppel einer Nuraghe konstruiert, aber von ungleich höherer Präzision. Aufeinander liegende Steinkreise mit nach oben abnehmendem Radius bilden die Mauer; durch eine kleine Öffnung fällt Licht in den Schacht.

Die Harmonie seiner Proportionen und die perfekte Geometrie der Ausführung lassen diesen Tempel als eines der Meisterwerke der nuraghischen Architektur erscheinen. Rings um das Heiligtum stehen die Reste von hufeisenförmigen Hütten, die sich zum Tempel

Eine trapezförmige Treppe führt hinab in das Herz des Brunnenheiligtums von Santa Cristina, das vor etwa 3000 Jahren angelegt wurde.

Brunnenheiligtum (Fts.)

öffnen, daneben befindet sich eine Versammlungshütte mit umlaufendem Steinpodest.

Kirche Santa Cristina

Unweit des Brunnenheiligtums steht das Kirchlein Santa Cristina. Sie zeigt schlichte Formen und ist von einer weitläufigen Gruppe von Hütten ("cumbessias") umgeben, die an Feiertagen von Pilgern bewohnt werden. Im Mai und im Oktober finden hier zwei ländliche Kirchenfeste statt. Ein Stückchen weiter steht eine Nuraghe, daneben liegt ein Hüttendorf.

Busachi

Der noch ziemlich unversehrte historische Ortskern von Busachi im Süden des Lago Omodeo weist zahlreiche schöne Beispiele der typischen lokalen Architektur aus rötlichem Trachytgestein auf.

Neoneli

Neoneli liegt 8 km nordöstlich von Busachi auf einem Berggrat über dem Tal des Tirso. Im historischen Ortskern ist die traditionelle bäuerliche Architektur erhalten. Oft haben die Häuser Fenster und Türen in aragonischem Stil. Die Pfarrkirche San Pietro birgt ein schönes, mit Intarsien geschmücktes Chorgestühl und zwei farbig gefasste Holzstatuen, welche die Heiligen Petrus und Anna darstellen.

Chiesa dell'Angelo

Die etwa 5 km nordöstlich des Ortes gelegene Kirche dell'Angelo ist leicht mit dem Auto zu erreichen, indem man von der Provinzstraße nach Austis abzweigt. Der auf das 17. Jh. zurückgehende Bau besitzt einen weiten Portikus mit Spitzbogenarkaden. Am ersten Montag im August findet hier alljährlich ein schönes Kirchenfest mit Gottesdiensten und folkloristischen Darbietungen statt.

Iglesias

07

Provinz: Cagliari (CA)
Höhe: 176 m ü. d. M.
Einwohnerzahl: 30 300

***Ehemals wichtigste Bergbauregion**

Iglesias liegt am Rande des Cixerrigrabens an der Südflanke eines Gebirges, dessen Name Iglesiente sich von der Stadt herleitet. Zusammen mit dem südlich anschließenden Sulcisgebirge war das Bergland bis zur Mitte des 20. Jh.s die bedeutendste Bergbauregion Sardiniens und ganz Italiens. Sehr reizvoll ist die Altstadt von Iglesias mit ihren alten Wohnhäusern, mittelalterlichen Kirchen und schattigen Plätzchen, die sich im Gassengewirr plötzlich auftun. Auf den Straßenschildern stehen sowohl die italienischen als auch die sardischen Namen. Man sollte sich ruhig ein wenig Zeit nehmen für einen Bummel durch die hübsche Altstadt von Iglesias.

Corso Matteotti

Die als Fußgängerzone angelegte Hauptstraße, der Corso Matteotti, wird von Läden gesäumt; sehenswert ist auch die parallel verlaufende Via Cagliari mit ihren alten Häusern.

Geschichte

Schon in vorgeschichtlicher Zeit wurden die reichen Erzlager im Südwesten der Insel ausgebeutet. Die Karthager und nach ihnen die Römer intensivierten den Bergbau. Für diese Zeit ist eine Siedlung mit dem Namen Metalla bezeugt, der auf den Abbau und die Verhüttung von Erzen hinweist; sie konnte jedoch bis heute nicht genau lokalisiert werden.
Iglesias wurde Anfang des 13. Jh.s von Graf Ugolino della Gherardesca, einem Pisaner Flottenadmiral, nach dem Vorbild toskanischer

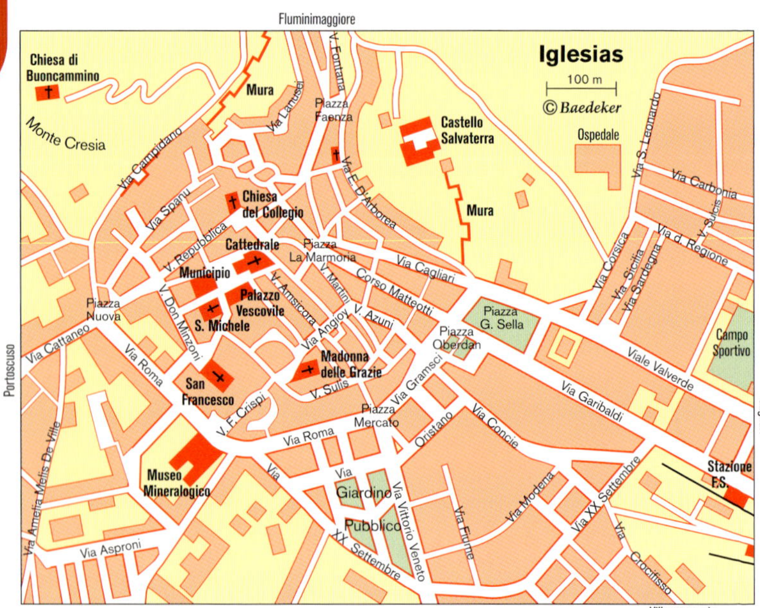

Gemeinwesen als Stadt mit Münzrecht zur Ausbeutung der Silberminen gegründet. Während seiner Herrschaft und später unter der direkten Verwaltung von Pisa blühte Iglesias auf; der Stadtkern wurde mit einer mächtigen viereckigen Umfassungsmauer umgeben, die 20 Türme und vier Tore besaß. Reste dieser später von den Aragoniern restaurierten Stadtmauer sind noch rund um die Altstadt zu erkennen; in ihrem östlichen Teil ist die Ruine des Castello di Salvaterra erhalten. Pisa verlieh Iglesias auch ein Stadtrecht, das "Breve di Villa di Chiesa", das nicht nur das Leben der Zünfte, sondern auch die Arbeit in den Bergwerken regelte.

Geschichte (Fortsetzung)

Der Niedergang der "Kirchenstadt" begann mit der Eroberung durch die Aragonier. Die Förderung von Erzen war zwar noch einige Zeit lohnend, doch Mitte des 15. Jh.s wurden die Bergwerke stillgelegt, da sich das Interesse Spaniens auf die Schätze der Neuen Welt richtete. Im Jahre 1859 wurde per Gesetz entschieden, dass die Bodenschätze Eigentum des Staates und nicht des jeweiligen Grundbesitzers sind. Der Bergbau erlebte einen gewaltigen Aufschwung; zahlreiche Konzessionen wurden an fest- und ausländische Unternehmen vergeben. 3 Prozent des Bruttoertrages waren an den Staat abzuführen. Ab 1867 setzte mit der Entdeckung der reichen Zinkvorkommen des Iglesiente ein regelrechter "Galmeirausch" ein (Galmei bezeichnet zwei der wichtigsten Zinkerze). Die Härte der Arbeit machte es notwendig, sich zusammenzuschließen. So entstanden die ersten Arbeiterorganisationen; es kam immer wieder zu Arbeitskämpfen und 1904 nahm hier der erste Generalstreik Italiens seinen Ausgang. Nach der Zeit des Faschismus, in der die Bergwerke vor dem Hintergrund der Autarkiebestrebungen keinen neuen Aufschwung erlebten, schloss angesichts der weltwirtschaftlichen Gesamtsituation ein Bergwerk nach dem anderen wegen Unrentabilität seine Tore.

Sehenswertes in Iglesias

Piazza Municipio

Den Mittelpunkt der Altstadt bildet die Piazza Municipio. An ihr erheben sich der Palazzo Comunale (Rathaus) aus dem 19. Jh., der in spanischen Formen gestaltete Bischofspalast (um 1775) und vor allem die Kathedrale Santa Chiara (1285/1288) mit schlichter spätromanisch-gotischer Fassade. Im Inneren ist sie von katalanischer Gotik geprägt.

Kathedrale

Kirchen

Iglesias besitzt weitere sehenswerte Kirchen: San Francesco im Stil der katalanischen Gotik (15./16. Jh.), den romanisch-gotischen Bau Santa Maria delle Grazie (13. Jh.) und die Jesuitenkirche Chiesa della Purissima o del Collegio nördlich der Kathedrale.

Piazza Sella

Die Piazza Sella verbindet die Altstadt mit den neuen Vierteln. Ein Denkmal erinnert an den großen piemontesischen Bergbauingenieur und Minister Quintino Sella. Um das Standbild herum trifft sich vor allem die Jugend von Iglesias; ebenso sind die umliegenden Bars und Cafés beliebte Treffpunkte für Jung und Alt und geben dem etwas weiträumigen Platz eine lebendige Atmosphäre.

Museo

Die Landschaft Sulcis-Iglesiente besteht aus paläozoischem Urgestein. Das Gebiet ist deshalb nicht nur reich an Mineralien, son-

Museo di Mineralogia e Paleontologia

Öffnungszeiten
Mo. – Fr.
8⁰⁰ – 13⁰⁰
n. Vereinbarung
☎ 07 81 2 25 02

dern auch an Fossilien, die auf die erdgeschichtlichen Epochen des Kambriums (vor 550 Mio. Jahren) bis zum Karbon (vor 300 Mio. Jahren) zurückgehen. Die außerordentliche Vielfalt und Schönheit der Mineralien und Fossilien dokumentiert das Museum für Mineralogie und Paläontologie (Via Roma 4). Die Sammlungen umfassen fast 1000 Gesteinsproben, Fossilien, Edelsteine und Halbedelsteine, außerdem Werkzeug und große Maschinen, die bei der Grubenarbeit verwendet wurden, weiterhin Karten, Urkunden und historische Fotografien.

Umgebung von Iglesias

Bergwerke von Monteponi, Campo Pisano, San Giovanni

Durch das gesamte Gebiet der Landschaft Iglesiente und Sulcis ziehen sich Adern von verschiedenen Mineralien. Im 19. und 20. Jh. entstanden zahlreiche kleine und größere Minen, die Hügelland und Küste in eine typische Bergbaulandschaft verwandelten. Die bekanntesten Bergwerke (vielmehr die von ihnen verbliebenen Anlagen und Gebäude, da die Arbeit unter Tage überall eingestellt wurde) sind die von Monteponi, Campo Pisano, San Giovanni und San Benedetto. Um einige Bergwerke herum entstanden Dörfer wie Nebida, Masua und Buggerru, die teils unten an der Küste, teils dahinter liegen.

Golfo di Gonnesa

Entlang der weiten Meeresbucht westlich von Iglesias zieht sich eine Steilküstenstraße, die von Fontanamare im Süden bis Nebida langsam ansteigt und dann bis Masua herrliche Ausblicke aufs Meer ermöglicht. Eine auffällige Klippe nordwestlich von Masua heißt Pan di Zucchero (Zuckerhut).

Tonnara von Porto Paglia

Westlich der Ortschaft Gonnesa (12 km südwestlich von Iglesias) liegt eine ehemalige Tunfischfangstelle. Die kleine Anlage, zu der verschiedene zweistöckige Gebäude, ein Hof mit Laubengang und eine kleine Kirche gehören, wurde im späten 18. Jh. errichtet. Ganz in der Nähe erhebt sich auf einer Klippe ein spanischer Turm von 1598. Die Tonnara war bis 1974 in Betrieb; heute stellt sie ein interessantes Dokument der Industriegeschichte dar. Von Masua führt eine Straße nach Buggerru.

Buggerru

Buggerru besitzt einen schönen langen Strand sowie einen kleinen Hafen und entwickelt sich allmählich zum Badeort. Er zieht sich unterhalb einer steilen Felswand bei einem ehemaligen Bergwerk entlang.

Portixeddu

Etwa 6 km weiter nördlich gelangt man ins herrlich gelegene Portixeddu (► Costa Verde).

Nuraghisches Dorf von Seruci

Die nuraghische Siedlung befindet sich südlich der Tonnara in der Nähe des gleichnamigen stillgelegten Bergwerks. Das prähistorische Dorf liegt zusammen mit einer Nuraghe malerisch auf einem kleinen Hügel. Bei Grabungen wurde eine Siedlung freigelegt, die sich kreisförmig um einen Mittelhof anordnet und sich aus Hütten unterschiedlicher Größe und Grundrisse zusammensetzt. Bis jetzt wurden über 50 Gebäude identifiziert, neben den Hütten auch mehrere andere Bauten.

Nur noch Reste erinnern an die einstige Bedeutung des punisch-römischen Tempels von Antas, der einsam auf einem Hügel steht.

Der römische Tempel von Antas, die Hauptsehenswürdigkeit in der Umgebung von Iglesias, erhebt sich etwa 20 km nördlich der Stadt in Richtung Fluminimaggiore im schönen Tal des Riu Antas. Man erreicht die Anlage auf einer kleinen Straße, die von der SS 126 abzweigt. Am Ort einer älteren nuraghischen Siedlung errichteten die Karthager um 500 v. Chr. einen ersten Tempel, der dem Sid Addir Babai (Sid war ein punischer Jagdgott; Addir bedeutet "mächtiger") geweiht war und im 3. Jh. v. Chr. erneuert wurde. In der spätrepublikanischen Epoche oder in der frühen Kaiserzeit rissen die Römer den Tempel ab, um ihn in veränderter Form wieder aufzubauen; unter Caracalla wurde er nochmals umgestaltet. Der Architrav trägt eine Inschrift, aus der hervorgeht, dass der römische Tempel dem Kaiser Caracalla und dem "Deus Sardus Pater Bab ..." geweiht war. Nach den von 1967 bis 1976 durchgeführten Ausgrabungsarbeiten wurde der Tempel auf der Grundlage des Wiederaufbaus der Kaiserzeit z. T. rekonstruiert. Heute stehen noch die sechs ionischen Säulen der Vorhalle, hinter denen sich die Mittelhalle (Cella) erstreckt, die mit Mosaiken geschmückt war. Von herausragendem Interesse ist der Tempel, weil er eine faszinierende Synthese der religiösen Vorstellungen von Puniern und Römern zeigt. So präsentiert sich das Bauwerk auf den ersten Blick zwar im klassischen Gewand, aber der römische Tempel ist wie sein Vorgängerbau nach Nordwesten ausgerichtet und nicht nach Osten, zur aufgehenden Sonne. Die Doppelwand der Cella greift das Motiv der phönizischen Pfeilerhalle auf; die beiden seitlichen Zugänge sind bei klassischen Tempeln unüblich, bei punischen Heiligtümern jedoch häufig. Dahinter befindet sich das nach punischem Vorbild in

**Tempio di Antas

Öffnungszeiten
tgl. 8^{00} – 20^{00}

Tempio di Antas (Fortsetzung)

zwei getrennte Räume aufgeteilte Allerheiligste, in das man nur durch Wannen gelangen konnte, die vor der Schwelle in den Boden eingelassen sind und der Reinigung vor dem Betreten dienten, ebenfalls eine punische Tradition. Vor den Säulen sieht man die Reste der ehemaligen Freitreppe des römischen Tempels und – was man durch Grabungen unter der Treppe entdeckte – die Überreste des punischen Vorgängerbaus. Faszinierend auch die gemeinsam verehrte Gottheit Bab(ai), die auf eine Identität des punischen Sid mit dem römischen Sardus pater schließen lässt.

Grotta de su Mannau

Nach dem Besuch des Tempels von Antas kann man die Fahrt zu dem ca. 13 km weiter nördlich, in einem Flusstal liegenden Ort Fluminimaggiore fortsetzen. Auf halber Strecke liegt im Osten die Höhle Grotta de su Mannau (Höhle des Ungeheuers, des Riesen), die Stalaktiten mit Girlanden besitzt. Ein kleiner Teil des großen, natürlichen Höhlensystems mit einer Gesamtlänge von über 7 km ist zu besichtigen. Führungen von Ostermontag bis Okt. 9[30] – 18[30] Uhr; von Nov. bis Ostersonntag nur nach vorheriger Anmeldung unter ☎ 07 81 58 01 89. Auf Wunsch werden auch längere höhlenkundliche Exkursionen mit spezieller Ausrüstung durchgeführt.

Fluminimaggiore

Das Dorf Fluminimaggiore wurde in der ersten Hälfte des 18. Jh.s gegründet und entwickelte sich zur Bergbaugemeinde. Die Umgebung ist reich an Erzvorkommen, die von der zweiten Hälfte des 19. Jh.s bis in die Nachkriegszeit abgebaut wurden. Die heute verfallenen Siedlungen, die um die Bergwerke herum entstanden waren, sind nur noch als Zeugen der Epoche des Bergbaus übrig geblieben.

Domusnovas

Die Ortschaft Domusnovas (6800 Einwohner) liegt am Fuße des Marganaimassivs, im fruchtbaren Cixerrigraben, 10 km östlich von Iglesias. Domusnovas ist ein Bauerndorf, das auf das Mittelalter zurückgeht; einst war es von einem Mauerring umgeben, und eine Burg beschützte es.

Grotta di San Giovanni

Folgt man der asphaltierten Straße, die am Lauf des Riu San Giovanni entlangführt, so gelangt man nach 3 km in nordwestlicher Richtung zur Grotta di San Giovanni. Durch diese 850 m lange Tropfsteinhöhle, die quer durch den Bergrücken Marganai führt, wurde im 19. Jh. für den Bergbau eine noch bis vor kurzem befahrbare Straße gebaut.
An den beiden Öffnungen sind Reste von altem Mauerwerk zu erkennen, welche die Vermutung nahe legen, dass die Menschen in vergangenen Zeiten hier Zuflucht suchten. Im Inneren nimmt man Spuren einer alten Felskapelle wahr, während sich vor dem Südeingang eine kleine Landkirche aus dem 19. Jh. erhebt, bei der alljährlich am 24. Juni ein Volksfest gefeiert wird.

Valle d'Oridda

Durch die Grotta di San Giovanni gelangt man auf einer sehr schlechten Straße in die Valle d'Oridda, ein Tal längs des Flusses Sa Duchessa, dessen Schönheit zu einer Wanderung einlädt. Die wilde, teilweise von dichter Vegetation bedeckte Landschaft ist von tiefen Schluchten und malerischen Felsformationen geprägt.

Villamassargia

4 km südlich von Domusnovas liegt Villamassargia in der weiten Ebene des Cixerrigrabens. Das Dorf ist für seine handgewebten sar-

dischen Teppiche, Gobelins und Vorhänge bekannt. Die Chiesa della Vergine del Pilar im Zentrum ist ein schönes Beispiel der toskanischen Romanik auf Sardinien. Die Burg, Castello di Gioiosa Guardia, von der nur noch spärliche Reste auf dem Gipfel eines vulkanischen Bergs vorhanden sind, diente der Verteidigung der Ortschaft. Seit dem 13. Jh. kontrollierte sie die Straßen, die ins Bergbaugebiet des Iglesiente führten. Dieselbe Funktion hatte das Castello di Acquafredda (▶ Cagliari, Umgebung).

Isili

L 10

Provinz: Nuoro (NU)
Höhe: 523 m ü. d. M.
Einwohnerzahl: 3300

Station des Trenino Verde

Das Bauerndorf Isili, das in Innersardinien (70 km nördlich von Cagliari) liegt, ist alleine sicher keine Reise wert. Als wirtschaftliches Zentrum der Region Sarcidano besitzt es aber sogar einige Hotels, so dass man von hier aus die Umgebung erkunden kann, in der es verschiedene interessante prähistorische Zeugnisse und kleine Bergdörfer zu besuchen gibt.
Man besucht Isili vor allem wegen des schönen Kupfergeschirrs, das hier noch auf traditionelle Weise hergestellt wird. Der Ort erstreckt sich längs der Centrale Sarda (SS 128), am Osthang der schönen Giara di Serri, an dem auch die Bahnlinie von Mandas nach Sorgono verläuft.

Nurri liegt, genauso wie Isili, an der Bahnlinie von Cagliari nach Sorgono – eine Strecke, die schon D. H. Lawrence faszinierte.

Sehenswertes in Isili und Umgebung

Isili

Der Ort besitzt schöne Gebäude aus dem 19. Jh. und breite Alleen. Auffällig ist die Pfarrkirche San Giuseppe Calasanzio mit ihrer weißen Fassade, die im etwas reizvolleren Norden des Ortes steht.

Nuraghe Is Paras

Am nördlichen Ortsausgang ragt am Straßenrand der SS 128 der elegante Bau der Nuraghe Is Paras ("die Mönche") auf. Der bis zu einer Höhe von 8 m erhaltene Turm wurde aus Kalksteinblöcken erbaut, nicht aus dunklem Trachyt oder Basalt wie fast alle anderen Nuraghen Sardiniens. Ein großer Teil der Kuppel ist noch vorhanden.

Die Umgebung war in vor- und frühgeschichtlicher Zeit – viele Domus de janas und weitere Nuraghen sind noch erhalten – wie auch in der römischen Epoche stark besiedelt. In der Nähe entdeckte man die Reste einer bedeutenden römischen Siedlung.

Giara di Serri

Das kleine Basaltplateau, nur etwa 3 km lang und 1 km breit, erstreckt sich nordwestlich von Serri und wirkt kahl und felsig. Der Ort selbst liegt 6 km südlich von Isili.

****Nuraghisches Heiligtum von Santa Vittoria**

In schöner Lage mit herrlichem Ausblick liegt das nuraghische Tempelheiligtum Santa Vittoria etwa 4 km westlich von Serri am Rande der Giara di Serri. Diese Anlage ist eines der faszinierendsten Zeugnisse der nuraghischen Kultur und beschwört auch heute noch die Vergangenheit herauf.

Die verschiedenen Gebäude sind ohne erkennbare Ordnung verteilt. Santa Vittoria wurde wahrscheinlich als Wallfahrtsort regelmäßig von den in der Umgebung lebenden Stämmen besucht. Beinahe im Mittelpunkt des Komplexes befindet sich ein von Säulengängen umgebener Bezirk; er muss den Teil der Kultstätte dargestellt haben, von dem bei Feierlichkeiten die stärkste Anziehungskraft ausging und in dem sich eine große Anzahl von Menschen versammelte. Hier, in einer Reihe von Räumen rund um einen gepflasterten kleinen Platz, übernachteten vermutlich die Pilger, die das Heiligtum besuchten. Wenige Meter von der Mauer

Brunnentempel

entfernt liegt das religiöse Zentrum, der Brunnentempel. Das Brunnenheiligtum besteht aus einem gepflasterten Vorraum mit Steinbänken für die Votivgaben, aus der Treppe in die Tiefe und dem Brunnenschacht, dessen Wände in Abständen von Drainagelöchern durchbrochen sind. Als öffentliches Gebäude dürfte auch die große Versammlungshütte anzusehen sein, die am Rande des nuraghischen Dorfs liegt und möglicherweise für geheime, ungestörte Besprechungen der Stammeshäuptlinge bestimmt war. Das kleine, fast an den Rand des Basaltplateaus gebaute Kirchlein deutet darauf hin, dass auch in späteren Zeiten die religiöse Bedeutung dieses Ortes beibehalten wurde.

Nurri

Die 11 km östlich von Serri gelegene Ortschaft Nurri besitzt einen gut erhaltenen, alten Ortskern. Auffallend sind die Pfarrkirche San Michele mit einem Campanile aus dem 16. Jh., die ein prächtiges Portal im Stil der katalanischen Gotik schmückt, das Kapuzinerkloster (17. Jh.) mit der Kirche Santa Rosa da Viterbo sowie das ehemalige Jesuitenkolleg (18. Jh.), das heute als Sitz der Gemeindeverwaltung dient.

Im Südosten der Ortschaften Nurri und Orroli (6 km entfernt) liegt der mächtige Nuraghenkomplex Arrubiu, eine der besonders imposanten Nuraghenfestungen Sardiniens. Rund um den Mittelturm verläuft eine Bastion mit fünf Türmen, die ihrerseits von einer weiteren Ringmauer mit sieben Türmen umgeben ist. In der römischen Kaiserzeit wurde die Anlage durch verschiedene Eingriffe verändert; sie diente zeitweise als Weinkellerei. Die großen Wannen und Becken zum Auspressen der Trauben, Sockel von Keltern und weitere Vorrichtungen für die Weinerzeugung sind heute noch zu erkennen. Um mit den Ausgrabungsarbeiten fortfahren zu können, wurde die Kelterei abgetragen und neben der Festung wieder aufgebaut.

** Nuraghe Arrubiu

Öffnungszeiten
Nov. – Feb.
tgl. 9^{00} – 17^{00}
März – Okt.
9^{30} – 13^{00}
15^{00} – 20^{30}

La-Maddalena-Archipel

B 12

Provinz: Sassari (SS)
Höhe: 0 – 156 m ü. d. M.
Einwohner: 12 000 (La Maddalena Stadt)

La Maddalena heißt die größte und bedeutendste Insel des gleichnamigen Archipels vor der sardischen Nordostküste. Die Insel ist mit ihrem schönen Hauptort La Maddalena, ihren Klippenbuchten, Granitfelsen und Sandstränden sehr reizvoll und daher ein beliebtes Ausflugsziel. Ähnliches gilt für die benachbarte, kleinere Insel Caprera.

* Zerklüftete Küste und wunderschöne Sandbuchten

La Maddalena besitzt einige traumhafte, nicht sehr stark frequentierte Badebuchten wie die Cala Spalmatore, die man über die rund um die Insel führende Panoramastraße erreicht.

Zerklüftete Küste und wunderschöne Sandbuchten (Fortsetzung)

Fährschiffe verbinden La Maddalena mit ▶ Palau (mehrmals tgl.), ▶ Santa Teresa (tgl.) und Bonifacio/Korsika (tgl.). Caprera ist durch eine Brücke mit La Maddalena verbunden. Der Archipel besteht aus Dutzenden von Eilanden und sieben größeren Inseln; seine Gesamtfläche beträgt knapp 50 km^2.
Die Isola della Maddalena nimmt eine Fläche von knapp 20 km^2 ein; die zerklüftete Küste erstreckt sich über etwa 45 km und besticht durch viele felsige Buchten und einige kleine Sandstrände. Das Inselinnere besteht aus einer welligen Hochebene, die von Tälern durchzogen ist. Die mit Felsen übersäte Landschaft ist von Macchia bedeckt. Eine Panoramastraße führt um die ganze Insel. Der höchste Punkt ist die Guardia Vecchia (156 m). 1997 wurde der Maddalena-Archipel zum Nationalpark erklärt, zum Parco Nazionale dell'Arcipelago della Maddalena.

Diese netten Jungs lassen sich in der Marinehochburg La Maddalena zu Marinesoldaten ausbilden.

Geschichte

Ebenso wie die kleineren Inseln des Archipels war auch die Isola della Maddalena schon in prähistorischer Zeit besiedelt. Während des Krieges zwischen Pisa und Genua im 13. Jh. war sie ein wichtiger Landungsplatz für die pisanischen Schiffe. Nach langen Jahrhunderten der Vergessenheit ließen sich im 17. Jh. korsische Hirten im Inselinneren auf der vor Überfällen geschützten Hochebene um die Guardia Vecchia nieder. Als Sardinien und Korsika Anspruch auf die “Isole Intermedie”, wie der Archipel damals hieß, erhoben, zogen die Hirten an die Südküste. Rund um ein kleines Dorf von Fischern und Seeleuten entstand 1770 das Städtchen La Maddalena. Im Jahre 1773 ließ die piemontesische Regierung, die die Insel besetzt hatte, eine Garnison errichten. In den folgenden Jahrzehnten führte die Zuwanderung von Familien aus den Landschaften Gallura und Logudoro zum Wachstum der Stadt. Von 1887 bis zum Zweiten Weltkrieg war La Maddalena ein wichtiger Stützpunkt der italienischen Kriegsmarine. An der Meerenge zwischen La Maddalena und Santo Stefano befindet sich eine Nato-Basis für Atom-U-Boote. Außerdem ist die Insel Sitz der sardischen Kommandobehörde der italienischen Kriegsmarine und eines Ausbildungszentrums für Marinesoldaten.

Geschichte (Fortsetzung)

La Maddalena (Stadt)

*Altstadt

Die Stadt erstreckt sich unmittelbar am Meer, entlang der Südküste der Isola della Maddalena. Die Häuser von La Maddalena ziehen sich an den Hängen des Granithügels Guardia Vecchia hinauf. Besonders malerisch ist die Altstadt mit ihren Treppen und Gassen, mit den schönen granitgepflasterten Straßen, die von hübschen Palazzi mit schmiedeeisernen Balkonen aus dem 18. und 19. Jh. gesäumt werden. Die Altstadt beginnt am Fischereihafen mit einer langen Fußgängerzone mit zahlreichen Geschäften. An der lebhaften Piazza Garibaldi befindet sich das Rathaus der Stadt sowie die Markthalle.

Hafen

Westlich des Hafenbereichs, wo die großen Fährschiffe anlegen, liegt der kleine Fischerei- und Jachthafen Cala Gavetta an einer Bucht, die das Städtchen im Westen begrenzt. Auf der Piazza XXIII Febbraio 1793 (sie erinnert an den Tag des Sieges über die Franzosen) erhebt sich eine Granitsäule (1907) mit dem Bildnis Giuseppe Garibaldis.

Museo Nino Lamboglia

Öffnungszeiten Mo. – Sa. 8^{30} – 13^{30}

Ganz am Stadtrand liegt das Museum für Unterwasserarchäologie (Museo Archeologico Navale Nino Lamboglia, ☎ 0 78 9 73 64 23). In zwei großen Sälen sind Fundstücke ausgestellt, die zu einem römischen Lastschiff gehörten, das im 2. Jh. v. Chr. in den Gewässern der Insel Spargi Schiffbruch erlitt (Amphoren, zum Schiff gehörende Gegenstände und Bordinstrumente, ein Teil der Ladung, Anker). Außerdem zu besichtigen: eine Rekonstruktion des Schiffs und Fotografien von der Bergung in den 1950er-Jahren.

Sehenswertes auf der Insel La Maddalena

*Strada Panoramica

Die um die Insel führende, ausgeschilderte Panoramastraße ermöglicht eine der schönsten Küstenfahrten des Mittelmeers mit vielen Ausblicken auf Küste, Meer und Eilande. Man verlässt die Stadt La Maddalena in nordöstlicher Richtung vorbei am Archäologischen Museum Nino Lamboglia. Nach ca. 5 km kommt man an die Cala Spalmatore, eine kleine, von Felsen umgebene Bucht mit türkis schimmerndem Wasser, an der es auch eine Trattoria bzw. eine Bar gibt. Während der Weiterfahrt passiert man die Bucht von Porto Massimo, die jedoch den Gästen des Hotels Cala Luna vorbehalten ist. Viele Strände liegen an der aussichtsreichen Uferstraße; Blickfang ist das Feriendorf TCI mit seinen Strohhütten und -schirmen, kurz danach biegt eine Stichstraße zur Baja Trinità ab. Weiter der Aussichtsstraße folgend gelangt man auf den höchsten Punkt der

Guardia Vecchia

Sehenswertes auf La Maddalena (Fts.)

Insel (Guardia Vecchia), hier liegt das im frühen 19. Jh. erbaute Forte San Vittorio.

Die Festung zeigt einen achteckigen Grundriss; der sechseckige Turm hatte die Aufgabe, die anderen Befestigungsanlagen der Küste mit Kanonenfeuer zu verteidigen. Heute wird die Festung als militärische Funkstation genutzt und ist von Steinmauern umgeben. Dennoch hat man von hier oben einen herrlichen Ausblick auf La Maddalena Stadt und die sardische Küste, die Insel Spargi und in der Ferne die kleinen Inseln Budelli, Razzoli und Santa Maria sowie die Umrisse Korsikas. Von hier aus gelangt man zur herrlichen Bucht Cala Nido d'Aquila, in der Granitklippen aus dem Wasser ragen, bevor man über den alten Hafen von La Maddalena zum Fährhafen zurückkehrt.

Baedeker TIPP Blumenrausch im Frühjahr

Die Baja Trinità wartet mit einem der schönsten Sandstrände La Maddalenas auf. Mehrere kleine Strandabschnitte sind besonders im Spätfrühling von einer wild wuchernden Vegetation und einem rosafarbenen Blütenmeer umgeben, und man findet mit etwas Glück sogar ein lauschiges Plätzchen in der Bucht ohne viel touristische Infrastruktur.

Sehenswertes auf der benachbarten Insel Caprera

Insel von Giuseppe Garibaldi

Die landschaftlich reizvolle, unter Naturschutz stehende Insel Caprera liegt östlich der Stadt La Maddalena, mit der sie durch den 600 m langen Damm Passo Moneta verbunden ist. Die zweitgrößte Insel des Archipels hat eine Fläche von 15,75 km² und eine Küstenlinie von 34 km Länge. Sie lohnt allemal einen Besuch: Dichte Macchia wechselt hier mit schattenspendenden Pinienwäldern, hinter denen Granitfelsen aufragen; kleine Sandstrände an einsamen Buchten im Süden der Insel und das Garibaldi-Museum erwarten die Besucher.

Geschichte

Die Bedeutung der Insel Caprera ist eng mit dem italienischen Freiheitshelden Giuseppe Garibaldi (▶ Berühmte Persönlichkeiten) verbunden. Dieser erwarb 1856 die damals sporadisch von Wanderhirten besuchte kleine Insel, auf der er mit Unterbrechungen bis zum Jahre 1882 lebte. Caprera ist auch die letzte Ruhestätte Garibaldis und seiner Familie.

Ende des 19. Jh.s wurden zwei Festungen der italienischen Marine auf der kleinen Insel errichtet. Von da an blieb die Insel bis zum Jahr 1981 rein militärisch genutztes Gebiet. Wegen ihrer wilden und unberührten Landschaft wurde Caprera im folgenden Jahr zum Naturschutzgebiet erklärt.

Aussichtspunkt

Der Aussichtspunkt auf dem Gipfel des Monte Teialone (212 m), den man über eine lange, steile Granittreppe erreicht, bietet ein großartiges Panorama der Insel Caprera und der Nordostküste Sardiniens bis nach Santa Teresa di Gallura.

Casa Garibaldi
Die Casa Bianca, das Hauptgebäude des ehemaligen Landgutes von Giuseppe Garibaldi, beherbergt heute das mit Originalmobiliar ausgestattete Museum des italienischen Nationalhelden. Der Gebäudekomplex umfasst weitere Bauten, in denen Garibaldi lebte und arbeitete. Die "Casa Bianca" hat das typische Aussehen eines Landhauses des 19. Jh.s und enthält zahlreiche Erinnerungsstücke wie einen der Rollstühle Garibaldis. Die verschiedenen, ineinander übergehenden und nach außen geöffneten Zimmer umgeben einen runden Raum mit einer Treppe, die auf die Terrasse führt. Im Hof findet man zwischen Felsen und Pflanzen einen Backofen, eine Windmühle und die von Bistolfi geschaffene Garibaldi-Büste. Das Grab des Nationalhelden ist ein einfacher Sarkophag aus einem großen glatten Granitblock, den die Gräber der Familienangehörigen Garibaldis flankieren (Führungen tgl. 9 00 – 13 30 Uhr).

Blick von der Casa Garibaldi – der italienische Nationalheld erwarb Caprera 1856 – auf die Nachbarinsel La Maddalena

Lanusei K 13

Provinz: Nuoro (NU)
Höhe: 590 m ü. d. M.
Einwohnerzahl: 6400

Stadt in aussichtsreicher Lage

Die Kreishauptstadt der Landschaft Ogliastra im Südosten Sardiniens liegt an einem Hang in schöner Lage – mit Ausblick auf das Meer und die Berge, etwa 15 km westlich von ▶ Tortoli und 85 km südlich von ▶ Nuoro. Die Berge westlich der Ortschaft bedecken herrliche Steineichen- und Kastanienwälder. Besondere Erwähnung verdient der Gemeindewald von Seleni, der über die SS 198 zu erreichen ist (etwa 6 km).

Sehenswertes in Lanusei und Umgebung

Lanusei

Hohe Häuser säumen die vornehmlich schmalen, engen Gassen von Lanusei, in der die Bevölkerung des Landkreises einkaufen geht, ihre Kinder zur Schule schickt und Behördengänge tätigt. Zahlreiche Geschäfte säumen vor allem den breiten Corso Roma.

Gairo

Beeindruckende Berglandschaften mit dichten Wäldern, tiefen Schluchten und abgelegenen Bergdörfern sieht man auf der Fahrt von Lanusei über Gairo und Ulassai nach Jerzu. Zunächst passiert man die Geisterstadt Gairo Vecchio, ein in den 1950er-Jahren bei einem Erdrutsch fast völlig zerstörtes Dorf. Nur noch Ruinen sind erhalten. Viele Bewohner sind nach dem verheerenden Ereignis nach Gairo Sant' Elena oberhalb des verschütteten Ortes gezogen.

***Nekropole Filigosa**

Die Nekropole Filigosa liegt 2 km westlich von Macomer in der Nähe des neuen Krankenhauses. Durch die vier Hauptgräber mit rituellen Feuerstellen, Totenbetten und Gruben für die Opfergaben gelangt man in die kleineren Kammern. Nach diesen prähistorischen Gräbern ist die Kultur von Filigosa benannt, die der frühen Kupferzeit angehört.

Nuraghe Santa Barbara

Einige Kilometer nördlich von Macomer (nur in nördlicher Fahrtrichtung von der SS 131 aus erreichbar; beschilderter Parkplatz und kurzer Fußweg) erhebt sich die Nuraghe Santa Barbara, deren kräftiger Turm auf einem Sockel aus großen Steinblöcken ruht; eine Bastion mit vier Türmen umgibt den Hauptturm.

***Tamuli**

Bei der archäologischen Zone von Tamuli, 7 km südwestlich von Macomer, rechts der Provinzstraße nach ▶ Santu Lussurgiu, beginnt eine nicht asphaltierte Straße, die zum Monte Sant'Antonio führt. Am Hang befinden sich die "Perdas Marmuradas de Tamuli" (Marmorsteine von Tamuli), sechs etwa eineinhalb Meter hohe Menhire (Steinmale), unweit einer Nuraghe.
Die Straße ist bis zum Gipfel des Hügels (808 m) mit dem Auto befahrbar; eine Nuraghe und eine kleine Kirche, bei der man heute in der ersten Junidekade das Fest des hl. Antonius feiert, bezeugen, dass die Stätte im Laufe der Jahrhunderte stets besucht wurde. Auf bequemen Wegen kann man zu Fuß die Landschaft erkunden, mit Ausblicken auf die Hochebenen Campeda und Abbasanta, den Campidano und weiter links auf die Ebene von Ottana und bis zum Massiv des Gennargentu.

Die Steinmale von Tamuli dienten vor rund 5000 Jahren kultischen Zwecken.

Die Nuraghe Madrone liegt 1 km östlich von Silanus an der SS 129 nach Nuoro. Sie erscheint sehr hoch, imposant und von ausgeprägter Kegelstumpfform. Auf halber Höhe unterbricht ein schmales Fenster die Steinreihen der Außenwand aus Granit; hinter ihm liegt die Kammer des zweiten Stockwerks. Rings um den Mittelturm sind die Reste von einem dreiteiligen Anbau zu erkennen.

Nuraghe Madrone

Drei Kilometer südöstlich von Silanus oberhalb der SS 129 liegen ein kleines Kirchlein und eine Nuraghe, beide Santa Sabina genannt, unmittelbar beieinander. Die heute verlassen wirkende Kirche geht auf die erste Hälfte des 11. Jh.s zurück und zeigt einen ungewöhnlichen Grundriss, der von den frühchristlichen Baptisterien inspiriert zu sein scheint. Der Bau besteht aus drei unabhängigen, aber miteinander verbundenen Teilen, die jeder eine Apsis besitzen; über den runden mittleren Raum wölbt sich eine spitzbogige Kuppel; die beiden seitlichen Gebäudeteile sind rechteckig. Das Gotteshaus ist von äußerster Schlichtheit ohne Dekorationen. Neben der Kirche steht die schöne, aus großen Basaltblöcken erbaute Nuraghe, die dem Typus des Einzelturms entspricht. Man kann in sie hineingehen und sie besteigen (schöner Rundblick).

Santa Sabina: Nuraghe und Kirche

Weitere Umgebung von Macomer (nördlich)

Die Ortschaft liegt etwa 20 km nördlich von ▶ Macomer am Nordhang der Hochfläche von Campeda (508 m). In direkter Umgebung von Bonorva wurden archäologisch und historisch hochinteressante Funde gemacht. Auf der Hochebene Su Monte (südlich des Ortes, 1 Stunde Fußmarsch) liegt auf einem 650 m hohen Plateau eine nuraghische Festung, die vermutlich errichtet wurde, um das Vorrücken der Punier aufzuhalten. Eindrucksvoll sind die mächtigen, unregelmäßig angeordneten Megalithwälle. Es wurden auch Steine in Form von Schleudergeschossen gefunden.

Bonorva

Baedeker TIPP Eine virtuelle Reise

Ein ehemaliges Konventsgebäude an der Chiesa de S. Antonio beherbergt das Archäologische Museum von Bonorva. Hier kann man interessante Exponate aus der Vor- und Frühgeschichte sehen und auf einer virtuellen Reise durch Zeit und Raum die Umgebung von Bonorva kennen lernen. Öffnungszeiten: tgl. 10^{00} – 13^{00} und 15^{00} – 19^{00} Uhr. Auskunft: Cooperativa Costaval ☎ 03 48 5 64 26 11, Comune di Bonorva ☎ 0 79 86 78 94, Internet: www.saena.it/it/turismo/bonorva.htm

Der Weiler Rebeccu gehört zur Gemeinde Bonorva und liegt einige Kilometer östlich von dort in 425 m Höhe auf dem Gipfel eines Kalksporns. Die in der Nähe der Römerstraße nach Macopsisa (Macomer) gegründete Siedlung war im Mittelalter Hauptort der Curatoria Costavalle und verlor später in der Folge der Entwicklung von Bonorva an Bedeutung. Heute ist Rebeccu fast ausgestorben, die Häuser sind teilweise verfallen.

Rebeccu

Etwa 10 km östlich von Bonorva öffnet sich in einer rötlichen Trachytfelswand die bedeutende Nekropole von Sant'Andrea Priu, eine Reihe von Höhlengräbern aus der Zeit der Ozierikultur (3400 – 2700 v. Chr.). Die ins Gestein gehauenen Gräber sind teilweise miteinander verbunden und ahmen in vielen architektonischen Details die

*Nekropole von Sant'Andrea Priu

Nekropole von Sant'Andrea Priu (Fortsetzung)

damals üblichen Hausformen im Fels nach, z. B. mit Balkendach und Stützpfeiler. Die Toten sollten sich im Jenseits wie zu Hause fühlen. In frühchristlicher Zeit wurde das so genannte Häuptlingsgrab in eine Felsenkirche umgewandelt (Öffnungszeiten tgl. 10 ^{30} bis 13 ^{00}, 15 ^{00} – 19 ^{00} Uhr, im Sommer durchgehend).

San Nicolo di Trullas

Etwa 3 km südwestlich von Bonorva, nahe dem Ort Semestene, liegt an der Straße nach Pozzomaggiore in einem breiten Tal die Kirche San Nicolo di Trullas. Der romanische Bau von bescheidenen Ausmaßen wurde bereits 1114 zum ersten Mal erwähnt. Die Kirche besitzt ein einziges Kirchenschiff mit Apsis und Kreuzgewölbe. Ins Mauerwerk waren einst künstlerisch gestaltete Fayencen eingefügt, die heute allerdings fehlen.

Cossoine

In diesem kleinen Ort nordwestlich von Bonorva sind die spätgotische Pfarrkirche Santa Chiara aus dem 16. Jh. und das Pfarrhaus, das im 18. Jh. erbaut wurde, sehenswert.

Santa Maria Iscalas

Die Kirche Santa Maria Iscalas liegt auf über 600 m Höhe auf einer freien Anhöhe herrlich oberhalb der Ebene Campu Giavesu. Sie ist von Cossoine aus auf einer in nordwestlicher Richtung verlaufenden, schlechten Straße zu erreichen (5 km). Der restaurierte Bau wurde im 11. Jh. aus weißem Kalkstein erbaut. Es handelt sich um einen kleinen Kreuzkuppelbau in spätbyzantinischem Stil. Die vier Kreuzarme weisen innen Tonnengewölbe und außen Giebeldächer auf. Am ersten oder zweiten Septembersonntag wird hier jedes Jahr ein großes Kirchenfest gefeiert.

Padria

Das Gebiet von Padria (2 km südlich von Mara) war schon in prähistorischer Zeit besiedelt, wie ein Gigantengrab, verschiedene Domus

de janas und Reste von Nuraghendörfern belegen. Die karthagische Gründung erlangte in der römischen Epoche Bedeutung; an diese Zeit erinnern noch Teile einer Nekropole, in der wertvolle archäologische Funde gemacht wurden (▶ Sassari, Museo Nazionale). Neben der Pfarrkirche Santa Giulia steht das Gemeindemuseum an der Via Nazionale mit einer interessanten Sammlung, u.a. sind Keramikfunde aus der punischen und römischen Nekropole ausgestellt (Öffnungszeiten Mi.–Sa. 16^{00} bis 19^{00}, So. 11^{00}–13^{00}, 16^{00}–19^{00} Uhr sowie nach Vereinbarung ☎ 0 79 80 70 18).

Padria (Fortsetzung)

*Santa Giulia

Die Pfarrkirche Santa Giulia ist ein schöner, 1520 geweihter Bau im Stil der katalanischen Gotik. Besonders reizvoll sind die Kapitelle im Inneren mit ihren figürlichen Darstellungen. Bei Restaurierungsarbeiten wurden die Grundmauern von Vorgängerbauten freigelegt, die heute unter dem Fußbodengitter im Hauptschiff zu sehen sind. Dabei wird deutlich, dass die älteren Kirchen mit dem Altar nach Osten gerichtet waren, der heutige Bau jedoch gewestet ist. Es gab einen großen romanischen Vorgängerbau (um 1170) und eine noch ältere, byzantinische Kirche (vermutlich 8. Jh.), deren Apsiden gut zu erkennen sind. Wahrscheinlich vorchristlich sind einige Gräber und weitere Grundmauern sowie ein Brunnenschacht.

Baedeker TIPP Einkehr bei Zia Giovanna

Eine unscheinbare Trattoria in der Via F. Sulis, nur wenige Schritte von der Pfarrkirche in Padria entfernt, bietet traditionelle sardische Küche vom Feinsten: "Zia Giovanna" (☎ 0 79 80 70 74). Das Restaurant wird heute von Tante Johannas beiden Neffen geführt, die mit Leidenschaft kochen. Man bestellt hier nicht à la carte, sondern lässt sich von den Köstlichkeiten überraschen – z. B. milchsauer eingelegte grüne Tomaten, mariniertes Wildschweingulasch (cinghiale), Pasteten (panadas) mit Fleisch- und Olivenfüllung und süße, mit Ricotta gefüllte Teigtaschen (seadas). Dazu trinkt man einen offenen Rotwein der Sorte Cannonau aus der Gegend.

Burgruine Bonu Ighinu

Folgt man von Padria aus ein Stück weit der SS 292 nach Alghero, so führt eine beschilderte Rechtsabzweigung bergauf zur Burgruine Bonu Ighinu (5 km nördlich von Mara) mit Resten einer im 13. Jh. von der Familie Doria gegründeten Burg. Etwas unterhalb in einem Tal ist die Kirche Nostra Signora di Bonu Ighinu gelegen, die mit ihrer schmalen, von hohen Zacken bekrönten Fassade (18. Jh.) sehr eindrucksvoll erscheint.

Grotta Filiestru

Von der Kirche aus erreicht man schnell zwei Höhlen, die in vor- und frühgeschichtlicher Zeit bewohnt waren. Die Materialien, die man in ihnen entdeckte, sind für die Erforschung des Lebens der Sarden in diesen Epochen von großer Bedeutung. Die Höhlen, die jahrtausendelang benutzt wurden, enthielten Werkzeuge aus Obsidian, Keramik mit eingeritztem Muster, Steingefäße sowie Reste von Saatgut und Tieren. Fast alle diese Zeugnisse, die den Zeitraum vom frühen Neolithikum (6000 bis 3730 v.Chr.) bis zur mittleren Nuraghenepoche (1490–900 v.Chr.) dokumentieren, befinden sich heute im Museo Nazionale von ▶ Sassari. Die charakteristischen Fundstükke verliehen der Kultur von Bonu Ighinu ihren Namen; sie gehört dem mittleren Neolithikum an (um 3730–3300 v.Chr.). In der Grotta Filiestru (Farnwiese) dienten 60 m² als Wohnraum der Menschen; in weiteren 180 m² waren die Tiere untergebracht.

◀ **Zeitsprung: Die Nuraghe Santa Sabina ist etwa 3000 Jahre alt, dicht daneben steht die Kirche gleichen Namens aus dem 11. Jahrhundert.**

Macomer (Fts.)
Grotta Sa' Ucca 'e su Tintirriolu

Reizvoller ist die Grotta Sa' Ucca 'e su Tintirriolu (Fledermausloch) mit einem etwa 100 m^2 großen Vorraum, von dem eine Reihe von Gängen und Stollen ausgeht. Diese sind insgesamt über 1 km lang und werden hin und wieder durch z. T. sehr große Räume unterbrochen. Erstaunlich ist die Tatsache, dass die Höhle zugleich als Wohnung der Lebenden und als Grabstätte der Toten und Heiligtum diente.

Mogoro — L 8

Provinz: Oristano (OR)
Höhe: 132 m ü. d. M.
Einwohnerzahl: 5000

Traditioneller Handwerksort

Mogoro liegt auf einer Anhöhe am östlichen Rand der Campidanoebene ca. 40 km südöstlich von Oristano. Neben Ackerbau werden in Mogoro alte Traditionen des Kunsthandwerks neu belebt.
Unter den in Handarbeit hergestellten Gegenständen, die in den Geschäften und auf dem alljährlich in den ersten Augusttagen stattfindenden Jahrmarkt zu sehen sind, fallen besonders farbenfrohe Teppiche, geschnitzte Truhen und Strohstühle auf.

Umgebung von Mogoro

Ales

Ales liegt an der Ostflanke des Monte Arci, etwa 14 km nordöstlich von Mogoro. Seit dem Mittelalter ist es Bischofssitz. Im oberen Teil von Ales stehen der Bischofspalast, das Priesterseminar, das Oratorio del Rosario und die Kathedrale San Pietro, die im 17. Jh. im Barockstil errichtet wurde.
In Ales erblickte der bedeutende Politiker, Schriftsteller und Denker Antonio Gramsci (1891 – 1937) das Licht der Welt. Er gehörte zu den Gründern der Kommunistischen Partei Italiens, wurde 1926 von der faschistischen Regierung verhaftet und verurteilt und starb von Krankheit und Gefangenschaft gezeichnet in Rom (▶ Berühmte Persönlichkeiten). Ihm sind ein Platz und ein Denkmal gewidmet, die der Bildhauer Gio Pomodoro in den 1970er-Jahren gestaltete. Das Geburtshaus von Antonio Gramsci liegt nahe der Kathedrale.

Baedeker TIPP — Schwarzes Gold der Steinzeit

Wer sich auf die Suche nach Obsidian, dem "schwarzen Gold der Steinzeit", begeben möchte, fährt von Ales 3 km nordwärts nach Pau und biegt gleich am Ortseingang links ab (Wegweiser "Campeggio Sennisceddu"). Kurz danach hält man sich wieder links und lässt die Häuser hinter sich. Nach knapp 4 km (kurz vor dem Campingplatz) kommt ein größerer Parkplatz mit einem Gebäude auf der rechten Seite. Links steigt ein geschotterter Weg im Wald an; überall glänzt der schwarzglasige Obsidian und rasch sind die Taschen mit besonders schönen Fundstücken gefüllt.

***Monte Arci**

Wenige Kilometer westlich von Ales erhebt sich der Monte Arci (812 m), der von dichten Wäldern und mediterraner Macchia bedeckt ist. Dieser Berg vulkanischen Ursprungs ist besonders reich an Obsidianvorkommen. Obsidian ist ein glasartiges, schwarzes Gestein, das bei der schnellen Abkühlung von Lava entsteht. Zur Herstellung von

Werkzeugen und Waffen (Pfeilspitzen usw.) war es in der Jungsteinzeit sehr begehrt. Am Monte Arci wurde Obsidian intensiv abgebaut. Vom 6. bis 3. Jt. v. Chr. bestand ein reger Handel; sardischer Obsidian wurde bis nach Südfrankreich und Norditalien exportiert.

Mogoro (Fortsetzung)

Mores · Thiesi

F 8/9

Provinz: Sassari (SS)
Höhe: 366 m ü. d. M.
Einwohnerzahl: 2200

Prähistorische Sehenswürdigkeiten

Die Dörfer Mores und Thiesi liegen etwa 35 km südöstlich von Sassari unweit der Schnellstraße SS 131 im Hügelland des Meilogu. Beide besitzen keine nennenswerten Sehenswürdigkeiten, aber in ihrer Umgebung gibt es viele Spuren der Besiedlung aus prähistorischen Zeiten (Felskammergräber, Nuraghen usw.), die eine Besichtigung lohnen.

Sehenswertes in Mores und Umgebung

Mores

Unübersehbar erhebt sich in Mores der schlanke, neoklassizistische Glockenturm von 1871.

**Dolmen Sa Coveccada

Der Dolmen steht 4 km südöstlich von Mores im Zentrum einer Trachythochebene, unweit des Riu Mannu. Man fährt von der Staatsstraße 128 östlich von Mores auf die Straße Richtung Bono ab; nach 3,8 km überquert man die Bahnlinie und den Riu Mannu und biegt unmittelbar danach rechts auf eine unbefestigte Straße ab, die dem Flusstal folgt. Nach 600 m folgt man an einer Gabelung der Straße nach links und fährt zu Stallungen hinauf. Von hier aus ist der Dolmen in 800 m Entfernung im Südosten erkennbar. Sa Coveccada ist der größte Dolmen auf einer Mittelmeerinsel und der schönste der etwa 100 Dolmen Sardiniens. Als Dolmen (bretonisch-keltisch "Steintisch") werden tischförmige, aus großen, senkrecht aufgestellten Steinplatten erbaute Gemeinschaftsgrabkammern mit steinerner Deckplatte bezeichnet, die in der Jungsteinzeit und frühen Bronzezeit vor allem in Westeuropa errichtet wurden. Sa Coveccada geht wahrscheinlich auf die ausgehende Kupferzeit (um 2000 v. Chr.) zurück. Im Unterschied zu anderen Dolmen wurde dieses Megalithgrab nicht von einem Grabhügel (Tumulus) bedeckt, sondern steht weithin sichtbar in der Landschaft. Links von der vorderen Platte mit der kleinen Eingangsöffnung ist eine Nische für die Opfergaben zu sehen.

Monte Santo

Der hohe Basalttafelberg Monte Santo (733 m) erhebt sich in der Mitte einer weiten Ebene nordwestlich von Mores. Auf dem Plateau steht das bescheidene Kirchlein Santi Elia ed Enoch, die um 1065 über einem älteren Bau errichtet wurde. Sie gehörte dem ersten sardischen Benediktinerkloster und gilt als älteste zweischiffige Kirche Sardiniens. Doppelapsiskirchen entstanden als Baumotiv in den byzantinischen Mönchsorden, wurden aber vereinzelt auch von römischen Orden übernommen. Meist waren diese Kirchen mit ihren getrennten Altären zwei verschiedenen Heiligen geweiht, wie hier den

Monte Santo (Fortsetzung) byzantinischen Heiligen Elia und Henoch. Am Dienstag nach Ostern pilgern die Einwohner der umliegenden Dörfer hierher.

Ardara Das kleine Dorf Ardara liegt auf einer Anhöhe etwa 9 km nördlich von Mores. Heute ein bescheidenes Bauerndorf, hat Ardara eine bedeutende Vergangenheit. Nachdem im Mittelalter infolge der häufigen Sarazeneneinfälle Porto Torres als Hauptstadt des Judikats Torres aufgegeben wurde, übertrug man Ardara diese Funktion. Im 13. Jh. begann aufgrund der Vormachtstellung, die Sassari im nördlichen Teil der Insel gewann, der Niedergang von Ardara. Als Zeugnisse seiner einstigen Größe verbleiben spärliche Reste der Burg, die den Hof der Richter von Torres beherbergte, und die herrliche

****Santa Maria del Regno** Basilika Santa Maria del Regno. Die imposante Basilika, der "Schwarze Dom", wurde zu Beginn des 12. Jh.s in romanischen Formen errichtet. Das dunkle Basaltgestein ihrer Mauern betont die Strenge des Baus. Die schlichte Fassade ist ungewöhnlicherweise nach Süden gerichtet. Das eindrucksvolle Innere, dessen Wände nicht verputzt sind, ist dreischiffig gegliedert. In der Kirche werden kostbare Kunstwerke aufbewahrt, darunter ein großartiges gotisches Altarbild von Giovanni Murru (1515) und eine vergoldete Holzfigur der Maria mit dem Kinde. Der Überlieferung nach schworen die Richter des Logudoro am Hochaltar von Santa Maria del Regno in Anwesenheit von Bischöfen und Würdenträgern dem Volk des Judikats die Treue.

Sehenswertes in Thiesi und Umgebung

Thiesi Thiesi (3400 Einwohner) ist leicht über eine Abzweigung von der nahen Schnellstraße (SS 131) aus zu erreichen. Im oberen Ortsteil steht die schöne Pfarrkirche Santa Vittoria, die im aragonisch-gotischen Stil erbaut wurde.

****San Pietro di Sorres** Südöstlich von Thiesi, nur wenige Kilometer südlich des Dorfs Borutta, steht, isoliert und eindrucksvoll auf einem Hügel, die Kirche San Pietro di Sorres, eines der schönsten Beispiele romanischer Architektur auf Sardinien. Ursprünglich als Kathedrale der Diözese Meilogu erbaut, wurde die Kirche im 11. Jh. begonnen und 1170 bis 1200 unter pisanischem Einfluss vollendet. Die besonders schöne Fassade ist mit drei Reihen aus Blendarkaden und Inkrustationen verziert; während der untere Teil aus dem 11. Jh. einfarbig gehalten ist, wechseln im oberen, später gebauten Teil Streifen aus dunklem Basalt und hellem Kalkstein, wie man es von Kirchen in der Toskana kennt. Im dreischiffigen Innenraum wiederholt sich die äußere Zweifarbigkeit. Schwarz-weiß gestreifte Kreuzpfeiler fächern sich über Halbkapitelle mit Akanthusdekor in die Gurtbögen der basaltischen Kreuzgewölbe auf. Besonders beachtenswert sind die gotische Kanzel (13. Jh.), die Marienstatue (15. Jh.) und das Weihwasserbecken aus einem antiken Meilenstein. Nachdem die Diözese Meilogu 1503 mit Sassari vereint wurde, wurde die Kathedrale als Stall genutzt, während das Bischofspalais abgetragen wurde. Ende des 19. Jh.s und erneut 1950 – 1955, als Benediktiner das heutige Kloster

Hier waren pisanische Baumeister am Werk: Die Fassade ist mit drei Reihen aus Blendarkaden und Inkrustationen verziert. ▸

San Pietro di Sorres (Fortsetzung)

erbauten, wurde die Kirche restauriert. Im Kloster gibt es einen Verkaufskiosk und eine Werkstatt für Buchrestaurierung, die auf Wunsch besichtigt werden kann.

Torralba
***Museo della Valle dei Nuraghi**

Öffnungszeiten
Mai – Sept.
Di. – So.
9[00] – 20[00]
Okt. – April
Di. – So.
9[00] – 17[00]
☎ 079 84 72 98

Torralba (1100 Einwohner) liegt etwa 7 km östlich von Thiesi nahe der Schnellstraße SS 131. Das Museo della Valle dei Nuraghi del Logudoro-Meilogu im Zentrum von Torralba stellt die Funde aus der näheren Umgebung aus. In der archäologischen Abteilung sind diverse, bei den Ausgrabungen der Nuraghe Santu Antine gefundene Kragsteine zu sehen: einige der Objekte, die die obere Brüstung des Mittelturms bildeten, Schleif- und Poliersteine, Geräte zum Spinnen, einige pintadereas (Brotstempel aus Terrakotta), dekorierte Keramik, Beile, Pfeilspitzen, Dolche, Nadeln, Armreifen und ein römischer Kompass aus Bronze. Im Hof befinden sich die Meilensteine aus der Römerzeit, die in der Umgebung entdeckt wurden. Zehn gehörten zur Straße von Cagliari nach Olbia; fünf von ihnen tragen interessante Inschriften.

Der dreistöckige Mittelturm, der ursprünglich eine Höhe von 22 m erreicht haben muss, ist der älteste Teil der Nuraghe Santu Antine.

****Nuraghe Santu Antine**

Öffnungszeiten
tgl. 8[00] – 20[00]
☎ 079 84 71 45

Die 3 km südlich von Torralba gelegene Nuraghe Santu Antine, eines der bedeutendsten Megalithbauwerke des westlichen Mittelmeeres, erreicht man, indem man ein kurzes Stück der Provinzstraße folgt, die von der SS 131 in Richtung Bono abzweigt. Diese gewaltige Nuraghenfestung mit ihren wehrtechnischen Raffinessen heißt auf Sardisch Sa Dòmu de su Rèi ("das Haus des Königs"); der Name Santu Antine nimmt Bezug auf Kaiser Konstantin, den byzantinischen Heiligen. Die große, in einer weiten, fruchtbaren Ebene gelegene Bastion wurde aus Basaltblöcken erbaut. Ihr ältester Teil ist der dreistöckige Mittelturm (16. Jh. v. Chr.), der ursprünglich eine Höhe von 22 m erreicht haben muss.

Nuraghe Santu Antine (Fortsetzung)

Die Erweiterung zur Festung mit dreieckigem Grundriss erfolgte durch den Anbau von drei Ecktürmen, die durch zyklopische Mauern miteinander verbunden sind. In den geräumigen, rund 100 m^2 großen Innenhof mit Brunnen münden der durch eine große Wachtpostennische gesicherte Haupteingang ebenso wie die Eingänge der beiden vorderen Ecktürme und des Mittelturms. Besonders beeindruckend sind die beiden doppelstöckigen Wehrmauern, die zum hinteren Turm führen und eine rasche Bewegung der Soldaten innerhalb der Bastion ermöglichten. Durch schmale Sehschlitze in den Mauern fällt Licht in die Wehrgänge; vielleicht dienten diese Öffnungen auch als Schießscharten.

Im Erdgeschoss des Mittelturms befindet sich ein großer Kuppelraum, der von einem Ringkorridor umgeben ist. Eine im Mauerwerk angelegte Treppe führt in das erste Obergeschoss, das offenbar als Versammlungsraum benutzt wurde; der umlaufende Steinsockel diente als Sitzbank. Von der Mitte des Raums fällt der Blick durch das Fenster geradlinig zum 800 m entfernten Nuraghen Oes, mit dem man so in Sichtkontakt stand. Die Mauertreppe steigt weiter zum Ansatz des zweiten Obergeschosses auf 17 m Höhe an, dessen Kragkuppel nicht mehr erhalten ist. Rings um die große Anlage wurden die Rundhütten eines nuraghischen Dorfes freigelegt, das teilweise von den rechteckigen Mauerzügen römischer Häuser überlagert wird.

Nuraghe Oes

Unweit der Nuraghe Santu Antine, gut in südöstlicher Richtung in der Ebene zu erkennen, liegt die schöne Nuraghe Oes mit kompliziertem Grundriss und perfekt erhaltenem Mittelturm. Ihre Besonderheit ist, dass zwischen dem ersten und dem zweiten Stock keine Steingewölbe lagen, sondern Holzbohlen, die auf Kragsteinen ruhten.

Weitere Sehenswürdigkeiten

Weiter südlich befinden sich noch andere sehenswerte prähistorische Zeugnisse, die unter ► Macomer beschrieben sind.

Santa Maria di Bubalis

In der Nähe von Siligo (12 km nördlich von Thiesi, an der Straße nach Ardara) steht die kleine Kirche Santa Maria di Bubalis, auch Nostra Signora di Mesumundu genannt.

Das seltene Beispiel eines spätbyzantinischen Baus ist auf das Jahr 1063 zu datieren. Der Zentralbau mit kleeblattförmigen Apsiden zeigt das typische Mauerwerk aus Reihen von Basaltquadern und Ziegelsteinen und entstand auf einem römischen Thermengebäude. Die Kirche gehörte den Benediktinern des nahen Klosters am Monte Santo.

Santa Maria di Cea

Etwa 5 km nordwestlich von Banari (24 km von Thiesi) erhebt sich in einem fruchtbaren Tal die hübsche kleine Kirche Santa Maria di Cea. Sie wurde 1260 im romanischen Stil erbaut und gehörte zu einer Einsiedelei der Vallombrosaner, an die nur noch spärliche Reste erinnern. Alljährlich findet hier am 8. September ein bedeutendes Fest statt, zu dem sich eine große Zahl von Gläubigen versammelt.

Nuoro

Provinz: Nuoro (NU)
Höhe: 546 m ü. d. M.
Einwohnerzahl: 37 500

Zwischen Vergangenheit und Gegenwart

Nuoro, seit 1927 Hauptstadt der gleichnamigen Provinz Sardiniens, liegt fast genau im Zentrum Sardiniens auf einem Bergrücken, der vom Monte Ortobene ausgeht und in nördlicher Richtung verläuft. Die Stadt ist nicht sonderlich reizvoll, allerdings wartet sie mit einem schön gestalteten Museum auf. In Nuoro erblickten einige der bedeutendsten Persönlichkeiten der Insel das Licht der Welt: die Schriftstellerin Grazia Deledda (1871 – 1936), die 1926 mit dem Nobelpreis für Literatur ausgezeichnet wurde, der Dichter Sebastiano Satta (1867 – 1914), der Bildhauer Francesco Calvia (1884 – 1949) und der Jurist und Schriftsteller Salvatore Satta (1902 – 1975) (alle ► Berühmte Persönlichkeiten).

Der Gegensatz zwischen den recht unansehnlichen Neubaugebieten Nuoros mit funktionalen Wohnblocks, die in der schönen, die Stadt umgebenden Bergwelt eher befremdend wirken, und den älteren Vierteln, die einen mehr dörflichen Charakter haben, prägt das Stadtbild. Die Altstadt erstreckt sich um die Kirchen Santuario delle Grazie, San Salvatore und San Pietro. Dort lebten einst, jede in ihrem Stadtteil und streng voneinander getrennt, die beiden wichtigsten Bevölkerungsgruppen, Hirten und Bauern.

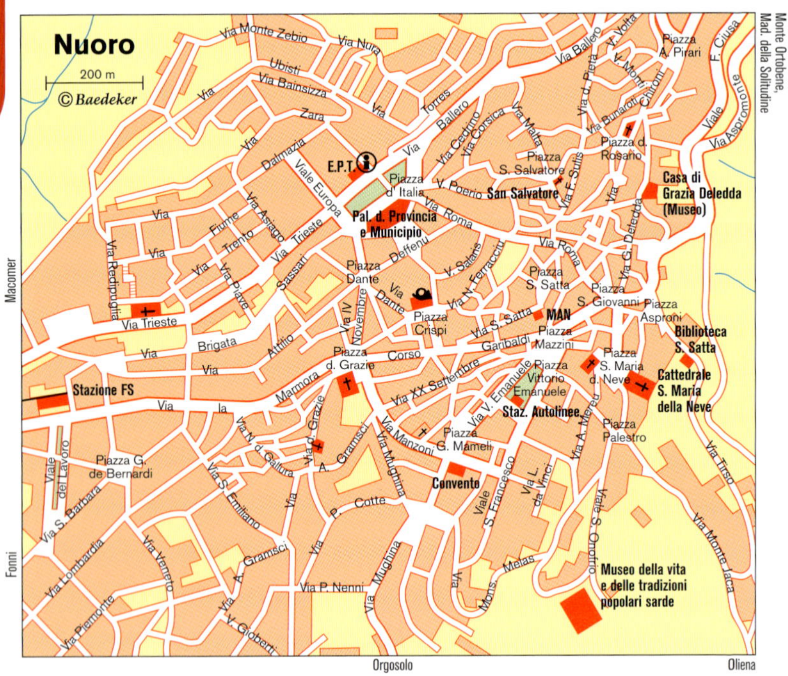

Geschichte

Obwohl das Gebiet bereits seit vorgeschichtlicher Zeit besiedelt war, wird der Name Nuoro (in der lokalen Mundart "Nugoro") erst in Urkunden des 12./13. Jh.s erwähnt. 1779 wurde er Bischofssitz und bekam 1836 Stadtrechte. In jüngster Geschichte, vor allem in den 1950er- und 1960er-Jahren, war Nuoro als Sitz der Präfektur und der Carabinieri Ausgangspunkt der Verfolgungsjagden auf die Banditen, die sich in den Berggegenden des Supramonte und Gennargentu versteckt hielten. Das Gefängnis von Nuoro, der berüchtigte "supercacere di Badu 'e Carros" war inselweit bekannt.

Sagra del Redentore

Ende August wird alljährlich auf dem Hausberg Nuoros, dem Monte Ortobene, die Sagra del Redentore begangen, eine der bedeutendsten folkloristischen Veranstaltungen Sardiniens, an der Trachtengruppen aus allen Teilen der Insel teilnehmen (▶ Zahlen und Fakten, Feste). Der Prozessionszug bewegt sich von Nuoro den Berg hinauf bis zur Erlöserstatue und dem kleinen Kirchlein, in dem der Gottesdienst abgehalten wird. Nach der Messe kehren die Teilnehmer der Prozession nach Nuoro zurück und feiern mit Musik und Veranstaltungen in den Straßen und auf den Plätzen bis spät in die Nacht.

Sehenswertes in Nuoro

Corso Garibaldi

Die Einkaufs- und Flaniermeile der Stadt ist der granitgepflasterte Corso Garibaldi, der sich leicht ansteigend von West nach Ost durch das Zentrum zieht. Hier und in den angrenzenden Nebenstraßen liegen die meisten Geschäfte und Bars von Nuoro.

Piazza Sebastiano Satta

Die Piazza Sebastiano Satta nordwestlich der Piazza Giovanni hat durch die dort aufgestellten Steinskulpturen des sardischen Künstlers Costantino Nivola ihren besonderen Reiz. In den Nischen der Basaltblöcke sind Bronzefiguren aufgestellt, die Szenen aus dem Leben von Sebastiano Satta (▶ Berühmte Persönlichkeiten) wiedergeben. Hier steht auch das Geburtshaus von Satta, dem das Gesamtkunstwerk gewidmet ist.

*Museo della vita e delle tradizioni popolari sarde

Öffnungszeiten
Okt. – 14. Juni
tgl. 9^{00} – 13^{00}
15^{00} – 19^{00}
15. Juni – Sept.
9^{00} – 20^{00}

Die Hauptattraktion von Nuoro ist das liebevoll gestaltete Volkskundemuseum "della vita e delle tradizioni popolari sarde", auch "Museo del Costume" genannt. Es liegt am Colle Sant'Onofrio, unmittelbar am Stadtrand in der Via Mereu 56 und stellt eine der interessantesten volkskundlichen Sammlungen Sardiniens dar. Der Komplex besteht aus mehreren kleinen, miteinander verbundenen Häusern in der Art eines fiktiven sardischen Dorfes.
Der Rundgang beginnt mit einer Ausstellung wunderschöner Trachten aus allen Regionen der Insel. Während die Frauentrachten meist sehr farbenfroh sind, zeigen sich die Männertrachten häufig in den Farben Schwarz und Weiß. Typische Kopfbedeckung der Männer ist die berritta, eine Art Strumpfmütze, die sich schon auf nuraghischen Bronzefigürchen dargestellt findet. In den anschließenden Sälen folgen Webarbeiten aus der Barbagia, Musikinstrumente (darunter auch die Launeddas, ein Holzblasinstrument mit drei Rohren), Brotsorten und Gebäck sowie schließlich Schmuck und Amulette. Über einen Innenhof geht es in die letzten Säle, in denen die berühmten Karnevalsmasken der Barbagia mit ihren wil-

Museo (Fortsetzung)

den, Furcht erregenden Weidetieren und edlen Hirtengestalten ausgestellt sind, darunter die "mamuthones" von Mamoiada.

Aussichtspunkt

Vom Colle Sant'Onofrio (588 m), den man auf dem gleichnamigen, oberhalb des Museums beginnenden Weg erklimmt, genießt man einen herrlichen Blick auf das Tal, den Monte Ortobene (im Osten) und den Supramonte von Oliena (im Südwesten).

Museo Deleddiano

Geht man von der Piazza S. Giovanni am Ende des Corso Garibaldi nach Norden, befindet man sich im ältesten Stadtviertel von Nuoro. Hier steht in der Via Grazia Deledda 28 (neben Nr. 44!) das Geburtshaus der Schriftstellerin Grazia Deledda (▶ Berühmte Persönlichkeiten), ein ehemals vornehmes, sardisches Wohnhaus, wie es für das 19. Jh. typisch ist. Heute dient es als Museum (☎ 07 84 25 80 88). Sehr hübsch ist auch der kleine Hof und der Garten des Hauses. Östlich des Museums hat man einen herrlichen Blick hinunter ins Tal bis zum Supramonte (Öffnungszeiten Okt. – 14. Juni tgl. 9[00] – 13[00], 15[00] – 17[00] Uhr, 15. Juni. – Okt. 9[00] – 20[00] Uhr).

Baedeker TIPP **Museum für moderne Kunst**

Erst seit kurzer Zeit gibt es in Nuoro ein neues Kunstmuseum. Das in einem schlichten, schönen Bau in der Via Satta untergebrachte MAN – Museo d'Arte Provincia di Nuoro birgt eine Sammlung sardischer Kunst des 20. und 21. Jh.s. Interessanter noch sind die Wechselausstellungen im unteren Stockwerk. Via Satta 15, I-08100 Nuoro, ☎ 07 84 25 21 10, geöffnet: Di. – So. 10[00] – 13[00], 16[30] – 20[30] Uhr.

Umgebung von Nuoro

Monte Ortobene

Der Monte Ortobene, ein felsiges Granitmassiv, erhebt sich im Osten der Stadt (8 km entfernt). Eine schöne Panoramastraße führt hinauf. Der Berg war schon im 19. Jh. als Ausflugsziel beliebt. Auf der Höhe gibt es neben Picknickplätzen auch ein Hotel und Restaurants, die ein reiches Angebot an traditionellen sardischen Gerichten bieten. Die Landschaft, die man bis zum Gipfel Cuccuru Nieddu (955 m) durchquert, prägen riesige Granitblöcke, schöne Eichenwälder und Macchia, die in den höheren Lagen dem seltenen Farn Cystopteris dickieana weichen. Vom Gipfel mit der Bronzestatue des Erlösers, die das Ziel einer alljährlichen Prozession (29. August) ist, genießt man das weite Panorama der Gennargentukette, der Barbagia und des nahen Supramonte, das besonders im Morgengrauen und bei Sonnenuntergang überaus reizvoll erscheint.

Domus de janas von Sas Concas

Etwa 7,5 km nördlich von Orani liegt auf der linken Seite der SS 128 ein großer Komplex von Domus de janas, die in eine Felswand geschlagen wurden. Dieser Gruppe vornuraghischer Gräber kommt besondere Bedeutung zu, weil hier Felsgravierungen entdeckt wurden, die auf das Leben und die magischen Vorstellungen der damaligen Bewohner Sardiniens verweisen. An den Wänden der Grab-

linien führen von Olbia nach Cagliari, Sassari und Porto Torres. Der Flughafen Costa Smeralda liegt 3 km südwestlich der Stadt.

Verkehrsknotenpunkt im Norden (Fortsetzung)

Durch das rasche Wirtschafts- und Bevölkerungswachstum seit den 1960er-Jahren hat sich auch das Stadtbild verändert. Olbia wirkt heute als funktionale, in den Außengebieten schnell angewachsene Stadt, die mit starkem Verkehr zu kämpfen hat. Beschauliche Plätze und alte Bausubstanz sind nur noch punktuell in der Innenstadt anzutreffen.

Geschichte

Obwohl der Ortsname (die "Glückliche") griechischen Ursprungs ist, wurde Olbia vermutlich im 6. Jh. v. Chr. von den Puniern gegründet. In römischer Zeit war es ein bedeutendes Handelszentrum, eine blühende, wohlhabende Stadt, wie noch heute die Reste der Thermen, des Aquädukts und der großen öffentlichen Gebäude bestätigen. Römerstraßen verbanden sie mit anderen Orten wie Cagliari, Tibola (S. Teresa di Gallura) und Porto Torres. Im Hafen liefen die Schiffe aus, die die Stadt Rom mit Weizen versorgten. Mit dem Niedergang des Römischen Weltreichs verfiel die Stadt und lebte erst um das Jahr 1000 dank häufiger Kontakte mit den Pisanern und Genuesen wieder auf. Unter dem Namen Civita wurde sie Hauptort des Judikats Gallura mit Rechtsprechung über ein sehr großes Gebiet, das auch einen Teil der Barbagia und der Baronie umfasste. Nach der Auflösung des Judikats fiel die Stadt an Pisa, erhielt den Namen Terranova und wurde freie Kommune. In der Zeit der spanischen Herrschaft verlor Terranova schnell an Bedeutung, wozu die Malaria, Pestepidemien und die häufigen Überfälle der Sarazenen beitrugen. Im 19. Jh. begann ein neuer Aufstieg der

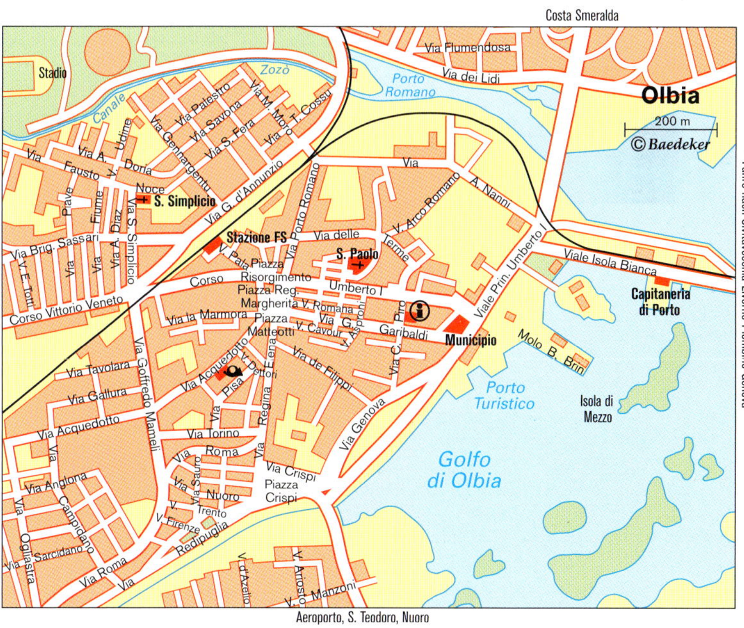

Sensationeller Fund in der Hafenstadt Olbia

Viel zu sehen gibt es nicht in der Hafenstadt. Dennoch kommen in jedem Jahr mehr als eine halbe Million Menschen mit den Fähren von Tirrenia, Mobylines und Lloyd Sardegna nach Olbia – nicht, um länger zu verweilen, sondern um von hier aus an die Costa Smeralda in den Norden der Insel oder an die südlich gelegenen Strände auszuschwärmen.

Olbia ist der nordöstliche Dreh- und Angelpunkt für die Ankömmlinge auf der Insel. Die Stadt verfügt über den wichtigsten Fährhafen Sardiniens und leidet somit unter einem ausgeprägten Verkehrschaos auf den Straßen. Um dies in den Griff zu bekommen, hat man mit dem Bau eines Tunnels begonnen, der die vom Hafen kommenden Verkehrsströme aufnehmen und die Stadt entlasten soll. Bei den Bauarbeiten stieß man auf einen bedeutenden Fund: Eine Flotte von elf römischen Handelsschiffen aus dem 5. Jh. – galt doch Sardinien einst als Kornkammer des Römischen Reiches – sowie Reste von zwei Schiffen, die bereits aus dem 1. Jh. stammten.

Bedeutender Hafen

Eine archäologische Sensation! Vor mehr als 1600 Jahren war die Flotte im Hafen von Olbia gesunken, wo sie bis dato vergessen und erst 1999 wieder in Erinnerung gerufen wurde. Aber wieso waren die Handelsflotte und die beiden anderen Schiffe im sicheren Hafen von Olbia untergegangen? Schon von seiner Lage her verfügte

Der Hafen von Olbia heute: In den Sommermonaten kommen hier Tausende von Urlaubern mit den großen Fähren an.

Der Hafen von Olbia – mit den Funden von damals: Beim Bau eines Tunnels im Hafenbereich zur Verkehrsentlastung stieß man auf die im 5. Jh. gesunkene Handelsflotte.

Sardinien – an zentraler Stelle des westlichen Mittelmeeres gelegen – über einen der bedeutendsten natürlichen Häfen. Am Kreuzungspunkt der wichtigsten Handelsrouten gelegen, wurde Olbia, das seine Bedeutung nur durch seinen Hafen erhielt, bereits im 7. und 6. Jh. v. Chr. von den Griechen angesteuert. Im 5. Jh. eroberten die Katharger Sardinien, die im 3. Jh. von den Römern verdrängt wurden. Der Hafen wurde bis ins 1. Jh. n. Chr. genutzt, dann verursachte eine Naturkatastrophe (vielleicht eine Flut) den Untergang der zwei Schiffe und die Aufgabe des südlichen Hafens. Auch eine zwischen beiden Teilen des Hafens gelegene Schiffswerft wurde aufgegeben. Danach nutzte man nur noch den nördlichen Teil des Hafens. Bei dem Fund dieser älteren beiden Schiffe entdeckte man einen vollständig erhaltenen Schiffsmast, nach Aussage des Archäologen Edoardo Riccardi der erste Schiffsmast aus dem Römischen Imperium, der im Mittelmeerraum überhaupt gefunden wurde.

Ursachenforschung

Mehr Rätsel geben die im 5. Jh. gesunkenen elf Handelsschiffe auf, deren Wracks ebenfalls bei den Grabungsarbeiten zu Tage kamen. Die Schiffe – zwischen 15 und 30 m lang – scheinen alle zur gleichen Zeit untergegangen zu sein, wahrscheinlich waren es Frachtschiffe, die mit verderblicher Ware beladen waren, denn bis auf einige Amphoren hat man keine Spuren von Ladung gefunden. Auf der Suche nach den Ursachen des Untergangs haben die Archäologen ein Unwetter ausgeschlossen. Der Leiter der Ausgrabungen, Rubens d'Oriano, vermutet, dass die Vandalen die Stadt attakierten und die Handelsflotte zerstörten. Er gibt jedoch zu bedenken, dass die Römer die Flotte möglicherweise auch selbst zerstört haben könnten, um zu verhindern, dass sie von den Vandalen eingenommen wurde.

Geschichte (Fortsetzung)

Stadt, der an die Aktivität des Hafens, die Entwicklung des Handels und die Trockenlegung der Ebene rund um die Siedlung gebunden war. Seit 1939 trägt die Stadt wieder den Namen Olbia.
Wirtschaftliche Stützen Olbias sind neben dem Tourismus heute in erster Linie der Schiffs- und Flugverkehr und das Baugewerbe. Lebensmittelindustrie, Fischerei und die Zucht von Miesmuscheln sind ebenfalls stark entwickelt.

Sehenswertes in Olbia

Piazza Margherita
Corso Umberto

Die im Herzen von Olbia gelegene Piazza Margherita lädt unter schattigen Bäumen zum Verweilen ein. Von hier kann man dem granitgepflasterten Corso Umberto, der Promeniermeile von Olbia mit vielen Geschäften, Bars, Pizzerien und Restaurants bis zum Hafen folgen. Alte Bürgerhäuser mit schmiedeeisernen Balkonen säumen die Straße.

*San Simplicio

Das bedeutendste Baudenkmal der Stadt ist die etwas erhöht stehende, romanische Kirche San Simplicio. Sie wurde Ende des 11. Jh.s errichtet und blieb bis 1503 Kathedrale der Diözese Civita. Der Bau, der schlichter erscheint als die anderen großen romanischen Kirchen der Insel, zeigt, vor allem an der Fassade, die Verschmelzung toskanischer und lombardischer Elemente. Das Innere gliedern Pfeiler und Säulen, die die Balkendecke und die Gewölbe der Seitenschiffe stützen.
An den Wänden sind einige Meilensteine der Römerstraße nach Tertium (Telti) und zahlreiche römische Grabsteine aus der nahen Nekropole zu sehen. Am 15. Mai findet hier alljährlich eine große Prozession statt.

Nördliche Umgebung von Olbia

Cabu Abbas

Die seit dem Neolithikum besiedelte Umgebung von Olbia weist zahlreiche Zeugnisse der nuraghischen Kultur auf. Besonders interessant ist die Nuraghenfestung von Cabu Abbas in der Nähe der gleichnamigen kleinen Kirche nördlich von Olbia. Von der Chiesa di Cabu Abbas führt ein kleiner Pfad über einen Sattel den Hügel hinauf zur Nuraghenfestung. Ein breiter megalithischer Mauerring ist nun sichtbar. Der Mittelturm aus kleinen gleichmäßigen Steinen war ursprünglich zweistöckig. Ausgrabungen aus dem Jahre 1938 haben Keramikscherben und Knochenreste ans Tageslicht gebracht. Von hier genießt man eine herrliche Aussicht auf Olbia und die nahe Küstenlandschaft.

Brunnentempel Sa Testa

An der Straße nach Golfo Aranci, 4 km nördlich von Olbia, gegenüber der großen Hotelanlage "Pozzo Sacro", liegt der Brunnentempel Sa Testa.
Über eine kleine Treppe gelangt man auf den Vorplatz, von dem eine sich nach unten verjüngende Treppe zum eigentlichen Brunnen führt, in dem auch heute noch Quellwasser steht.

Lido di Pittulongu

Der lange helle Sandstrand von Pittulongu liegt etwa 7 km nördlich von Olbia und erfreut sich in den Sommermonaten regen Be-

Jugendliche auf der Piazza Margherita in Olbia

Spiaggia Bianca

suchs. Einige Kilometer weiter nördlich bietet sich auch die Spiaggia Bianca zum Baden an.

Golfo Aranci

Golfo Aranci liegt am gleichnamigen Meerbusen, 18 km nordöstlich von Olbia. Die im 18. Jh. als Fischerdorf gegründete Ortschaft erlebte einen bescheidenen Aufschwung, als 1882 im Zusammenhang mit dem Eisenbahnbau ein Fährhafen angelegt wurde. Golfo Aranci lebt vom Tourismus, obwohl es hier außer vielen Souvenirshops und Restaurants keine Anziehungspunkte gibt.

Porto Rotondo

Am Beginn der Costa Smeralda liegt Porto Rotondo, ein luxuriöser Ferienort, der sich um einen Jachthafen gruppiert. Porto Rotondo ist die bekannteste der in den letzten beiden Jahrzehnten entstandenen touristischen Siedlungen an der Küste nördlich von Olbia. Die einmalige Lage auf einer Landzunge, die den Golfo di Marinella im Norden abschließt, bietet günstige Voraussetzungen. Der Name Porto Rotondo ("runder Hafen") bezieht sich auf die Form der Bucht, an der der große, sehr gut ausgestattete Jachthafen liegt. Neben dem Hafen ist die Piazzetta Mittelpunkt des hier vorherrschenden Nobeltourismus. Einer der schönsten Strände von Porto Rotondo liegt im Norden nahe bei dem Aussichtspunkt Punta della Volpe.

Südliche Umgebung von Olbia

Porto San Paolo

Folgt man der Küstenstraße 13 km nach Süden, erreicht man den Ferienort Porto San Paolo. Von hier aus kann man auf die vorgela-

Umgebung von Olbia (Fortsetzung)

gerte Insel Tavolara übersetzen (20 min. Überfahrt). Mit seiner gepflegten, arkadengesäumten Piazzetta, dem kleinen Hafen und den südlich anschließenden kleinen Badebuchten ist Porto San Paolo ein angenehmer Ferienort.

Isola Tavolara

Die Isola Tavolara ist ein zerklüfteter, hoch aufragender Kalksteinrücken, der auf einem Granitsockel ruht. Höchster Punkt ist die Punta Cannone (564 m), die man auf einem schwierigen Wanderweg erreicht, der im letzten Teil sogar über ein wegloses Geröllfeld führt (insges. ca. 2–3 Std.). Das Eiland besteht zu großen Teilen aus nacktem Fels, ist sehr wasserarm und besitzt zahlreiche Höhlen. Es gibt einen kleinen Weiher mit Hafen und Einkehrmöglichkeit. Große Flächen sind militärisches Sperrgebiet.

Isola Molara

Südlich von Tavolara, getrennt durch eine Meerenge, liegt die Isola Molara, die eine Höhe von 158 m erreicht. Auf ihr befinden sich die Ruine einer dem hl. Pontianus geweihten Kirche und die Reste des mittelalterlichen Dorfs Gurguray. Im Südosten der Insel erhebt sich der Monte Castello, auf dem die Ruine einer zur Verteidigung gegen die Sarazenen errichteten Burg aus dem 16. Jh. zu sehen ist.

San Teodoro

San Teodoro liegt nahe der sardischen Ostküste inmitten der Schwemmlandebene, 27 km südöstlich von Olbia. Am Ortsrand des ehemaligen Fischerdorfes reihen sich zahlreiche Hotels und Ferienanlagen aneinander. Nördlich des Ortszentrums erstreckt sich ein etwa 3 km langer, weißer Dünenstrand – La Cinta. Hier findet das rege Badeleben von San Teodoro statt, doch wird es dank der Länge des Strandes nie übermäßig eng.

Stagno di San Teodoro

Hinter dem Strand La Cinta erstreckt sich der Stagno di San Teodoro, eine der interessantesten Hafflandschaften an der sardischen Ostküste mit einer Fläche von 230 Hektar. Dank der Verbindung zum Meer ist der Stagno di San Teodoro sehr fischreich. Große, weiße Granitblöcke in bizarren Formen spiegeln sich im unbeweglichen Wasser; ringsum wuchert üppige Macchia. Zahlreiche Vogelarten leben hier: Sumpfhühner, Reiher und Stockenten, deren buntes Hochzeitskleid im Frühling besonders farbenprächtig ist.

Oliena — H 12

Provinz: Nuoro (NU)
Höhe: 388 m ü. d. M.
Einwohnerzahl: 7500

Typisches Bergstädtchen der Barbagia

Oliena liegt auf halber Höhe an der von Felsklippen bekrönten Nordwand des Supramonte, den so genannten sardischen Dolomiten, 12 km südöstlich von Nuoro. Eine Siedlung ist an dieser Stelle schon in prähistorischer Zeit bezeugt. Als die Jesuiten hier Schulen gründeten (17. Jh.) und die Seidenraupenzucht einführten, begann die Ortschaft aufzublühen. Heute ist Oliena für seine Weine und für sein Kunsthandwerk (Stickerei, Schals) berühmt.

Geprägt ist das Bild des Bergstädtchens Oliena von den Frauen – oft mit schwarzen Kopftüchern und Stolen bekleidet, die an Feiertagen einer festlicheren und farbenfroheren Kleidung weichen. ▶

Umgebung von Oliena

*Supramonte

Landschaftlich außerordentlich reizvoll ist der Supramonte ("Oberberg"), ein gewaltiges Kalksteinmassiv, das sich im Hinterland der mittleren sardischen Ostküste erstreckt. Herrliche Steineichenwälder säumen die Bergflanken, während sich auf den einsamen, stark verkarsteten und nur von Garrigue bedeckten Hochflächen eindrucksvolle Karrenfelder erstrecken, in deren Bereich das Kalkgestein felsig zu Tage tritt. Den Supramonte di Oliena erreicht man auf einer ausgeschilderten Straße, die am südlichen Ortsrand von der Straße Richtung Orgosolo abzweigt. Am Ende der 2,5 km langen, steilen Serpentinenstraße liegt ein Parkplatz im Waldgebiet Maccione. Hier in der Einsamkeit der Berge betreibt die Cooperative ENIS, die aus einer Initiative junger Arbeitsloser hervorgegangen ist, eine freundliche Herberge, einen Campingplatz und ein Restaurant (▶ Praktische Informationen, Restaurants).

Wandern auf die Gipfel des Supramonte

Von hier steigt ein Weg (1,5 Std. Gehzeit) zu einer Aussichtsterrasse am Zinnenkranz des Supramonte an. Es bietet sich ein großartiger Blick auf die Karsthochfläche Su Pradu und die umliegenden Gipfel Punta sos Nidos (1349 m) und Monte Corrasi (1463 m), die sich weglos nach Sicht besteigen lassen. Am Monte Corrasi wachsen zwischen den Klüften im Kalkstein Wacholder und Eiben, Überbleibsel

Die Quelle Su Gologone ergießt sich in einen tiefgrünen See.

alter Wälder, die früher dieses Gebirge bedeckten. Zu den seltenen Greifvögeln, die hier nisten, gehören der Gänse- und der Mönchsgeier.

Wandern auf den Supramonte (Fortsetzung)

***Quelle Su Gologone**

Die Quelle Su Gologone liegt 8 km östlich von Oliena bei einem Parkplatz an der Stichstraße, die ins Lanaittu-Tal führt. Die herrliche Quelle, die in einer natürlichen Spalte des Kalkgesteins zwischen steilen Felswänden entspringt, ist ein beliebtes Ziel von Ausflügen und Wanderungen. Sie ergießt sich in einen tiefgrünen See, der von hohen Pappeln, Eukalyptusbäumen und Oleander umgeben ist. Die Quelle hat eine Schüttung von 300 l pro Sekunde und ist die ergiebigste ganz Sardiniens. Der See, die Nähe des von dichter Vegetation gesäumten Flusses Cedrino und die diversen Wandermöglichkeiten (ausgeschildert kurz vor der Quelle) haben diesem Ort zu großer Beliebtheit verholfen.

Baedeker TIPP **Traditionell Sardisch**

Zum hervorragenden gleichnamigen Hotel in herrlicher Lage am Fluss gehört auch das ausgezeichnete Restaurant Su Gologone. Auf mehreren Ebenen sind Terrassen angelegt, auf denen man ein Vier-Gänge-Menü vom Feinsten genießt. Der Zubereitung des Nationalgerichts porceddu (gebratenes Spanferkel) kann man in der offenen Küche im Hof zusehen. Zweimal täglich wird mit allem erdenklichen Aufwand traditionell sardisch gekocht – unter den aufmerksamen Augen der Hausherrin Giovanna, die das Hotel zusammen mit ihrem Mann bereits in der zweiten Generation führt. Loc. Su Gologone, an der Straße nach Dorgali, ☎ 0784 287512, Internet: www.sugologone.it, E-Mail: gologone@tin.it.

***Monte Tiscali**

Am Ende des Fahrwegs gelangt man zum Geröllbett eines Wildbachs und dann weiter auf einem Pfad, der zum Monte Tiscali ansteigt (1 Std. Gehzeit; Wanderführer empfehlenswert). Der Berg (515 m) birgt eine der faszinierendsten Stätten des Supramonte. Auf dem zerklüfteten Felsgrat öffnet sich eine weiträumige Karsthöhle namens Sa Curtigia de Tiscali ("Grünland inmitten felsiger Einöde"), die durch den Einsturz des einstigen Deckengewölbes freiliegt.
Im Schutz der überhängenden Felswände dieser Einsturzdoline liegen die Überreste einer nuraghischen Siedlung. Sie besteht aus zwei Häusergruppen mit runden und viereckigen Hütten, deren Mauerwerk teilweise mit Lehm gebunden ist. Zur Wasserversorgung in diesem trockenen Karstgebiet wurde das kostbare Nass unter den herabhängenden Tropfsteinen (Stalaktiten) in Zisternen aufgefangen. Inmitten der Höhle gedeihen uralte mächtige Baumriesen, darunter die sonst eher als Strauch bekannte Terpentin-Pistazie. Auf den Monte Tiscali zogen sich die Nuragher vielleicht vor fremden Eroberern zurück, denn die Höhle stellt eine hervorragende natürliche Felsbastion dar. Vielleicht war es jedoch lediglich ein Außenposten von Hirten, der nur zeitweilig bewohnt wurde.

Orgosolo

Provinz: Nuoro (NU)
Höhe: 620 m ü. d. M.
Einwohnerzahl: 4900

Banditendorf

Orgosolo, das 23 km südlich von Nuoro an den westlichen Ausläufern des Supramonte liegt, ist von der Provinzhauptstadt aus auf einer direkten Verbindungsstraße zu erreichen. Bekannt und berühmt wurde Orgosolo als "Banditennest" und Zentrum des politischen Widerstandes, der auch durch Repressalien und starkes Polizeiaufgebot vom italienischen Festland nicht zu brechen war. Bis heute sind die zahllosen Murales, die farbenprächtigen, politischen Wandmalereien, die fast jede Hauswand schmücken, der Grund für den lebhaften Tourismus in den Sommermonaten. Dann wird der Ort scharenweise von Tagesausflüglern besucht, die in Busladungen hierher gebracht werden und – mit leichtem Schaudern – den legendären Spuren der Banditen folgen. Die Murales sind dann vor allem beliebte Fotomotive. Die Bewohner der für ihr Festhalten an den Traditionen der Barbagia bekannten Gemeinde leben heute zwar weiterhin hauptsächlich von der althergebrachten Weidewirtschaft, doch das Leben im Ort hat sich durch den Tourismus nachhaltig geändert.

Baedeker TIPP **Kurvenreich**

Die Straße von Oliena nach Orgosolo ist recht kurvig, aber es lohnt sich allein schon wegen der wunderschönen Aussichtspunkte, die sich immer wieder neu ergeben, sich auf diese Weise dem Städtchen der Murales zu nähern.

Sehenswertes in Orgosolo und Umgebung

***Murales**

Eine große Zahl von Wandmalereien, die das politische und soziale Engagement von teils aus Orgosolo stammenden, teils fremden Künstlern und Intellektuellen bezeugen, prägen das Ortsbild und haben das Dorf zu einer kleinen Attraktion gemacht. Dass keines-

Das ehemalige Banditennest Orgosolo – immer noch leicht anrüchig!

Baedeker SPECIAL

Murales – Graffiti auf Sardisch

Orgosolo ist kein Dorf wie jedes andere. Das merkt man schon, bevor man den Ort überhaupt betreten hat: An der kurvenreichen Straße von Nuoro nach Orgosolo blickt man plötzlich einem auf zwei große Steinblöcke gemalten Späher in die Augen, der die Ankommenden nicht gerade Vertrauen einflößend "begrüßt".

Der Ausschau Haltende ist nicht die einzige Irritation dieser Art, denn in dem abgelegenen Flecken gehören bemalte Hauswände zum Ortsbild wie in anderen Dörfern der Blumenschmuck oder der Brunnen auf der Piazza.

Stummer Protest

Nach den gemalten Revolutionsaufrufen in den Staaten Lateinamerikas werden diese Bilder, von denen es in Orgosolo heute rund 150 gibt, Murales genannt. Auch in anderen Dörfern im Landesinneren Sardiniens trifft man auf Murales, doch Orgosolo ist gewissermaßen das Mekka dieser Kunstform. Ebenso wie ihre lateinamerikanischen Vorbilder sind die Murales Ausdruck des Protests, des Unmuts über verfehlte Politik, Ausbeutung und Korruption, vor allem aber Widerstand gegen jede Form von Fremdherrschaft. Vor den traurig anklagenden oder auch kämpferischen Wandbildern in Orgosolo wird dem Besucher bewusst, dass Sardinien bis heute zum Mezzogiorno, zu den ärmeren und strukturschwachen Regionen Italiens gehört.

Dass die ersten Murales 1969 in Orgosolo auftauchten, als die italienische Regierung oberhalb von Orgosolo, auf der Hochebene von Pratobello, einen Truppenübungsplatz anlegen wollte, ist alles andere als Zufall. Seitdem entstanden Generationen von Wandbildern in dem kleinen Dorf, so unterschiedlich in ihrer Bildsprache wie die Künstler, die sie geschaffen haben. Die Spannbreite reicht von raffinierter Illusionsmalerei über expressive, grellbunte Graffiti bis hin zu den Politiker-Steckbriefen, die sich durch karikaturistische Überzeichnung und beißende Kommentare auszeichnen.

Seit die Murales auch über die Grenzen Sardiniens hinaus bekannt sind, bemühen sich die Bewohner von Orgosolo um die Erhaltung ihrer Protestkunst – die brisante Vergangenheit des einst berüchtigten Dorfes sorgt nun dafür, dass der abgelegene Ort mit einer Attraktion besonderer Art aufwarten kann. Orgosolo – das ist kein Dorf wie jedes andere.

Anklagend und politisch – so sind die meisten Murales, um deren Erhalt man sich bemüht.

Murales (Fortsetzung)

wegs nur sardische Themen auf diese Weise dargestellt werden, zeigt das schnelle Reagieren auch auf aktuelle weltpolitische Entwicklungen, wie die Ereignisse vom 11. September 2001. Ursprung und Bedeutung der Murales werden im ▶ Baedeker-Special S. 175 erklärt.

Foresta di Montes

Südlich des Ortes (17 km) liegt die Foresta di Montes, deren schöne Steineichenwälder man über eine ansteigende, ins Supramontemassiv führende Straße erreicht.

*Monte Novo San Giovanni

Die Straße endet an einem Forsthaus, von dem ein Wanderweg zum Gipfel des Monte Novo San Giovanni führt. Der Berg ist mit seiner Höhe von 1316 m einer der schönsten Aussichtspunkte dieser Gegend. Ganz oben ragt ein mächtiger Kalksteinsporn auf, dessen Gipfel leicht zu erklimmen ist. Der Blick vom Gipfel umfasst einen großen Teil des mittleren Sardiniens.

Mamoiada

Über eine Nebenstraße, an Steineichenwäldern und Weinbergen vorbei, gelangt man von Orgosolo nach Mamoiada (11 km westlich) inmitten der Barbagia Ollolai. Die Existenz des großen Hirtendorfs ist seit dem Mittelalter belegt. Im historischen Ortskern sind noch einige alte Häuser mit Verzierungen im Stil der katalanischen Gotik erhalten.

Karneval

Mamoiada ist vor allem wegen seines traditionellen Karnevals bekannt, bei dem die “mamuthones” – dunkle, in Felle gekleidete Mensch-Tier-Wesen, die furchterregende Holzmasken und auf den Schultern schwere Gebinde von Kuhglocken tragen – finster und mit gleichmäßigen Schritten durch die Straßen ziehen. Sie werden von den “issocadores” begleitet, edlen Gestalten mit roter Weste

Auch diese Weibsbilder findet man in Orgosolo.

und unverhülltem Gesicht, die mit Hilfe eines Soka genannten Bandes die "mamuthones" in Schach halten und zum Spaß Zuschauer einfangen (▶ Zahlen und Fakten, Feste).

Baedeker TIPP – Furcht erregende Masken

In Mamoiada gibt es noch einige Holzschnitzer, die nach alten Vorlagen die berühmten, geradezu expressiv wirkenden Karnevalsmasken herstellen. Rund acht Stunden Arbeit stecken in einer Holzmaske von hoher Qualität, die deshalb auch ihren Preis kostet. Besonders hochwertig ist das harte Holz des wilden Birnbaums; preiswerter sind Masken aus Kastanienholz. Traditionell werden die fertigen Masken schwarz angemalt. In der Werkstatt von Ruggero Mameli (täglich geöffnet) kann man den Holzschnitzern bei der Arbeit zusehen. Ruggero Mameli, Via A. Crisponi 19, I-08024 Mamoiada ☎ 07 84 56 22 2 und 34 77 7179 31.

Museo delle Maschere Mediterranee

Ein Museum zeigt die traditionellen Masken der "mamuthones" und "issocadores", aber auch Karnevalsmasken anderer Mittelmeerländer mit ähnlichen Traditionen. Museo delle Maschere Mediterranee, Piazza Europa 15, ☎ 07 84 56 90 18, FAX 07 84 56 719, www.museodellemaschere.it, Öffnungszeiten: Di. – So. 9⁰⁰ – 13⁰⁰ und 15⁰⁰ – 19⁰⁰ Uhr.

Oristano · Tharros

K 7

Provinz: Oristano (OR)
Höhe: 9 m ü. d. M.
Einwohnerzahl: 30 800

Im Schatten von Tharros

Oristano, seit 1974 Hauptstadt der gleichnamigen, vierten und ebenso kleinsten Provinz Sardiniens, liegt nahe der Westküste der Insel im nördlichen Campidano, in der trockengelegten Ebene des Tirso. Neben der Rolle als Provinzhauptstadt ist Oristano heute ein wichtiges Handels- und Agrarzentrum. Der Tourismus spielt hier kaum eine Rolle, denn die Attraktion der Region ist weniger die hübsche, aber recht kleine Altstadt von Oristano als vielmehr die weitläufige Ausgrabungsstätte Tharros, die westlich der Stadt (20 km entfernt) auf einer Halbinsel auf der gegenüberliegenden Seite des Golfo di Oristano liegt. Zahlreiche Besucher strömen vor allem an den Wochenenden nach Tharros, um die Reste der großen, phönizisch-römischen Hafenstadt zu bewundern, die man hier ausgegraben hat.

Geschichte von Oristano

Oristano wurde im 11. Jh. von den Einwohnern der nahen Küstenstadt Tharros gegründet, die vor den häufigen Überfällen der Sarazenen ins Landesinnere geflüchtet waren. Die Stadt war Hauptort des Judikats Arborea, das sozusagen als Pufferstaat zwischen den Judikaten Cagliari und Logudoro lag. Die Kämpfe zwischen Pisa und Genua wirkten sich auf die Geschichte Oristanos wie des gesamten Judikats aus. Sardinien fiel im 14. Jh. als Lehen an den spanischen König von Aragonien, gegen dessen brutale Herrschaft die Sarden jahrzehntelang aufbegehrten. Zentrum dieses Widerstandes war Oristano, angeführt wurde er von Marianus IV., Ugone und dessen Schwester, Eleonora d'Arborea (▶ Berühmte Persönlichkeiten). Sie erließ 1392 die berühmte Carta De Logu, ein Zivil- und Strafgesetzbuch, dessen Gültigkeit später auf ganz Sardinien ausge-

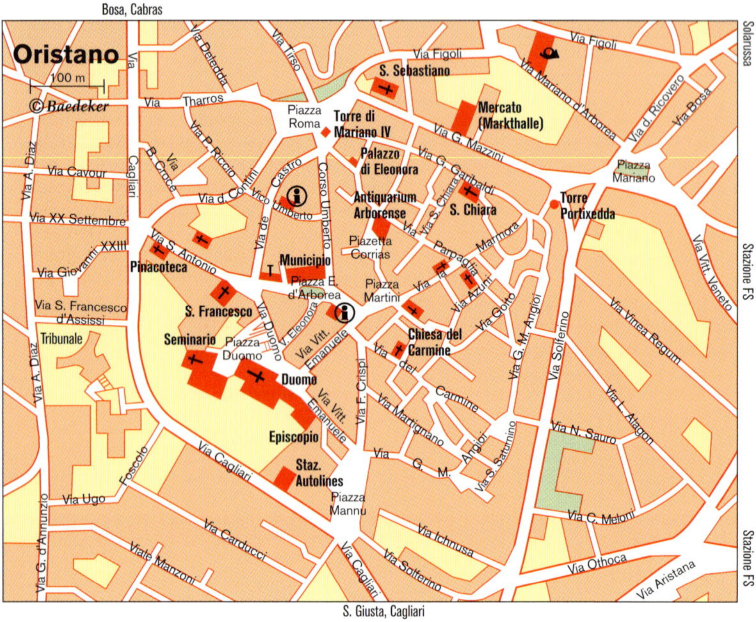

Geschichte (Fortsetzung)	dehnt wurde und bis 1827 in Kraft blieb. Nach dem Tod Eleonoras zerfiel das Judikat. 1478 verlor Oristano endgültig seine Unabhängigkeit und fiel an den spanischen König Ferdinand. Unter der spanischen Herrschaft erlebte die Stadt eine lange Zeit des Niedergangs. Verschiedene Sarazenenüberfälle und zahlreiche Pestepidemien entvölkerten den Ort. Erst unter den Piemontesern erholte sich Oristano und nahm im 20. Jh. als wichtiger Marktort für die umliegenden Anbaugebiete an Bedeutung zu. Die gesteigerte Produktivität der ab 1920 trockengelegten Flächen und ein neu angelegter großer Handelshafen unterstrichen diese Entwicklung.

Sehenswertes in Oristano und Umgebung

Übersichtliche Stadtstruktur

Den alten Stadtkern begrenzen im Norden die Via Mazzini, im Osten die Via Solferino und im Westen die Via Cagliari. Verschiedene prunkvolle Stadthäuser sind in den Altstadtgassen zu finden.

Piazza Eleonora d'Arborea

Den Mittelpunkt von Oristano bildet die Piazza Eleonora d'Arborea, die nach der auf Sardinien sehr bekannten Richterin und Gesetzgeberin Eleonora d'Arborea benannt wurde, deren großes Standbild (19. Jh.) hier thront (▶ Berühmte Persönlichkeiten). Um den Platz erheben sich einige der schönsten Palazzi der Stadt, darunter der Palazzo Comunale, der im 17. Jh. als Kloster genutzt wurde.

Corso Umberto

Der Corso Umberto, die Fußgängerzone und Einkaufsmeile von Oristano, schließt sich direkt an und führt zur ebenfalls belebten Piazza Roma, in deren Nähe die meisten Restaurants und Cafés der Stadt liegen. Von der einstigen Stadtmauer ist hier die Porta Manna – auch Torre San Cristofero oder Porta Maggiore genannt – erhalten. Der mächtige, mehrstöckige Wehrturm ist auf einer Seite zur Stadt hin offen; an den drei übrigen Seiten schließen ihn dicke Mauern ein. Er ist eines der wenigen noch vorhandenen Teilstücke der Stadtmauer, die Marianus II. im Jahre 1291 erbauen ließ.

Piazza Roma

Antiquarium Arborense

Südwestlich des Corso Umberto hat man das Museum Antiquarium Arborense im Palazzo Parpaglia (Via Parpaglia, ☎ 0783 79 12 62) untergebracht, einem vornehmen klassizistischen Wohnhaus. Es enthält u.a. eine kleine Pinakothek mit Retabeln aus der Richterzeit und der spanischen Epoche sowie eine Sammlung von archäologischen Fundstücken aus Tharros und von der Halbinsel Sinis.

Öffnungszeiten
tgl. 9^{00} – 14^{00}
15^{00} – 20^{00}

*** Dom**

Der Dom von Oristano wurde um 1228 erbaut und in den folgenden Jahrhunderten mehrmals umgestaltet. Von der ursprünglichen Anlage sind nur noch wenige Teile der Apsis erhalten, der untere Abschnitt des Glockenturms und die gotische Capella del Rimedio mit interessanten Marmorfragmenten, die auf beiden Seiten von verschiedenen Künstlern behauen wurden. Auf das späte 16. Jh. geht die Capella dell'Archivietto zurück, die eine Kuppel abschließt. Die übrigen Teile der Kathedrale wurden im 18. und 19. Jh. in klassizistischem Stil neu gestaltet. Das Innere hingegen ist barock gehalten.
Interessant ist der dicht neben dem Dom stehende, achteckige Glockenturm aus Sandsteinquadern mit bizarren Masken unterhalb des Kacheldachs. Die barocke, mit bunten Majolikaziegeln gedeckte Zwiebelhaube entstammt dem 18. Jahrhundert.

San Francesco
Wenige Schritte nordwestlich des Doms wurde die Kirche San Francesco 1838 von dem Architekten Gaetano Cima (1805–1878) aus Cagliari rekonstruiert. Im benachbarten Gebäude des Distretto Militare sind noch Elemente des ursprünglichen gotischen Klosters (13.–14. Jh.) zu sehen. Das Innere der heutigen Kirche, ein Zentralbau, birgt das hochverehrte Holzkruzifix von Nikodemus (14. Jh.), eine lebensgroße Darstellung des gekreuzigten Jesus. Herkunft und Entstehung sind unbekannt, doch wird das Werk einem katalanischen Künstler zugeschrieben. Es gilt als bedeutendstes Werk der gotischen Plastik auf Sardinien.

*** Nikodemus-Kruzifix**

Baedeker TIPP Sartiglia

Am letzten Faschingssonntag und Faschingsdienstag findet die Sartiglia statt, ein besonders interessantes Pferdeturnier, das auf das 16. Jh. zurückgeht. Es ist nicht geklärt, ob das Wort "Sartiglia" sich vom lateinischen Wort "sors" (Glück) ableitet oder auf den Ring verweist, den die Reitergruppen, die die verschiedenen Zünfte (gremi) vertreten, um die Wette aufzuspießen versuchen. Im Galopp müssen die maskierten Reiter mit dem Schwert einen durchbrochenen, über der Rennstrecke aufgespannten Stern treffen. Der Ausgang dieser symbolischen Probe wird als Vorzeichen für das Ergebnis der neuen Ernte gedeutet (▶ Zahlen und Fakten, Feste).

*** Kathedrale Santa Giusta**

Die Kirche liegt 3 km südlich von Oristano auf einem Hügel in der Ortschaft Santa Giusta. Der vor 1145 errichtete Bau zeigt neben pisanisch-romanischen Stilelementen auch klassische und lombardi-

Santa Giusta (Fortsetzung)

sche Einflüsse. Das schlichte Äußere besticht durch klare Formen, die eine außergewöhnliche Harmonie ausstrahlen; Lisenen gliedern es in vertikaler Richtung, in der Höhe schließen Blendbogenfriese die Wände ab. Das dreischiffige, mit völlig unterschiedlichen, teils aus dem antiken Tharros stammenden Säulen unterteilte Innere ist mit Balken gedeckt. In der Apsis befindet sich ein Tabernakel, ein Geschenk des Bischofs an die Diözese. Sehenswert ist die romanische Krypta mit ihren schönen Kreuzgewölben.

*Fordongianus

Fordongianus liegt am rechten Ufer des Flusses Tirso, etwa 30 km in nordöstlicher Richtung von Oristano an der SS 388. Hier stand in der Antike das Forum Traiani, eine bedeutende römische Siedlung nahe der Grenze zu jenem Gebiet, das die Römer "barbaria" nannten, weil sie es niemals vollständig unterwerfen konnten. Vom 5. bis 10. Jh. war die Ortschaft Bischofssitz, und während der byzantinischen Herrschaft residierte hier der militärische Befehlshaber. Das Dorf mit 1200 Einwohnern, deren Häuser fast alle aus rotem Trachyt gebaut sind, wirkt sehr malerisch. Sehenswert die Casa Aragonese, ein ebenfalls aus rotem Trachyt erbauter Adelspalast aus dem späten 16. Jh., der seinen Namen den gotisch-aragonesischen Stilelementen verdankt, die die Türen und Fenster zieren. Der Palazzo unter der Leitung der cooperativa Forum Traiani (www.forumtraiani.it) kann besichtigt werden. Am Rande des Ortes sind am Ufer des Tirso die eindrucksvollen Ruinen der römischen Thermen zu sehen, die um das 1. Jh. n.Chr. erbaut wurden. Noch heute kann man von den warmen Quellen profitieren, die sich in die Becken ergießen, und ein heißes Bad nehmen. Ein weiterer Säulen-

Casa Aragonese und Terme Romane

Öffnungszeiten
Di. – So.
9^{00} – 13^{00}
14^{30} – 17^{00}
im Sommer
15^{00} – 19^{00}

Die Thermen von Fordongianus wurden in römischer Zeit erbaut; noch heute sprudeln die warmen Quellen in die Becken.

gang, ein intaktes Schwimmbecken, in das ständig warmes Wasser fließt, Reste von Kacheln und anderen Bauten sind noch erhalten.

Fordongianus (Fortsetzung)

Arborea

Arborea bezeichnet zugleich die flache, ehemals völlig sumpfige Landschaft im Süden Oristanos in der Ebene des Campidano und eine Ortschaft (18 km von Oristano entfernt) inmitten der trockengelegten Region.
Das Gebiet von Arborea war bereits in vorrömischer Zeit besiedelt. Dann aber mied man es viele Jahrhunderte lang, da die von Strandseen und Sümpfen durchzogene Landschaft von der Malaria verseucht war. Erst durch bedeutende Maßnahmen zur Landgewinnung von den 1920er- bis in die 1940er-Jahren wurde das Gebiet für die Landwirtschaft nutzbar gemacht: Der Riu Mogoro wurde eingedämmt und mehrere Strandseen trockengelegt, darunter der sehr große Sassu-See (2114 ha). Auf die Urbarmachung folgte die Kolonisierung: Etwa 4000 Siedler, die zum größten Teil aus Venetien stammten, wurden in Form einer Streusiedlung auf gleich großen, zu bewirtschaftenden Parzellen angesiedelt. Den Mittelpunkt bildete eine Stadt, die am 28. Oktober 1928 unter dem Namen Mussolinia gegründet wurde und seit 1930 als eigenständige Gemeinde besteht. Nach dem Zweiten Weltkrieg wurde die Gegend in eine intensiv, zum Teil mit künstlicher Bewässerung bewirtschaftete Zone verwandelt.

**Tharros K 6

Archäologische Ausgrabungsstätte

Auf den Hügeln, die sich von der Südspitze der Halbinsel Sinis bis zum Capo San Marco erstrecken, liegen die archäologisch bedeutenden und viel besuchten Ruinen des antiken Tharros. Auf dem beeindruckend großen Gelände von etwa 2,5 km Länge hat man die Reste einer großen phönizisch-römischen Hafenstadt gefunden sowie Zeugnisse einer älteren, nuraghischen Siedlung. Große Teile der Anlagen liegen bis heute noch unter der Erde verborgen, andere sind schon vom Meer überschwemmt, da der Meeresspiegel in den vergangenen Jahrhunderten gestiegen ist.

Geschichte

Bevor die Phönizier im 8. Jh. v. Chr. die Stadt Tharros gründeten, war die Landzunge schon besiedelt gewesen, wovon die Reste der Nuraghenzeit auf dem Hügel (Collina su murru manu) nördlich des Hauptgeländes zeugen. Die Stadt entwickelte sich unter den Phöniziern zu einer reichen Handelskolonie mit einer starken Festung und einem bedeutenden Hafen, der heute unter dem Meeresspiegel liegt. Die Blütezeit von Tharros dauerte bis in die späte römische Kaiserzeit. Der Untergang der Stadt begann mit den häufigen Sarazeneneinfällen, die schließlich zur gänzlichen Aufgabe der Stadt im Jahre 1070 führten und die Gründung von Oristano als neues Zentrum nach sich zogen. Um ihre Häuser an dem neuen Ort möglichst schnell und billig errichten zu können, nahmen viele Bewohner von Tharros die Steine und anderes Baumaterial ihrer Häuser mit – deshalb sind heute nur noch Grundmauern zu sehen. Die bereits um die Mitte des 19. Jh.s begonnenen Ausgrabungen legten einen kleinen phönizischen Tempel und zwei Nekropolen frei, zwischen denen sich die Stadt erstreckte. Mit ihrer Entdeckung verbreitete sich auch das Wissen um den ehemaligen Reichtum dieser

Tharros

Alte Fischerhütten
Alte Fischer-hütten
Punische Verteidigungs-mauern
Collina su murru manu
Nuragh. Dorf, Tophet, Demeter-Tempel
Römische Hauptstraße (Cardo maximus)
Eingang
Zisterne (Castellum aquae)
Akropolis
Frühchristl. Baptisterium
Thermen I
Punischer Tempel
Kleiner Tempel
Torre di San Giovanni
Thermen II
Versunkene Hafenanlage
Mare di Sardegna
Golfo di Oristano
Phönizisch-punische Nekropole
Torre Vecchia
Nuraghe Baboe Cabitza
Punische Akropolis
Archaischer Tempel
Punische Befestigung
Capo San Marco
200 m
© Baedeker

punischen Siedlung. In Goldfiebermanier wurden innerhalb kürzester Zeit viele Gräber geplündert und ihre kostbaren Schätze weiterverkauft. Nur ein kleiner Teil der Grabbeigaben konnte gesichert werden und ist heute in den Museen von ▶ Cagliari und ▶ Sassari und im Antiquarium von Oristano zu besichtigen.

Geschichte (Fortsetzung)

Torre di San Giovanni

Schon von weitem sichtbar ist die Torre di San Giovanni, ein Sarazenenturm aus dem 16. Jh., der sich westlich des eingezäunten Ausgrabungsgeländes auf einem kleinen Hügel erhebt.

Ausgrabungen

Öffnungszeiten tgl. 9⁰⁰ – 17⁰⁰ im Sommer bis 20⁰⁰

Nicht weit vom Informationshäuschen liegt links der Straße eine große römische Zisterne (Castellum Aquae) aus dem 2./3. Jahrhundert. Gleich dahinter zieht sich links die gut erhaltene, ehemalige Hauptstraße (Cardo maximus) der römischen Stadt den Hügel hinauf. Zwischen den großen, schwarzen Basaltsteinen der Straße verläuft eine tiefe, heute mit Brettern bedeckte Rinne. Sie diente als Wasserleitung, die das Wasser vom Hügel Collina su murro manu in die Stadt beförderte.

Punischer Tempel

Unter den archäologischen Zeugnissen kommt einem punischen Tempel (4.–3. Jh. v. Chr.) von gewaltigen Ausmaßen außerordentliche Bedeutung zu. Das rechteckige Fundament des Tempels besteht aus einem riesigen Felsblock aus Sandstein mit an den Seiten eingemeißelten dorischen Halbsäulen. Es stellt eines der wichtigsten Beispiele der punischen Architektur dieser Epoche dar. Der Tempelbezirk, dessen Mosaikfußboden auf die Zeit des Antoninus zurückgeht, enthält eine Zisterne, in der man zahlreiche Vasen gefunden hat.

Thermen I

Folgt man dem Weg weiter Richtung Küste, sieht man links am Ufer die Reste eines römischen Bades, des Edificio Termale Romano. Links anschließend wurde später eine Taufkapelle (Baptisterium) und eine mittelalterliche Kirche über der Anlage der Thermen gebaut.

Weiße Säulen

Das meistfotografierte Motiv von Tharros sind die zwei hohen, weißen Säulen, die nahe dem Ufer majestätisch aufragen. Leider handelt es sich dabei auch um das unpassendste Motiv, das man sich stellvertretend für das großartige Ausgrabungsgelände aussuchen kann, denn der Beton der Säulen wurde erst im 20. Jh. gemischt. Nur das Kapitell auf einer der Säulen ist echt antik.

Thermen II

Weiter gen Süden trifft man nahe dem Ufer auf die zweite Thermenanlage der Römer. Die Bezeichnung "Convento vecchio" (altes Konvent) deutet darauf hin, dass hier später über das Bad ein Kloster gebaut wurde.

Collina su murru manu

Geht man über die mit schwarzen Steinen gepflasterte Straße Cardo maximus (links des Eingangs) hoch auf den Hügel Collina su murru manu, findet man die Reste eines punischen Tophets. Auf dem Areal dieser heiligen Brandopferstelle sollen, wie man lange annahm, Kinder geopfert worden sein. Unzählige Urnen und Stelen wurden hier gefunden. Wahrscheinlich handelte es sich dabei aber eher um Totgeburten und um Tieropfer.

Von der großen Votivstele, die als Kultidol diente, sind heute nur noch einige Stufenpodeste zu sehen. Einige Steine des Tophets wurden zum Bau des Demeter-Tempels verwendet, der sich ebenfalls hier befindet. In unmittelbarer Nähe sieht man auch Reste einer nuraghischen Siedlung, die von den Puniern überbaut wurde. Von ihnen stammt auch die Verteidigungsmauer, deren Reste man noch erkennen kann.

Capo San Marco

Nur wenig ist noch auf dem 1,5 km langen Weg zur Südspitze der Halbinsel, zum Capo San Marco, zu sehen. Zunächst passiert man eine punische Nekropole (Felskammergrab), später kommt man an der Nuraghe Baboe Cabitza vorbei. Rechts nahe der Küste liegen die Reste eines phönizischen Tempels. An der Südspitze des Kaps sendet der Leuchtturm seine Signale aus (militärisches Sperrgebiet).

Auf der Strecke zwischen Oristano und Tharros

Route

Von Oristano fährt man westwärts in Richtung des kleinen Badeortes Torre Grande. Über eine schmale Landverbindung erreicht man die Sinis-Halbinsel, auf der nahe einer Kreuzung die Kirche San Salvatore mit einem Hypogäum, einem unterirdischen Kultraum, liegt. Hier wendet man sich nach Süden und gelangt an der Kirche San Giovanni di Sinis vorbei zum Ausgrabungsgelände von Tharros.

Marina di Torre Grande

Der als Seebad von Oristano entstandene, kleine Badeort Marina di Torre Grande liegt an der Küste des weiten Golfs, etwa 8 km westlich der Stadt an der Straße nach Tharros. Am schönen, lang gezogenen Sandstrand hat man Palmen und Pinien gepflanzt, parallel dazu verläuft eine breite Strandpromenade. Neben dem Badestrand besitzt Torre Grande einen Jachthafen. Am Ortseingang ragt die Torre Grande auf, einer der größten auf Sardinien errichteten Sarazenentürme aus dem 16. Jahrhundert.

Baedeker TIPP Weingenuss

Der Vernaccia di Oristano findet in der Flussebene des Tirso optimale Wachstumsbedingungen vor. Die Rebe, die wahrscheinlich aus Spanien gegen Ende des 14. Jh.s eingeführt wurde, ist jedoch nicht mit anderen Reben gleichen Namens zu verwechseln. Goldgelbe Farbe und feiner Geschmack prägen das Aroma des Vernaccia. Nach dreijähriger Lagerung erhält der Wein das Prädikat “superiore”, nach vier Jahren kommt er als “riserva” auf den Markt. Besonders gut harmonisiert er mit “Bottarga”, dem sardischen “Kaviar”. Die Cantina Sociale della Vernaccia produziert jährlich über 46 000 hl. Loc. Rimedio, Via Oristano 149, ☎ 0783 33155, FAX 0783 33860.

Cabras

Das wenig attraktive Fischerdorf Cabras liegt 8 km nordwestlich von Oristano, am Nordostufer des Stagno di Cabras. Die mittelalterliche Ortschaft Crabiliis (oder Capriles) wurde mit einer Burg (Villa d'Arborea) befestigt.

Stagno di Cabras

Der Stagno di Cabras nimmt eine Fläche von über 2000 ha ein und ist nicht nur eines der größten Feuchtgebiete Sardiniens, sondern vor allem eines der fischreichsten Gewässer der Insel. Großkopf-Meeräschen, Aale, Karpfen und Schleien werden bisweilen noch mit traditionellen Booten aus Rohr (fassoni) gefangen.

***Hypogäum von San Salvatore**

wird z. Zt. restauriert
Eintritt frei

Die unscheinbare Kirche San Salvatore, an einer Straßenkreuzung Richtung Tharros gelegen (14 km westlich von Oristano), ist von kleinen Häusern umgeben, die nur zu den kirchlichen Festen bewohnt werden. An diesem verlassen wirkenden Ort befindet sich eine Besonderheit: Unter der Kirche ist ein Hypogäum, das schon zu vorchristlichen Zeiten als Kultraum genutzt wurde. Diese unterirdische Kirche entstand um einen noch vorhandenen heiligen Brunnen aus der Nuraghenzeit und wird heute als Wallfahrtskirche genutzt. Das Hypogäum besteht aus einem zentralen Raum mit

Dieses Tor in Cabras gehört scheinbar zu keinem Gebäude, trotzdem ist der Zutritt nicht erwünscht.

Hypogäum (Fortsetzung)

einem Scheingewölbe, um den herum Kammern mit Tonnengewölbe angeordnet sind. Bemerkenswert sind Reste von Malereien, die auf einen Brunnenkult verweisen. Am ersten Sonntag im September wird hier das Fest zu Ehren Christi gefeiert. Während der Feiern tragen junge Männer, die barfuß und in weiße Gewänder gehüllt sind, ein kleines Bildnis Jesu 12 km über die Sinis-Halbinsel von Cabras nach San Salvatore und zurück. "Corsa degli Scalzi" ("das Rennen der Barfüßigen") wird dieser Teil des Festes genannt.

Fest des San Salvatore

San Giovanni di Sinis

Hinter dem Stagno di Mistras (2500 ha), am Beginn der Landzunge Capo San Marco, erhebt sich direkt an der Straße die Kirche San Giovanni di Sinis, das wohl älteste christliche Baudenkmal der Insel. Das Äußere der Kirche wirkt durch die neue Restaurierung mit viel Beton etwas verunstaltet. Das dreischiffige Gotteshaus besteht aus einem älteren, auf das 5. Jh. zurückgehenden Teil, einem byzantinischen Zentralbau mit Kuppel und einem späteren Bauabschnitt des 9./10. Jh.s, in dem die drei Lang- und Querschiffe in ihrer heutigen Form entstanden.

Orosei — G 14

Provinz: Nuoro (NU)
Höhe: 19 m ü. d. M.
Einwohnerzahl: 5200

Beschauliches Städtchen

Orosei liegt 2 km von der Ostküste Sardiniens entfernt in grüner Umgebung am Hang des Monte Tuttavista (806 m). Orosei war ehe-

Beschauliches Städtchen (Fts.)

mals der Hauptort der Baronia di Orosei, wovon die diversen historischen Bauten in der verwinkelten Altstadt Zeugnis ablegen.

Geschichte

Das Gebiet war bereits in prähistorischer Zeit besiedelt, wie das nuraghische Dorf Sa Linnarta (wenige Kilometer nördlich des Ortes) erkennen lässt. In der Nähe befand sich das römische Fanum Carisi. Im Mittelalter wurde die kleine Stadt mit einer Burg befestigt. Ab dem 16. Jh. begann eine lange Zeit des Niedergangs, die u. a. durch ständige Piratenüberfälle bedingt war. In der malariaverseuchten, immer wieder vom Fluss Cedrino überfluteten Ebene wurden in der ersten Hälfte des 20. Jh.s Maßnahmen zur Entwässerung und Urbarmachung des Gebietes durchgeführt.

Sehenswertes in Orosei

Historischer Rundgang

Ein ausgeschilderter “Itinerario storico” (historischer Rundgang) durch die Altstadt von Orosei führt an den schönsten mittelalterlichen und barocken Bauwerken vorbei. Die Route beginnt an der zentralen Piazza del Popolo, einem weiten, von Palmen und Laubbäumen gesäumten Platz. Eine breite Treppe führt zur Kirche San Giacomo (18. Jh.). Der Rundweg führt rechts an der Chiesa del Rosario vorbei zu den Resten der Kirche San Sebastiano. Hinter der Kirche rechts liegt die Casa Rurale, links erreicht man bald die Casa Rettorale, die sich hinter einer Steinmauer befindet. Nach wenigen Schritten kommt man nun auf den Kirchplatz mit Sant’Antonio Abate.

Ein paar Bäume spenden Schatten am wunderschönen, kilometerlangen Strand von Orosei südlich der Mündung des Cedrino.

Die Kirche Sant'Antonio Abate liegt unmittelbar am Ortseingang. Sie wurde im 14./15. Jh. an der Stelle eines älteren Baus errichtet und später mehrmals umgestaltet; von der ursprünglichen Anlage ist nur noch das Mauerwerk erhalten. Sant'Antonio Abate hat die typische Gestalt der sardischen Landkirchen mit einem Säulengang an der linken Seite. Auf dem Hochaltar befindet sich eine auf das 15. Jh. zu datierende Holzplastik des Heiligen. In der die Kirche umgebenden Einfriedung liegen zahlreiche "cumbessias" (Pilgerhütten). Auf dem Kirchplatz befindet sich außerdem ein Brunnen und die Torre di Sant'Antonio, die der pisanischen Epoche zugeordnet wird.

Orosei (Fts.) Sant' Antonio Abate

Nun wendet man sich auf dem Rundweg wieder in die Richtung, aus der man gekommen ist, biegt aber vor der Casa Rettorale nach rechts ein und stößt auf eine weiße Kapelle mit einem Dach aus Schilf. An dieser vorbei kommt man zum mittelalterlichen Schloss (Castello), das auch schon als Gefängnis diente. Überquert man nun den Platz hinter dem Castello, gelangt man an der Kirche Sant'Ignacio und der Chiesa del Rosario vorbei wieder zur zentralen Piazza del Popolo.

Fortsetzung des Rundgangs

Umgebung von Orosei

Ein herrlicher, kilometerlanger Sandstrand zieht sich südlich der Mündung des Cedrino an der Küste entlang. Das glasklare Wasser macht das Baden zu einem Vergnügen. Man erreicht Marina di Orosei über die Via del Mare, die von der Hauptstraße von Orosei geradewegs zu einer kleinen Bar direkt am Strand führt.

Marina di Orosei

Ozieri

F 9/10

Provinz: Sassari (SS)
Höhe: 390 m ü. d. M.
Einwohnerzahl: 11 800

Ozieri, die wichtigste Ortschaft des Logudoro (ca. 50 km südöstlich von Sassari), liegt in einem Talkessel. Die Stadt ist terrassenartig in der Art eines Amphitheaters eng an den steilen Hang gebaut. Von einigen Stellen aus hat man einen herrlichen Blick über die Dächer der Stadt auf die weite Ebene von Chilivani, durch die sich der Riu Mannu seinen Weg bahnt. Bekannt ist Ozieri für seine klassizistischen Altane auf den Patrizierhäusern und für sein leckeres Mandelgebäck "suspirus" (ital. sospiri). Diese "Seufzer" sollte man unbedingt in einer der Konditoreien im Ort probieren.

Patrizierhäuser und Mandelgebäck

"sospiri"

Das Bild der z.T. recht steil ansteigenden Altstadt ist von hohen Palazzi gekennzeichnet, die zum großen Teil aus dem 19. und 20. Jh. stammen, aber auch schöne Beispiele der aragonischen Gotik umfassen. Eine Besonderheit im Stadtbild sind die auf zahlreichen Patrizierhäusern gebauten, klassizistischen Altane, kleine Dachloggien, die mit dorischen Säulen abgestützt sind und die nur auf Sardinien zu finden sind.

Altane

Im 19. Jh. erlebte Ozieri, das 1807 – 1860 Provinzhauptstadt war und seit 1836 Stadtrechte hat, eine Zeit des Wohlstandes. Auch heute

Wirtschaft

Wirtschaft (Fortsetzung)

noch ist die kleine Stadt Zentrum für Viehzucht. Die "prinzipales" mit ihren großen Ländereien im Talgrund und in der fruchtbaren Ebene leben heute wie früher in eleganten, neoklassizistischen Patrizierhäusern.

Sehenswertes in Ozieri

Fontana Grixoni

Zu den Sehenswürdigkeiten von Ozieri gehört die Fontana Grixoni aus zweifarbigem Marmor, die 1882 von einem Patrizier der Stadt gestiftet wurde. Zur klassizistischen Kathedrale (im Wesentlichen 19. Jh.) muss man von der großen, zentralen Bushaltestelle etliche Treppen und Gassen in die Oberstadt hinaufgehen. In der Sakristei wird das Retabel der Madonna di Loreto aufbewahrt; es ist das Werk eines unbekannten Malers des 16. Jh.s, der als Meister von Ozieri bezeichnet wird.

Museo Civico Archeologico

Im Kloster San Francesco (17. Jh.) an der gleichnamigen Piazza gibt es ein archäologisches Museum, das Funde aus der Vergangenheit der Stadt und ihrer Umgebung von der prähistorischen Zeit (s. u. Grotta di San Michele) bis zum Mittelalter beherbergt (Öffnungszeiten: Di. – Sa. 9^{00} – 13^{00}, 16^{00} – 19^{00}, So. 9^{00} – 12^{30} Uhr).

Grotta di San Michele

In der Nähe des Sportplatzes (Stadion, ausgeschildert) liegt die Grotta di San Michele (Besichtigung nur mit Führung, aber kaum lohnend, ☎ 079 77 00 65). Für den Besuch der verwinkelten Höhle braucht man gutes Schuhwerk, da es z. T. über nasse, steile Pfade geht. Ihre Bekanntheit erlangte sie durch herausragende Funde, die über die Vorgeschichte Sardiniens interessante Informationen lieferten. Die Erforschung der Tropfsteinhöhle seit 1914 brachte Zeugnisse zu Tage, die auf eine besondere Lebensweise hindeuten, die sich im späten Neolithikum (3300 – 2400 v. Chr.) auf der ganzen Insel verbreitete. Diese jungsteinzeitliche Kulturepoche wird nach dem Namen der Höhle als "Kultur von Ozieri" oder "Kultur von San Michele" bezeichnet. Die für diese Zeit typischen hochwertigen Keramiken, Kultgefäße und weiblichen Idole sind in den verschiedenen archäologischen Museen Sardiniens zu sehen. Eine kleine Ausstellung neben der Höhle informiert über die wichtigsten prähistorischen Fundstätten Sardiniens.

Umgebung von Ozieri

*Sant'Antioco di Bisarcio

Öffnungszeiten
tgl. 9^{00} – 13^{00}
Mai – Sept.
zus. 15^{00} – 19^{00}
☎ 079 77 00 65

Etwa 18 km nordwestlich der Stadt erhebt sich nördlich der SS 597 in herrlicher Lage die alte Kathedrale der Diözese Bisarcio. Die Basilika wurde in drei unterschiedlichen Bauphasen im 11./12. Jh. aus rotem Trachytstein errichtet und ist ein schönes Beispiel für die Blütezeit der Romanik auf Sardinien. Die Fassade zeigt eine starke Asymmetrie, die durch den Einsturz des linken Teils zustande kam; dieser wurde in aragonischer Zeit wiederhergestellt. Die Vorhalle entstand 1170 – 1190 und verdeckt die alte pisanische Fassade vollständig. Vom offenen Erdgeschoss führt eine Treppe ins Obergeschoss. Ungewöhnlich ist der Kamin im ersten Raum, dessen Rauchfang die Form einer Bischofsmütze hat. Im Mittelraum befindet sich ein Altar; durch das Zwillingsfenster der ehemaligen Fassade

Ob die sich wohl verlaufen haben? Ganz bestimmt nicht, von Schafen wird man in Sardinien auf Schritt und Tritt begleitet.

Umgebung (Fortsetzung)

fällt der Blick auf den Hauptaltar. Der einst durch einen Blitzschlag zerstörte Glockenturm ist restauriert und wieder begehbar.

Nostra Signora di Castro

Die etwa 5 km von dem Städtchen Oschiri entfernte Kirche (23 km nordöstlich von Ozieri) geht auf die zweite Hälfte des 12. Jh.s zurück. Es handelt sich um einen romanischen Bau, der lombardische Einflüsse erkennen lässt. Eindrucksvoll ist die schöne Fassade aus rotem Trachyt, die ein Glockenturm bereichert. Sie erhebt sich oberhalb des Lago del Coghinas.

Lago del Coghinas

Der Stausee am Flusslauf des Coghinas nordwestlich von Oschiri wurde 1927 angelegt. Mit seinem hellgrünen Wasser fügt er sich gut in die ländliche Schönheit der von Korkeichenwäldern und Granitfelsen bedeckten Umgebung.

Ittireddu

Ittireddu liegt landschaftlich reizvoll eingebettet in eine bergige Umgebung vulkanischen Ursprungs, 13 km südwestlich von Ozieri. Man erreicht das Bauerndorf auf einer kurzen Abzweigung von der SS 128. Einige Baudenkmäler im Ort, darunter die ursprünglich byzantinische Kirche Santa Croce (7. Jh.) und die Pfarrkirche Nostra Signora di Intermontes wurden restauriert. Eine Besichtigung lohnen auch die zahlreichen, gut ausgeschilderten Zeugnisse aus prähistorischer Zeit bis hin zu den Resten aus der römischen Epoche. Zu sehen sind verschiedene Felskammergräber, darunter die Domus de janas Monte Ruiu und Su Furrighesu, Nuraghen, ein nuraghischer Brunnen und – aus römischer Zeit – die Zisternen Sas Conzas und die Brücke Pont'Ezzu. Das neben dem Rathaus gelegene

Museo
Öffnungszeiten
tgl. $10^{00}-13^{00}$
$15^{00}-18^{00}$
Mai – Sept.
$16^{30}-19^{30}$

Museum (Museo Civico Archeologico ed Etnografico) spiegelt neuere Bestrebungen wider, archäologische Fundstücke vor Ort auszustellen und nicht – losgelöst aus ihrer ursprünglichen Umgebung – fernab in Cagliari oder anderen großen Museen. Die volkskundliche Abteilung zeigt traditionelle Gerätschaften der Bauern und Hirten und weitere Gegenstände der sardischen Kultur.

Nekropole Su Furrighesu

Die Nekropole liegt nördlich von Ittireddu nahe der Straße zum Ort. Die prähistorischen Felskammergräber, die der Kultur von Ozieri (etwa 3300 – 2480 v. Chr.) angehören, wurden in einer Felswand über dem Tal des Riu Butule angelegt. Die Gräber haben erhöhte Eingänge und bestehen aus einer oder mehreren Kammern. Viele sind mit Felsgravierungen, Reliefs und Malereien dekoriert. Architektonische und dekorative Details wie die Decke, plastisch hervortretende Sockel, Bänder und Säulen sowie Totenbetten und Feuerstellen lassen die Absicht erkennen, die Häuser der Lebenden nachzuahmen.

Baedeker TIPP Museo del Vino

Im Weinmuseum von Oschiri, 18 km nordöstlich von Ozieri an der SS 199 gelegen, erfährt man alles über den sardischen Weinbau. Die Ausstellung reicht von römischen Tonamphoren über zahlreiche Weinpressen bis hin zur heutigen Weinproduktion. Oschiri ist ein Produktionszentrum für den berühmten Vermentino di Gallura. Dieser Weißwein kann ebenso wie andere Sorten im Museum degustiert werden. Museo del Vino Enoteca regionale, I-07022 Berchidda, ☎/FAX 079 70 45 87, Internet: www.museodelvino.net, E-Mail: museodelvino@tiscalinet.it. Öffnungszeiten: tgl. $9^{00}-13^{00}$ und $15^{00}-19^{00}$ Uhr (Winter) bzw. $16^{00}-22^{00}$ Uhr (Sommer).

Ala dei Sardi

Der kleine Ort Ala dei Sardi liegt nördlich von Ozieri (ca. 30 km entfernt) an der SS 389 an einem Hang. Der kleine Ort ist ein Zentrum für Landwirtschaft. Seine Häuser sind aus dem hellen Granit der Umgebung erbaut. Am 4. Oktober wird hier ein großes Fest zu Ehren des Franz von Assisi gefeiert, wobei auch vorbeikommende Fremde zu einem großen Festschmaus geladen werden.

Megarontempel von Sos Onorcolos

Südöstlich von Ala, in der Nähe von Sos Onorcolos, liegt ein kleines Heiligtum aus nuraghischer Zeit – einer von sechs ähnlichen, auf Sardinien vorkommenden Megarontempeln – mit rechteckigem Grundriss und ovaler Umfassungsmauer.

Perfugas D/E 9

Provinz: Sassari (SS)
Höhe: 510 m ü. d. M.
Einwohnerzahl: 2500

Historische Ortschaft

Das Bauerndorf Perfugas liegt auf einer kleinen Anhöhe, 30 km südöstlich von Castelsardo an der alten SS 127 Sassari – Tempio. Der Besuch des landwirtschaftlich geprägten Städtchens ist wegen seiner archäologischen Funde empfehlenswert. Steinmaterialien aus dem Paläolithikum (Steinzeit) deuten darauf hin, dass die Umgebung von Perfugas wohl die ältesten Spuren menschlicher Siedlungen auf Sardinien aufweist. Die Funde werden heute im örtlichen Museum aufbewahrt. In der römischen Epoche soll sich an der Stelle der heutigen Ortschaft das Dorf Erucium befunden haben.

Sehenswertes in Perfugas

Retablo di San Giorgio

In der Pfarrkirche Madonna degli Angeli ist das schön restaurierte Retabel di San Giorgio (1361) sehenswert, ein Werk, das der Schule der Brüder Jaime und Pedro Serra zugeschrieben wird.

Brunnenheiligtum

Das 1923 entdeckte Brunnenheiligtum nahe der zentralen Pfarrkirche stellt den Mittelpunkt der archäologischen Zone von Perfugas dar.
Der sich hinter einer Umzäunung befindliche Brunnentempel ist in ausgezeichnetem Zustand erhalten und strahlt eine seltene architektonische Schönheit und Harmonie aus. Das nuraghische Bauwerk geht auf die frühe Eisenzeit zurück, ist von rechteckiger Form und weist Sitze, eine Treppe mit acht Stufen, den Brunnen sowie einen Altar für Opfergaben auf.

***Museo Archeologico e Paleobotanico**

Öffnungszeiten
tgl. 9^{00} – 13^{00}
Mi. – So.
16^{00} – 20^{00}
bzw. 15^{00} – 19^{00}
(Winter)

Das Museo Archeologico e Paleobotanico wurde in den Räumen des ehemaligen Viehmarktes eingerichtet. Hier sind Funde jüngster Ausgrabungen ausgestellt, die im Gebiet von Perfugas und der inneren Anglona durchgeführt wurden. Der Museumsbestand ist chronologisch angeordnet und anschaulich gegliedert. Neben Funden aus nuraghischer, punischer und römischer Zeit sowie Fossilien vom versteinerten Wald bei Martis, im Hof und im ersten Saal zu sehen, sind vor allem die steinzeitlichen Zeugnisse beachtenswert. Die Werkzeuge dieser Epoche wurden vor etwa 150 000 Jahren hergestellt, womit bewiesen ist, dass Sardinien schon damals besiedelt war.

Perfugas liegt inmitten einer fruchtbaren Schwemmlandebene.

In eine reizvolle Landschaft eingebettet ist die romanische Abteikirche San Pietro di Simbranos mit ihrer schönen zweifarbigen Fassade.

Umgebung von Perfugas

***San Pietro di Simbranos**

Etwa 7 km westlich von Perfugas, in einem malerischen, kleinen Tal rechts der Staatsstraße nach Bulzi, steht die schöne romanische Kirche San Pietro di Simbranos (auch San Pietro delle Immagini genannt). Sie wurde in der ersten Hälfte des 11. Jh.s errichtet und im 13. Jh. umgestaltet. Die schöne, zweifarbige Fassade, in der Bänder aus dunklem Trachyt und weißem Kalkstein abwechseln, ist mit wirkungsvollen Halbsäulen und Blendbögen dekoriert. Der Bau gehörte zu einem Benediktinerkloster, von dem heute nur Reste vorhanden sind. Der Grundriss der mit Balken gedeckten Kirche entspricht einem lateinischen Kreuz. Die Lünette des Portals zeigt ein archaisches Basrelief, das menschliche Figuren darstellt; nach ihnen ist die Kirche benannt. Der Hochaltar weist eine merkwürdige Besonderheit auf, denn sein Sockel besteht aus einem versteinerten Baumstamm aus dem nahen fossilen Wald von Martis (s. S. 193), ebenso der Fuß des Taufbeckens (Besichtigung nach telefonischer Anmeldung. Comune di Bulzi: ☎ 079 58 88 45, 9^{00} – 13^{00} Uhr, Parrocchia di San Sebastiano-Bulzi: ☎ 079 58 70 06).

San Sebastiano

In der Pfarrkirche San Sebastiano in Bulzi finden sich viele Kultgegenstände aus der Kirche San Pietro di Simbranos, darunter eine Gruppe von Holzstatuen eines unbekannten Meisters florentinischer Provenienz aus der Zeit um 1200, die im Holzaltar San Pietro aus dem Jahr 1700 stehen.

San Nicola in Solio

Folgt man der SS 134 weiter nach Norden (12 km nordwestlich von Perfugas), stößt man wenige Kilometer westlich von Bulzi inmitten der grünen Landschaft des Tals des Riu Silanis auf die Reste der Kirche San Nicola in Solio. Dieser Sakralbau, der zu den erlesensten Zeugnissen der Romanik auf Sardinien gehört, wurde zu Beginn des 12. Jh.s errichtet und war Teil einer Benediktinerabtei. Bereits im 15. Jh. verfiel er. Heute sind nur noch wenige Reste des Bauwerks zu sehen: ein Teil der Fassade, das rechte Kirchenschiff, die Apsis und der untere Abschnitt des Glockenturms.

San Nicola in Solio (Fortsetzung)

Sedini

Die Ortschaft liegt in etwa 13 km Entfernung von Perfugas Richtung Castelsardo. Am südlichen Ortsende an der Hauptstraße kann man einige der originellsten Felsengräber Sardiniens, als Domus de janas angelegt, bewundern. Sie wurden in einen mächtigen Kalkblock geschlagen und in einzelne Grabkammern unterteilt, die vom frühen Mittelalter bis zur Mitte des 19. Jh.s als Wohnungen und Gefängniszellen benutzt wurden. Die Gräber verteilen sich auf mehrere, miteinander verbundene Stockwerke.

Lago di Casteldoria

Der lang gezogene Lago di Casteldoria ist einer der für die Wasserversorgung wichtigen Stauseen Innersardiniens.

Burg der Familie Doria

Die Ruine der Burg der Familie Doria (Casteldoria), deren Turm noch zwischen den roten Felsen der umliegenden Landschaft hervorlugt, erhebt sich über dem fruchtbaren Tal des Coghinas, das im 12. Jh. an die mächtige genuesische Familie Doria fiel. Die Burg wurde im selben Jahrhundert erbaut und 1354 von König Peter von Aragonien erneuert. Man sieht sie von der Straße von Perfugas nach Santa Maria Coghinas rechter Hand auf einem Fels thronen.

Santa Maria Coghinas

Santa Maria Coghinas ist eine nette, kleine Gemeinde (11 km nördlich von Perfugas), die unter dem zunehmenden Einfluss des Tourismus zu einem lang gestreckten Dorf geworden ist. Die Ortschaft liegt inmitten der fruchtbaren, Campo del Coghinas genannten Schwemmlandebene.

Terme di Casteldoria

Die Heilquellen von Casteldoria in der Nähe des Dorfs Viddalba (13 km nördlich von Perfugas) waren schon in der Antike bekannt. Das salz-, brom- und jodhaltige Wasser tritt fast auf Flusshöhe, nahe eines Porphyrfelsens, aus dem sandigen Gelände heraus. Es hat eine Temperatur von 70 °C: Hierauf verweist der sardische Name Coghinas, der von "cucina" (= Küche) abgeleitet ist. Im Kurhaus, das seit einigen Jahren leer steht, wurde das Wasser der Thermalquelle für Fangokuren verwendet.

Martis

Martis ist ein kleines Bauern- und Hirtendorf mit ca. 700 Einwohnern in der Landschaft Anglona, 14 km südwestlich von Perfugas an der alten Staatsstraße SS 127. Im alten Ortskern sind einige Gebäude aus dem 19. Jh. erhalten, darunter ein kleiner Palazzo mit schönen Balkonen und ein sehenswerter Brunnen, die Fontana Nuova.

Baedeker TIPP Im versteinerten Wald

Am östlichen Ortsende von Martis folgt man einer beschilderten Rechtsabzweigung zur Foresta pietrificata Carrucana. Nach 1 km erblickt man links einen Wiesenhang, auf dem versteinerte Wacholder-Baumstämme aus dem Miozän (vor rund 20 Millionen Jahren) verstreut herumliegen. Unten am schilfbestandenen Bachlauf liegt ein eingezäunter, kleiner Rastplatz.

Perfugas (Fortsetzung)

Nahe des südöstlichen Dorfeingangs stößt man auf die mächtigen Reste der Kirche San Pantaleo, die Anfang des 14. Jh.s von ligurischen Baumeistern errichtet wurde und einen hohen Glockenturm besaß, dessen oberer Teil heute fehlt. Das schöne Portal mit einer kunstvoll gestalteten Fensterrose befindet sich in gutem Zustand.

Chiaramonti

Auf dem Hügel oberhalb des Dorfs Chiaramonti (6 km südöstlich von Martis entfernt) erhebt sich die mächtige Ruine einer Burg, die ebenfalls auf die genuesische Familie Doria im 13. Jh. zurückgeht. Sie hatte politische und militärische Funktion; im 17. Jh. wandelte man sie in eine Kirche um. Von ihrer Höhe aus überblickt man eine weite Landschaft, die vom Tal des Flusses Coghinas bis zu den Bergen der Gallura reicht.

Porto Torres — D 6

Provinz: Sassari (SS)
Höhe: 17 m ü. d. M.
Einwohnerzahl: 22 000

Industriestandort

Porto Torres ist eine industriell geprägte Stadt im westlichen Teil der Nordküste Sardiniens, 19 km nordwestlich von Sassari. Sie besitzt einen wichtigen Hafen und weithin sichtbare, große Raffinerieanlagen. Aus diesem Grund hält sich auch der Tourismus stark in Grenzen. Abgesehen vom Zentrum mit dem Corso Vittorio Emanuele II, der Lebensader der Stadt, vermittelt Porto Torres insgesamt den Eindruck einer schnell gewachsenen Stadt.

Geschichte

Porto Torres wurde im 1. Jh. v. Chr. von römischen Siedlern gegründet und entwickelte sich als Kolonie mit römischem Bürgerrecht rasch zu einem bedeutenden Handelsplatz, von dessen Hafen eine Schiffsverbindung nach Ostia (Rom) bestand. Unter den flavischen Kaisern wurde das damalige Turris Libyssonis zum Municipium (Stadt) ernannt und zeigte sich als bedeutende Römerstadt mit Patrizierhäusern, Basiliken, Thermen und Aquädukten. Nach dem Zusammenbruch des Römischen Imperiums und den Einfällen der Vandalen verfiel Turris Libyssonis ebenso wie die übrigen Küstenstädte. Im 8. und 9. Jh. verließ die Bevölkerung die Stadt, um weiter im Inneren der Insel die Orte Sassari und Sorso zu gründen. Im 11. Jh. lebte Porto Torres wieder auf, da die Seerepubliken Pisa und Genua, unter deren Einfluss die Stadt lange Zeit stehen sollte, den Handel förderten. Porto Torres wurde Hauptstadt des Judikats Torres, erhielt eine Burg und eine Befestigungsmauer und erlebte eine lange Zeit des Wohlstandes. In dieser Epoche (12. Jh.) kamen Mönchsorden nach Sardinien, erneuerten die Landwirtschaft und bauten beachtliche romanische Kathedralen. Am Ende des Judikats (dessen Hauptstadt zum Schutz vor den Überfällen der Sarazenen nach Ardara verlegt worden war) fiel Porto Torres an die genuesische Familie Doria, die die Stadt befestigte. In der folgenden Zeit bestimmten die Kriege gegen Aragonien und die Bedrohung durch die Sarazenen den Niedergang von Porto Torres. Heute ist Porto Torres als wichtiger Raffineriestandort und Hafenstadt bekannt. Die riesigen petrochemischen Industrieanlagen erstrecken sich nordwärts entlang der Küste.

Sehenswertes in Porto Torres

Corso Vittorio Emanuele

Der Corso Vittorio Emanuele ist zwar die laute, viel befahrene Hauptverkehrsstraße, dennoch tummeln sich hier vor allem abends die Ausgehlustigen in den Cafés, Bars, Restaurants und Geschäften.

***Basilica di San Gavino**

San Gavino ist eines der bedeutendsten romanischen Baudenkmäler der Insel und eine der äußerst seltenen italienischen Kirchen, die zwei einander gegenüberliegende Apsiden besitzen. Die Basilika wurde in der zweiten Hälfte des 11. Jh.s errichtet und ist vom pisanischen Stil beeinflusst. Ursprünglich hatte der dreischiffige Bau nur eine Apsis. In den ersten Jahren des 12. Jh.s verlängerte man die Frontseite, indem man die Fassade abriss und an ihrer Stelle eine weitere, von lombardischen Gestaltungsmustern inspirierte Apsis erbaute. An einer Seitenwand öffnet sich ein großes Doppelportal im katalanischen Stil (15. Jh.); das gegenüberliegende Kirchenschiff besitzt ein Portal mit Liliendekoration. Das Gotteshaus beherbergt eine Kalksteintafel mit byzantinischer Inschrift aus dem 7./8. Jahrhundert. Im Raum vor der Ostapsis befindet sich ein hölzerner Katafalk, d. h. ein Gerüst zur feierlichen Leichenaufbahrung, mit den Statuen der drei Märtyrer von Porto Torres, Gavinus, Protus und Januarius (17. Jh.), die der Überlieferung nach Opfer der Christenverfolgung unter Kaiser Diokletian wurden. Dieser Katafalk wird alljährlich am 3. Mai in einer Prozession zur kleinen Kirche San Gavino a Mare getragen, die als erste Begräbnisstätte der drei Heiligen gilt. Durch einen Vorraum mit römischen Sarkophagen gelangt man in die Krypta, in der sich drei römische Gräber

Porto Torres ist neben Cagliari und Olbia der wichtigste Hafen der Insel. Allerdings spielt traditioneller Fischfang eine geringere Rolle als die großen petrochemischen Anlagen.

San Gavino (Fortsetzung)

des 3./4. Jh.s befinden. Neben der Kirche steht eine auffällige Säule, die von der Statue des hl. Gavinus gekrönt wird.

Hafen

Der Hafen von Porto Torres ist der größte Fährhafen Nordsardiniens und verbindet die Insel mit dem norditalienischen Festland. In der Römerzeit lag er westlich des aragonischen Turms mit Konsolen (14. Jh.), den man am Anfang der Kais sieht. Im Laufe des 19. Jh.s wurde der Hafen erweitert und ausgebaut. Er besteht aus drei Kaianlagen: Am mittleren legen die Linienschiffe, die Sardinien mit Genua verbinden, und die Fähren an. Die beiden anderen Piers dienen dem Handelsverkehr. Im Westen, wo sich das Industriegebiet befindet, wurde eine Anlegestelle für Tanker geschaffen. Ein Dock im Osten und ein kleiner Bootshafen werden für Fischer- und Sportboote genutzt.

Zona archeologica

Antiquarium

Die römischen Ursprünge der Stadt liegen heute zwischen Bahnhof und Hafen. Anhand der monumentalen Reste des Palazzo del Re Barbaro wird das Stadtbild rekonstruiert. Weiterhin sind die Reste einer großen Thermenanlage und des dazugehörigen Aquädukts sowie eine Römerbrücke zu besichtigen. Die archäologische Sammlung der Casa Paglietti liegt am Eingang des Grabungsgeländes. In den Räumen sind die Funde der in den Thermen und Nekropolen von Porto Torres durchgeführten Ausgrabungen ausgestellt. Sehr interessant ist die Sammlung von mehreren hundert Keramiken aus der Zeit der Römischen Republik und des Kaiserreichs (in der Collezione Comunale).

In der Nähe der kleinen Kirche San Gavino a Mare im Osten der Stadt liegt der schöne Sandstrand Balai vor einer Felsküste.

Strand Balai

Umgebung von Porto Torres

Von Porto Torres nach Castelsardo

Heute ist der gesamte Küstenstreifen von Porto Torres bis Castelsardo touristisch erschlossen. Entlang der parallel zum Strand verlaufenden SS 200 bieten verschiedene Stichstraßen Zugangsmöglichkeiten zum kilometerlangen Sandstrand.

Sorso und Marina di Sorso

Das Gemeindegebiet von Sorso umfasst einen langen Küstenstrich am Golfo dell'Asinara, den Badestrand Marina di Sorso (12 km östlich von Porto Torres).

Nekropole Su Crucifissu Mannu

Etwas außerhalb von Porto Torres liegt in südöstlicher Richtung die Nekropole Su Crucifissu Mannu. Sie besteht aus etwa 20 Felskammergräbern, in denen man Reste von Grabbeigaben aus der Periode vom späten Neolithikum bis zur Bronzezeit entdeckte.

**** Monte d'Accodi**

Führungen tgl. $9^{00}-18^{00}$

Fährt man auf der SS 131 von Porto Torres in südöstlicher Richtung nach Sassari, führt nach etwa 6 km rechter Hand eine kleine Abzweigung zum Monte d'Accodi. Inmitten der flachen Landschaft erhebt sich dieser Altarberg, der nach mehreren Ausgrabungen immer noch Rätsel aufgibt. Reste von Rechteckhütten um den künstlichen Berg herum weisen darauf hin, dass es sich hier um einen prähistorischen Wallfahrtsort gehandelt hat, an dem wahrscheinlich die Erdgöttin verehrt wurde. Der als Terrassenbau angelegte, heute noch ca. 10 m hohe Berg mit einer Basis von 75 x 37 m wurde vor 4000 – 5000 Jahren mit großen, polygonalen Kalkbrocken errichtet. Eine langsam ansteigende Rampe ermöglicht den Zugang zur oberen Plattform. Zur Linken der Rampe befindet sich ein wieder aufgestellter Menhir (Steinmal), auf der rechten Seite stehen zwei große Steintische, die vermutlich als Opfertische genutzt wurden. Die Löcher am Rande der Felsplatten dienten wohl zum Anbinden der Opfertiere. Am Eingang der Anlage liegt eine große Steinkugel, die als kultischer Stein gedeutet wird. Zeitlich rechnet man die Funde der Ozieri-Kultur (3000 – 2000 v. Chr.) zu, doch wurde der Berg in späteren Epochen weiter genutzt und durch Aufbauten verändert. Seine heutige Gestalt ist das Ergebnis der jüngsten Ausgrabungen, bei denen man versucht hat, die verschiedenen Bauphasen zu rekonstruieren. Auch im Inneren wurden Entdeckungen gemacht, hier befand sich vermutlich eine Grabstätte. Die zahlreichen Funde sind im archäologischen Museum von ▶ Sassari zu besichtigen.

Pula

P 9/10

Provinz: Cagliari (CA)
Höhe: 15 m ü. d. M.
Einwohnerzahl: 5800

Berühmte Ausgrabungsstätte

Der Ort liegt nahe der Südküste Sardiniens, 30 km südwestlich von Cagliari. Die heutige Ortschaft wurde in der Nähe des antiken Nora

Berühmte Ausgrabungsstätte (Fortsetzung)

gegründet. Als Pforte zu dieser bekannten Ausgrabungsstätte hat Pula in touristischer Hinsicht an Bedeutung gewonnen, ansonsten aber selbst keine wirklich sehenswürdigen Denkmäler.

Museo Archeologico Comunale

Öffnungszeiten
Sommer
tgl. 9^{00} – 20^{00}
Winter
tgl. 9^{00} – 18^{00}

Das kleine Archäologische Museum mitten in Pula (Corso Vittorio Emanuele 67, ☎ 07 09 20 96 10) bietet die ideale inhaltliche Ergänzung zur Ausgrabungsstätte von Nora. In einem freundlich eingerichteten Raum sind die verschiedenen Fundstücke gut erläutert ausgestellt. Neben Keramik, Stelen und Votivgaben der punischen Nekropole werden Grabbeigaben aus der römischen Epoche gezeigt. Beeindruckend sind die großen Amphoren, die aus dem Wasser geborgen wurden. Ein weiterer Teil der Ausgrabungen – darunter die Inschrift der so genannten Norastele – ist im Archäologischen Museum in ▶ Cagliari zu besichtigen.

**Nora

Antike Grabungsstätte

Die Ruinen der antiken Stadt Nora, wahrscheinlich die älteste Stadtgründung Sardiniens, befinden sich in schöner Lage südlich bei Pula (ausgeschildert), an der Spitze des Capo di Pula. Besichtigt werden können Zeugnisse aus verschiedenen Epochen (phönizisch, punisch, römisch), doch gehört der größte Teil der noch sichtbaren Spuren der römischen Kaiserzeit (2./3. Jh. n. Chr.) an, denn damals wurde die phönizisch-punische Stadt fast gänzlich überbaut.

Geschichte von Nora

Öffnungszeiten
Sommer
tgl. 9^{00} – 20^{00}
Führungen
9^{30} – 12^{30}
14^{00} – 18^{00}
Winter
tgl. 9^{00} – 18^{00}
Führungen
10^{30} – 12^{30}
15^{00} – 17^{00}
☎ 0 70 9 20 91 38

Die Küstenstadt wurde vermutlich im 9./8. Jh. v. Chr. durch phönizische Seefahrer als Handels- und Hafenstandort gegründet. Zu den spärlichen Zeugnissen dieser archaischen Phase gehört die berühmte Norastele, in deren Inschrift zum ersten Mal der Name Sardinien erscheint. Auch über die punische Stadt wissen wir nicht viel, doch lassen Funde von Grabbeigaben darauf schließen, dass Nora in punischer Zeit ein reiches, lebhaftes und überaus aktives Handelszentrum war, das bereits im 5. Jh. v. Chr. seine Blütezeit hatte. Die Stadt konnte bei jeder Windrichtung angefahren werden, da Nora über drei Naturhäfen verfügt. Dies war ganz besonders wichtig, da man damals noch nicht gegen den Wind segeln konnte.

Während der ersten Jahre der römischen Herrschaft, ab 238 v. Chr., war Nora dann höchstwahrscheinlich Sitz des römischen Statthalters. In der Römerzeit wurde der Ort zum Municipium (Stadt) und erlangte Ende des 2./Anfang des 3. Jh. n. Chr. großen Wohlstand, was auch an den Mosaiken aus dieser Zeit erkennbar ist. Das Eindringen der Vandalen, die Sardinien von 456 bis 466 n. Chr. besetzten, und anhaltende Piratenüberfälle lösten den Niedergang Noras aus. Die drei Häfen rund um die Siedlung versanken im Laufe der Zeit im Meer, das sie bis heute verborgen hält.

Thermen

Die Zahl der Thermen in Nora ist beträchtlich. Unmittelbar am Eingang der Anlage erkennt man links die Ruinen eines Thermenkomplexes, der zum Teil vom Meer überflutet ist und Mosaiken mit Rosetten und Sternen in den für Nora typischen Farben Weiß, Ockergelb und Schwarz aufweist.

Weitere Thermen sind die Zentralthermen, die Kleinen Thermen, die wahrscheinlich zu einem privaten Wohnhaus gehörten, und die Thermen am Meer, ein weitläufiges, einst reich dekoriertes Gebäude, von dem man noch das mächtige Mauerwerk und die riesigen Gewölbefragmente bewundern kann.

Nora (Fortsetzung)

"Tanittempel"

Auf einem Hügel schräg rechts vom Eingang liegt der so genannte Tanittempel. Die Mauerzüge begrenzen einige kleine Räume von unklarer Anordnung. Als man hier Anfang des 20. Jh.s ein Abbild der punischen Fruchtbarkeitsgöttin Tanit fand, ordnete man das Bauwerk als einen ihr geweihten Tempel ein. Angesichts des Grundrisses handelt es sich aber sicherlich nicht um ein Heiligtum, obwohl an so exponierter Stelle zweifellos ein bedeutendes Bauwerk (vielleicht mit militärischer Funktion) gestanden haben muss. An der südlichen Ecke liegt ein tief in den Fels gegrabener Schacht, der eventuell als Zisterne diente.

Punisches Wohnviertel

An der Rückseite des Theaters vorbei gelangt man nach rechts zum Peristyl, einem Säulengang mit hufeisenförmigem Grundriss, des-

In der wahrscheinlich ältesten Stadt Sardiniens, Nora, lebten zunächst die Phönizier, dann die Punier und schließlich die Römer. Von den glanzvollen Zeiten zeugt z. B. das hier abgebildete Peristyl.

Punisches Wohnviertel (Fortsetzung)

sen Pfeilersockel und Mosaiken noch erhalten sind. Am Hang des Tanithügels liegt ein altes, eng bebautes Wohnviertel mit wannenförmigen Zisternen. Die Häuser sind in punischer Rahmenbauweise (opus africanum) errichtet: Zwischen regelmäßigen Steinpfeilern aus großen, behauenen Blöcken befinden sich kleinere, unregelmäßige Steine. Diese Mauertechnik ist punischen Ursprungs, war aber auf Sardinien bis in das 3. Jh. n. Chr. gebräuchlich.

Marktviertel

Man erreicht eine große Straßenkreuzung, dessen Andesitpflaster gut erhalten ist. Links führt eine breite, gepflasterte Straße in Richtung Äskulaptempel, doch geht man zunächst geradeaus weiter. Rechts liegt das Marktviertel; mit breiten Türschwellen (Warentransport) öffneten sich die Läden zur Straße hin. Links kommen die imposanten, auf der Westseite völlig von Sturmfluten zerstörten Thermen am Meer. Die Nord- und die Ostseite sind noch von einem Bogengang umgeben. Am südlichen Ende der Ostseite liegt ein unscheinbarer nuraghischer Brunnen, der zusammen mit anderen archäologischen Indizien (z. B. zapfenförmigen Werksteinen) aufzeigt, dass Nora schon in der Nuraghenzeit besiedelt war. Hierauf verweist auch der Name Nora selbst, der sich von der nuraghischen Ursilbe "nur" herleitet, die im Wort Nuraghe ebenso wie in vielen Orts- und Landschaftsnamen auftaucht.

Nuraghischer Brunnen

Haus des viersäuligen Atriums

Weiter nach Süden kommt man zu einem gut erhaltenen Beispiel eines römischen Patrizierhauses. Vier rekonstruierte Säulen umgeben einen kleinen Innenhof (Atrium), um den herum sich die verschiedenen Räume des Hauses gruppieren. Unmittelbar südlich davon liegt das Cubiculum (Privatgemach) mit dem abgetrennten Alkoven, der Bettnische. Der schöne Mosaikboden zeigt im nachträglich eingefügten Zentralfeld (Emblema) die einzige figürliche Darstellung Noras: Venus auf einem Delfin reitend.

Haus des viersäuligen Atriums (Fortsetzung)

Äskulap-Tempel

An der äußersten Südspitze der Halbinsel namens Punta 'e su Coloru ("Schlangenkapp") erheben sich am Rand der Steilklippen die Reste eines römischen Tempelbezirks, der dem Äskulap, dem griechischen Gott der Heilkunst, gewidmet war. Der große Innenhof ist mit einem teilweise erhaltenen Mosaikboden geschmückt, der ein Schachbrettmuster aus schwarzen und ockergelben Quadraten zeigt. Das Emblema in der Mitte ist verloren gegangen. Um den Hof sind verschiedene Räume gruppiert, vermutlich Behandlungsräume für Kranke, die sich von den Priestern Heilung versprachen. Von dem Hof führt eine breite Freitreppe zu einem Vorraum, an den sich der große Hauptraum des Tempels anschließt. Als Allerheiligstes bildet die von einer Trennmauer in zwei Bereiche geteilte Apsis den Abschluss: ein Raum für die Opfer, der andere für die Statue der Gottheit. Diese Zweiteilung ist ein typisches Merkmal des punischen Tempelbaus, so dass von manchen Archäologen ein punischer Vorgängerbau vermutet wird. Man fand bei den Ausgrabungen in den 1950er-Jahren u. a. eine Tonfigur, die einen schlafenden Jüngling darstellt, der von einer Schlange umschlungen wird. Aufgrund dieses Fundes nahm man an, dass das Heiligtum dem Äskulap geweiht war – denn das Attribut des Gottes und bis heute das Sinnbild für den Heilberuf ist der Äskulap-Stab, ein von einer Schlange umschlungener Stab. Auch dem Schlaf kam beim Äskulap-Kult besondere Bedeutung zu, denn im Traum wurden den Kranken Wege zur Genesung aufgezeigt.

Römisches Theater

Vom Äskulap-Tempel begibt man sich, vorbei an den Zentralthermen und einem Wohnviertel in punischer Rahmenbauweise, zum römischen Theater. Das kleine Gebäude mit seinen zehn Sitzreihen wurde in der ersten Hälfte des 2. Jh. n. Chr. im Zentrum der römischen Stadt unweit des Forums erbaut. Die Orchestra, den halbkreisförmigen Platz zwischen Zuschauerrängen und Bühnengebäude, betrat man durch zwei gewölbte Eingänge. Das mehrstöckige Bühnengebäude, das einstmals den Hintergrund der szenischen Darbietungen bildete, ist nicht erhalten. Die Einschnitte für die Holzbalken, die den eigentlichen Bühnenboden trugen, sind im Mauerwerk noch sichtbar, ebenso die steinernen Stützpfeiler. Unter der Bühne sind noch die großen Amphoren zu sehen, die wohl als Resonanzkörper und Lautsprecher (wörtlich "Megaphone") dienten.

Römischer Tempel und Forum

In dem Tempel, der östlich neben dem Theater steht, sind noch Mosaikfußböden zu sehen. Geht man weiter um das Theater herum, stößt man auf das ehemalige römische Forum (Marktplatz).

Befestigungstürme

Die Torre di Coltellazzo (16. Jh.), ein Sarazenenturm aus der spanischen Zeit, erhebt sich 12 m hoch über der bis heute nicht ausgegrabenen Akropolis des antiken Nora. Die Torre di San Maccario, gleichfalls ein alter Sarazenenturm, steht auf der gleichnamigen kleinen Insel gegenüber von Nora. Nach Auffassung der Historiker existierte auf dem Eiland ein byzantinisches Kloster.

Weitere Sehenswürdigkeiten bei Pula

Sant' Efisio

Auf dem Wege zum Ausgrabungsgebiet von Nora kommt man an der Kirche Sant' Efisio vorbei, eine der ältesten Kirchen in der Umgebung von Cagliari. Sie wurde an der Stelle errichtet, wo der Überlieferung nach der Schutzpatron von Cagliari das Martyrium erlitt. Die Kirche bietet äußerlich den für viele Landkirchen typischen Anblick mit einem Säulengang vor der Fassade, während im Inneren das romanische Gepräge unverändert erhalten blieb. Viktorinermönche ließen den Bau Ende des 11. Jh.s im Stil der französisch-provenzalischen Architektur errichten. Ein tiefer gelegener Vorgängerbau aus byzantinischer Zeit mit kreuzförmigem Grundriss ist in der heutigen Krypta erhalten, vor allem der südliche Arm des Kreuzes. Alljährlich, während der Sagra di Sant' Efisio, endet hier der von ▶ Cagliari kommende Prozessionszug zu Ehren des hl. Efisius. Hier befindet sich außerdem ein schöner Sandstrand in einer Bucht.

Santa Margherita

Südlich von Pula gibt es eine Reihe von Hotels und Anlagen mit Ferienwohnungen längs der von Pinienhainen gesäumten Küste von Santa Margherita (4 km südlich) mit ihren langen Stränden.

Weitere Strände

Fährt man von Pula an Santa Margherita vorbei und biegt kurz darauf nach links Richtung Chia ab, so lässt man rasch die Ferienanlagen hinter sich und findet an der Costa del Sud, einem unter Naturschutz stehenden Küstenabschnitt mit Baustopp, herrliche Strände (ausgeschildert), die jedoch an schönen Wochenenden und im Sommer stark von den Cagliaritanern frequentiert werden. Die Küstenstraße führt weiter nach ▶ Teulada.

Nuraghe Domu'e s' Orcu

Die Nuraghe Domu 'e s' Orcu (Haus des Riesen) aus der Anfangsphase der Nuraghenkultur liegt 8 km nördlich von Pula, wenig östlich von Sarroch, auf einem Hügel. Den ursprünglichen Turm, der nur einen Innenraum besitzt, ergänzte man später durch einen zweiten.

Sanluri M 9

Provinz: Cagliari (CA)
Höhe: 135 m ü. d. M.
Einwohnerzahl: 8600

Geschichtlicher Schauplatz

Sanluri liegt am Ostrand der Ebene des Campidano nahe der SS 131 auf halber Strecke zwischen Cagliari und Oristano (jeweils ca. 35 km entfernt). Ein Stopp lohnt sich vor allem für eine Besichtigung der alten Burg Castello di Eleonora d'Arborea mit ihrem Museum. Das große Bauerndorf, das in einem seit prähistorischer Zeit besiedelten Gebiet liegt, befand sich im Mittelalter an der Grenze zwischen den Judikaten Arborea und Cagliari. Im Jahre 1409 war es Schauplatz der Schlacht von Sanluri, in der Arborea endgültig den Spaniern unter der Führung von Martin II. von Aragonien unterlag. Eine bekannte Sage erzählt, dass sich daraufhin eine junge Frau aus Sanluri (die "Bella di Sanluri") an den Spaniern rächte, indem sie Martin II. ins Bett lockte und ihn dort zu Tode liebte.

Sehenswertes in Sanluri

*Castello di Eleonora d'Arborea mit Museo di Risorgimento

Öffnungszeiten
Juli – Sept.
So. – Do.
16³⁰ – 21⁰⁰
Sept. – Juni
So. 9⁴⁵ – 13⁰⁰
15³⁰ – 20⁰⁰

Die Burg an der zentralen Via Carlo Felice ist die einzige gut erhaltene Festung der Insel. Sie wurde von den Richtern von Cagliari im 13. Jh. als Vorposten gegen die Angriffe des Judikats Arborea erbaut. Die von einem Garten umgebene Burg hat einen quadratischen Grundriss mit vier zinnengekrönten Ecktürmen, die ein Wehrgang für die Wachen verbindet. Im Inneren befinden sich 15 etwas düstere, aber gut restaurierte Räume, die die Privatsammlung des Risorgimento, der Epoche der Bestrebungen um die politische Einigung Italiens, aufnehmen. Neben Möbeln, Porzellan und zahlreichen Gemälden sind Erinnerungsstücke aus den Kriegen des italienischen Risorgimento und des 20. Jh.s ausgestellt (Waffen, Fahnen, Briefe, Gemälde, Fotos usw.). Bemerkenswert ist die im Obergeschoss untergebrachte, rund 400 Stücke umfassende Sammlung von Florentiner Wachsskulpturen. Darunter befinden sich auch etwas makaber wirkende Darstellungen, z. B. eine Pestszene (Scena della peste) von G. Zumbo aus dem 17. Jahrhundert.

Museo Storico Etnografico

Im Kapuzinerkonvent auf dem Hügel gegenüber dem Kastell (via Cappuccini 6) ist das Museo Storico Etnografico untergebracht, das die vierhundertjährige Geschichte des Ordens auf Sardinien mit zahlreichen Schriftstücken, Reliquiaren usw. dokumentiert (Öffnungszeiten 9^{00} – 12^{00} und 16^{00} – 18^{00} Uhr und nach vorheriger Anmeldung, ☎ 07 09 30 71 07).

Umgebung von Sanluri

Samassi

In Samassi (10 km südlich von Sanluri) ist die schöne Kirche San Gemiliano besuchenswert, die in der zweiten Hälfte des 13. Jh.s erbaut wurde. Die architektonische Gestaltung des romanischen Gebäudes mischt traditionelle Formen mit fantasievollen Dekorationen in arabischem oder pisanisch-gotischem Stil. Der mit Balken gedeckte einschiffige Sakralbau endet in einer tiefen, halbkreisförmigen Apsis.

Sardara

Sardara (9 500 Einw.) ist über die SS 131 von Cagliari nach Oristano zu erreichen, denn der Ort liegt direkt neben der Schnellstraße (43 km nordwestlich von Cagliari, 35 km südöstlich von Oristano). Im oberen Ortsteil ist die ehemalige Pfarrkirche San Gregorio sehenswert. Sie wurde im 14. Jh. erbaut und stellt ein Beispiel für den Übergang von der Romanik zur Gotik dar. Die hohe Fassade aus hellen und rötlichen Quadern zeigt ein Spitzbogenportal. Auf der rechten Seite der Kirche ragt der Turm mit offenem Glockenstuhl auf.
Ebenfalls im oberen Teil von Sardara befindet sich unter der kleinen Kirche Sant'Anastasia ein nuraghisches Brunnenheiligtum aus dem 10. Jh. v. Chr. Es besteht aus einem unterirdischen Brunnenraum, der von einer in der Mitte geöffneten Kuppel überwölbt ist. Von einem Vorraum führt eine Treppe in diesen Raum hinab, in den sich vermutlich das Wasser der nahen Heilquellen ergoss. Man nimmt an, dass sich in der Nähe ein Opferaltar befand. Die Votivgaben, die man hier fand (vor allem Keramiken), werden heute im Museo Archeologico von ▶ Cagliari aufbewahrt.

Umgebung von Sanluri (Fts.) Therme

Die Heilquelle von Sardara (Terme di Sardara) liegt 2 km westlich des Ortes jenseits der Schnellstraße. Die therapeutischen Eigenschaften des Quellwassers waren schon seit der nuraghischen Epoche bekannt, was Keramikfunde bezeugen. Die Römer richteten hier ein Thermalbad ein, dessen Ruinen noch zu sehen sind. Der Name der Kirche Santa Maria de Is Acquas weist ebenfalls auf die Bedeutung des Heilwassers hin. Das Natriumhydrogencarbonatwasser der Quelle, die mit einer Temperatur von über 50 °C entspringt, wird hier während des Sommers in einer modernen Kuranstalt gegen verschiedene Krankheiten angewandt.

Castello di Monreale

Die südlich der Thermen gelegene Burgruine erreicht man, indem man ein kurzes Stück der Straße nach San Gavino folgt und dann in etwa einer Stunde Fußmarsch den 268 m hohen Hügel besteigt. Die Richter von Arborea errichteten das Kastell, um die Verbindungsstraßen zwischen Cagliari und Oristano überwachen zu können. Große Bedeutung fiel der Burg als Bollwerk gegen das Vordringen der Aragonier zu. Die Festung wurde nach dem endgültigen Sieg der Aragonier verlassen und verfiel; heute bestehen nur noch spärliche Reste, von denen man einen herrlichen, weiten Blick auf das Campidano und die umliegenden Höhenzüge genießt.

San Pietro (Isola di San Pietro) O/P 5

Provinz: Cagliari (CA)
Fläche: 50 m²
Einwohner: 6700

Vulkaninsel mit Aussicht

Die Isola di San Pietro ist die zweitgrößte Insel des Archipels von Sulcis, wenige Meilen vor der Südwestküste Sardiniens und nördlich der Insel ▶ Sant'Antioco. Die Insel ist vulkanischen Ursprungs und bietet schöne Landschaftseindrücke und außergewöhnlich viele Aussichtspunkte. Hohe, faszinierende Felsenklippen prägen die Küste; die kleinen Strände sind nur sehr spärlich gesät, das Hinterland ist hügelig. Die über die Insel führenden Straßen verlaufen inmitten einer dichten Vegetation aus duftender mediterraner Macchia, die bisweilen dem Grün der Bäume weicht, die von den ansässigen Fischern und Bauern gepflanzt wurden. Carloforte ist der sehenswerte Hauptort der Insel.

*Carloforte

Lage und Geschichte

Nach Carloforte, dem Hauptort an der Ostküste der Isola di San Pietro, gelangt man mit der Fähre von Calasetta auf der Isola di Sant'Antioco (30 Min.) oder von Portovesme an der sardischen Küste (45 Min.). Bereits die Phönizier und die Karthager besuchten die Isola di San Pietro um das Jahr 600 v. Chr. und gründeten vermutlich auch Siedlungen. Durch die Römer wurde die Insel als "Sperberinsel" (Accipitrum Insula) bekannt. Doch das Städtchen Carloforte wurde erst 1738 von genuesischen Flüchtlingen aus Tabarka

Capo Sandalo auf der Isola di San Pietro: Nur wenige Wochen im Frühjahr zeigt sich die ganze Pracht der Vegetation. ▶

Lage und Geschichte (Fortsetzung)

gegründet, einer kleinen Insel vor der tunesischen Küste, die sie wegen der ständigen Überfälle von Nordafrikanern verlassen mussten. Die neue Siedlung, die um eine noch heute vorhandene Festung herum erbaut wurde, erhielt zu Ehren des Königs Karl Emanuel II. von Savoyen, der die Übersiedelung begünstigt hatte, den Namen Carloforte. 1798 überfiel eine nordafrikanische Flotte den Ort und entführte mehr als 830 Einwohner, denen erst nach fünf Jahren der Sklaverei in Tunis die Rückkehr gelang. Aus dem Exil brachten sie ein Marienbildnis mit, das heute als "Madonna dello Schiavo" verehrt wird. Im 19. Jh. erlebte Carloforte einen wirtschaftlichen Aufschwung, der durch die Salzproduktion in den Salinen, den Tunfischfang und die Arbeit der Fährleute bedingt war. Sie transportierten die Rohstoffe aus den nahen Bergwerken des Sulcis zu den Schiffen, die im Hafen von Carloforte vor Anker lagen. Die Einwohner von Carloforte – Fischer, Bauern und Seeleute – bewahren in der Architektur der Stadt, im Dialekt und im Brauchtum die Erinnerung an ihren fernen genuesischen Ursprung, während die Küche auf afrikanische Einflüsse hinweist.

Baedeker TIPP **Sagra del Tonno**

Im Frühjahr ziehen große Tunfischschwärme an der Westküste Sardiniens entlang. Die Fische werden nach der "Mattanza" gefangen, einer jahrhundertealten Tradition, die jedoch zu Recht umstritten ist. Die Fische werden in Netzen gefangen, in immer kleinere Kammern gedrängt und schließlich erschlagen. Trotz der recht grausamen Fangtechnik, bei der sich das Meer blutrot färbt, ist die alljährlich Ende Mai stattfindende Sagra del Tonno, bei der zur Tunfischjagd jede Menge folkloristische Darbietungen stattfinden und der frisch verarbeitete Tunfisch in den verschiedensten Varianten serviert wird, ein Ereignis.

Ortsbild

Das kleine Fischerstädtchen erstreckt sich leicht ansteigend hinauf zum Castello, der Festung. Die in freundlichen Pastelltönen gehaltenen Häuser, die lebendige Fußgängerzone zur Piazza della Repubblica und die palmenbestandene Uferpromenade geben dem Ort eine angenehme Atmosphäre. Im Hafen, der um die Jahrhundertwende einer der wichtigsten Handelshäfen Sardiniens war, liegen heute fast ausschließlich Sport- und Fischerboote.

Befestigungsanlagen und Türme

In Carloforte existieren oben auf einem Hügel noch die Reste der Festung ("il castello"), die man bei der Gründung der Siedlung zu Verteidigungszwecken errichtet hatte. Die Insel besitzt auch Türme und kleine Forts aus späterer Zeit. Die Torre di San Vittore dient heute als Sternwarte.

Weitere Sehenswürdigkeiten der Isola di San Pietro

La Punta

La Punta bildet den nördlichsten Zipfel der Insel und ist über eine Stichstraße von Carloforte zu erreichen. Unterhalb der zum Baden nicht besonders geeigneten Felsküste sieht man noch heute eine aufgegebene Anlage für die Verarbeitung von Tunfisch. Wenige Meter weiter westlich bietet sich ein herrliches Panorama auf die Küstenlandschaft.

***Punta delle Colonne**

Am südlichen Küstenstrich, zwischen dem Gebiet um den Stagno di Vivagna und der Cala Mezzaluna, ragt die markante Landzunge

Punta delle Colonne ins Meer hinaus; sie ist nach den steilen, an Säulen erinnernden Felsnadeln aus Trachyt benannt, die sich über dem Wasserspiegel erheben. Die Punta delle Colonne ist über kleine Pfade zu Fuß von der Straße aus (direkt ab Bushaltestelle FMS) zu erreichen. Man geht bis zu einem Tor bei einem Bauernhof, biegt dort links zum schönen Strand Bobba ab und wendet sich an der Küste wieder nach rechts.

Isola di San Pietro (Fortsetzung)

Santa Maria Navarrese

K 14

Provinz: Nuoro (NU)
Höhe: 13 m ü. d. M.

Badeort mit schönen Buchten

An der sardischen Ostküste liegt im Norden der Tortoli-Ebene zwischen Baunei und Tortoli der beliebte Badeort Santa Maria Navarrese. Das Meer ist hier kristallklar; die Klippen entlang der Küste sind von herrlichen Buchten mit Sand- und Kiesstränden unterbrochen, darunter Cala Sisine und Cala di Luna, die vom Meer aus zugänglich sind (▶ Dorgali). Die Häuser des Ortes ziehen sich vom Hauptplatz (direkt oberhalb des Strandes) einen Hügel hinauf.

Santa Maria Navarrese erlebte einen touristischen Aufschwung nicht zuletzt durch den unweit gelegenen Fährhafen Arbatax.

Sehenswertes in Santa Maria Navarrese

Hauptplatz

Um den weiten, begrünten Hauptplatz und in den ihn umgebenden Gassen liegen die wenigen Hotels, Bars und Restaurants des Ortes. Hier steht auch die kleine Kirche Santa Maria Navarrese.

Santa Maria Navarrese

Das kleine Dorf entwickelte sich rund um eine alte Kirche, die dem Ort den Namen gab und von einer Tochter des Königs von Navarra im 11. Jh. errichtet worden sein soll, um ein bei einem Schiffbruch

Santa Maria Navarrese (Fortsetzung)

abgelegtes Gelübde zu erfüllen. Der Bau weist drei Kirchenschiffe mit hölzerner Dachstuhlkonstruktion und eine einfache Fassade auf. Neben der Kirche erhebt sich ein tausendjähriger wilder Ölbaum von außergewöhnlicher Größe.

Badestrände

Unterhalb des Hauptplatzes erstreckt sich ein schöner Sandstrand. Beidseits des spanischen Turmes laden mehrere Sand- und Kiesbuchten zum Baden ein. Von Santa Maria Navarrese aus startet im Sommer ein Ausflugsboot zu den weiter nördlich gelegenen Buchten wie Cala Sisine (▶ Dorgali).

Umgebung von Santa Maria Navarrese

Lotzorai

Die kleine, nur 3 km südwestlich von Santa Maria Navarrese gelegene Ortschaft erlebte in den letzten Jahren durch die touristische Erschließung der Küste einen Aufschwung. Am äußersten südlichen Rand des Dorfes erhebt sich auf einem isolierten Hügel die Burgruine Castello della Medusa (13. Jh.).

Isola dell' Ogliastra

Die pittoreske, kleine Isola dell' Ogliastra aus rotem Porphyr ragt unweit der Küste aus dem Wasser auf. Von ihrem alten Namen Aguliastra soll die Bezeichnung der ostsardischen Landschaft Ogliastra abgeleitet sein.

Baunei

Etwa 8 km von Santa Maria Navarrese entfernt liegt Baunei auf 480 m Höhe malerisch an der Südflanke des Supramonte mit herrlichem Ausblick über die Ogliastra. Das ehemalige Hirtendorf hat einen intakten historischen Ortskern; alte Traditionen leben hier fort. Die im 17. Jh. errichtete, kürzlich umgestaltete Pfarrkirche San Nicola di Bari hat ein sehenswertes Gewölbe; im Inneren wird das Gemälde "Beschneidung Jesu" (um 1600) des sardischen Manieristen Andrea Lusso aufbewahrt.

Baedeker TIPP Auf den Supramonte

Gute Ausgangspunkte für Erkundungen des einsamen Berglandes sind die Bauern- und Hirtendörfer an den Gebirgsrändern Oliena, Dorgali, Baunei und Urzulei. Wanderungen im Supramonte gehören zu den schönsten der Insel, doch kann man sich in der weitläufigen, wilden Landschaft leicht verirren und sollte daher unbedingt einen Wanderführer und eine gute Karte mitnehmen. Da es in dem verkarsteten Gebirge kaum Quellen gibt, muss auch ausreichender Wasservorrat mitgeführt werden.

***Hochebene Su Golgo**

Etwa 10 km nördlich von Baunei befindet sich die landschaftlich reizvolle Hochebene Su Golgo, die über eine Straße vom nördlichen Ortsende von Baunei aus (gegenüber der Kirche) zu erreichen ist. Auf der wilden, von Karsterscheinungen geprägten Hochebene ist ein tiefer Karstschlund (Voragine di Baunei, 295 m) zu sehen, den die Einheimischen "s'Isterru" (Abgrund) nennen. Nicht weit davon liegen malerische, kleine Tümpel zwischen rotbraunen Basaltbrocken (As Piscinas). Von hier aus kann man in 1,5 Stunden zum herrlichen Strand an der einsamen Cala Goloritze wandern (Wanderführer empfehlenswert).

Auf der Insel Sant' Antioco spielt der Fischfang eine bedeutende Rolle. ▶ Er ist noch heute eine wichtige Möglichkeit des Broterwerbs.

Etwas weiter am Ende der Straße befindet sich die im 18. Jh. erbaute ländliche Wallfahrtskirche San Pietro. Sie ist von charakteristischen Pilgerhütten (cumbessias) umgeben. Alljährlich findet hier am 29. Juni ein Fest zu Ehren des Apostels Petrus statt. Vor der Kirche steht ein kleiner Menhir (Steinmal) mit erkennbar menschlichen Gesichtszügen, der auf eine ältere, vorchristliche Kultstätte verweist.

Santa Maria Navarrese (Fts.)
* San Pietro

Sant' Antioco (Isola di Sant' Antioco) — P/Q 6

Provinz: Cagliari (CA)
Fläche: 109 km²
Einwohnerzahl von Sant'Antioco (Stadt): 12 400

* Antike Hafenstadt

Die Isola di Sant' Antioco bildet zusammen mit der Isola di San Pietro den Archipel von Sulcis vor der sardischen Südwestküste. Es gibt zwar einige kleine Sandstrände auf Sant'Antioco, Touristen zieht es aber meist nur für einen Abstecher auf die Insel, um die Ausgrabungen bei der Stadt Sant'Antioco und das kleine Städtchen Calasetta zu besuchen. Die Landschaftsformen der Insel sind vielfältig: Das hügelige Inselinnere wechselt mit kleinen Ebenen, die mit Weinstöcken bebaut sind. Die Küste ist im Norden sandig, im Süden steil und zerklüftet. Eine künstliche, etwa 3 km lange Landenge (Isthmus) verbindet Sant' Antioco mit Sardinien. Der Damm soll von den Karthagern angelegt und später von den Römern mit einer Brücke vervollständigt worden sein. Vor einigen Jahren wurde er durch eine etwa 60 m breite Öffnung unterbrochen, doch ist die Insel noch über eine Hochstraße mit Sardinien verbunden.

Geschichte

Die geografische Lage der Isola di Sant'Antioco bot in der Antike einen günstigen Ausgangspunkt für das Vordringen der Phönizier und später der Punier nach Sardinien. Dass vor und während der nuraghischen Epoche verschiedene Stämme auf Sant' Antioco leb-

Geschichte (Fortsetzung)

ten, beweisen die Felskammergräber (Domus de janas) und etwa 20 noch erhaltene Nuraghen. Die Insel wurde von Ptolemäus "Insula Plumbaria" (Bleiinsel) genannt, weil hier Blei und Silber des Sulcis und aus dem Iglesiente verschifft wurden. Der heutige Hauptort trägt den Namen der Insel und entstand auf den Ruinen des antiken, um das 8. Jh. v. Chr. als Handelskolonie von den Phöniziern gegründeten Sulci; weitere phönizische Handelskolonien waren die Städte Karalis, Nora, Bithia, Tharros und Bosa an der sardischen Küste. Nachdem Sulci unter die Herrschaft der Karthager gelangt war, erreichte es eine größere Ausdehnung als die heutige Stadt. Als wirtschaftliches und militärisches Zentrum gewann Sant'Antioco nach der Eroberung durch die Römer (238 v. Chr.) an Bedeutung. In dieser Zeit wurde auch der Hafen ausgebaut. Seit dem 13. Jh. nahm die Bevölkerung von Sant'Antioco, das immer wieder von Sarazenenüberfällen heimgesucht wurde, stetig ab.
Der heutige Hafen von Sant'Antioco entstand zwischen 1933 und 1938 und diente im Zusammenhang mit der Ausweitung der Bergwerksindustrie im Sulcis und Iglesiente der Verladung der abgebauten Bodenschätze. Heute wird er in erster Linie als Sporthafen benutzt, in dem jedoch auch die Fischerboote und Fährschiffe anlegen.

Sehenswertes in der Stadt Sant' Antioco

Via Vittorio Emanuele

Entlang der von Bäumen gesäumten Hauptstraße Via Vittorio Emanuele liegen einige Cafés und Bars. Die Straße führt auf die dreieckige Piazza Umberto.

Pfarrkirche

Die Pfarrkirche Sant'Antioco (ursprünglich von 1102) im centro storico an der Piazza Gasperi wurde über einem älteren, frühchristlichen Bau von den Viktorinern aus Marseille errichtet. Aus dem Inneren der Kirche steigt man in die Katakomben hinab – sie sind in ihrer Art auf Sardinien einmalig –, wo der Legende nach der afrikanische Märtyrer Antiochos (125 n. Chr.), der Schutzpatron und Namensgeber der Stadt, Zuflucht fand. Der Heilige soll hier auch bestattet worden sein. Die Katakomben entstanden im Wesentlichen durch die Verbindung mehrerer punischer Kammergräber.

*Tophet, Museen

Öffnungszeiten
tgl. 9^{00} – 13^{00}
15^{30} – 19^{00}
Winter bis 18^{00}

Die Zeugnisse der antiken Hafenstadt Sulci sind die Hauptattraktionen der Stadt. Dazu zählen eine punische Nekropole (Gräberfeld, kann wegen Einsturzgefahr nicht mehr besichtigt werden), ein Tophet (Brandopferstätte), ein archäologisches und ein kleines ethnologisches Museum (☎ 0 78 18 35 90). Die Sehenswürdigkeiten befinden sich nicht weit voneinander entfernt außerhalb vom Zentrum auf zwei Hügeln (nahe der Straße nach Calasetta) und können alle mit einer einzigen Eintrittskarte besucht werden.

Archäologisches Museum

Das Archäologische Museum liegt neben der Festung, die zu Beginn des 18. Jh.s zum Schutz vor den Überfällen der Sarazenen errichtet wurde. Die Exponate stammen fast alle aus der gegenüberliegenden punisch-römischen Nekropole: Keramiken, Goldschmiedearbeiten, Skarabäen aus Jaspis und anderen Halbedelsteinen, Öllampen, Amphoren und lateinische Grabinschriften. Weiterhin sind Urnen und Stelen des Tophets, ein faszinierendes Mosaik mit

Der Sandstrand von Calasetta unterhalb der Torre di Cannai ist einer der schönsten auf der kleinen Insel.

Archäologisches Museum (Fortsetzung)

zwei Panthern und zwei große Löwen ausgestellt, die erst 1983 in der Nekropole gefunden wurden und vermutlich als Tierwache am Nordtor der punischen Stadtbefestigung gestanden haben.

Tophet

Das Tophet (Brandopferstätte), das auf einem Hügel in etwa 500 m Entfernung vom Archäologischen Museum liegt, war ein Heiligtum, in dem man den phönizischen Gottheiten Baal und Tanit Opfer brachte, um sie gnädig zu stimmen und ihren Schutz zu erbitten. Man fand hier insgesamt etwa 3000 Urnen mit der Asche von Menschen und Tieren und 1500 Stelen (freistehende Grabmäler). Ein Großteil der Stelen ist im Archäologischen Museum von ► Cagliari ausgestellt. Die Urnen, die man heute im Tophet sieht, sind Nachbildungen, was jedoch die Atmosphäre der Stätte nicht beeinträchtigt. Lange Zeit nahm man an, dass hier die erstgeborenen Kinder der vornehmsten Familien geopfert wurden. Heute neigt man eher zu der Auffassung, es handle sich um einen Friedhof für Kinder, die eines natürlichen Todes starben und deren Urnen innerhalb des Tempelbezirks aufgestellt wurden.

Weitere Sehenswürdigkeiten auf der Insel

Calasetta

Das kleine, nette Fischerdorf, das sich heute dem Tourismus verschrieben hat, liegt an der Nordwestküste der Isola di Sant'Antioco, genau gegenüber von Carloforte (auf San Pietro). Im Hafen von Calasetta laufen die Fähren aus, die zur Isola di ► San Pietro übersetzen. Die Genossenschaftskellerei von Calasetta erzeugt bekannte

Sant' Antioco (Fortsetzung)

Weine, unter denen der Carignano del Sulcis der erlesenste ist. Die Ortschaft wurde 1770 im Zusammenhang eines Besiedlungsprojekts gegründet, das 40 Jahre vorher schon Carloforte hatte entstehen lassen. Die piemontesische Regierung siedelte auch hier einige Dutzend Fischerfamilien ligurischer Herkunft an, die Tabarka, eine Insel vor der tunesischen Küste, verlassen wollten, weil dort das Leben durch Piratenüberfälle zu gefährlich geworden war. Ebenso wie im nahen Carloforte erinnern auch hier Dialekt, Brauchtum und Küche an die ligurische Herkunft der Einwohner.

Das kleine, von einem Piemonteser entworfene Dorf hatte einen typischen schachbrettartigen Grundriss, den es zum Teil noch heute aufweist, obwohl die touristische Erschließung den Ort vergrößert und verändert hat. Vor allem abends beleben sich die Piazza Municipio und die Via Roma, auf der man auf- und abflaniert. Über den Dächern ragt mit Blick auf den Golfo di Palmas ein ursprünglich abseits des Ortes errichteter spanischer Wachturm (Torre di Cannai, 17. Jh.) auf; heute ist er von Häusern umgeben. Auf der anderen Seite des Hügels, auf dem sich der Turm erhebt, liegt wenig entfernt ein viel besuchter Sandstrand.

*Capo Sperone

Capo Sperone ist die Südspitze der Isola di Sant'Antioco. Die überwältigende Schönheit der Landzunge beruht vor allem auf den steil zum Meer abstürzenden Felsen.

Santa Teresa di Gallura — B 11

Provinz: Sassari (SS)
Höhe: 40 m ü. d. M.
Einwohnerzahl: 4200

Beeindruckende Felsformationen

Der beliebte Ferienort liegt an der nördlichsten Spitze von Sardinien gegenüber dem Südzipfel der Insel Korsika, wohin täglich Fähren von Santa Teresa di Gallura aus verkehren. Das ehemalige Fischerdorf hat sich in den letzten Jahrzehnten in ein lebendiges Küstenstädtchen verwandelt, das der sommerliche Fremdenverkehr allerdings zeitweilig chaotisch erscheinen lässt. Im Ort fällt die gleichmäßige Anlage seines Zentrums auf, das hoch oben auf einem Felsplateau über dem Meer thront: Der schachbrettartige Grundriss der ältesten Straßen erinnert an die piemontesische Gründung im Jahre 1808. Vittorio Emanuele I., der König von Sardinien, entwarf selbst den Plan für die neue Ortschaft und benannte sie nach seiner Gemahlin Maria Teresa. Mittelpunkte der Ortschaft sind die beiden Plätze Piazza Vittorio Emanuele und Piazza San Vittorio. Östlich neben dem Ort fällt der Fels steil zu einem natürlichen Hafen ab, in dem die Schiffe anlegen. Die Attraktivität von Santa Teresa di Gallura beruht vor allem auf der herrlichen Küstenlandschaft mit großartigen Felsformationen, die von Stränden durchbrochen sind.

Sehenswertes in Santa Teresa di Gallura

Piazza Vittorio Emanuele

Die weite, ordentlich herausgeputzte Piazza Vittorio Emanuele ist das Zentrum des Ortes, was besonders abends deutlich wird, wenn sich hier Alt und Jung trifft. Am Platz und in den umgebenden Gassen sind zahlreiche Cafés, Restaurants und Bars versammelt. Geht man von hier durch die Via Cavour nach Westen, trifft man auf die Piazza San Vittorio; an dem verkehrsberuhigten Platz befinden sich einige Geschäfte.

Piazza Vittorio Emanuele (Fortsetzung)

Santa Teresa ist auch wegen seines Hafens bedeutend, der östlich neben der Ortschaft an einer tief eingeschnittenen, schon in der Antike und im Mittelalter (damals hieß der Hafen Longon Sardo) besuchten Bucht liegt. Heute besitzt er neben dem Kai für die Fischerboote auch eine Reihe von Piers für Sportboote und Anlegestellen für die Fähren, die Santa Teresa di Gallura mit Bonifacio und anderen korsischen Orten (täglich mehrere Überfahrten) sowie mit ▶ La Maddalena (45 Min.) verbinden. Die Küste ringsum ist sehr malerisch. Mit ihrer Mischung aus kleinen Stränden und großen Granitblöcken erstreckt sie sich im Westen bis Capo Testa, im Osten bis zur Punta Marmorata und Porto Pozzo.

Hafen

Umgebung von Santa Teresa di Gallura

Die herrliche, bizarre Felslandschaft des Capo Testa (knapp 5 km westlich von Santa Teresa) ist durch einen befahrbaren Damm mit Sardinien verbunden. Heute ist die Halbinsel, deren Faszination von den strahlend weißen, ausgewaschenen, wild über- und untereinander liegenden Granitfelsen ausgeht, ein von Badeurlaubern viel besuchter Küstenabschnitt. Schöne, aber auch überlaufene

****Capo Testa**

Eine eindrucksvolle Landschaft hat die Natur aus den gewaltigen weißen Granitfelsen am Capo Testa modelliert.

Der Faszination der bizarr geformten Felslandschaft am Capo Testa im Nordosten der Insel kann man sich schwer entziehen.

***Santa Teresa di Gallura** (Fortsetzung)

Sandstrände erstrecken sich schon links und rechts der Landverbindung von Sardinien zur Halbinsel – vor allem der südliche, längere ist sehr beliebt. In der Nähe des Damms entstanden Hotels und Restaurants. Weitere Strände gibt es hinter der Brücke an der Südseite des Capo Testa. Folgt man der Straße bis zum Parkplatz, kann man einen herrlichen Spaziergang bis zu einem Aussichtstürmchen aus Holz machen. An der Spitze des Kaps ist der schönste Aussichtspunkt auf einem kleinen, freien Platz vor dem Leuchtturm.

Cala Spinosa

Hier blickt man auf die unterhalb liegende Cala Spinosa, eine von hohen Granitblöcken begrenzte kleine Bucht mit grünblauem Wasser. Wind und Wasser formten aus den Felsen natürliche Skulpturen von unvergleichlicher Schönheit, die an die Werke von Henry Moore erinnern.

Valle della Luna

Valle della Luna heißt ein malerisches, zum Meer hin geöffnetes Tal am Nordwestende des Kaps. Hohe Granitwände und die Farbe des Wassers, die zwischen grünen und hellblauen Schattierungen wechselt, verleihen diesem kleinen Fleck Erde eine einmalige Atmosphäre. Ein kleiner Pfad führt durch das Tal hindurch zu einem Strand. Im nordwestlichen Teil des seit der Antike bekannten Kaps ist noch ein verlassener Granitsteinbruch zu erkennen. Er geht auf die Römerzeit zurück (vermutlich stammen einige Säulen des Pantheons in Rom vom Capo Testa) und wurde auch von den Pisanern genutzt, die aus dem Granit des Kaps einen Teil der Säulengalerien des Doms von Pisa schufen.

Santu Lussurgiu — I 7

Provinz: Oristano (OR)
Höhe: 503 m ü. d. M.
Einwohnerzahl: 3000

Pferdezuchtzentrum

Die kleine Ortschaft Santu Lussurgiu liegt 30 Kilometer nördlich von Oristano und 20 Kilometer südwestlich von Macomer. Sie erstreckt sich halbkreisförmig ansteigend an der Ostflanke des dicht bewaldeten Monte Ferru. Dem Bauern- und Hirtendorf gelang es, eine Reihe interessanter handwerklicher Traditionen fortbestehen zu lassen. Hier werden Teppiche, Vorhänge und Decken, vorwiegend in der "a pibiones" (Körnermuster) genannten Technik gewebt; außerdem sind Lederverarbeitung, Herstellung von Pferdegeschirr, Holzschnitzerei, Schmiedekunst und die Anfertigung der sardischen Taschenmesser von Bedeutung. Als Zentrum der Pferdezucht hat sich der Ort ebenfalls einen Namen gemacht. Sehenswert sind die Kirche

Baedeker TIPP Auf den "Ätna der Sarden"

Die Provinzstraße von Cuglieri nach Santu Lussurgiu führt über das dicht bewaldete Vulkanmassiv des Monte Ferru. 3 km nach Cuglieri steigt unvermittelt rechts ein gepflasterter Fußweg zur Ruine des Castello di Monte Ferru (Etzu) an; 50 m vor einem Brückchen mit Geländer kann man am rechten Straßenrand parken. Von der malerischen Burgruine bietet sich ein hinreißender Ausblick auf den Monte Ferru, Cuglieri und das Meer. Nach weiteren 6,5 km zweigt rechts bei einem großen Schild "RAI Badde Urbara" eine Stichstraße ab, die nach 1 km zum Parkplatz vor der Sendeanlage führt. Von hier aus lässt sich die einsame Gipfelregion mit ihren kargen Felskuppen und Vulkanschloten auf bequemen Wegen erwandern.

Santa Maria degli Angeli (15. Jh.) mit Altar und Statuen aus Holz (16. Jh.), die Kirche Santa Croce und die klassizistische Pfarrkirche San Pietro.

Santu Lussurgiu und Umgebung

*Museo della tecnologia contadina

Das Museum befindet sich in der Ortsmitte, in einem alten Herrenhaus. In acht Sälen ist eine große Zahl mit Sorgfalt angeordneter Arbeitsgeräte der Bauern, Hirten und Handwerker wie etwa Vorrichtungen für die Käseerzeugung und die Verarbeitung von Leinen zu sehen. Zu den Exponaten gehören Geräte zur Destillation von Branntwein und zum Walken von Wolle; Letzteres wurde früher am Lauf eines Bachs in kleinen Werkstätten durchgeführt (Besichtigung nach Vereinbarung ☎ 07 83 55 06 17).

Pferdemarkt in Santu Lussurgiu

*San Leonardo de Siete Fuentes

Etwa 6 km nördlich von Santu Lussurgiu an der Straße nach Macomer liegt der traditionelle Ausflugsort San Leonardo. Die kleine Siedlung ist von einem schönen Eichen- und Ulmenwald mit Picknickplätzen umgeben; in der Nähe entspringen die “sieben Quellen”, deren Wasser zu Heilzwecken und zur Limonadenherstellung genutzt wird. Die Kirche San Leonardo wurde im 12. Jh., als sich hier ein Dorf befand, im Stil der pisanischen Romanik aus dunklem Trachyt erbaut und später in romanisch-gotischen Formen umgestaltet. Sie liegt direkt neben dem Picknickplatz.

Cascata sos Molinos

Auf der Strecke von Santu Lussurgiu nach Süden (Richtung Bonarcado) überquert man den Riu sos Molinos. Hier zweigt ein ausgeschilderter Fußweg ab zu einem schönen, versteckt liegenden Wasserfall (Cascata) mit einem natürlichen Becken zum Baden.

***Santuario di Nostra Signora di Bonacattu**

Die Kirche liegt am Rande der Ortschaft Bonarcado (8 km südlich von S. Lussurgiu). Es handelt sich um einen byzantinischen Zentralbau von bescheidener Größe, der vermutlich auf das 7. Jh. zurückgeht und im 13. Jh. erweitert wurde. Der Grundriss hat die Form eines griechischen Kreuzes. Die Fassade aus unverputzten Quadern beleben Blendbögen, über denen schillernde Majolikamedaillons ins Mauerwerk eingefügt sind. Im Inneren wird eine bemalte Terrakottafigur der Maria mit dem Kinde aufbewahrt. Alljährlich findet hier am 18. September ein kirchliches Fest statt.

Cuglieri

Cuglieri erstreckt sich am Nordhang des Monte Ferru im mittleren Westen Sardiniens, südlich von ▶ Bosa und ▶ Macomer. Umgeben ist dieses Bergdorf von intensiv bewirtschafteten Flächen mit Wein, Olivenbäumen und Schafzucht. Trotz seiner typisch sardischen Anlage mit verwinkelten Gässchen und alten Palazzi ist es für Touris-

Umgebung von Santu Lussurgiu (Fortsetzung)
Museo dell' Olio

ten nur eine Durchgangsstation. Das einzige Museum Sardiniens, das dem Olivenöl gewidmet ist, findet sich in der Azienda Agricola Giorgio Zampa, Via Vescovo Canu 18. Es wurde stilvoll in einem alten Haus eingerichtet. Hier erfährt man alles über den Olivenanbau und die Herstellung des wertvollen Speiseöls. Besuch nach Voranmeldung; ☎ 07 85 3 98 20. E-Mail: giorgiozampa@tiscalinet.it.

Sassari

E 7

Provinz: Sassari (SS)
Höhe: 225 m ü. d. M.
Einwohnerzahl: 120 000

***Zentrum im Norden**

Sassari, im Nordwesten der Insel gelegen, ist Hauptstadt der gleichnamigen Provinz. Die zweitgrößte Stadt Sardiniens erscheint mit ihren breiten, geraden Straßen, den schönen Palazzi verschiedener Epochen, den Plätzen und Kirchen zugleich als moderne und historisch geprägte Stadt. Sassari besitzt eine Universität und hat wichtige Funktionen als Verwaltungs- und Handelszentrum.
Der Reiz von Sassari liegt in seiner Altstadt mit den verwinkelten Gassen rund um den breiten Corso Vittorio Emanuele. Einen Besuch lohnt das große Museum Sanna mit seiner bedeutenden archäologischen Sammlung. Die die Altstadt umgebenden Viertel sind weniger sehenswert.

Geschichte

Im Vergleich zur Inselhauptstadt Cagliari ist Sassari eine recht junge Stadt; das genaue Gründungsdatum ist nicht bekannt. Erstmals nennt ein Register eines alten Klosters im Jahre 1131 einen gewissen Jordi de Sassaro. Anfang des 13. Jh.s begann sich die Ortschaft

unter den Richtern von Torres schnell zu entwickeln. Um 1250 umschließt eine Mauer mit 37 Türmen und vier Toren bereits die gesamte heutige Altstadt. Sassari wurde zum Handelszentrum zwischen Genua und dem italienischen Festland. Ende des 13. Jh.s erhielt Sassari unter den Genuesen Stadtrecht, proklamierte sich zur Freien Stadtrepublik und erhielt mit den Statuti Sassaresi eine eigene Rechtsordnung. Das Wachstum der Stadt dauerte auch in den ersten Jahrzehnten der Herrschaft Aragoniens an. Im Spanischen Erbfolgekrieg (1700–1714) fiel Sassari unter österreichische Herrschaft. Im Jahre 1714 kam es zu einem Volksaufstand gegen das Staatsmonopol des Tabakanbaus (einer der wichtigen Wirtschaftszweige der Stadt), das die Österreicher eingeführt hatten. 1720 ging Sassari an Savoyen über, und 1795 wurde sie vom Heer der "ville" des Logudoro besetzt, deren Bewohner sich gegen die Lehensherren erhoben. Ein Jahr später marschierte Giovanni Maria Angioy, der Held der "sardischen Revolution", in die Stadt ein (▶ Berühmte Persönlichkeiten). Nach 1850 beschleunigten die intensiven Handelsbeziehungen den Aufschwung von Sassari. 1877 beschloss der Stadtrat, das alte aragonische Kastell abzureißen, weil es für die Bewohner als Symbol der Unterdrückung galt. Heute befindet sich an der Stelle, wo sich einst die Burg erhob, die Piazza Castello. Auch im 20. Jh. baut Sassari seine Stellung als Handelszentrum und Provinzhauptstadt weiter aus; wobei sich die Stadt mehr und mehr zum modernen Dienstleistungszentrum gewandelt hat. Bis heute steigt die Einwohnerzahl ständig weiter an.

Geschichte (Fortsetzung)

Sassari

*Stadtfest La Cavalcata Sarda

Die 1950 als touristische Veranstaltung gegründete Cavalcata hat sich im Laufe der Jahre zum größten Fest von Sassari entwickelt. Tausende von Kindern und Erwachsenen tragen bei dieser Gelegenheit die bunten Trachten der verschiedenen Ortschaften der Insel. Hunderte von Reitern beleben mit Wettspielen und mit einem großen abschließenden Galopp den reizvollen Umzug, der am vorletzten Maisonntag stattfindet.

*Stadtfest I Candelieri

Am 14. August feiert man in Sassari wie auch in einigen anderen Orten (Ploaghe, Nulvi) das Fest "I Candelieri". Die in typische spanische Trachten gekleideten Mitglieder der "Gremi", der im 16. Jh. gegründeten Zünfte, tragen neun große, bemalte und dekorierte Holzkerzen in einer Prozession vom Palazzo di Città nach Santa Maria di Betlem. Jede Kerze steht für eine Zunft. Das Fest, das schon seit dem Jahre 1580 (oder 1652) begangen wird, soll eine Danksagung an die Madonna Assunta für das Ende einer großen Pestepidemie darstellen (▶ Zahlen und Fakten, Feste und Folklore).

Altstadt

Piazza d'Italia

Der Hauptplatz von Sassari wurde 1872 auf einer Fläche von genau 1 ha angelegt. Seinen Mittelpunkt bildet das Denkmal von König Vittorio Emanuele II. (1899). Im Hintergrund erhebt sich der zwischen 1873 und 1880 erbaute Palazzo della Provincia mit seiner imposanten klassizistischen Fassade. Im Inneren ist der große Sitzungssaal der Provinzverwaltung mit seinen drei prunkvollen Fres-

◀ **Reiter bei der traditionellen Cavalcata Sarda, die mit einem großen Galopp das Fest am vorletzen Maisonntag beenden.**

Altstadt (Fortsetzung)

ken beeindruckend. Gegenüber dem Palazzo della Provincia sieht man die neugotische Fassade des Palazzo Giordano (1878), heute Sitz der Banca di Napoli.

Piazza Castello

Durch die Arkaden Bargone und Crispo gelangt man von der Piazza d'Italia auf die Piazza Castello, welche die Altstadt mit dem im 19. Jh. erbauten Teil von Sassari verbindet. Dieser entwickelte sich im Süden, an der Via Roma entlang, an der einige interessante Jugendstilfassaden auffallen. Die Piazza Castello ist nach der 1330 errichteten und 1887 abgetragenen Burg der Aragonier benannt, an deren Stelle sich heute die Kaserne La Marmora (1878) erhebt. Im Hof des Gebäudes werden noch die Wappen aufbewahrt, die einst die Mauern des Kastells schmückten. An der Nordwestseite des Platzes duckt sich ein winziger Palmengarten im Schatten der umgebenden Hochhäuser.

Piazza Azuni

Von der Piazza Castello zweigen die bergab führenden Straßen Via Luzzatti und Largo Cavallotti ab, die beide in die 1853 angelegte Piazza Azuni münden. Weiter bergab setzt sich der Corso Vittorio Emanuele II fort.

Piazza Tola

Biegt man vor dem Beginn des Corso rechts in die Via C. Battisti ab, so kommt man auf die Piazza Tola. Im Volksmund heißt sie "carra manna", weil hier einst das offizielle Steinmaß für einen "großen Scheffel" stand. Hier steht der Palazzo d'Usini (1577), wohl der schönste Renaissancebau in Sassari.

Corso Vittorio Emanuele II

Der Corso Vittorio Emanuele II ist mit seinen vielen Läden die Promeniermeile der Altstadt, die er von Südosten nach Nordwesten durchquert. Er existierte bereits im 13. Jh. und wird in historischen Urkunden als Platha de cotinas ("gepflasterte Straße") bezeichnet; die Einheimischen nennen ihn schlicht La Piazza. Am Anfang stößt man auf die Casa Farris mit Biforien im Stil der katalanischen Gotik (15. Jh.). Das Gebäude ähnelt mit seiner aragonischen Anlage der nahen Casa di re Enzo (15. Jh.), die ein Strebebogen mit dem Nachbarhaus verbindet.

Baedeker TIPP Fenster mit Vorhang

Beim Flanieren durch die engen Altstadtgassen sollte man nicht nur die interessanten Schaufensterauslagen betrachten, sondern auch einen Blick auf die Fassaden der zumeist schlichten Bürgerhäuser werfen. Bei genauerem Hinsehen erkennt man an manchen Gebäuden mittelalterliche Fenster, die auf das hohe Alter der Häuser verweisen. Es sind gotische Vorhangfenster, deren oberes Drittel durch kunstvoll verzierte, aus Stein gehauene Vorhangimitate gebildet werden.

Teatro Civico

Ungefähr in der Mitte des mit Granitplatten gepflasterten Corso steht das Teatro Civico, das elegante klassizistische Formen und einen hufeisenförmigen Grundriss zeigt. Im Jahre 1829 entwarf Giuseppe Cominotti das an das Teatro Carignano in Turin erinnernde Gebäude.

Piazza Monsignor Mazzotti

Biegt man kurz vor dem letzten Abschnitt des Corso links ab, so gelangt man auf die Piazza Monsignor Mazzotti. Sie ist bei den Bürgern von Sassari als Piazza delle Demolizioni bekannt, denn sie entstand durch radikale Gebäudeabrisse im Jahr 1940.

Von hier aus erreicht man die Piazza Duomo, die von der Fassade der Kathedrale beherrscht wird, die dem hl. Nikolaus von Bari geweiht ist. Der Dom geht auf einen romanischen Vorgängerbau (13. Jh.) zurück, von dem sich jedoch nur der 1776 zur Wahrung der Proportionen aufgestockte Glockenturm und Teile der Seitenwände erhalten haben. Durch den Portikus gelangt man in das Innere, das ab 1480 im Stil der katalanischen Gotik entstand, jedoch im 17. Jh. zahlreiche Veränderungen erfuhr. Das Hauptschiff ist von zwei hohen Kreuzrippengewölben überspannt und von Seitenkapellen gesäumt. Byzantinisch mutet die Vierungskuppel mit ihren Zwillingsfenstern an. In der Capilla Mayor beachtenswert ist das barocke Chorgestühl und das Gemälde "Madonna del Bosco" (um 1400) auf dem Hauptaltar, ein Temperabild auf Goldgrund. Die Fassade wurde um 1700, kurz vor dem Ende der spanischen Herrschaft, im Stil des Barock gestaltet und erinnert an die Kolonialarchitektur in Amerika. Das Kalksteinmauerwerk wurde wie ein Zuckerbäckerwerk üppig mit verschnörkelten Friesen, Ranken, Blüten, Putten und Nischen dekoriert, in denen die Statuen des hl. Nikolaus und der drei Märtyrer und Schutzpatrone der Stadt, Gavinus, Protus und Januarius, stehen. Über allem thront Gottvater auf dem Giebel, der die Fassade wie ein Napoleonshut abschließt. Das Museum, das man vom Inneren der Kirche aus betritt, enthält Gemälde, Silberarbeiten, Statuen und Paramente.

Dom San Nicola

Domfassade im Zuckerbäckerstil

Casa Manca, San Michele

An der Nordseite des Domplatzes liegt die Casa Manca, deren schlichte Fassade ein Wappen schmückt. Gegenüber dem Dom erhebt sich die Kirche San Michele. Der zwischen 1708 und 1717 errichtete Bau mit manieristischer Fassade ist heute Sitz des Instituts für Religionswissenschaften.

Palazzo Ducale (Municipio)

Hinter dem Dom kommt man auf die Piazza del Comune, deren ganze Langseite die Fassade des Rathauses (Palazzo Ducale) einnimmt. Sein Name erinnert daran, dass dieses Gebäude an der Rückseite des Doms 1775 – 1805 für den wegen seiner Willkürherrschaft berüchtigten Herzog von Asinara errichtet wurde. Im Palazzo Ducale sind seit 1900 das Rathaus (Municipio) und die Stadtbibliothek untergebracht. Gegenüber befindet sich das Gebäude für die Pferde und Kutschen des Herzogs.

Sant' Apollinare

Entweder geht man nun wieder zum Corso oder durch die Via del Duomo und die Via Margherita die Castelvi zur Piazza Mazzotti zurück und begibt sich über den Largo Monache Cappuccine und die Via Gran Condotto zur Kirche Sant'Apollinare. Ihre Fassade stammt von 1646; den achteckigen Glockenturm krönt eine kleine Kuppel.

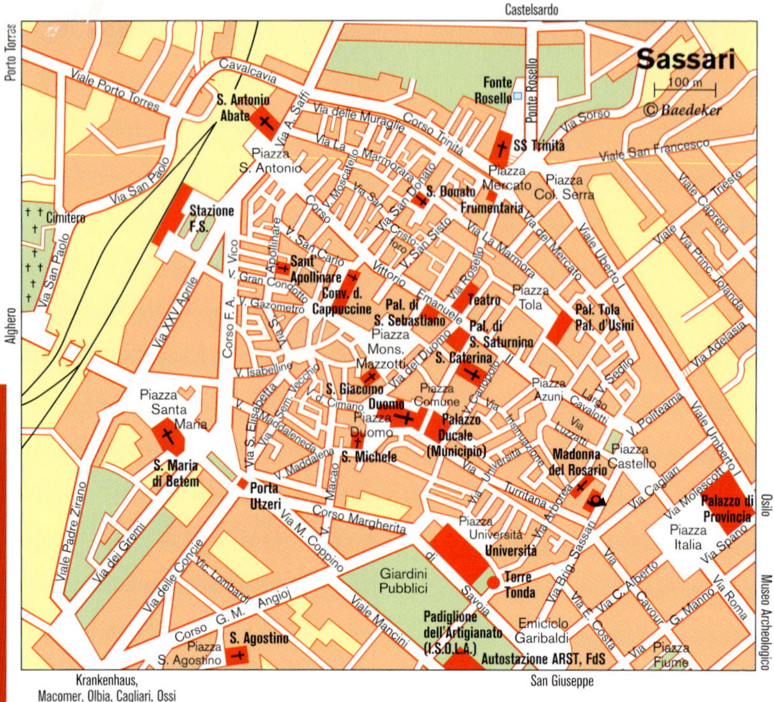

Piazza und Kirche Sant' Antonio

Auf den Corso zurückgekehrt, folgt man ihm bis zum Ende an der Piazza Sant'Antonio. Hier lag das gleichnamige Nordtor der Stadt, an dem sich jeden Morgen die Tagelöhner, die "zappatori", versammelten, um den Grundbesitzern ihre Arbeitskraft anzubieten. In der Mitte des Platzes steht die Colonna di Sant'Antonio (1954). Am Anfang der Via Aurelio Saffi, die von der Piazza S. Antonio abgeht, stößt man sogleich auf die Kirche Sant'Antonio Abate (14. Jh.) mit ihrer großzügigen Barockfassade. Sie besitzt im Innern eine große Altarwand aus der Zeit der spanischen Herrschaft.
Nach dem Abbruch der Porta Sant'Antonio (1866) sind nur noch wenige Reste des mittelalterlichen Mauerrings erhalten geblieben. Auf der südlichen Seite der Piazza Sant'Antonio, am Anfang des Corso F. Vico, der zum Bahnhof (1883) führt, steht noch ein Turm mit Zinnen.

Weitere Reste der Stadtmauer

An der Kreuzung der Via Saffi mit dem Corso Trinità (nördlich der Piazza S. Antonio) befinden sich weitere Reste der mittelalterlichen Stadtmauer, deren Bau im 13. Jh. von den Pisanern begonnen und im 14. Jh. von Genua fortgesetzt wurde. Bis ins 19. Jh. hinein erneuerte man den Mauerring von Zeit zu Zeit.

Chiesa della Trinità

Am Ende des Corso Trinità, der in die belebte Piazza del Mercato (Piazza Col Serra) mündet, erhebt sich links die Chiesa della Trinità

(1640) mit Dekorationen im spanischen Barock an der Fassade. Im Inneren befindet sich eine dem Meister von Ozieri zugeschriebene Kreuzigungsdarstellung (18. Jh.).

Chiesa della Trinità (Fts.)

Steigt man rechts der Chiesa della Trinità über die Treppe der Via Cordilana ins Tal unter dem Ponte Rosello hinab, so erreicht man die Fontana di Rosello, den berühmtesten Brunnen Sardiniens, der früher die Trinkwasserversorgung von Sassari gewährleisten musste. Er wurde um 1605 im Stil der Spätrenaissance von genuesischen Künstlern in weißem Marmor errichtet. Das Brunnenwasser ist heute nicht mehr trinkbar. Auch die ehemals schöne Lage des Brunnens in einem grünen Tal ist nicht mehr zu erkennen. Er steht geradezu verloren im Schatten einer großen Brücke, die die Verbindung zwischen der Altstadt und den angrenzenden Neubaugebieten darstellt.

Fontana di Rosello

Von der Piazza Mercato gelangt man durch die enge Via Rosello zum gedrungenen und massiven Gebäude des Kornspeichers (Frumentaria) aus dem späten 16. Jahrhundert. Hier sind noch die eingemeißelten Wappen von Sassari und Aragonien zu sehen. Heute finden in dem restaurierten Kornspeicher kulturelle Veranstaltungen statt.

Frumentaria

Von der Piazza Mercato gelangt man durch die Altstadt zum Corso Vittorio Emanuele zurück und kreuzt dabei auch die Via La Marmora. In dieser alten, parallel zum Corso verlaufenden carrera longa (lange Straße) lebte früher die Aristokratie der Stadt. Über den Corso kommt man wieder zurück zur Piazza Azuni und der Piazza Castello, die den Beginn der Altstadt markiert.

Via La Marmora

Zentrum nahe der Altstadt

Das Universitätsgebäude, das Staatsarchiv und die Kirche Santa Maria di Betlem liegen am südwestlichen Rand der Altstadt. Man geht von der Piazza Castello durch die Via Brigata Sassari und die Via Torre Tonda. Hier hat man die Torre Tonda (Turondola) mit Resten mittelalterlicher Mauern in ein modernes Gebäude eingegliedert.
Durch die Via Arborea gelangt man zur Piazza Università. Das Gebäude der Universität wurde zwischen 1559 und 1566 von den Jesuiten errichtet und im 17. Jh. erweitert. Seinen Mittelpunkt bildet ein von doppelten Laubengängen umgebener Kreuzgang, in dem ein hübscher Garten angelegt wurde. Im oberen Stockwerk befindet sich die Universitätsbibliothek, die über 200 000 Bände besitzt.

Università

Südlich der Universität erstreckt sich der Schatten spendende Stadtpark. In einem Pavillon (Padiglione dell'Artigianato) wird sehenswertes sardisches Kunsthandwerk in einer ständigen Ausstellung gezeigt. Die Ausstellung wird vom I.S.O.L.A. (▶ Praktische Informationen, Handwerk) betrieben.
Diese 1957 von der Region Sardinien gegründete Institution zur Förderung des Handwerks veranstaltet hier alle zwei Jahre (in den Jahren mit ungerader Zahl) eine interessante Schau sardischen Kunsthandwerks. Öffnungszeiten: Mo.-Fr. 9^{00}-13^{00} und 16^{30} bis 20^{00}, Sa. 9^{00}-13^{00} Uhr.

Giardini Pubblici, Padiglione dell'Artigianato

Santa Maria di Betlem

Vom Corso Margherita di Savoia gelangt man durch den Largo Utzeri zur Piazza Santa Maria, in deren Mitte sich die "extra muros" (außerhalb der ehemaligen Stadtmauer) gelegene Kirche Santa Maria di Betlem befindet. Der Richter Costantino gründete sie 1106 gemeinsam mit dem gleichnamigen Kloster und vertraute sie den Benediktinern an; im frühen 13. Jh. erfolgte eine Übernahme durch die Franziskaner. Der untere Teil der Fassade mit dem romanischen Portal entstand 1236–1238 und zeigt arabische Einflüsse. Auf einer Reihe von halbkreisförmigen kleinen Blendbögen baut der 1465 rekonstruierte Teil auf. Der Innenraum wurde von dem Franziskaner Antonio Cano 1829–1834 um eine hohe Kuppel erweitert und fast vollständig im Stil des Barock und Klassizismus umgestaltet. In den Seitenkapellen stehen prächtige barocke Schnitzaltäre, die jeweils zu einer der alten Zünfte (Gremi) von Sassari gehören. Hier wird das Jahr über auch ein großer Teil der reich verzierten Holzkerzen (Candelieri) aufbewahrt (▶ Stadtfeste).

****Museo Archeologico Giovanni Antonio Sanna**

Um das historische Stadtzentrum liegen die modernen Viertel, die sich seit dem 19. Jh. südlich der Piazza d'Italia und um die Via Roma, die dem Verlauf der alten "königlichen Straße" nach Cagliari folgt, entwickelt haben. Geht man die Via Roma in südöstliche Richtung hinauf und lässt den in den 1930er-Jahren im klassizisti-

Museo Archeologico G. A. Sanna

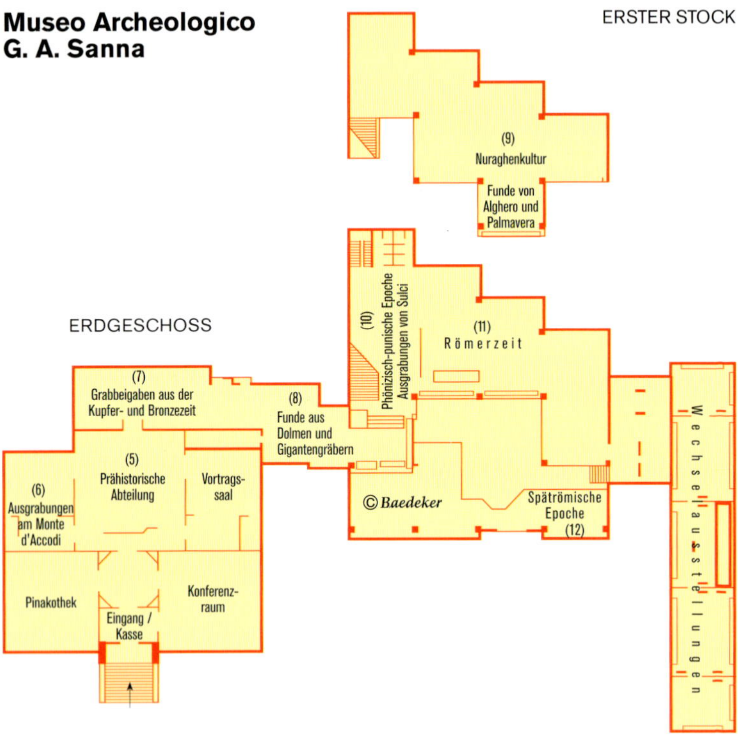

schen Stil aus rosa Trachyt erbauten Palazzo di Giustizia rechter Hand liegen, so stößt man links auf das Museo Archeologico Giovanni Antonio Sanna (Via Roma 64). Es ist nach seinem Mäzen und Begründer benannt. Das in 18 Säle gegliederte Museum umfasst eine Pinakothek, in der wechselnde Ausstellungen gezeigt werden, sowie eine archäologische Sammlung.

Museo Öffnungszeiten Di. – Sa. 9^{00} – 19^{00} So. 9^{00} – 13^{00}

Sammlung

Die archäologische Abteilung dokumentiert die verschiedenen Perioden der sardischen Kultur vom Neolithikum bis zur Neuzeit. Saal 5 ist u. a. den versteinerten Wäldern der Anglona gewidmet, die auf die Zeit vor 15 Millionen Jahren zurückgehen. In Saal 6 sind die Materialien zu sehen, die man bei Ausgrabungen um den prähistorischen Altar von Monte d'Accodi, zwischen Sassari und ▶ Porto Torres, freilegte. In den folgenden Räumen (Nr. 7 und 8) befinden sich Fundstücke aus den Domus de janas der Kupferzeit und der frühen Bronzezeit. Saal 8 zeigt Funde verschiedener Megalithgräber. Hier führt eine Treppe ins Obergeschoss (Saal 9), wo die nuraghische Epoche anhand von Rekonstruktionen der beiden wichtigsten Nuraghentypen dargestellt ist, der Kuppelnuraghe und der Korridornuraghe.

Ausführliche Erläuterungen zur Nuraghenzeit und eine große Anzahl an Votivgaben (Keramiken, Bronzestatuetten u. a.) vermitteln ein anschauliches Bild dieser Epoche. Geht man die Treppe nun wieder hinab ins Erdgeschoss, illustrieren reichhaltige Materialien in Raum 10 die phönizisch-punische Epoche. Zu den Funden aus der Römerzeit gehören u.a. Öllampen, Geschirr, geblasenes Glas und Goldschmiedearbeiten.

Der etwas tiefer liegende Saal 12 enthält Exponate aus der spätrömischen Periode, wie Sarkophage, Skulpturen und Mosaike, die vor allem aus Turris Libyssonis stammen, dem heutigen Porto Torres, und eine Sammlung von Amphoren. In den Sälen 11 bis 13 befinden sich sardische Münzen von der punischen bis zur savoyischen Periode. In Saal 13, dem Mittelalter gewidmet, sind an den Wänden Inschriften, architektonische Fragmente, Keramik, Waffen und Schmuck verschiedener Herkunft angeordnet.

Umgebung von Sassari

Osilo

Das 14 km östlich von Sassari, herrlich auf einer Anhöhe gelegene Dorf Osilo lebt von Weidewirtschaft, Ackerbau und der handwerklichen Produktion von Teppichen, Gobelins und Decken. Der hübsche Ort mit typisch sardischen Häusern in Granitstein zieht sich am Hang eines Hügels hinauf.

Castello dei Malaspina

Hoch über dem Ort erscheint die eindrucksvolle Silhouette der Burgruine des ehemaligen Castello dei Malaspina (13. Jh.). Ein Weg führt durch die verwinkelten Gassen Osilos hinauf. Man erkennt einen quadratischen Turm aus hellen Kalksteinquadern und einen zylindrischen Bergfried aus grob zugehauenen Basaltblöcken. Die Burg gehörte ursprünglich der Familie Doria, fiel dann an Aragonien, später an die Richter von Arborea und kam im 15. Jh. wieder in den Besitz von Aragonien.

Ossi, Domus de janas von Noeddale

Das 8 km südlich von Sassari gelegene Dorf ist einerseits wegen des am Ortsrand gelegenen nuraghischen Dorfes Sa Mandra 'e sa Ginia, andererseits wegen der Nekropole von Noeddale berühmt, die

Ossi
(Fortsetzung)

200 m südlich der Ortschaft an der Straße nach Banari und Ittiri liegt. Man entdeckte fünf Gräber, die in eine Kalkrippe geschlagen wurden, unter der ein Weg verläuft. Das bekannteste von allen ist Grab I, das auf die Kultur von San Michele zurückgeht (3.–2. Jh. v. Chr.); der Grundriss des aus mehreren Kammern bestehenden Grabes ist vielfältig und ungewöhnlich. Die Gestaltung des oberen Teils ahmt ein Satteldach nach; an den Wänden sind Säulen und Bäume angedeutet. Interessant ist auch das Grab II mit T-förmigem Grundriss; an den Wänden sind eingemeißelte Hörnerpaare und Spiralmotive zu erkennen.

Die Kirche Santissima Trinità di Saccargia mit ihrem schwarz-weiß gestreiften Mauerwerk und der harmonisch gegliederten Fassade gilt als die bedeutendste der Pisanerkirchen.

**Santissima Trinità di Saccargia

☎ 079 23 65 65

Etwa 18 km südöstlich von Sassari, an der Straße Richtung Oschiri (SS 597), erhebt sich einsam in einer breiten Talmulde die Kirche Santissima Trinità di Saccargia (Heiligste Dreifaltigkeit von Saccargia) mit der Ruine der bereits 1384 verlassenen Kamaldulenserabtei. Mit ihrem schwarz-weiß gestreiften Mauerwerk aus dunklem Basalt und hellem Kalkstein, der wunderschön gegliederten Fassade mit ihrem Portikus und den eindrucksvollen Fresken in der Hauptapsis gilt sie als eine der bedeutendsten der so genannten Pisanerkirchen, die den reichen Widerhall der toskanischen Romanik auf Sardinien bezeugen.

Die Kamaldulenser, ein beschaulicher Eremitenorden nach den Regeln des hl. Benedikt, erhielten 1112 das fruchtbare Tal zum Geschenk. Bis 1116 erhöhten sie die ursprüngliche Kirche, fügten die von zwei Nebenapsiden flankierte Mittelapsis hinzu und errichteten den schlanken Glockenturm, dessen Höhe (41 m) noch durch die Lisenen (senkrechte, schwach hervortretende Mauerstreifen) optisch verstärkt wurde. Pisanische Künstler vollendeten den Bau zwischen 1180 und 1200, stellten den Glockenturm mit seinen Doppelbogenfenstern fertig, schufen die Fassade mit ihren Blendarkaden, die inkrustierte Scheiben (Rosetten) und Rauten umschließen, und setzten kurz danach den Portikus etwas unorganisch davor. Diese Vorhalle zeigt auf ihren Kapitellen und Bogenfriesen neben Pflanzen auch Tiere und monsterhafte Wesen. Die friedlich ruhenden Kühe am linken Eckpfeiler ähneln den Tierdarstellungen über der Gründungsinschrift (1174) am Schiefen Turm von Pisa und nehmen vielleicht Bezug auf den Namen der Kirche: Saccargia leitet sich vielleicht von "sa acca argia" (die gefleckte Kuh) oder "sa accargia" (die Kuhhirtin) ab.

Die Kühe gaben der Kirche ihren Namen.

Santissima Trinità di Saccargia (Fts.)

Der mit einem Holzbalkendach versehene Innenraum der einschiffigen Kirche ist von strenger Schlichtheit. Auf Sardinien einzigartig sind die byzantinisch beeinflussten Fresken in der Mittelapsis (13. Jh.), die wahrscheinlich von einem pisanischen Künstler geschaffen wurden und zu den wenigen überdauerten Werken der romanischen Freskenmalerei Italiens gehören. Der Freskenzyklus gliedert sich in drei Abschnitte: Ganz oben in der Kuppel, umgeben von Engeln, thront Christus als Weltenrichter mit segnender Geste. In der Mitte sind als flache und steife Figuren die betende Jungfrau Maria (links vom Apsisfenster) und die zwölf Apostel sowie der Heidenapostel Paulus aneinander gereiht. Ganz unten sind links eine Klosterszene (Benediktinermönch mit Abt) und Szenen aus dem Leben Jesu dargestellt.

Nachdem die Kamaldulenser 1384 die Abtei Saccargia verließen, verfiel das Kloster. Bei der Restaurierung der Kirche 1894 erfolgten schwere Eingriffe. So wurde die Fassade abgetragen und neu aufgebaut; der Portikus wurde um etwa einen Meter erniedrigt und sein Dach abgeflacht, damit die Fassade besser zur Geltung kommt. Fast alle Kapitelle und Friese wurden dabei erneuert.

*San Michele di Salvenero

☎ 079 44 99 37

Die Kirche liegt 2,5 km weiter östlich von Saccargia, ebenfalls direkt an der SS 597, am Abzweig der SS 672 nach Ploaghe. Die Vallombrosaner, ein Benediktinerorden, erbauten sie in den Jahren 1110 bis 1130 aus zweifarbigen Quadern. Ihr Name erinnert an das verschwundene Dorf Salvenero oder Salvenor. In der Zeit von 1200 bis 1225 wurde der Bau umgestaltet. Die Fassade lässt neben allgemeinen Stilelementen der Romanik deutlich pisanische Einflüsse erkennen. Die Blendarkaden an der Fassade, die bei der Restaurierung wiederhergestellt wurden, setzen sich an den Seiten des Kirchenschiffs und an den drei Apsiden fort. Der Innenraum ist meist verschlossen. In der Nähe befindet sich die Ruine der von dem Richter Marianus I. von Torres erbauten Vallombrosanerabtei.

Sant' Antonio di Salvenero

In geringer Entfernung erhebt sich die Kirche Sant'Antonio di Salvenero. Sie wurde 1220 bis 1225 von den gleichen Baumeistern geschaffen, die San Michele errichteten. In aragonischer Zeit und nochmals zu einem späteren Zeitpunkt wurde die Kirche umgestal-

Sassari (Fortsetzung)

tet. Interessant ist die rot-weiß gestreifte Wandverkleidung (Innenraum nicht zugänglich).

Senorbi M 10

Provinz: Cagliari (CA)
Höhe: 204 m ü. d. M.
Einwohnerzahl: 4000

Durchgangsort in der Trexenta

Das kleine Städtchen 45 km nördlich von Cagliari ist der größte Ort der fruchtbaren Landschaft Trexenta. Senorbi zieht allerdings wenig Tourismus an; die Sehenswürdigkeiten, mehrere prähistorische Zeugnisse, liegen nicht im, sondern um den Ort herum.

Senorbi und Umgebung

Santa Mariedda

Am Ortsrand steht die Kirche San Nicolo oder Santa Maria di Segolai, im Volksmund Santa Mariedda genannt. Blendbögen und ein hübscher Dachreiter schmücken die Fassade. Die Kirche wurde im 14. Jh. im Stil der pisanischen Romanik erbaut; eine Erweiterung in Formen der katalanischen Gotik erfolgte im 17. Jahrhundert.

Museo Archeologico

Das Archäologische Museum Sa domu nostra ("Unser Haus") ist in einem typischen Herrenhaus des Campidano untergebracht und zeigt Fundstücke der Landschaft Trexenta. Den Schwerpunkt der

Dieses Steinkreisgrab ist nur einer der verschiedenen Gräbertypen, die man bei der Kultstätte von Pranu Mutteddu findet.

Sammlungen bilden die reichen Grabbeigaben aus der punischen Nekropole von Monte Luna unweit der Ortschaft. (Öffnungszeiten: Di. – So. 9^{00} – 13^{00}, 16^{00} – 19^{00} Uhr, eine Voranmeldung ist empfehlenswert, ☎ 07 09 80 90 71)

Museo Archeologico (Fortsetzung)

Ca. 20 km nordöstlich von Senorbi befindet sich kurz vor der Ortschaft Goni linker Hand die große megalithische Nekropole Pranu Mutteddu in der Nachbarschaft eines jungsteinzeitlichen Dorfs. Die zahlreichen Gräber entsprechen verschiedenen Typen. So sind unterirdische Felskammergräber neben Kisten- und nur hier vorkommenden Kreisgräbern vertreten.

**Nekropole von Pranu Mutteddu

Das interessanteste Grab wurde aus zwei großen Findlingsblöcken herausgehauen und ist von zwei Steinkreisen umgeben. Aufgrund von Grabbeigaben datiert man diese Stätte in die Ozieri-Kultur, doch wurde sie in späteren Epochen weiterhin benutzt. Im Umkreis der Nekropole wurden vermutlich Riten des Totenkultes und religiöse Feiern praktiziert. Heute erinnern etwa 60 wieder aufgestellte Menhire (Steinmale) verschiedener Größe an diesen mystischen Ort. Sie sind zum Teil sehr sorgfältig bearbeitet und wurden in Paaren, Gruppen oder Reihen angeordnet. Die schöne umliegende Landschaft trägt dazu bei, diese wissenschaftlich äußerst bedeutsame prähistorische Fundstätte ganz besonders reizvoll wirken zu lassen.

Die Nuraghe Piscu steht etwa 7 km nördlich von Senorbi links der Staatsstraße SS 128 nach Mandras. Das Monument zeigt eine komplizierte Anlage; eine Umfassungsmauer mit vier Türmen an den Ecken umgibt den Mittelturm. Seit einigen Jahren werden Grabungen durchgeführt.

Nuraghe Piscu

Seui — K / L 11

Provinz: Nuoro (NU)
Höhe: 820 m ü. d. M.
Einwohnerzahl: 1900

Seui liegt etwa 50 km westlich von Lanusei inmitten der Barbagia di Seulo, in einer malerischen, teilweise bewaldeten Gebirgsgegend, die von dichten Steineichen- und Kastanienwäldern bedeckt ist. Das Dorf besitzt einen historischen Kern.

Ortschaft der Barbagia

Seui und Umgebung

Das kleine, aber originelle Museo della civiltà contadina, pastorale, artigianale, della mineraria e dell'emigrante (Museum der Kultur der Bauern, Hirten, Handwerker, Bergleute und Emigranten) ist in zwei verschiedenen Gebäuden untergebracht, die sich ein wenig voneinander entfernt im Ortszentrum befinden: in einer hübschen Jugendstilvilla an der Via Roma und in einem massiven Gebäude, das im 17. Jh. als Kerker und bis 1975 als Bezirksgefängnis diente. Die Sammlungen umfassen über 3000 Exponate, die die Geschichte und Traditionen dieses Gebirgsdorfes dokumentieren.

Museo

Öffnungszeiten auf Anfrage
☎ 07 82 53 90 02

Bergwerk von San Sebastiano Etwa 4 km nordwestlich von Seui befindet sich ein Bergwerk, in dem bis zum Ende des 19. Jh.s Anthrazit abgebaut wurde. Heute stellt es ein interessantes Dokument der Industriegeschichte dar.

***Naturpark Montarbu** Das nordöstlich von Seui gelegene Waldgebiet Montarbu, das sich auf der Kalksteintafel des Monte Tonneri erstreckt, ist über die Straße zu erreichen, die an der Cantoniera Arcueri von der SS 198 abzweigt. Nach 7 km nimmt man die rechts abzweigende Schotterpiste und fährt noch 10,5 km bis zur Forststation (Caserma Montarbu). Es handelt sich um eines der artenreichsten Waldgebiete Sardiniens, das von der Forstbehörde als Staatsforst (Foresta Demaniale) liebevoll gepflegt wird. An der Forststation liegt ein Picknickplatz (Trinkbrunnen); von hier aus lassen sich schöne Wanderungen unternehmen und die höchste Erhebung, Pizzu Margiani Pobusa (1324 m), besteigen (Wanderführer ratsam). Vom Gipfel fällt der Blick über die nördliche Steilflanke des Monte Tonneri in das tief eingeschnittene Flumendosa-Tal; im Hintergrund erheben sich die Gipfel des Gennargentu.

Sadali Das 10 km südwestlich von Seui gelegene Bauern- und Hirtendorf besitzt einen nur wenig veränderten historischen Ortskern. Ein kleiner Wasserfall, der zwischen den alten Häusern rauscht, trägt zum Reiz der Ortschaft bei. Die Pfarrkirche San Valentino, die vermutlich auf die späte byzantinische Epoche zurückgeht, enthält einen schönen Holzaltar aus dem 17. Jahrhundert.

Grotta de Is Janas Die Tropfsteinhöhle liegt westlich von Sadali und ist über eine Straße zu erreichen, die von der Provinzstraße nach Seulo abzweigt. Nach 12,5 km biegt man in eine ausgeschilderte Nebenstraße ein, der man bis zu einem Steineichenwald mit einem Ausflugslokal folgt, wo sich der Eingang der Höhle öffnet. Es besteht die Möglichkeit, an einer Führung durch die Höhle teilzunehmen. (Führungen im Winter auf Anfrage: Pro Loco Sadali ☎ 0 78 25 90 01)

Seulo Die Ortschaft Seulo liegt etwa 20 km nordwestlich von Seui inmitten einer rauhen, wilden Landschaft, die durch tiefe Schluchten und nackte Felstürme aus Kalkgestein (so genannte Takkus) geprägt ist. Hier angekommen, hat man auch heute noch das Gefühl, sich in einer der einsamsten Regionen der Insel zu befinden. Nach Seulo wurde die umgebende Landschaft benannt: die Barbagia di Seulo. Zwei Kirchen sind hier sehenswert. Die Kirche Vergine Immacolata, die ursprünglich auf das 16. Jh. zurückgeht, besitzt noch ihr schönes gotisches Portal. In unmittelbarer Nähe des Ortes liegt die Landkirche Santi Cosma e Damiano mit einem schönen Portal und einer Fensterrose der Spätgotik.

Siniscola — F 14

Provinz: Nuoro (NU)
Höhe: 51 m ü. d. M.
Einwohnerzahl: 9800

Provinzstädtchen in Gebirgslage Das Provinzzentrum Siniscola liegt nahe der Ostküste, 49 km nordöstlich von Nuoro. Im Hintergrund ragen die nördlichen Ausläufer des mächtigen Kalksteinmassivs des Monte Albo auf. In den letzten Jahren erlebte der Tourismus in den nahen Badeorten Santa Lucia – ein altes Fischerdorf mit einem Turm aus dem 17. Jh. – und La Caletta einen Aufschwung; davon profitiert auch Siniscola, in dem es einige Bars, Restaurants und Geschäfte gibt. Siniscola war am Beginn der Neuzeit eine der bedeutendsten "ville" des Judikats Gallura. Die häufigen Überfälle der Sarazenen, unter denen die Angriffe der Jahre 1514–1581 traurige Berühmtheit erlangten, führten im 16. Jh. zum Niedergang des Ortes.

Provinzstädtchen in Gebirgslage (Fortsetzung)

Umgebung von Siniscola

Santa Lucia

Von dem kleinen Ferienort Santa Lucia zieht sich ein herrlicher weißer Sandstrand nach Norden kilometerweit an La Caletta vorbei bis San Giovanni.

*Posada

Schon von weitem sieht man die Burgruine des hübschen Örtchens Posada auf einer Felsspitze, die weite Küstenlandschaft und die Flussebene des Riu Posada zu Füßen. Einen Bummel duch die malerischen Gassen mit kleinen Plätzen, Treppen und Torbögen wird man nicht bereuen. Der Ort entstand über den Ruinen des römischen Feronia, das durch die Überfälle der Sarazenen zerstört wurde. Im 12. Jh. erbauten die Richter von Gallura das mächtige Castello della Fava, dem in den Kriegen zwischen den Richtern von Arborea und Aragonien eine bedeutende Rolle zukam. Die Ebene um Posada war einst sumpfig und malariaverseucht; sie wurde urbar gemacht und mit Bewässerungsanlagen versehen, die den Anbau von Obst und Gemüse förderten. Interessant ist die Besichtigung des Kastells, von dem nur ein großer quadratischer Turm und die Ruine des Bergfrieds erhalten sind; aber man hat eine herrliche Aussicht auf die Umgebung.

Die Altstadt von Posada breitet sich zu Füßen des Kastells von Fava aus.

Santuario dell'Annunziata

Der Santuario dell'Annunziata liegt 23 km westlich von Siniscola an der Straße nach Budduso, 7 km von Lode entfernt. Der Kirchenbau, dessen Anlage der einer typischen innersardischen Wallfahrtskirche entspricht, geht auf das 18. Jh. zurück. Er ist von "cumbessias" umgeben, kleinen Unterkünften für die Gläubigen, die, vor allem aus Bitti, in großer Zahl zum Fest in der dritten Maiwoche kommen. In der auch unter dem Namen S'Annossata bekannten Kirche werden zahlreiche Votivgaben aufbewahrt.

*Monte Albo

Man erreicht das herrliche Bergmassiv des Monte Albo, indem man ein Stück weit der Provinzstraße von Siniscola nach Lode und dann der Straße Richtung Lula folgt. Der Berg liegt inmitten einer Landschaft von Felsen und Wäldern, deren Schönheit großartig ist. Der lange, zerklüftete Kamm (20 km) verdankt seinen Namen der wei-

*Umgebung von Siniscola (Fortsetzung)

ßen Farbe des Kalkgesteins. Die Wanderung in diesem Gebirge, dessen höchste Punkte die Gipfel Monte Turuddo (1127 m) und Monte Catirina (1127 m) sind, ist landschaftlich und naturkundlich höchst reizvoll.
Hier gibt es Steineichenwälder und riesige, uralte Ahornbäume. Viele selten gewordene Tierarten, u.a. Mufflons, Wildkatzen, Marder und Siebenschläfer, leben hier, ebenso seltene Vögel. Im Gebiet des Monte Albo sind viele Zeugnisse von Megalithbauten aus der prähistorischen Epoche erhalten.

Stintino D 5

Provinz: Sassari (SS)
Höhe: 9 m ü. d. M.
Einwohnerzahl: 1200

Fischereiort

Stintino ist ein Fischerdorf und Ferienort am äußersten nordwestlichen Zipfel Sardiniens, 50 km von Sassari entfernt. Die kleine Ortschaft liegt auf einer schmalen Landzunge zwischen zwei Fjorden: einem Fischereihafen, der zu einer Reede ausgebaut ist, und einer schmalen Bucht mit einem windgeschützten Sporthafen. Stintino wurde 1885 gegründet, um dort die Fischer von der nahen Isola dell'Asinara anzusiedeln, die vom italienischen Staat als Quarantänestation und Strafkolonie beschlagnahmt wurde. Seit sich der Ort zu einem Tourismuszentrum entwickelt hat, wurde auch die Umgebung von Stintino – vor allem in den letzten Jahrzehnten – stark erschlossen; zahlreiche Feriensiedlungen entstanden. Berühmt sind die langen Sandstrände nahe der Ortschaft.

Stintino und Umgebung

Museo della tonnara

Das Museum dokumentiert in sechs Räumen die Geschichte des Tunfischfangs auf Sardinien im Allgemeinen und in Stintino im Besonderen, die verschiedenen Fang- und Konservierungsmethoden, die sich im Laufe der Jahrhunderte verändert haben, die Verbreitung des Tunfischs im Mittelmeer usw. Ein Film zeigt in beeindruckender Weise, wie der Fischfang einst ablief. Öffnungszeiten: unregelmäßig, offiziell tgl. 19^{00} – 24^{00} Uhr.

Strände Le Saline und La Pelosa

Sehr beliebt sind die langen Strände mit feinstem weißen Sand, Le Saline im Süden Stintinos und La Pelosa nördlich der Ortschaft, wo es flach ins kristallklare Wasser geht. Der Name Le Saline verweist auf die Salzlagerstätten, die einst den Mönchen von Santa Maria di Tergu gehörten und bereits seit dem 13. Jh. genutzt wurden. In der Nähe liegen an der Küste die verlassenen Gebäude der alten Tunfischfangstelle Tonnara delle Saline und eine Feriensiedlung. An beiden Stränden erheben sich Sarazenentürme, die im 16. Jh. erbaut wurden, um die Meerenge von Fornelli zu kontrollieren.

***Capo del Falcone**

Lohnend ist ein Besuch der Landzunge Capo del Falcone mit den Aussichtspunkten Punta Negra und Capo del Falcone, auf dem der gleichnamige Turm aus dem 16. Jh. aufragt. Der Blick schweift nach Norden über die Meerenge von Fornelli und in den Westen über das so genannte Mare di Fuori mit seiner zerklüfteten Steilküste.

Stintino, ein altes Fischerdorf und junges Ferienzentrum, besitzt einen kleinen Sporthafen, der sich in eine Bucht am Ortsrand schmiegt.

Stagno di Casaraccio

Im Hinterland Stintinos erstreckt sich der Stagno di Casaraccio mit einer Fläche von etwa 100 ha. Niedrige, mit Mastixstrauch-, Oleander- und Zwergpalmenmacchia bedeckte Anhöhen umgeben den Strandsee, der Lebensraum einer vielfältigen Vogelwelt ist: Flamingos, Seidenreiher, Graureiher und Kormorane kann man hier mit etwas Glück beobachten.

***Isola dell' Asinara**

Parco Nazionale dell' Asinara
☎ 079 50 08 86

Die nördlich vorgelagerte, große Insel Asinara ist 17,4 km lang und in vier Hügelgruppen gegliedert; die Küsten sind stark zerklüftet. Geologisch stellt sie die Fortsetzung der Landschaft der Nurra dar, von der sie nur eine schmale Meerenge trennt. Eine 23 km lange Straße führt quer über die Insel. 1884 beschlagnahmte der Staat Italien die Insel, um darauf eine internationale Quarantänestation einzurichten. Seit 1896 ist die Isola dell'Asinara Sitz einer Strafkolonie. In jüngerer Zeit befand sich hier auch ein Hochsicherheitsgefängnis, weshalb es streng verboten war, auf der Insel zu landen. Seit 1997 steht die Insel, auf der zahlreiche seltene Tierarten und rund 80 Exemplare der berühmten weißen Esel leben, als Nationalpark unter Naturschutz.

Argentiera

Die ehemalige Bergbausiedlung Argentiera liegt 30 km südlich von Stintino an der Küste. Diese schon den Römern bekannte "Silberstadt", in der später Blei und Zink abgebaut wurden, zieht allmählich den Tourismus an. So manchem verlassenen Gebäude wurde bereits wieder neues Leben eingehaucht, indem man es zur Ferienwohnung umbaute. Alte Stollen oberhalb der Siedlung und die ehemaligen Bergwerksgebäude, die den Eindruck einer Geisterstadt vermitteln, sind die letzten Zeugnisse des Bergbaus.

Tempio Pausania — D 10

Provinz: Sassari (SS)
Höhe: 566 m ü. d. M.
Einwohnerzahl: 13 700

Zentrum der Korkverarbeitung

Tempio Pausania ist die Hauptstadt der Gallura, der Landschaft im Nordosten Sardiniens. Die traditionelle Sommerfrische, 570 m hoch gelegen, ist wegen ihrer Quellen und schönen Alleen beliebt. Tempio liegt auf einem niedrigen Mittelgebirgsmassiv in einer schönen, vom Grün der Weinberge, der Eichen- und Kastanienwälder geprägten Landschaft zu Füßen des Monte Limbara, dessen schlanke Granitspitzen (Punta Sa Berritta, 1362 m) im Hintergrund in den Himmel ragen. Heute genießt das Städtchen dank der Korkverarbeitung (in der es gemeinsam mit dem nahen Calangianus innerhalb Italiens führend ist) und des Granitabbaus einen gewissen Wohlstand. Auch die Produktion von Weinen, vor allem des Vermentino, floriert.

Geschichte

Tempio geht auf die Römerzeit zurück und entstand vermutlich durch die Vereinigung von zwei kleinen Ortschaften, die laut den literarischen Quellen des klassischen Altertums Gemellae und Templum hießen und an der alten Straße von Olbia nach Tibula

Die Torre della Finanza auf der Isola Piana bewahrte Stintino früher vor Piraten. Heute ist die Landschaft unter Naturschutz gestellt. ▶

Die Welt der Nuraghen

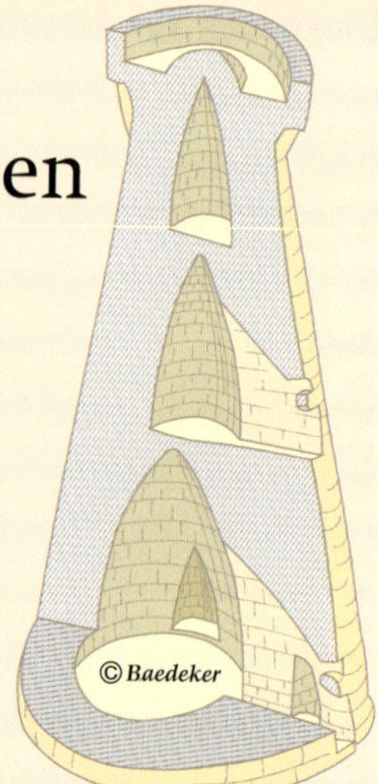

Riesen mit übermenschlichen Kräften, so will es die Überlieferung, sollen tausende von Rundtürmen erbaut haben, die bis heute überall auf Sardinien zu sehen sind. Lange Zeit rätselten die Forscher, wer diese Bauwerke errichtet hatte und welchem Zweck sie gedient haben mochten.

Ihr Mauerwerk besteht aus großen, meist etwas unregelmäßigen Natursteinblöcken, die mörtellos zusammengeschichtet wurden.
Inzwischen weiß man jedoch, dass die "Nuraghen" genannten Steinbauten, was vom Sardischen "nurra" abgeleitet wahrscheinlich soviel wie "Steinhaufen" oder auch "Höhle" bedeutet, von der bronzezeitlichen Kultur Sardiniens wohl in erster Linie zu Verteidigungs- und Schutzzwecken zwischen 1500 und 500 v. Chr. errichtet wurden.

Kriegerisches Volk

Damals lebten die Menschen von Ackerbau und Viehzucht; sie wohnten in eng bebauten Rundhüttendörfern und bestatteten ihre Toten in großen Gemeinschaftsgräbern, den später so genannten Gigantengräbern (tombe dei giganti). Nicht zuletzt aufgrund der besseren Metallverarbeitung entwikkelte sich eine Gesellschaftsform, in der Bauern und Hirten zunehmend durch die Krieger ins soziale Abseits gedrängt wurden. Denn Waffenbesitz war nunmehr der sichtbare Ausdruck der Überlegenheit der neuen Kriegerschicht, die rasch an Ansehen gewann, politische Privilegien und wirtschaftlichen Reichtum genoss. Andererseits waren Stammesfehden an der Tagesordnung, und Machtinteressen wurden mit brutaler Gewalt durchgesetzt. In diesem Zusammenhang kam es auch zum Bau der wehrhaften Nuraghen, die vermutlich anfänglich befestigte Sitze einzelner Sippen waren, später jedoch zum Mittelpunkt größerer Siedlungen wurden und dann als Häuptlingssitze und Fluchtburgen dienten.

Wehrhafte Burgen

In Gemeinschaftsarbeit entstanden die ersten Nuraghen aus grob behauenen Steinblöcken als einstöckige, an einen Kegelstumpf erinnernde Rundbauten von bis zu 10 m Höhe mit einem einzigen finsteren Innenraum, der von einer aus vorkragenden Steinreihen mit Deckplatte gebildeten, unechten Kuppel abgeschlossen wurde. In der mehrere Meter mächtigen Außenmauer stieg eine spiralig angelegte Rampe oder Wendeltreppe zur Dachterrasse an. Während der Blütezeit der Nuraghenkultur (13. – 9. Jh. v. Chr.) wuchsen aus den einräumigen Kegelstümpfen teilweise Haupttürme bis zu zwanzig Metern Höhe empor. Diese besaßen mehrere übereinander gelagerte Stockwerke, die von Holzdecken auf Gesimslagern oder Kragge-

Die bis zu 20 m hohen Haupttürme der Nuraghen besaßen mehrere, übereinander gelagerte Stockwerke mit jeweils einem Raum.

wölben unterteilt wurden. In Verbindung mit weiteren Neben- und Ecktürmen, Terrassen, Höfen, Korridoren, Pforten und Außenwällen bildeten sie eine raffinierte Verteidigungsanlage, die letzlich wohl nur durch Aushungern zu bezwingen war. Im Schutz der gewaltigen Wehrbauten mit ihren zwischen 5 und 15 m dicken Umwallungen lagen Brunnen, Zisternen, Magazine, ja sogar Schmiedewerkstätten und Schmelzöfen. Ihre Bauweise wurde auch in den Rundhütten der Siedlungen nachgeahmt, die meist aus einem einzigen Raum von bis zu 9 m Durchmesser mit einem angeschlossenen Pferch für das Vieh bestanden. Wandnischen, steinerne Bänke und eine runde oder viereckige Herdstelle gehörten zur Grundausstattung.

Bronzekunst der Nuragher

Beeindrucken die Nuraghen durch ihre Größe, so faszinieren die Gebrauchsgegenstände und zahlreichen Votivfiguren (Opfergaben bzw. Weihegeschenke) aus Bronze durch ihre Formschönheit und Ausdruckskraft. Da Kupfer in reichem Maße auf Sardinien vorhanden war, musste nur Zinn importiert werden, um in den Schmelzöfen aus feuerfestem Lehm Bronze herzustellen. Der Guss der Bronzestatuetten geschah nach dem Prinzip der verlorenen Form (Wachsausschmelzverfahren). Die Figur wird dabei zunächst in Wachs modelliert; anschließend wird das Wachsmodell in Ton eingeschlämmt und gebrannt. Das ausfließende Wachs hinterlässt eine Hohlform aus Ton, in die nun die flüssige Bronze gegossen wird. Nach dem Erkalten wird die Tonform zerschlagen und ein Unikat aus Bronze ist entstanden. Waffen und Werkzeuge hingegen wurden in einer Art Serienproduktion unter Verwendung entsprechend behauener Steatitblöcke, die als Gussformen dienten, hergestellt. Neben Äxten, Beilen, Spitzhakken, Sägen, Sicheln, Scheren und Gefäßen gab es natürlich auch eine große Vielfalt an Bronzewaffen, darunter fünf verschiedene Degen- und Schwert-

Nuraghe Su Nuraxi bei Barumini. Im Vordergrund sieht man die Konsolen der ehemaligen Kragbrüstung, die die Türme oben abschlossen.

Die skurrilen winzigen Bronzefigürchen sind oft schwer zu deuten. Diese Kriegerfigur mit vier Augen, vier Armen, zwei Rundschildern und zwei Schwertern stammt aus dem Archäologischen Nationalmuseum in Cagliari.

typen, außerdem Lanzen, Wurfspieße, Hellebarden, fein gearbeitete Votivdegen sowie Dolche, wohl als Rangabzeichen für Häuptlinge und Priester.

Zierliche Statuetten

Richtig lebendig wird die Welt der Nuraghenerbauer aber erst in den über 500 bronzenen Votivfiguren, vom ehrerbietigen Hirten und Bauern bis zum stolzen Stammeshäuptling, vom grimmigen Krieger über die lebensfrohe Wasserträgerin bis zur feierlich gewandeten Priesterin. Die von wenigen Zentimetern bis zu 39 cm Größe variierenden Statuetten wurden als persönlicher Dank oder Fürbitte in den Sanktuarien (Heiligtümern) aufgestellt und bildeten gleichsam eine Versammlung des Volkes vor seinen Göttern. Zahlreiche Figuren von Jagdtieren können als Dankspenden wie auch als Beschwörung des Jagdglücks gedeutet werden. Jagdzauber oder Kampfmagie lag wohl auch den Votivdegen zugrunde, die häufig aufgespießt eine doppelköpfige Hirsch- oder Stierfigur trugen. Votivboote mit Bugformen in stilisierten Hirsch- oder Rinderköpfen könnten auf die Reise eines Verstorbenen ins Jenseits verweisen, aber auch als mögliche Weihegeschenke von Seefahrern gelten.

Wasser als Ursubstanz

Die rund 50 bekannten Brunnenheiligtümer auf Sardinien (fast alle überlieferten Kultstätten aus der Nuraghenzeit), zeugen davon, dass das Wasser als Ursubstanz, als Lebenselement und als Heilquelle in den damaligen Glaubensvorstellungen eine wichtige Rolle spielte, auch im Zusammenhang mit den zahlreichen Mineralquellen auf der vulkanischen Insel.
Dass der Zauber des Nuraghenvolkes noch nicht ganz erloschen ist, beweist der uralte Brunnentempel von Sardara unter dem Kirchlein der Heiligen Anastasia, zu dem die Bevölkerung auch heute noch pilgert, um das heilkräftige Mineralwasser daraus zu schöpfen.

Über den Zugangsbereichen zu den Nuraghentürmen, wie hier in Barumini, befindet sich ein Architrav, darüber eine Öffnung zur Luft- und Lichtzufuhr.

Limbara führt, der in der Punta Sa Berritta (1362 m) kulminiert. Auf dem Berg stehen zwar zahlreiche Sendeanlangen, aber der Blick schweift weit über einen großen Teil der Gallura bis zum Meer. Das Gebirge ist ein herrliches Wandergebiet mit schönen Wegen, die von der Forstbehörde unterhalten werden (Wanderführer ratsam).

Umgebung von Tempio Pausania (Fortsetzung)

Villanovaforru M 9

Provinz: Cagliari (CA)
Höhe: 324 m ü. d. M.
Einwohnerzahl: 740

Nuraghische Fundstelle

Villanovaforru liegt 8 km nordöstlich von Sardara inmitten der ersten Hügel der Marmilla. Seit einigen Jahren wird der kleinen Ortschaft wegen ihrer bedeutenden archäologischen Zeugnisse aus dem nahen Nuraghendorf Genna Maria große Aufmerksamkeit gezollt. Sehenswert sind im Ort auch einige in traditioneller Bauweise errichtete Häuser mit Mauern aus Mergel oder Sandstein in verschiedenen Farbtönen.

Sehenswertes in Villanovaforru

*Museo Archeologico Genna Maria

Öffnungszeiten
Di. – So.
April – Sept.
9^{30} – 13^{00}
15^{30} – 19^{00}
Okt. – März
bis 18^{00}

Das Museo Archeologico Genna Maria am Hauptplatz von Villanovaforru ist ein modern gestaltetes Museum, zu dem der Park mit der Ausgrabungsstätte, eine Restaurierungswerkstatt, ein Saal für wechselnde Ausstellungen und die eigentlichen Museumsräume gehören. Im Erdgeschoss sind die Funde aus dem Nuraghendorf Genna Maria ausgestellt. Die ausgegrabenen Gerätschaften hat man entsprechend ihren Funktionen auf mehrere Räume verteilt (Küche, Lager usw.); diese Aufteilung entspricht auch der in den verschiedenen Räumen der nuraghischen Wohnkomplexe. Der große Saal des oberen Stockwerks erläutert die Geschichte der Gegend nach der nuraghischen Epoche. Die Exponate illustrieren die Geschichte der punischen und römischen Marmilla von dem Zeitpunkt an, als die nuraghischen Gemeinschaften Kontakt mit Karthagern, Griechen und Etruskern aufnahmen (7.–6. Jh. v. Chr.), bis in die späte Römerzeit (5. Jh.). Der letzte Saal schließt den Rundgang mit einer Dokumentation der ältesten Siedlungen und Grabstätten der vor- und frühgeschichtlichen Marmilla ab.

**Nuraghendorf Genna Maria

Öffnungszeiten wie Museum

Bis 1969 war der Hügel Genna Maria (1 km westlich von Villanovaforru) nur eine der vielen mit Weizen bebauten Anhöhen der Marmilla. Heute, nach über dreißigjährigen Grabungsarbeiten, erscheint der bedeutende archäologische Komplex den bekannten Ausgrabungen von ▶ Barumini ebenbürtig. Die Anlage thront auf der höchsten Erhebung der Region (408 m) – so hat man einen schönen Rundblick über die Landschaft bis zum Meer. Die Nuraghe besteht aus einem einfachen Mittelturm, der um die Mitte des 2. Jh.s v. Chr. erbaut wurde, und einer dreieckigen Umfassungsmauer mit drei Türmen an den Ecken, die schießschartenartige Öffnungen aufweisen. Die Anlage besaß einen Innenhof mit einem in den Fels geschlagenen und oben durch ein Gewölbe abgeschlossenen Brun-

Villanovaforru (Fortsetzung)

nen. Eine mächtige Verstärkungsmauer umgab den Hof und die Türme der Bastion mit Ausnahme der Ost- und Nordostseite. Das vor dem 9. Jh. v. Chr. errichtete Vorwerk mit Türmen an den Ecken bildete eine weitere Verteidigungslinie. Aus einer späteren Zeit stammt die Gruppe von Gebäuden aus kleinen Mergelplatten, die z. T. auf den Resten des Vorwerks errichtet wurde. Das Dorf zeichnet sich dadurch aus, dass die Hütten rund um einen Hof angeordnet sind. In der Siedlung, die spätestens im 8. Jh. v. Chr. verlassen und teilweise durch einen Brand zerstört wurde, hat man Gerätschaften freigelegt, die zum täglichen Leben der Einwohner gehörten, bis sie unter ungeklärten Umständen plötzlich die Flucht ergriffen.

Villasimius — P 13

Provinz: Cagliari (CA)
Höhe: 44 m ü. d. M.
Einwohnerzahl: 2600

Schnell wachsender Touristenort

Der Ferienort Villasimius liegt an der Küste im äußersten Südosten Sardiniens in der Landschaft Sarrabus, etwa 50 km südöstlich von Cagliari. In den letzten Jahrzehnten wurde die touristische Erschließung des Ortes und des malerischen Küstenstrichs, dessen Südostspitze das Capo Carbonara darstellt, rasch vorangetrieben. Umfangreiche Baumaßnahmen veränderten zum Teil nachhaltig die Landschaft, deren Schönheit vor allem die Strände, die unberührte mediterrane Macchia und die zerklüfteten Felsen ausmachten. Auch entlang der Küstenstraße Richtung Cagliari sind zahlreiche Feriensiedlungen entstanden. Besonders fortgeschritten ist die Entwicklung von touristischen Siedlungen entlang der Costa Rei im äußersten Südosten der sardischen Küste.

Geschichte

Die Ortschaft wurde 1812 in der Nähe des alten, wegen der ständig drohenden Angriffe der Sarazenen aufgegebenen Carbonara gegründet. Sie hieß bis 1862 auch Carbonara. In der Umgebung befinden sich zahlreiche Reste von Türmen und Befestigungsanlagen, die Bestandteile des Verteidigungssystems entlang der Küste waren, wie etwa der kegelförmige Turm von Capo Boi und die Fortezza Vecchia aus dem 17. Jahrhundert.

Umgebung von Villasimius

Capo Carbonara

Die schmale Landzunge südlich von Villasimius, der Capo Carbonara, ist militärisches Sperrgebiet, zur Südspitze mit dem Leuchtturm kann man daher nicht vordringen.

***Costa Rei**

Etwa 20 km nördlich von Villasimius erstreckt sich der schöne, fast 10 km lange Strand der Costa Rei, der vor allem wegen seines weißen Sandes berühmt ist. Große Areale dieses traumhaften Küstenabschnittes sind mit Ferienhaussiedlungen und Apartmenthäusern bebaut. Doch trotz der Zersiedelung der Landschaft ist der Strand relativ natürlich erhalten und mit kleinen Felsvorsprüngen durchsetzt, und außerhalb der Saison ist es hier nach wie vor sehr ruhig.

Villasimius ist bekannt für seine schönen Strände. Das Capo Carbonara bildet die Südostspitze der Spiaggia del Simius.

Muravera Villaputzu

Die beiden Orte Muravera und Villaputzu liegen im Mündungsgebiet des Flusses Flumendosa im Süden Sardiniens an der Ostküste. Über die SS 125 sind sie direkt mit dem südwestlich gelegenen Cagliari verbunden (67 km). Muravera wird häufiger von Touristen besucht und besitzt eine größere Anzahl an Lokalen und Geschäften. Beide Orte sind schlicht, aber sie sind günstige Ausgangspunkte für Badeausflüge an die südliche Küste (z. B. die Costa Rei). Im ehemals malariaverseuchten Mündungsgebiet des Flusses wurde durch die Trockenlegung ausgedehnter Flächen die Landwirtschaft intensiviert.

Praktische Informationen

Praktische Informationen von A bis Z

Anreise

Mit dem Auto

Die Anreise mit dem Auto zu den Fährhäfen nach Sardinien empfiehlt sich über den Brenner (mautpflichtig) oder durch die Schweiz (Vignette) bis nach Genua, von hier muss man dann aber die längste (und teuerste) Strecke mit der Fähre zurücklegen. Wer auch Festlanditalien besichtigen will, kann bis Livorno oder Civitavecchia weiterfahren oder – verbunden mit einer Sizilien- und Süditalienreise – von Neapel, Trapani oder Palermo anreisen. Auch eine Überfahrt von der Insel Korsika (Bonifacio) oder direkt von der französischen Mittelmeerküste (nur im Sommer von Toulon) ist möglich. Wichtig ist jedoch im Sommer die rechtzeitige Buchung der Hin- und Rückfahrt für das jeweilige Fährschiff (▶ Fähren).
Die Benutzung der italienischen Autobahnen ist gebührenpflichtig. Mit der Viacard, erhältlich bei den Automobilclubs, an wichtigen Maut-, Tankstellen und Raststätten, kann man an den Mautstellen bargeldlos bezahlen.

Mit der Bahn

Zugverbindungen zu den Fährhäfen (Genua, Livorno, Civitavecchia) bestehen von allen wichtigen Städten Deutschlands, Österreichs und der Schweiz. In Civitavecchia wird der Zug auf die Fähre verladen, so dass man – auf Sardinien angekommen – gleich weiter Richtung Olbia, Sassari oder Cagliari fahren kann. Näheres über die Zugverbindungen findet man unter www.bahn.de.

Mit dem Flugzeug

Sardinien besitzt drei große Flughäfen, in Cagliari (Elmas, 8 km nordwestlich), Alghero (Fertilia, 10 km nördlich) und Olbia (Olbia-Costa Smeralda, 3 km südlich). Vor einigen Jahren wurde auch in Tortoli in der Provinz Nuoro ein Flughafen erbaut. Neben den normalen Linienflügen verbinden in den Urlaubszeiten einige Charterflüge die sardischen Flughäfen mit Städten des italienischen Festlands und anderen europäischen Ländern. Ohne Zwischenlandung werden die Flughäfen in Cagliari und Olbia von München, Frankfurt, Genf und Zürich aus im Sommerhalbjahr angeflogen (Meridiana und Lufthansa). Im Winterhalbjahr bestehen tägliche Verbindungen über Mailand, Rom und weitere italienische Städte (Lufthansa, Meridiana). Insgesamt ist jedoch das Angebot an Flügen nicht sehr groß, im Sommer kommen Verbindungen nach Alghero hinzu, Rheintalflug bietet Flüge von Friedrichshafen, Wien und St. Gallen (Altenrhein) an, ebenso wie Aerolloyd von Düsseldorf, Frankfurt/Main, München und Stuttgart nach Olbia.

◀ In dem kleinen Ort Pattada bei Ozieri werden die berühmten Pattada-Messer geschmiedet, deren lange Klingen angeblich unzerbrechlich sind und deren Griffe aus Widderhorn gefertigt werden.

Ärztliche Hilfe

Medizinische Versorgung

Eine ausreichende medizinische Versorgung ist in den Fremdenverkehrsorten und in den Städten und größeren Ortschaften gewährleistet. In vielen Touristenzentren steht in der Saison die Guardia medica turistica zur Verfügung. Sie ist täglich rund um die Uhr und nicht nur in dringenden Fällen für die medizinische Versorgung der Feriengäste zuständig. Bei einem Notfall sollte man sich an das nächstgelegene Krankenhaus wenden, die Notaufnahme ist 24 Stunden geöffnet und die dortige Untersuchung kostenfrei.

Krankenversicherung

Versicherte deutscher Krankenkassen haben im Krankheitsfall in Italien Anspruch auf eine Behandlung. Voraussetzung ist ein vor Reiseantritt beantragter Auslandskrankenschein (Vordruck E 111). Die ärztliche Behandlung bei den Vertragsärzten und -krankenhäusern der staatlichen Krankenversicherung (Unità Sanitaria Locale, U.S.L.) wird nach den Vorschriften des Urlaubslands gewährt. Gegen Vorlage des ausgefüllten und unterschriebenen Formulars E 111 erhält man ein Gutscheinheft, mit dem man sich von den Vertragsärzten auf Sardinien behandeln lassen kann. Im Allgemeinen muss ein Teil der Kosten für ärztliche Behandlung und für Arzneimittel bezahlt werden. Weitere Informationen sind den Merkblättern der Krankenkassen zu entnehmen. Gleiches gilt für österreichische Reisende (Formular SR 100-07), während Schweizer die ärztliche Behandlung und Medikamente selbst bezahlen müssen. Privat Versicherte erhalten die Kosten gegen Quittungsvorlage erstattet.

Private Zusatzversicherung

Da die Krankenkassen die Kosten eines Rücktransportes erkrankter Urlauber aus dem Ausland nicht übernehmen und sowohl ärztliche Behandlung als auch Medikamente in der Regel mit einer Kostenbeteiligung des Patienten verbunden sind, empfiehlt sich der Abschluss einer privaten, zeitlich begrenzten Zusatzversicherung vor Reiseantritt.

Auskunft

Auslandsvertretungen der ENIT

Erste Adressen für Auskünfte, die eine geplante Sardinienreise betreffen, sind die Staatlichen Italienischen Fremdenverkehrsämter (ENIT). Zuständig für die Fremdenverkehrspolitik auf Sardinien ist die Region im Rahmen ihres Amtes für Tourismus (Assessorato regionale nel Turismo).

Auf Sardinien

Die autonome Region verfügt außerdem über eine Institution zur Förderung des Fremdenverkehrs (Ente Sarde Industrie Turistiche; E.S.I.T.) und die vier Fremdenverkehrsämter der Provinzen (Ente Provinciale per il Turismo; E.P.T.). In den größeren Ortschaften bestehen eigene Fremdenverkehrsverwaltungen (Aziende Autonome di Soggiorno e Turismo; A.A.S.T.); viele kleinere Orte haben ihren lokalen Verkehrsverein (Pro Loco).

Pro Loco

Die Pro-Loco-Büros, vergleichbar mit lokalen Verkehrsvereinen, sind aus Privatinitiative entstanden. Sie werden nicht professionell betrieben, sondern durch Arbeitsleistung Freiwilliger. Dies führt dazu, dass die Öffnungszeiten recht unregelmäßig sind. In den Büros werden Adressen von Privatzimmervermietern und Ferienwohnungen vermittelt und man wird über Aktivitäten vor Ort informiert.

Sardische Fremdenverkehrszentrale
E.S.I.T.
Via Mameli 97
I-09124 Cagliari
☎ 8 00 01 31 53 (gebührenfrei)
FAX 0 70 66 46 36
E-Mail: esitourismo@tiscalinet.it
www.esit.net

Autonome Region Sardiniens Organizzazione Turistica Regionale
Assessorato del Turismo
Viale Trieste 105
I-09124 Cagliari
☎ 0 70 60 61
FAX 0 70 6 06 72 55
www.regione.sardegna.it

In Deutschland

Friedrichstraße 187
10117 Berlin
☎ 030/2 47 83 98, FAX 2 47 83 99
E-Mail: enit-berlin@t-online.de

Kaiserstraße 65
60329 Frankfurt am Main
☎ 069/23 74 34 FAX 23 28 94
E-Mail: enit.ffm@t-online.de

Goethestraße 20
80336 München
☎ 0 89/53 13 17, 53 31 63
FAX 53 45 27
E-Mail: enit-muenchen@t-online.de

Prospektbestellungen:
☎ 0 08 00/00 48 25 42 (gebührenfrei)

In Österreich

Kärntner Ring 4
A-1010 Wien
☎ 0 08 00/00 48 25 42 (gebührenfrei)
☎ 01/5 05 16 30 12
FAX 5 05 02 48
www.enit.at
E-Mail: delegation.wien@enit.at

In der Schweiz

Uraniastr. 32
CH-8001 Zürich
☎ 0 08 00/00 48 25 42 (gebührenfrei)
☎ 01/2 11 79 17, 211 30 31, 2 11 38 84
FAX 2 11 38 85
E-Mail: enit@bluewin.ch

Auf Sardinien (Auswahl)

Alghero A.A.S.T.
Piazza Porta Terra 9
I-07041 Alghero
☎ 0 79 97 90 54
FAX 0 79 97 48 81
E-Mail: infotourism@infoalghero.it
www.infoalghero.it

Arbatax Pro Loco
Via Lugomare (im Bahnhofsgebäude am Hafen)
I-08041 Arbatax
☎ 07 82 66 76 90

Aritzo Pro Loco
Corso Umberto
I-08038 Aritzo
☎ 07 84 62 92 23

Arzachena A.A.S.T.
Via Paolo Dettorri 43
I-07021 Arzachena
☎ 07 89 8 26 24
FAX 07 89 8 10 90

Comune di Barumini
Via S'Anziana
I-309021 Barumini
☎ 07 09 36 80 24-107
FAX 07 09 36 80 33
www.vaibarumini.it

Bosa Pro Loco
Via Azuni 1
☎ 07 85 37 61 07
I-08013 Bosa
www.bosa.it

Cagliari A.A.S.T.
Piazza Matteotti 9
I-09124 Cagliari

☎ 0 70 66 92 55, 0 70 66 49 23
E-Mail: aast.ca@tiscali.it

E.P.T.
Piazza Deffenu 9
I-09125 Cagliari
☎ 0 70 65 16 98
FAX 0 70 66 32 07
www.comune.cagliari.it

Cala Gonone Pro Loco
Via Bue Marino
I-08022 Cala Gonone
☎ 07 84 9 36 96

Carbonia Pro Loco
Piazza Roma 1
I-09013 Carbonia
☎ 07 81 69 41, FAX 07 81 64 039
www.sardinianet.it/carbonia

Carloforte Pro Loco
Corso Tagliafico 2
I-09014 Carloforte
☎/FAX 0 78 85 40 09
www.carloforte.it

Castelsardo Pro Loco
Via Bastione 2
I-07031 Castelsardo
www.consturcastelsardo.it

Costa Smeralda
▶ Arzachena

Costa Verde
▶ Guspini

Cuglieri Pro Loco
Via Carlo Alberto 33
I-09073 Cuglieri
☎ 07 85 36 82 00/98
FAX 07 85 36 82 14
www.vaicuglieri.it

Dorgali Pro Loco
Via Lamarmora 107
I-08022 Dorgali
☎/ FAX 07 84 9 62 43

Fonni Pro Loco
Via San Pietro
I-408023 Fonni
☎ 07 84 59 12 00
FAX 07 84 58 210

Comune di Ghilarza
Via Matteotti 64
I-09074 Ghilarza
☎ 07 85 56 10
FAX 07 85 56 10 69
www.vaighilarza.it

Guspini Pro Loco
Piazza Mercato
I-09036 Guspini
☎ 0 70 97 09 08
www.prolocoguspini.it

Iglesias Pro Loco
Piazza Municipio
I-09016 Iglesias
www.prolocoiglesias.it

Isili Pro Loco
Via Umberto I 79
Casella Postale 95
I-08033 Isili
☎/FAX 07 82 80 32 00
E-Mail: info@prolocoisili.it
www.prolocoisili.it

La Maddalena A.A.S.T.
Piazza barone de Geneys
I-07024 La Maddalena
☎ 07 89 73 63 21
FAX 07 89 73 66 55

Lanusei Pro Loco
Via Umberto 30
I-08054 Lanusei
☎ 07 82 4 24 34

Comune di Macomer
I-08015 Macomer
☎ 07 85 79 08 00
FAX 07 85 32 751
www.vaimacomer.it

Mogoro
Piazza Giovanni XXIII 7
I-09095 Mogoro
☎/FAX 0783 99 13 99
E-Mail: prolocomogoro@
inwind.it

Mores Pro Loco
Via San Giovanni 20
I-07013 Mores
www.prolocomores.it

Nuoro E.P.T.
Piazza d'Italia 19
I-08100 Nuoro
☎ 07 84 3 23 07, 07 84 3 00 83
FAX 07 84 3 34 32
E-Mail: info@enteturismo.nuoro.it
www.enteturismo.nuoro.it

Olbia A.A.S.T.
Via Castello Piro 1
I-07026 Olbia
☎ 07 89 2 14 53
FAX 07 89 2 22 21

Oliena Presidio Turistico
Via Grazia Deledda 32
I-08025 Oliena
☎ 07 84 28 60 78
FAX 07 84 28 63 24
E-Mail: galaveras@tiscalinet.it
www.oliena.it

E.P.T. Oristano
Piazza Eleonora 19
I-09170 Oristano
☎ 07 83 3 68 31
FAX 07 83 3 68 32 06
E-Mail: enteturismo.oristano@tiscalinet.it

Pro Loco Orosei
Via Nazionale
I-08028 Orosei
☎ 07 84 99 83 67

Ozieri
Consorzio Cuore di Sardegna
Piazza Carlo Alberto
I-07014 Ozieri
☎/FAX 0 79 78 80 79
www.cuoredisardegna.com

Palau A.A.S.T.
Via Nazionale 94
I-07020 Palau
☎ 07 89 70 95 70, 07 89 70 85 56
FAX 07 89 70 95 70

Perfugas Pro Loco
Via Mazzini 63
I-07034 Perfugas

Porto Torres Pro Loco
Piazza 20 Settembre 4
I-07046 Porto Torres
☎ 0 79 51 50 00

Pula Pro Loco
Centro Culturale Casa Frau
Piazza del Popolo
I-09010 Pula
☎/FAX 0 70 92 45 25 0
www.prolocopula.it

Sanluri
Via Mazzini 74
☎ 070 9 37 05 05
I-09025 Sanluri
E-Mail: prolocosanluri@tiscalinet.it

Isola di San Pietro
► Carloforte

Santa Maria Navarrese
Viale Plammas 9
I-08040 Santa Maria Navarrese
☎/FAX 07 82 61 55 37

Sant'Antioco Pro Loco
Piazza Repubblica 31a
I-09017 Sant'Antioco
☎ 07 81 82 03 1
www.sulci.net
www.vaisantantioco.it

Santa Teresa di Gallura A.A.S.T.
Piazza Vittorio Emanuele I 24
I-07028 Santa Teresa di Gallura
☎ 07 89 75 41 27
FAX 07 89 75 41 85
E-Mail: aaststg@tiscalinet.it
www.regione.sardegna.it/aaststg

Pro Loco Santu Lussurgiu
Via Santa Maria 40
I-09075 Santu Lussurgiu
☎/FAX 07 83 55 10 34
E-Mail: prolocosl@tiscalinet.it

Sassari E.P.T.
Viale Caprera 36
I-07100 Sassari
☎ 0 79 29 95 44/46/79,
0 79 29 64 28, FAX 0 79 29 94 15

A.A.S.T.
Viale Umberto 72

Auskunft (Fortsetzung)

I-07100 Sassari
☎ 0 79 23 35 34
FAX 0 79 23 75 85
Via Roma 62
I-07100 Sassari
☎/FAX 0 79 23 17 77
E-Mail: azstss@tiscali.it
www.regione.sardegna.it/azstss

Seui
Via Roma 131
I-08037 Seui
☎ 07 82 5 45 00

Siniscola Ufficio Turismo
I-08029 Siniscola
☎ 07 94 87 70 13

Stintino Pro Loco
Via Sassari 77
I-07040 Stintino
☎ 0 79 52 32 82

Tempio Pausania Pro Loco
Piazza Gallura 2
I-07029 Tempio Pausania
☎ 0 79 63 12 73

Teulada Ufficio informazioni Turistiche c/o Ass. Turistica Pro Loco
Piazza Mazzini 10
I-09019 Teulada
☎ 0 70 9 27 00 32
www.comune.teulada.ca.it
www.vaiteulada.it

Tortoli Pro Loco
Via Garibaldi 36
I-08041 Tortoli
☎/FAX 07 82 62 28 24

Villasimius Serpentara Viaggi e Turismo s.n.c.
Via G. Marconi 12
I-09049 Villasimius
☎ 0 70 79 15 46
FAX 0 70 79 15 52
www.serpentara.com

Autohilfe

Pannenhilfe des italienischen Automobilclubs ACI (soccorso stradale)
☎ 8 00 11 68 00
Automobile Club d'Italia (ACI)
Via Marsala 8, I-00185 Rom
☎ 06 4 99 81
www.aci.it

Touring-Club Italiano (TCI)
Corso Italia 10
I-20122 Mailand
☎ 02 8 52 61
FAX 8 53 59 93 47
www.touringclub.it

ADAC-Notrufstation
☎ 02 66 15 91

Badestrände

Allgemeines

Dank der langen Küstenlinie (1849 km) ist die Auswahl an Badestränden auf Sardinien groß und überaus vielfältig: Das Angebot erstreckt sich von landschaftlich reizvollen Felsenküsten mit kleinen Badebuchten bis hin zu herrlichen, langen Sandstränden, die teilweise durch einen Sanddünengürtel vom Hinterland abgetrennt sind. Die vielen kleineren und größeren Buchten sind manchmal nur per Boot zu erreichen, doch auch zu Fuß findet man besonders in der Vor- und Nachsaison schöne, einsame Badeplätze. Per Gesetz sind alle Strände öffentlich und damit frei zugänglich. Die bekanntesten Küstenabschnitte Sardiniens sind die ▶ Costa Smeralda im Nordosten der Insel (viele kleine Buchten, teilweise nur vom Wasser aus zugänglich), die Costa Rei im Süd-

Badestrände (Fortsetzung)

osten (▶ Villasimius) mit einem schönen, fast 10 km langen Sandstrand, die Costa del Sud südwestlich von Cagliari (▶ Teulada) und die noch weniger bekannte Costa Verde (▶ Guspini) an der Westküste Sardiniens. Die schönsten Strände sind bei den entsprechenden, nahe gelegenen ▶ Reisezielen von A bis Z beschrieben.

Jeder kommt in Sardinien auf seine Kosten: Es gibt kleine Badebuchten, Felslandschaften, kilometerlange Sandstrände – einsam gelegen oder viel besucht wie hier in Budoni.

Bahnverkehr

Allgemeines

Sardinien hat zwei verschiedene Bahnsysteme: die staatliche Hauptlinie und die Schmalspurbahnen. Die Hauptlinien werden von der italienischen Staatsbahn FS betrieben (Ferrovie dello Stato). Sie verbinden u. a. die Linien des italienischen Festlandes mit den wichtigsten Anlegestellen der Fährschiffe auf Sardinien (in Olbia, Cagliari und Porto Torres). Die Häfen in Palau, Arbatax und Alghero werden von Schmalspurbahnen bedient.

Staatliche Bahn (FS)

Die wichtigste FS-Linie führt einmal quer über die Insel von Olbia im Nordosten nach Cagliari im Süden über Chilivani, Macomer, Oristano und Decimomannu. Von Olbia besteht ein Anschluss zum FS-Fährhafen in Golfo Aranci. Von der Hauptstrecke zweigt im Nordteil Sardiniens die Linie nach Sassari bzw. Porto Torres ab (Knotenpunkt ist Chilivani); im Süden zweigt bei Decimomannu eine Linie nach Iglesias und Carbonia ab. Eine Fahrt von Cagliari nach Olbia dauert 4–6 Std., von Cagliari nach Porto Torres fast 5,5 Std., die

Strecke zwischen Sassari und Olbia wird in 2–3 Std., die zwischen Cagliari und Carbonia in 1 Std. zurückgelegt.

Schmalspurbahnen (FCS)

Die Nebenstrecken sind Schmalspurstrecken, die von den größeren Ortschaften die gebirgigen Regionen des Inselinneren erschließen. Sie werden von der Ferrovia Complementare della Sardegna (FCS) betrieben. Bahn fahren ist auf Sardinien ein zeitintensives Vergnügen, doch kann man ohne Zweifel so auf geruhsame Art das Landesinnere kennen lernen und gleichzeitig etwas vom sardischen Alltag miterleben. Nicht nur Eisenbahnliebhaber sind von der Fahrt durch das Inselinnere begeistert. Besonders beliebt bei den meisten Touristen ist die Strecke durch die Barbargia von Cagliari nach Arbatax. Sie ist 238 km lang und dauert 6,5 Stunden Alternativ teilt sich die Strecke bei Mandas und führt bis nach Sorgono (166 km). Die Strecke von Bosa an der Westküste nach Nuoro über Macomer ist 138 km lang und dauert ca. 2,5 Stunden. Die dritte Strecke führt 185 km durch die Gallura von Palau an der Westküste bis nach Alghero im Osten der Insel.

Trenino Verde

Auf landschaftlich besonders schönen Strecken wird der Trenino Verde eingesetzt. So fährt während der Urlaubssaison die Bahn zu mehr oder weniger regulären Fahrzeiten die 30 km lange Strecke vom Bergort Mandas bis Arbatax im Südosten der Insel. An restaurierte Dampflokomotiven sind schöne alte Waggons angehängt. Die Strecke windet sich durch wildes, unberührtes Land, das man sonst nur schwer zu sehen bekommt. Der Bummelzug hält auch auf der Strecke, so dass man die Gelegenheit erhält, Grotten, Wasserfälle und Nuraghensiedlungen zu besichtigen.

Auskünfte
Sardisches Fremdenverkehrsamt E.S.I.T. in Cagliari
(► Auskunft).

Fahrpläne
www.fs-on-line.com
www.ferroviesardegna.it

Bahnhofsmuseum und Ufficio Turistico Trenino Verde
Via Pompeo 1
I-09042 Monserrato
☎/FAX 0 70 58 02 46
E-Mail: treninov@tin.it
www.treninoverde.com

Behindertenhilfe

Auf Sardinien entsprechen nur wenige Hotels der auch in Italien geltenden Norm, so dass behindertengerechte Unterkünfte noch recht selten sind. In den größeren Städten wie Cagliari oder Sassari

Behindertenhilfe (Fortsetzung)

geht man langsam dazu über, auch im öffentlichen Raum adäquate Voraussetzungen zu schaffen. So gibt es in Cagliari eine Initiative, die am Poetto-Strand rollstuhlgerechte Zonen eingerichtet hat, einschränkend muss allerdings hinzugefügt werden, dass diese nur während der Sommermonate zur Verfügung stehen.

Bundesarbeitsgemeinschaft des Clubs Behinderter und ihrer Freunde e.V.
Eupener Straße 5
D-55131 Mainz
☎ 0 61 31/22 55 14, FAX 23 88 34
www.bagcbf.de

Bundesverband Selbsthilfe für Körperbehinderte · BSK-Reisedienst
Postfach 20
D-74236 Krautheim
☎ 0 62 94/6 81 10
FAX 9 53 83
www.bsk-ev.de

Verband aller Körperbehinderten Österreichs
Lützowgasse 28/3
A-1140 Wien
☎/FAX 01/9 11 32 25
http://oear.or.at

Mobility International Schweiz
Frobergstraße 4
CH-4600 Olten
☎ 0 62/2 06 88 30
Reiseinformation:
☎ 2 06 88 35
FAX 2 06 88 39
www.mis-infothek.ch

Camping und Caravaning

Wildes Campen

Wildes Zelten ist auf ganz Sardinien verboten. Um auf Privatgrundstücken zelten zu können, muss die Erlaubnis des Besitzers eingeholt werden. In den Staatsforstgebieten ist Zelten meist nach vorheriger Anmeldung möglich. Wer mit Wohnmobil oder Wohnwagen reist, kann sich kurze Zeit (höchstens ein bis zwei Nächte) außerhalb von Campingplätzen aufhalten.

Campingplätze

Sardinien hat eine große Auswahl an Campingplätzen unterschiedlicher Kategorien und Ausstattung; sie liegen zum größten Teil an der Küste in Strandnähe. In der Hochsaison (Mitte Juli bis Mitte September) empfiehlt sich rechtzeitige Voranmeldung. Ein jährlich erscheinendes Verzeichnis der sardischen Campingplätze wird vom E.S.I.T. (▶ Auskunft) sowie vom italienischen Camping-Verband herausgegeben. Darüber hinaus bietet der Camping-Führer des ADAC (Band 1: Südeuropa) eine gute Hilfe für die Vorbereitung und Durchführung eines Camping- oder Caravaningurlaubs.

Federazione Italiana del Campeggio e del Caravaning
Via Vittorio Emanuele 11
I-50041 Calenzano (Firenze)
☎ 0 55 88 23 91
FAX 0 55 48 82 59 18

Diplomatische Vertretungen

Deutsches Honorarkonsulat
Via Raffa Garzia 9
I-09126 Cagliari
☎ 070 30 72 29
E-Mail: rom-ob@bmaa.gv.at
www.austria.it

Schweizer Konsulat
Via XX Septembre 16
I-09125 Cagliari

☎ 0 70 66 36 61
FAX 0 70 66 80 42
E-Mail: avespa@tiscalinet.it

Diplomatische Vertretungen (Fortsetzung)

Einkäufe und Souvenirs

Allgemeines

Die Einkaufsmöglichkeiten sind auf Sardinien besonders in den Städten gut. Wer auf der Suche nach italienischer Mode ist, wird in den vielen Boutiquen und Schuhläden z. B. in Cagliari, Sassari, Nuoro und Alghero eine gute Auswahl vorfinden.

Märkte

In vielen Stadtvierteln und fast allen kleineren Ortschaften gibt es Wochenmärkte, die Waren aller Art anbieten. Auf Sardinien fehlen die großen, farbenfrohen Märkte, wie sie aus vielen Städten Süditaliens bekannt sind. Einen Besuch wert ist jedoch der Markt von Cagliari (San Benedetto), der jeden Vormittag stattfindet.

Cagliari

Kulinarisches

Beliebt sind auch die kulinarischen Genüsse Sardiniens zum Mitnehmen; vor allem sardischer Wein (▶ Essen und Trinken), Käse, Honig und dolci sardi, die sardischen Süßigkeiten, bieten sich dazu an.

Kunsthandwerk

Sardinien besitzt eine große handwerkliche Tradition, die sich im Laufe von Jahrhunderten entwickelt hat. Heute hat sich das Handwerk auf die Produktion von Einrichtungsgegenständen und Geschenkartikeln verlegt. Sie sind eine eigenständige Ausdrucksform der sardischen Kultur, die sich über Generationen erhalten hat.
Die Erzeugnisse des sardischen Kunsthandwerks sind äußerst vielfältig und originell, was ihre Gestaltung und technische Ausführung betrifft. Einer der wichtigsten Zweige ist die Handweberei, bei der aus Schafwolle, Baumwolle und Leinen schöne Teppiche, Decken, Gobelins, Tischdecken und Kleiderstoffe hergestellt werden. Bedeutend ist auch die Stickerei, besonders die Filetstickerei, für die Bosa und Osilo bekannt sind (bestickte Schals), und die Keramikproduktion (Vasen, Amphoren, Schalen, Teller und Tassen). In vielen Ortschaften wird die Korbflechterei betrieben und Körbe in verschiedenen Größen und Formen aus Affodill, Stroh, Zwergpalmenblättern und Weidenruten angeboten. Schmuck kann man aus Gold, Silber und anderen Materialien erwerben, Alghero ist für seinen Korallenschmuck berühmt (echter Korallenschmuck darf aber seit dem Washingtoner Artenschutzabkommen nicht mehr nach Deutschland importiert werden!). Bei den sardischen Hirtenmessern handelt es sich um ganz in Handarbeit hergestellte Taschenmesser, die in vielen Orten gekauft werden können. Außerdem wird man auf Sardinien schöne Gegenstände aus Schmiedeeisen, Kupfer und Kork, Schnitzarbeiten aus Holz und Horn und Lederwaren verschiedener Art finden.

Einkauf

Zahlreiche Geschäfte bieten auf Sardinien handwerkliche Waren an. Jedoch sollte man sich vor dem Kauf über die Herkunft genau informieren, denn manches wird als echt sardisch ausgegeben, was sich bei näherem Hinsehen als billiges Importprodukt entpuppt.

I.S.O.L.A.

Zur Aufwertung und Förderung des sardischen Kunsthandwerks wurde die regionale Institution I.S.O.L.A. (Istituto Sardo per l'Organizzazione del Lavoro Artigiano) gegründet, in deren Ver-

Einkaufen und Souvenirs (Fortsetzung)

kaufsstellen ausgewählte handwerkliche Erzeugnisse von hoher Qualität ausgestellt und zum Verkauf angeboten werden. Die Organisation I.S.O.L.A., deren Hauptsitz sich in Cagliari befindet, betreibt auch eigene Werkstätten, vor allem für Handweberei und Korbflechterei. Diese Handwerkszentren, die man in der Regel besichtigen kann, bieten einige ihrer Arbeiten direkt zum Verkauf an.

Die I.S.O.L.A.-Läden sind nur während der Saison göffnet.

Alghero
Via Catalogna 54 – 56
☎ 0 79 95 21 44, 0 79 95 21 56

Cagliari
Via Bacaredda 176 – 178
☎ 0 70 49 27 56

Nuoro
Via Monsignor Bua 10
☎ 07 84 33 35 81, 07 84 31 50 7

Oristano
Via Tirso 139
☎ 07 83 21 18 77

Porto Cervo
Villagio Sotto Piazza
☎ 07 89 9 44 28

Sassari
Padiglione dell'Artigianato, im Stadtpark, ☎ 0 79 23 81 21

Elektrizität

Das Stromnetz führt 220 Volt Wechselspannung; im Allgemeinen sind Eurostecker (Adapter) wegen der unterschiedlichen Steckdosengröße nötig.

Essen und Trinken

Essgewohnheiten

Die sardischen Essgewohnheiten unterscheiden sich zum Teil erheblich von den deutschen. Das beginnt schon am Morgen: Zwar bieten heutzutage die meisten großen Hotels ein Frühstück, das mit Brötchen, Butter und Konfitüre nordeuropäischen Gepflogenheiten entspricht, die Sarden begnügen sich jedoch mit einem schnellen caffè oder cappuccino an der Bar und höchstens einem Gebäckstück dazu. Dafür wird mittags und abends umso üppiger gespeist. Ein typisches Mittag- bzw. Abendessen besteht meistens aus einer kalten oder warmen Vorspeise (antipasto), einem ersten Gang (primo piatto) mit Nudeln (pasta) oder Reis (risotto), einem zweiten Gang (secondo) mit einem Fleisch- oder Fischgericht und zum Abschluss Käse (formaggio) und ein Dessert (dolce). Das Mittagessen (pranzo) nimmt man zwischen 13^{00} und 15^{00} Uhr ein, das Abendessen (cena) zwischen 19^{00} und 22^{00} Uhr. Über die sardische Küche und typische Gerichte informiert das ▶ *Baedeker-Special S. 258/259.*

Weinbauregionen und DOC-Weine

Allgemeines

Rebsorten

Die wichtigsten Rotweinsorten der Insel, Cannonau, Carignano und Vermentino, sind ursprünglich aus spanischen Trauben hervorgegangen. Besondere Beachtung verdient der Cannonau. Diese berühmteste Rotweintraube Sardiniens wird besonders in Oliena,

Dorgali und Jerzu angebaut. Die besten Carignano-Weine tragen die DOC-Bezeichnung Carignano de Sulcis, und der beachtenswerteste Vermentino stammt aus der Provinz Gallura im Norden der Insel. Daneben besitzt Sardinien noch eine Reihe eigenständiger Rebsorten.

Erwähnung verdient auch die rote Traube Monica, geführt unter der DOC-Bezeichnung Monica di Cagliari oder Monica di Sardegna, ihre Chakteristika sind ein weicher, samtiger Geschmack und ein intensives Aroma, sie wird sowohl trocken als auch als Liquoroso-Wein vermarktet. Zumeist als Dessertwein bekannt ist der Malvasia (di Bosa). Unter der Bezeichnung Vernaccia di Oristano werden trockene Weißweine sowie sherryähnliche Dessertweine angeboten.

Auf dem italienischen oder gar auf dem internationalen Markt spielen die sardischen Weine kaum eine Rolle, mit 40 000 ha liegt Sardinien in seiner Produktivität an achter Stelle von allen italienischen Regionen. Beherrscht wird der Weinanbau überwiegend von den großen Genossenschaften (cantine sociali), die die Produktion, die früher in den Händen privater Winzer lag, übernommen haben und vermarkten. Nur wenige Winzer können sich mit überregionalem Renommee behaupten.

Neben dem Besuch der cantine sociali in vielen Ortschaften können auch private Weingüter besichtigt werden, z. B. Sella & Mosca (▶ Baedeker-Tipp, S. 77). Im Weinmuseum in Berchidda, 18 km nördlich von Ozieri, kann man sich über die Geschichte des Weinbaus informieren, aber auch verschiedene Sorten degustieren (▶ Baedeker-Tipp, S. 190).

Hochprozentiges

Fast überall auf der Insel destilliert man einen typischen Tresterbranntwein namens Filu 'e ferru. Aus den Beeren der Myrte wird der Mirto, ein beliebter Likör auf Sardinien hergestellt. Er wird rot (temperiert) oder weiß (eisgekühlt) sowohl als Aperitiv wie auch als Digestiv geschätzt.

Feiertage

1. Januar: Neujahr
6. Januar: Dreikönigsfest
Februar/März: Faschingssonntag und Faschingsdienstag
März/April: Ostersonntag und Ostermontag
25. April: Tag der Befreiung (1945)
1. Mai: Tag der Arbeit
15. August: Ferragosto (Mariä Himmelfahrt)
1. November: Allerheiligen
8. Dezember: Mariä Empfängnis
25./26. Dezember: Weihnachten

Fähren

Fährhäfen

Die wichtigsten Häfen der Insel sind durch Fährschiffe mit verschiedenen Häfen der Küsten Italiens und anderer Mittelmeerländer verbunden. Bedeutende Fährhäfen sind in Cagliari, Olbia und Porto Torres. Außerdem werden von Fährschiffen die Häfen von Arbatax, Golfo Aranci und Santa Teresa di Gallura angefahren. Die meisten Linien betreibt die Schifffahrtsgesellschaft Tirrenia, die wie Moby

Schlicht und deftig – die sardische Küche

Die typisch sardische Küche kommt nicht mit aufwändigen Kreationen auf winzigen Gourmettellerchen daher, sondern mit deftigen, kalorienreichen Speisen. Das Leben auf der Insel war jahrhundertelang vom harten und entbehrungsreichen Leben der heimischen Bevölkerung – Hirten und Bauern – geprägt und entsprechend entwickelte sich eine einfache, gehaltvolle Küche.

Fleisch, Brot und Käse sind die Grundnahrungsmittel des traditionellen Essens; diese aber werden in diversen, zum Teil sehr originellen Variationen zubereitet.
Wie überall in Italien folgt auf ein antipasto (Vorspeise) der primo piatto, ein erster Gang mit Nudeln oder Reis, darauf der secondo, ein zweiter Gang mit Fisch oder Fleisch, wobei die contorni (Beilagen) extra bestellt werden müssen. Man schließt mit dolci e frutta (Süßspeisen und Obst) oder formaggi (Käse) sowie einem caffè. Auch Fisch und Meeresfrüchte fanden sich vor dem Einzug des Tourismus nur selten und regional begrenzt in sardischen Kochtöpfen – die Sarden waren nie ein Volk von Fischern. Heute dagegen sind die Speisekarten an der Küste von Gerichten aus dem Meer dominiert. Meeräschen, Aale, Tunfisch, Seezunge, Seehecht, Streifenbrasse und die Langusten sind u. a. als Hauptspeisen zu haben. Venusmuscheln, Miesmuscheln, Tintenfisch und Krabben bekommt man oft auch mit Reis oder Nudeln als ersten Gang angerichtet.

Tägliches Brot

Beginnen wir mit dem Hauptnahrungsmittel Brot, das auch heute noch oft statt anderer Beilagen zum Fleisch serviert wird. Fast jedes Dorf hatte früher seine eigene Sorte, Zubereitungsart und Brotform. Das berühmteste darunter ist das pane carasau der Hirten (carasau = hart geworden). Es besteht aus zwei dünnen, runden Teigschichten und wird zweimal gebacken. Da es lange haltbar ist, konnten es die Hirten bei ihren Wanderungen mitnehmen. Heute serviert man es auch "guttiau" (lat. gutta/stilla = Tropfen), das Brot wird dann aufgewärmt und mit einigen Tropfen Öl und etwas Salz angerichtet. In heißem Wasser aufgeweicht und mit Tomatensauce, geriebenem Käse und einem pochierten Ei zubereitet, wird es als pane frattau bezeichnet und ist eine recht sättigende Angelegenheit. Ungewöhnlich ist auch so manches Fleischgericht, das auf Sardinien auf den Tisch kommt. Am originellsten ist wahrscheinlich

Porcheddu – glänzend und knusprig: Das über dem Feuer gegrillte Spanferkel ist eine Spezialität der Sarden.

Der Pecorino Sardo gehört zur traditionellen sardischen Küche und wird heute weltweit exportiert.

su malloru de su sabatteri, ein Essen, das nur höchst selten und zu ganz besonderen Anlässen im Freien zubereitet wird: In ein Rind wird zunächst ein Schwein gesteckt, in dieses ein Lamm gefüllt, in welchem wiederum ein Hase Platz finden muss, der eine Wachtel in sich trägt. (Bis auf die Ziege sind damit auch schon die wichtigsten Fleischsorten Sardiniens genannt.) Dieser gigantische Koloss wird dann auf einen Spieß gesteckt und über einem Holzfeuer gegrillt.

Etwas "überschaubarer" ist das über dem Feuer gegrillte Spanferkel (porceddu) oder Lamm, auch Zicklein, Kalb und Wildschwein werden auf diese Weise zubereitet. Vor allem im Herbst werden auch verschiedene Vogelarten (Wachteln, Tauben, Schnepfen usw.) angeboten. Als Vorspeisen werden luftgetrockneter Schinken, Wildschweinschinken, Salami und Würstchen gereicht. Für Gemüse und Salate haben die Sarden hingegen nicht viel übrig.

Beim Thema Käse wird man dagegen angenehm überrascht: Es gibt eine reiche Auswahl, die verschiedenen Sorten werden fast alle aus Schafsmilch oder aus Ziegenmilch hergestellt. Unausweichlich ist eine Begegnung mit dem pecorino sardo, einem würzigen Schafs- oder Ziegenkäse. Schärfer im Geschmack ist der fast weiße, geräucherte fiore sardo aus Schafsmilch. Mild sind der dolce sardo und der ricotta.

Wenn auch Spaghetti völlig untypisch für die sardische Küche sind, so gilt das nicht für Nudelgerichte überhaupt. Vielmehr gehören die malloreddus, von den Italienern auch gnocchi sardi genannt – weiße Nudeln aus Hartweizengries, die wie kleine Muscheln geformt sind – zu den Spezialitäten der Insel. Auch eine Art von Griesnocken, die alla campidanese mit Fleisch- oder Wurstragout angerichtet sind, und sardische Ravioli mit Quark-, Käse- oder Hackfleischfüllung sollten probiert werden.

Besonders wohlschmeckend sind die mit Kartoffeln zubereiteten gnocchetti von Ogliastra.

Finale grande

Schließlich sollte man auch den Nachtisch nicht versäumen: So gut wie nie fehlt auf den Speisezetteln die sebada, eine mit frischem Käse (Ricotta) gefüllte, in Öl ausgebackene und mit warmem Honig servierte Teigtasche. Ein Köstlichkeit ist außerdem torrone, eine Art türkischer Honig, und der etwas strengere miele amaro (bitterer Honig) aus den Blüten der Macchia. Die sospiri (die Seufzer), ein baiserartiges Mandelgebäck, ist eine Spezialität aus Ozieri.

Die Italiener beschließen eine Mahlzeit fast immer mit einem auch nördlich der Alpen bekannten Espresso (ein kleiner, schwarzer, starker Kaffee). Doch nur ein Ausländer bestellt einen "Espresso", in Italien heißt er schlicht "caffè", den es wiederum doppelt ("doppio"), korrigiert ("corretto") mit Grappa, Cognac oder Bitter, mit wenig Milch ("macchiato"), kalt ("freddo") im Sommer oder schwach und verlängert ("lungo") gibt. Noch variantenreicher ist der "cappuccino" (mit heißem Milchschaum gekrönter caffè): man kann ihn hell ("chiaro") oder dunkel ("scuro"), in verschiedenen Temperaturen und mit mehr oder weniger Schaum zu sich nehmen.

Ein einfacher Milchkaffee ist ein "caffellatte", wer aber Milch mit wenig Kaffee vorzieht, der bestelle sich eine "latte macchiato", ein heißes Glas Milch mit einem caffè gemischt.

Fähre verpasst? Etwas Fernweh beschleicht einen hier schon.

Fährhäfen (Fortsetzung)

Lines auch im Winter im Gegensatz zu den meisten anderen Schiffen täglich verkehrt.
Bei Nachtfahrten sollte man rechtzeitig Kabinenplätze buchen, um nicht auf die wenig komfortablen Liegesessel angewiesen zu sein. Da der Konkurrenzkampf zwischen den einzelnen Linien recht groß ist, gibt es ein kaum zu überschauendes Angebot an Sondertarifen, deren Vergleich durchaus lohnenswert ist.

Tirrenia

Agentur für Deutschland
Armando Farina GmbH
Postfach 73 03 09
Schwarzwaldstraße 82
D-60505 Frankfurt am Main
☎ 0 69/6 66 84 91, FAX 6 66 84 77
www.tirrenia.it
Die wichtigsten Verbindungen der Gesellschaft Tirrenia sind:
Genua – Cagliari, Porto Torres, Olbia, Arbatax
Civitavecchia – Cagliari, Olbia
Fiumicino – Arbatax, Golfo Aranci

Mobylines

Wilhelmstraße 36 – 38
D-65183 Wiesbaden
☎ 0611/140 20, FAX 140 22 44
E-Mail: info@mobylines.de
www.mobylines.de
Von Livorno, Genua und Civitavecchia geht es nach Olbia. In der Hauptsaison auch per Express, außerdem Spezialangebote für Camper und Ermäßigungen bei Buchungen von Hin- und Rückreise gleichzeitig (Moby-Pex-, Super-Pex-Tarif).

Sardinia Ferries

Corsica & Sardinia Ferries GmbH
Georgenstraße 38
D-80799 München
☎ 089/3 89 99 10, FAX 33 85 76

Tourship AG
Wehntalerstr. 102
CH-8057 Zürich
☎ 01/3 64 16 00, FAX 3 64 16 06
www.sardiniaferries.com
Verbindungen vom Festland nach Sardinien: Livorno und Civitavecchia – Golfo Aranci
Civitavecchia – Cagliari
Bucht man die Express-Fähre, erreicht man den Golfo Anranci von Civitavecchia schon in 3,5 Stunden. Jackpot und Jackpot-Express bieten Sonderpreise.

Linea dei Golfi

TURISARDA
Richardstraße 28
D-40231 Düsseldorf
☎ 0211/22 94 00 15
FAX 22 94 90 29
E-Mail: turisarda@t-online.de
www.turisarda.com
www.lloydsardegna.it
Fährt von Piombino und Livorno nach Olbia, von Livorno nach Cagliari. Auch hier gibt es Ermäßigungstarife und besondere Angebote für Camper.

Grandi Navi Veloci

www.gnv.it
Die Fähren von Grandi Navi Veloci verkehren von Genua nach Porto Torres und nach Olbia.

Fähren (Fortsetzung)

Weitere Fährverbindungen

Tägliche Fährverbindungen bestehen nach La Maddalana von Palau, Santa Teresa di Gallura und Bonifacio/Korsika aus (z. B. Tris Traghetti, www. tris.it).
Nach Carloforte auf der Isola San Pietro gelangt man mit der Fähre von Calasetta auf der Isola di Sant'Antioco oder von Portoscuso an der sardischen Küste.

Baedeker TIPP Buchen übers Netz

Über die Internetadresse www.ocean24.de kann man die Angebote diverser Reedereien auch direkt buchen – und vergleichen. Bei der leicht zu handelnden Abfrage einer Fährverbindung nach Sardinien werden Sardinia Ferries oder Moby Lines berücksichtigt.

Rechtzeitig buchen!
Obwohl die Zahl der Schiffe, die täglich zwischen der Insel und dem Festland verkehren, ziemlich groß ist, muss man die Überfahrt unbedingt frühzeitig buchen, vor allem, wenn man in der Zeit der großen Ferien zu reisen beabsichtigt. Buchungen sind von jedem Reisebüro in Deutschland möglich. Ebenso kann man dort aktuelle Fahrpläne und Preislisten erhalten.

Geld

Währung

Seit dem 1. Januar 2002 ist der Euro in Italien ebenso wie in Deutschland, Österreich und neun weiteren europäischen Staaten offizielles Zahlungsmittel. Für die Schweiz, die nicht der EU-Währungsunion angeschlossen ist, gilt 1 € = 01,62 sfr; 1 sfr = 0,62 €.

Banken

Banken gibt es in allen größeren Orten Sardiniens. Die Öffnungszeiten sind mit geringen Abweichungen im Allgemeinen Mo. – Fr. 8^{30} bis 13^{20} und 14^{30} – 16^{00} Uhr.

Geldautomaten

An Geldautomaten kann man mit Kreditkarten und Bankkarten Geld abheben, in der Regel maximal 500 € pro Tag.

Kreditkarten Banken, größere Hotels, Restaurants der gehobenen Kategorien, Autovermieter und viele Einzelhandelsgeschäfte akzeptieren die meisten internationalen Kreditkarten, vorzugsweise Visa, gefolgt von American Express, Eurocard (Mastercard) und Diners Club.

Verlust von Bank-/Kreditkarten Bei Verlust von Bankkarten sollte man zur sofortigen Sperrung den rund um die Uhr erreichbaren Zentralen Annahmedienst für Verlustmeldungen von Bankkarten in Deutschland unter ☎ 00 49/ 18 05/ 02 10 21 verständigen. Im Fall des Verlustes von Kreditkarten wende man sich an das entsprechende Kreditkartenunternehmen: American Express ☎ 22 80 01 11, Eurocard/Mastercard ☎ 67 19 74 50, Diners Club 069/26 03 50 und Visa 24 12 53 53.

Hotels

Hinweis Ein jährlich erscheinendes Verzeichnis sämtlicher Hotels (alberghi) Sardiniens kann bei den Vertretungen des Staatlichen Italienischen Fremdenverkehrsamts oder bei den Fremdenverkehrsämtern auf Sardinien (▶ Auskunft) angefordert werden. Viele Hotels sind nur während der Saison von April bis Oktober geöffnet, hier empfiehlt sich die vorherige Nachfrage, sollte man einen Aufenthalt außerhalb dieser Zeit planen. Während der Hauptsaison (Juli und August) ist eine Reservierung unerlässlich.

Kategorien Die Hotels in Italien sind amtlich in fünf Kategorien eingeteilt: categoria di lusso, di prima, di seconda, di terza und di quarta categoria. Die Skala reicht vom Luxushotel (5 Sterne) bis zur Unterkunft für bescheidene Ansprüche (1 Stern).

Agriturismo Die Möglichkeit, Ferien auf dem Land zu verbringen, wird in Italien als Agriturismo bezeichnet und hat sich mittlerweile stark durchgesetzt. Die Auswahl reicht von Zimmern auf einem Bauernhof bis zu gut ausgestatteten Appartements und Villen oder Weingütern. Agriturismo kann oft nur mit Halbpension gebucht werden, und man erhält Gelegenheit, die sardische Küche kennen zu lernen. Die meisten Betriebe bieten eigene Erzeugnisse wie Olivenöl, Honig, Marmelade, Fleisch, Wurst, Käse, Wein und Obst an. Meist ist ein Mindestaufenthalt von drei Tagen bzw. einer Woche Bedingung. Es besteht gelegentlich auch die Möglichkeit, nur die Vorzüge der Küche zu genießen, ohne eine Unterkunft zu nehmen, in diesem Falle ist jedoch eine Voranmeldung erforderlich. Voraussetzung für diese sehr angenehme Form des Aufenthaltes, die die Möglichkeit bietet, auch ein wenig über Land und Leute zu erfahren, ist sicher eine wenigstens rudimentäre Kenntnis der italienischen Sprache. Informationen erhält man bei den Fremdenverkehrsämtern vor Ort (▶ Auskunft) oder bei Vereinigungen, in denen sich die Anbieter des Agriturismo zusammengeschlossen haben. Folgende Organisationen erteilen Informationen und vermitteln Unterkünfte:

CAS, Cooperativa Allevatrici Sarde
Casella Postale 107
I-09170 Zeddiani (OR)
Loc. S. Lucia

☎ 07 83 3 59 99
Mai – September auch
Piazza Cattedrale 17
I-09170 Oristano

Agriturismo (Fortsetzung)

☎ 07 83 73 39 54
Vermittelt ca. 500 Betten in 15 Dörfern in der Umgebung von Oristano.

Soc. Coop.
Consorzio Ecosviluppo Sardegna
Via S. Benedetto 2d
I-019128 Cagliari
☎/FAX 070 229047
www.eurorganic.it/ekotourist
Eine Reihe von Gutshöfen, die sich primär dem biologischen Anbau widmen.

Turismo Verde
Via Libeccio 31
I-09126 Cagliari
☎ 0 70 37 37 33
FAX 0 70 37 20 28
www.turismoverde.it
Unterkünfte und allgemeine Infos zum Agriturismo

Agriturist
Via Botego 7
I-09123 Cagliari
☎ 0 70 30 34 86
FAX 0 70 30 34 85

Internet

Unter www.ferien-in-sardinien.com lässt sich eine ganze Reihe schöner Hotels direkt über das Internet buchen.

Preise

Die Preise für die Hotelübernachtung müssen im Büro des Hotels sowie im Hotelzimmer aushängen; normalerweise ist das Frühstück nicht darin enthalten. Der Gast ist verpflichtet, nach dem Bezahlen seiner Hotelrechnung die Quittung aufzubewahren – Gleiches gilt für Restaurantrechnungen. Die folgenden Richtwerte für Hotelpreise beziehen sich auf Doppelzimmer ohne Frühstück:

Kategorie	Preise
*	25– 50 €
**	26– 52 €
***	42– 80 €
****	80–220 €
*****	ab 220 €

Alghero

******Villa Las Tronas**
Lungomare Valencia 1
☎ 0 79 98 18 18
FAX 0 79 98 10 44
E-Mail: info@hvlt.com
www.hvlt.com
29 Z., TV, Tel., Restaurant, Bar, Pool, eigener Strand

Die schlossähnliche, ehemalige Sommerresidenz der italienischen Königsfamilie thront direkt am Meer auf einem Fels. Die Zimmer sind dem Preis entsprechend sehr gut eingerichtet.

*****Calabona**
Loc. Calabona
☎ 0 79 97 57 28
FAX 0 79 98 10 46
E-Mail: info@hotelcalabona.it
www.hotelcalabona.it
110 Z., Tel., TV, Bar, Restaurant, Sauna, eigener Strand, Pool, Wassersportmöglichkeiten
Der große Hotelkomplex liegt am Südende der Uferstraße. Im Innenhof, um den sich die Einliegerbalkons mit Arkaden gruppieren, liegt der einladend große Pool. Das Hotel

Hotels

steht direkt am Meer und verfügt auch über einen kleinen, eigenen Strandabschnitt.

****San Francesco**
Via Ambrogio Machin 2
☎/FAX 0 79 98 03 30
E-Mail: hotsfran@tin.it
21 Z., Tel., Bar
Das einzige Hotel im historischen Zentrum Algheros wird von einer Kooperative geführt. Die relativ preisgünstigen Zimmer in dem ruhigen, ehemaligen Franziskanerkloster aus dem 14. Jh. liegen über dem Kreuzgang, sind aber nur sehr einfach eingerichtet. Unbedingt vorbestellen!

Agriturismo: Cooperativa Agrituristica Dulcamara
Piazza Olbia 7
Loc. Santa Maria la Palma
☎ 0 79 99 91 97
FAX 0 79 99 92 50
Insgesamt neun Betriebe gehören zu dieser Kooperative in Santa Maria la Palma am Hang des Monte Zirra, 12 km nordwestlich von Alghero. 45 Zimmer stehen zur Verfügung, die Preise für Halbpension belaufen sich pro Person auf ca. 35 bis 40 €. Wer mindestens eine Woche bleibt, kann unter zahlreichen Angeboten wählen, von Reiten über Trekking bis hin zu geführten Besichtigungstouren.

Arbatax

******Arbatasar**
Via Porto Frailis 11
☎/FAX 07 82 65 18 00
E-Mail: hotel@arbatasar.it
www. arbatasar.it
45 Z., Internetanschluss, Restaurant, Bar, Pool, Tel., TV
“Arba at Ashar”, der antike Name von Arbatax, ist arabisch und kein Zauberspruch, sondern bedeutet “vierzehnter Turm”. Das jüngst eröff-

nete Hotel Arbatasar in der Nähe des Yachthafens hat gute Chancen, dem vor Ort etablierten Hotel La Bitta Konkurrenz zu machen. Das Haus mit dem alten Olivenbaum vor dem Eingang hat nicht nur großzügig und geschmackvoll ausgestattete Zimmer, sondern verfügt auch über ein erstklassiges ▶ Restaurant, dessen Gerichte mit frischen regionalen Zutaten zubereitet werden.

******La Bitta**
Via Porto Frailis
☎ 07 82 66 70 80
FAX 07 82 66 72 28
E-Mail: labitta@arbataxhotels.com
www.arbatax-hotels.com
60 Z., Pool, eigener Strand, Restaurant, Bar, Tel., TV
Das Hotel bietet, direkt an der Baia di Porto Frailis gelegen, Zimmer mit unterschiedlicher Ausstattung, bis ins Detail liebevoll eingerichtet. Besonders im ▶ Restaurant kann man Fischspezialitäten und regionale Produkte genießen.

Arborea

*****Ala Birdi**
Strada No. 24
☎ 07 83 80 10 83

FAX 07 83 80 10 84
134 Z., Tel., Bar, Restaurant, Tennisplatz, Reiten, Wassersport, Pool, Disko
Dieses Hotelzentrum bietet sportbetonte Ferien vom Surfen bis zum Reiten an. Auch Mehrtagestouren können hier gebucht werden. Die Anlage ist äußerlich nicht attraktiv, liegt aber schattig unter Bäumen direkt an einem Sandstrand.

Aritzo

******Sa Muvara**
Via Fontana Rubia
☎ 07 84 62 93 36
FAX 07 84 62 94 33
E-Mail: samuvara@tiscalinet.it
www. samuvarahotel.com
55 Z., Tel., TV, Bar, Restaurant, Pool, Reiten, Disko
Das Hotel ist zwar nicht billig, aber das beste vor Ort. Die modern ausgestatteten, freundlichen Zimmer sind z.T. mit sardischem Mobiliar bestückt. An der Bar der großen Anlage treffen sich am Wochenende viele Sarden; das Restaurant wird sehr gelobt.

in Desulo:
*****Gennargentu**
Via Kennedy
Tel./FAX 07 84 61 92 70
11 Z., Bar, Restaurant
Die empfehlenswerteste Unterkunft in Desulo ist das Gennargentu, auch wenn die Ausstattung der großen Zimmer schon in die Jahre gekommen ist. Dafür liegt es recht ruhig mit schönem Blick auf die Umgebung.

Arzachena

****Casa Mia**
Viale Costa Smeralda
☎ 07 89 8 27 90
FAX 07 89 8 32 91
E-Mail: info@hotelcasamia.it
www.hotelcasamia.it
20 Z., Tel., TV, Bar, Restaurant
Am Ortsausgang liegt dieses Hotel, das ein hervorragendes Restaurant besitzt. Die 20 Zimmer sind ordentlich und gut ausgestattet.

in Cannigione:
*****Stelle Marine**
Loc. Mannena
I-07020 Cannigione
☎ 07 89 8 63 05, 07 89 8 63 22
FAX 07 89 8 63 32
E-Mail: info@
hotelstellemarine.com
www.hotelstellemarine.com
46 Z., TV, Tel., Restaurant

Am Golf von Arzachena nördlich der Ortschaft Cannigione gelegen gruppieren sich um einen zentral gelegenen Pool sechs Wohnhäuser, die alle im sardischen Stil in sanften Farben eingerichtet sind. Ca. 300 m entfernt liegt der zum Hotel gehörige Privatstrand.

Bosa

***Sa Pischedda**
Via Roma
☎ 07 85 37 30 65
FAX 07 85 37 70 54
www.ferien-in-sardinien.com
22 Z., Restaurant
Das Sa Pischedda am Ortsein-

gang beim Fluss Temo ist sehr einfach, aber geschmackvoll eingerichtet. Ende des 19. Jh.s wurde das ansprechende Hotel erbaut, das sich aber den wandelnden Bedürfnissen der Reisenden angepasst hat: Die Zimmer sind bei der Modernisierung um einiges kleiner geworden. Das Frühstück wird eher unkonventionell serviert. Nicht versäumen sollte man jedoch den Besuch im ▶ Restaurant des Hotels. Das Essen ist vorzüglich und wird weit über Bosa hinaus geschätzt.

in Bosa Marina: ***Al Gabbiano
Viale Mediterraneo
☎/FAX 07 85 3741 23
FAX 07 85 374109
E-Mail: gabbianohotel@tiscalinet.it
www.bosa.it/gabbianohotel
30 Z., Tel., TV, Bar, Restaurant
Das moderne, zweistöckige Mittelklassehotel befindet sich an der Hauptstraße des Örtchens nahe beim Strand. Die Zimmer sind sauber und im Vergleich besser eingerichtet als die in den preislich vergleichbaren Hotels in Bosa Marina.

Agriturismo Bainas
Ernesto Scarpa
Loc. Brainas-Cabrarza
☎/FAX 07 85 37 37 93 und 3 60 36 72 28 (mobil)
E-Mail: agr.bainas@tiscalinet.it
Halbpension zw. 36 und 46 € pro Person
Hier ist man in den Händen zweier engagierter Gutsleute: Während sich Peppino Fodde direkt um das Wohl der Gäste kümmert und sich als Kenner der Geschichte um Bosa herausstellt, ist Ernesto Scarpa in erster Linie für den Anbau und die Produktion auf ökologischer Basis (Obst, Gemüse) verantwortlich. Diese Ausrichtung ist dann auch in der überwiegend vegetarischen Küche spürbar, wenngleich nicht auf die regionalen Fleischspezialitäten verzichtet wird. Es gibt vier Zimmer mit Bad.

Cagliari

******Mediterraneo**
Lungomare C. Colombo 46
☎ 0 70 30 12 71
FAX 0 70 30 12 74
E-Mail: hotelmedyt@tiscalinet.it
www.hotelmediterraneo.net
136 Z., Tel., TV, Bar, Restaurant
Die Balkone der modern eingerichteten Zimmer des großen, luxuriösen Betonbaus (5 Etagen) sind auf die Schnellstraße und den Hafen (Seeblick) ausgerichtet. Zum Hotel gehört ein schöner Park.

*****Italia**
Via Sardegna 31
☎ 0 79 66 04 10
FAX 0 79 65 02 40
Tel., TV, Bar, Restaurant
Mitten im Marina-Viertel kann man in diesem Mittelklassehotel absteigen, dessen recht ruhig gelegene Zimmer ordentlich und sauber, wenn auch nicht gerade anheimelnd ausgestattet sind (z. B. geflieste Böden).

****Quattro Mori**
Via G. M. Angioy 27
☎ 0 70 66 85 35
FAX 0 70 66 60 87
E-Mail: info@hotel4mori.it
www.hotel4monri.it
30 Z., Tel., TV, Bar
Ganz zentral befindet man sich, wenn man in diesem Hotel absteigt, das in einem renovierten alten Gebäude mit neuem Anbau untergebracht ist. Da das Hotel viele Stammgäste hat, sollte man rechtzeitig reservieren.

La Terrazza
Via S. Margherita
☎ 0 70 66 86 52
FAX 0 70 66 08 63
E-Mail: hotel.laterrazza@tin.it
Das kleine, einfache Hotel liegt sehr günstig im Marinaviertel.

Castelsardo

*****Castello**
Lungomare Anglona 15
☎ 0 79 47 00 62
FAX 0 79 47 91 63
E-Mail: castellhotel@tiscali.it
20 Z., Tel., TV, Bar, Restaurant
Die Hauptattraktion dieses freundlichen Hotels ist das Restaurant mit seiner großen Terrasse, von der man einen herrlichen Blick auf das Meer und den Ort hat. Die Zimmer sind recht ordentlich, aber nicht gerade billig.

*****Villagio Pedraladda**
Via Zirulia 50
☎ 0 79 47 03 83
FAX 0 79 47 04 99
www.gici.com
128 Z., Tel., Bar, Restaurant, Disko, Tennisplätze, Pool
Der neue, große, terrassenförmig angelegte Hotelkomplex befindet sich 1 km außerhalb des Ortes mit herrlichem Blick auf den Burgfelsen. Die meisten Zimmer haben einen Balkon; meist besteht hier Pflicht zur Vollpension (anfragen!).

Isola Rossa: ***Corallo
Via Lungomare 36
☎/FAX 079 69 40 55
E-Mail: albergo.corallo@tiscali.it
www.corallo.20m.com
45 Z., Tel., Bar, Restaurant
Das fantasievoll gestaltete Hotel mit seinen freundlichen Zimmern mit Aussicht aufs Meer liegt direkt an der Uferstraße des Ortes.

Costa Smeralda

*******Cala di Volpe**
Loc. Cala di Volpe
☎ 07 89 97 61 11
FAX 07 89 97 66 17
E-Mail: caladivolpe.res059@starwoodhotels.com
www.luxurycollection.com/caladivolpe
125 Z., Tel., TV, Bar, Restaurant, kostenloser Bootstransfer zum Strand, Disko, Tennisplatz, Pool, Wassersportmöglichkeiten, Golf
Das Cala di Volpe ist eines der luxuriösesten und bekanntesten Hotels Sardiniens – entsprechend teuer sind sind die Zimmer (410 – 1930 €/DZ). Verschachtelte, pastellfarbige Komplexe mit Türmchen und Treppen lassen ein Flair wie in einer mittelalterlichen Burg und wie in einem südländischen Dorf entstehen. Das Hotel liegt südlich von Porto Cervo kurz vor Capriccioli.

*****Capriccioli**
Loc. Capriccioli
☎ 07 89 9 60 04
FAX 07 89 9 64 22
E-Mail: hotelcapriccioli.it
www.capriccioli.com
28 Z., Tel., TV, Bar, Restaurant, Tennisplätze, Wassersportmöglichkeiten
An der Straße nach Capriccioli südlich von Porto Cervo kann man vergleichsweise günstig an der Costa Smeralda unterkommen: Von den ordentlichen Zimmern des verschachtelt gebauten Hotels blickt man aufs Meer hinab, ebenso von der Terrasse des angeschlossenen Restaurants.

*****Villa Gemella**
☎ 07 89 9 93 03
FAX 07 89 9 95 60
E-mail: hotelvillagemella@tiscalinet.it

Hotels

www.hotelvillagemella.com
17 Z., Tel., TV, Bar, Restaurant,
Das in Naturstein gebaute Hotel mit Pool ist klein und liegt oberhalb des Meeres.

Costa Verde

in Ingurtosu: ***Le Dune
▶ Baedeker-Special, S. 124/125.

Cuglieri

****Desogos**
Vico Cugia 6
☎/FAX 07 85 3 96 60
10 Z., Restaurant
Die Herberge, die ein beliebtes Restaurant besitzt, liegt versteckt im alten Ortskern. Die Zimmer sind ordentlich, ohne nennenswerten Komfort und nicht teuer.

in S. Caterina: **La Scogliera
Corso Alagon
☎/FAX 07 85 3 82 31
E-Mail: lascogliera@libero.it
www.italiaabc.it/a/la scogliera
7 Z., Bar, Restaurant
In der Ortsmitte mit Zugang zum Strand liegt das kleine, verwinkelte Hotel S. Caterina. Wer keines der sieben Zimmer im Hauptbau mehr ergattert, kann auf den Nebenbau an der Straße ausweichen.

Dorgali

*****Il Querceto**
Via Lamarmora 4
☎ 07 84 9 65 09
FAX 07 84 9 52 54
20 Z., Tel., TV, Bar, Restaurant
Mitten im Grün der umgebenden Gärten steht das Querceto beim nördlichen Ortseingang. Auch in den Fluren stehen Pflanzen, die Zimmer sind mit viel Holz ausgestattet.

in Cala Gonone:
******Costa Dorada**
Lungomare Palmasera 45
I-08020 Cala Gonone
☎ 07 84 9 33 33
FAX 07 84 9 34 45
E-Mail: info@hotelcostadorada.it
www.hotelcostadorada.it
26 Z., Tel., TV, Bar, Restaurant

Am Ende der Uferpromenade fällt das mit viel Naturstein gebaute und mit einer großzügig begrünten Terrassenanlage ausgestattete Costa Dorada auf. Die großzügigen Zimmer sind geschmackvoll im sardisch-spanischen Stil eingerichtet. Auch das ▶ Restaurant bietet sardische Küche in bester Qualität.

****Calaluna**
☎ 07 84 9 31 33
FAX 07 84 9 31 62
E-Mail: matizia@tiscalinet.it
www.hotelcalaluna.com
26 Z., Tel., Bar, Restaurant
An der Uferpromenade liegt auch dieses kleinere Hotel mit Blick aufs Meer. Der Komfort ist nicht groß, aber die Zimmer sind sauber und nicht überteuert.

Fonni

*****Cualbu**
Viale del Lavoro
☎ 07 84 5 70 54
FAX 07 84 5 84 03

50 Z., Tel., Bar, Restaurant, Disko, Reiten
Das Hotel mit großem Garten ist im Innern wesentlich fantasievoller gestaltet, als es von außen vermuten lässt. Sardisches Kunsthandwerk und viel Schnickschnack dominieren die öffentlichen Räume, während die Zimmer eher schlicht gehalten sind.

Ghilarza

****Su Cantaru**
Via Monsignor Zucca 2
☎/FAX 07 85 5 45 23
23 Z., Tel., Bar, Restaurant
Recht billig kann man im Su Cantaru wohnen, dessen Ausstattung dem Zimmerpreis angemessen ist. Empfehlenswert ist das angeschlossene Restaurant, das regionale Spezialitäten anbietet.

Iglesias

*****Artu**
Piazza Q. Sella 15
☎ 07 81 2 24 92
FAX 07 81 3 24 49
E-Mail: hotelartu@tiscalinet.it
www.hotelartuiglesias.it
18 Z., Tel., TV, Bar, Restaurant
Direkt am Hauptplatz von Iglesias am Beginn der Altstadt liegt dieses gepflegte Haus mit Restaurant. Bevor man eines der nett eingerichteten Zimmer mit geräumigem Bad bezieht, sollte man die Betten testen: Zum Teil spürt man die Drahtkerne der Matratzen durch.

Isili

****Del Sole**
Via Vittorio Emanuele 86
☎ 07 82 80 20 24
FAX 07 82 80 23 71
16 Z., Tel., TV, Bar, Restaurant
Vor allem das Restaurant im Keller des ordentlichen, sauberen und nicht teuren Hotels ist einen Besuch wert. Es liegt an der Hauptstraße nahe dem nördlichen Ortsausgang.

La Maddalena

*****Giuseppe Garibaldi**
Via Lamarmora
☎ 07 89 73 73 14
FAX 07 89 73 73 26
www.web.tiscalinet.it/hotelgaribaldi
19 Z., Tel., TV, Bar, Restaurant
Das traditionelle Haus mitten in der Altstadt nahe dem Fischereihafen bietet allen Komfort. Von den Zimmern der oberen Stockwerke blickt man weit über die Stadt aufs Meer.

in Porto Massimo:
******Cala Lunga**
☎ 07 89 79 30 00
FAX 07 89 73 40 33
68 Z., Tel., Bar, Restaurant, eigener Strand, Disko, Meerwasserpool, Wassersportmöglichkeiten
Der (je nach Saison) recht gesalzene Preis hat seine Berechtigung, denn es handelt sich um ein hervorragend ausgestattetes Hotel, wahrscheinlich das beste auf der Insel. Es ist weitab vom Trubel der Insel in den roten Fels der Bucht von Porto Massimo gebaut (toller Meerblick) und besitzt einen eigenen kleinen Strand.

Lanusei

*****Villa Selene**
Loc. Coroddis
☎ 07 82 4 24 71
FAX 07 82 4 12 14
71 Z., Tel., TV, Bar, Restaurant, Tennisplatz, Pool
Oberhalb des Ortes an der Straße nach Seui liegt dieser größere Komplex inmitten von Gärten mit herrlicher Aussicht. Die Zimmereinrichtung und die Küche sind gut

und typisch sardisch. Es gibt auch kleinere Wohnungseinheiten für Familien.

Macomer

*****Motel Agip**
Corso Umberto 299
☎ 07 85 71 0 66
FAX 07 85 7 26 31
96 Z., TV, Tel., Bar, Restaurant
Das Hotel der Agip-Kette am nördlichen Ortsausgang ist von außen ein recht unansehnlicher Klotz an der Hauptdurchgangsstraße, die Zimmer sind aber sauber und normal ausgestattet. Man sollte möglichst ein von der Straße abgewandtes Zimmer verlangen.

Nuoro

*****Sandalia**
Via Einaudi
☎/FAX 07 84 3 83 53
49 Z., TV, Tel., Bar, Restaurant
Auf einem Hügel außerhalb des Stadtzentrums am Rande des Neubaugebiets erhebt sich dieses moderne, gepflegte Hotel. Von den gut ausgestatteten Zimmern blickt man weit über die Stadt.

*****Fratelli Sacchi**
Loc. Monte Ortobene
☎ 07 84 3 12 00
FAX 07 84 3 40 30
22 Z., Tel., Bar, Restaurant
Acht Kilometer außerhalb Nuoros liegt das rustikal eingerichtete Hotel auf einem Hügel. Das angeschlossene Restaurant ist auch bei den Sarden beliebt.

Olbia

******Mediterraneo**
Via Montello 3
☎ 07 89 2 41 73
FAX 07 89 2 41 62
E-Mail: colonnamediterraneo-@itihotels.it
www.itihotels.it
78 Z., TV, Tel., Bar, Restaurant
Das beste und teuerste Hotel direkt in Olbia ist das Mediterraneo, das in einer ruhigen Seitengasse liegt und moderne und gepflegte Zimmer anbietet.

*****Gallura**
Corso Umberto 145
☎ 07 89 2 46 48
FAX 07 89 2 46 29
16 Z., TV, Tel., Bar, Restaurant
Die Zimmer im Gallura sind zwar klein, aber ansprechend eingerichtet. Auch dieses Hotel liegt sehr zentral. Die Besitzerin Rita Denza hat einige Zeit in Stuttgart gelebt und spricht Deutsch. Besonders das ▶ Restaurant ist zu empfehlen; kulinarisch vermischen sich sardische, venezianische und schwäbische Tradition.

in San Pantaleo:
******Rocce Sarde**
▶ Sehenswürdigkeiten von A bis Z, Costa Smeralda, Baedeker Tipp S. 122.

in Pittulongu:
******Hotel Stefania**
Loc. Pittulongu
☎ 07 89 3 90 27
FAX 07 89 3 91 86
E-Mail: info@stefaniahotel.it
www.stefaniahotel.it
www.ferien-in-sardinien.com
28 Z., TV, Tel., Pool

Das 1992 erbaute Hotel Stefania liegt ca. 5 km nördlich von Olbia. Die Zimmer in dem zweistöckigen Gebäude sind geschmackvoll im arabisch-maurischen Stil möbliert und blicken auf den ca. 100 m entfernten Strand am Golf von Olbia. Neben dem Hotel liegt das Restaurant Nino's, hier kann man Pasta, Fischgerichte und sardische Desserts genießen.

Oliena

******Su Gologone**
Loc. Su Gologone
☎ 07 84 28 75 12
FAX 07 84 28 76 68
E-Mail: gologone@tin.it
www.sugologne.it
67 Z., TV, Tel., Bar, Restaurant, Pool, Tennisplatz, Minigolf, Boccia, Reiten

Sowohl das Hotel als auch das angeschlossene Restaurant gehören zum Besten, was die Insel zu bieten hat. Verschiedene, flache Gebäude des Hotels liegen inmitten von Grünanlagen direkt am Fuß des Supramonte, etwa 8 km von Oliena entfernt. Die Einrichtung ist mit viel sardischem Kunsthandwerk sehr geschmackvoll. Unübertroffen ist auch das ▶ Restaurant. Darüber hinaus gibt es ein großes Sportangebot sowie Exkursionen. Die Preise sind entsprechend gehoben. Da es sehr beliebt ist, sollte man unbedingt vorbestellen!

*****Ci Kappa**
Via M. Luther King 2/4
☎ 07 84 28 80 24,
07 84 28 87 33
7 Z., TV, Tel., Bar, Restaurant
Das einzige Hotel direkt im Ort ist das Ci Kappa an der Hauptstraße. Das Zimmermobiliar des modernen Hauses besteht aus soliden Holzmöbeln; das Restaurant wird auch von der einheimischen Bevölkerung gern besucht.

Orgosolo

****San'e Jana**
Via E. Lussu
☎/FAX 07 84 40 24 37
E-Mail: grmarro@tin.it
www.web.tiscalinet.it/saejana
25 Z., Bar, Restaurant
Das Hotel im Neubauviertel zeichnet sich durch sein gutes Preis-Leistungs-Verhältnis aus: Für wenig Geld wohnt man in geräumigen, einfachen Zimmern mit z. T. großen Balkons und fantastischem Blick auf den Supramonte.

Oristano

*****Mistral**
Via Martiri di Belfiore
☎ 07 83 21 25 05
FAX 07 83 21 00 58
48 Z., TV, Tel., Bar, Restaurant
Es gibt zwei gleichnamige Hotels in Oristano: Dieses ist das kleinere und preisgünstigere; es ist zwar nicht ganz so gut ausgestattet wie das andere Mistral-Hotel, aber ruhig gelegen und ordentlich eingerichtet. Auch das Restaurant ist empfehlenswert.

Agriturismo: Il Giglio
Francesco Orrù

Frazione Massama,
Loc. Bennaci
☎ 07 83 3 30 19 oder
3 47 3 73 85 41 (mobil)
E-Mail: ilgiglio@euroganic.it
Halbpension zw. 39 und 46 €
pro Person
Die Unterkunft des Agriturismo zeichnet sich nicht zuletzt durch eine hervorragende Küche aus, die bereits von verschiedenen gastronomischen Kritikern gelobt wurde. 5 km nördlich von Oristano gelegen, dort, wo Anfang des 20. Jh.s größere Sumpfgebiete trockengelegt wurden, um sie landwirtschaftlich zu nutzen, befinden sich das Natursteinhaus (Ende des 19. Jh.s), das jüngst renoviert wurde (10 Z. mit Bad). Produkte aus Eigenproduktion sind z. B. Zitrusgewächse, Olivenöl und Wurstwaren sowie Marmeladen.

Orosei

******Maria Rosaria**
Via G. Deledda 13
☎ 07 84 9 86 57
FAX 07 84 9 85 96
64 Z., TV, Tel., Bar, Restaurant, Pool
Das in seiner erzwungenen Modernität etwas steril wirkende Hotel liegt am südlichen Ortsausgang. Hübsch ist seine Terrasse, das Essen im Restaurant dagegen zu teuer.

*****Su Barchile**
Via Mannu 5
☎ 07 84 9 88 79
FAX 07 84 99 81 13
E-Mail: subarchile@tiscalinet.it
www.web.tiscali.it/subarchile
10 Z., TV, Tel., Bar, Restaurant
Die zehn großen, freundlichen Zimmer dieses zentral gelegenen Hotels sind empfehlenswert, allerdings ist auch hier die Küche keine Offenbarung.

Porto Torres

*****Torres**
Via Sassari 75
☎ 0 79 50 16 04
FAX 0 79 50 16 05
E-Mail: info@albergotorres.com
www.albergotorres.com
70 Z., TV, Bar, Restaurant
Das große Hotel ist von außen zwar ein hässlicher Klotz, liegt aber relativ zentral und ist solide ausgestattet.

Pula

****Sandalyon**
Via Cagliari 30
☎ 0 70 9 20 91 51
9 Z., Tel., Bar, Restaurant
Hotel und Restaurant sind gut geführt, die Zimmer modern und sauber.

in Nora: ****Baia di Nora
Loc. Su Guventeddu
☎ 0 70 9 24 55 51
FAX 0 70 9 24 56 00
E-Mail: htlbn@
hotelbaiadinora.com
www.hotelbaiadinora.com
www.ferien-in-sardinien.com
121 Z., Tel., TV, Bar, Restaurant, Wassersportmöglichkeiten, Pool
Das Hotel bietet alle erdenklichen Aktivitäten wie Reiten und Ausflüge. Die Zimmer sind geschmackvoll gestaltet, hinzu kommt ein wunderbarer Blick auf das Meer.

***Su Guventeddu**
Loc. Guventeddu
☎/FAX 0 70 9 20 90 92
9 Z., TV, Bar, Restaurant
Das in seiner Architektur einem Kloster ähnliche Su Guventeddu verfügt über neun schlichte, aber saubere Zimmer, die oft ausgebucht sind.

Agriturismo:
Rifugio S'Atra Sardigna
Enzo Coria

Loc. Pixinamanna
☎ 0 70 9 24 11 50
FAX 0 70 2 24 30
E-Mail: rifugio@eurorganic.it
Halbpension zwischen 36 und 46 € pro Person
Das von einer Kooperative geleitete Gut befindet sich im Sulcis inmitten von Wacholder und Steineichenwäldern und 15 km vom lebhaften S. Margherita di Pula entfernt. Wanderer wie Badefreunde, die lieber etwas abseits der viel besuchten Strände logieren wollen, kommen gleichermaßen auf ihre Kosten. Das Wohnhaus (20 Doppel-, 4 Vierbettzimmer) geht auf die Mitte des 19. Jh.s. zurück, der biologisch ausgerichtete Betrieb bietet alles von Milch- und Fleischprodukten bis hin zu Wein und Honig.

Sanluri

****Mirage**
Via Carlo Felice
☎ 0 70 9 30 71 00
FAX 0 70 9 30 79 02
13 Z., Tel., TV, Bar, Disko
In Sanluri kann man auch mit einem schmalen Geldbeutel eine Unterkunft ergattern, die mit dem Wichtigsten ausgestattet ist, z. B. im Mirage.

San Pietro

in Carloforte: ***Hieracon
Corso Cavour 62
☎ 07 81 85 40 28
FAX 07 81 85 48 93
17 Z., Tel., TV, Bar, Restaurant
In einem schönen, renovierten Jugendstilpalazzo sind die Zimmer dieses sehr stilvollen und trotzdem preisgünstigen Hotels untergebracht. Alte Möbel, Stuckdecken und rosa gekachelte Bäder machen das Wohnen in den ansonsten modern ausgestatteten Zimmern zum Vergnügen.

*****Riviera**
Corso Battellieri 26
☎ 07 81 85 40 04
FAX 07 81 85 65 62
27 Z., Tel., Restaurant
Die Zimmer des Hotels sind billiger als die im Hieracon, aber auch erheblich einfacher und liebloser ausgestattet. Schön ist der Blick aufs Meer.

Santa Maria Navarrese

*****Agugliastra**
Via Lungomare
☎/FAX 07 82 61 50 05
19 Z., Tel., TV, Bar, Restaurant
Direkt am Hauptplatz nahe dem Strand wohnt man im Agugliastra, einem sauberen, gut ausgestatteten Haus.

*****Santa Maria**
Via Plammas 30
☎ 07 82 61 53 15
FAX 07 82 61 53 96
E-Mail: albergosantamaria@tiscalinet.it
32 Z.,TV, Tel., Bar, Restaurant, Wassersportmöglichkeiten
Eine gute Adresse ist auch diese Herberge oberhalb vom Hauptplatz inmitten von zahlreichen Pflanzen. Die Zimmer sind hell und neu möbliert.

Sant' Antioco

****Moderno**
Via Nazionale 82
☎ 07 81 8 31 05
FAX 07 81 84 02 52
10 Z., Tel., TV, Bar, Restaurant
Das schlichte, aber ordentliche Moderno ist relativ neu und befindet sich vor dem Ortseingang.

in Capo Sperone:
*****Capo Sperone**
Via Capo Sperone
☎ 07 81 80 90 00
FAX 07 81 80 90 15
36 Z., Tel., TV, Bar, Restaurant, Pool, Wassersportmöglichkei-

ten, eigener Strand
Am südlichsten Ende der Insel kann man zu vernünftigen Preisen im idyllisch gelegenen Hoteldorf die Ruhe genießen, ohne auf einen gehobenen Standard verzichten zu müssen.

in Calasetta:
****FJBY**
Via Solferino 83
☎ 07 81 8 84 44
FAX 07 81 88 70 89
E-Mail: htl.fjby@tiscalinet.it
19 Z., Bar, Restaurant, Wassersportmöglichkeiten
Das kleine Familienhotel, das einzige direkt im Ort, ist sehr preisgünstig und ordentlich, das Restaurant zu empfehlen.

Santa Teresa di Gallura

******Corallaro**
Rena Bianca
☎ 07 89 75 54 75
FAX 07 89 75 54 31
E-Mail: info@hotelcorallaro.it
www.hotelcorallaro.it
82 Z., TV, Tel., Bar, Restaurant, Pool, Fitness-Raum
Die Zimmer mit Veranda und mit Blick zum 200 m entfernten Strand sind sehr schön, während man in denen nach hinten heraus auf eine Betonwand blickt. Das große Haus steht am Ortsrand.

*****Miramare**
Piazza della Libertà 6
☎ 07 89 75 41 03
FAX 07 89 75 46 75
14 Z., Tel., Bar, Restaurant
In herrlicher Lage auf dem Aussichtsplateau oberhalb der Torre liegt das Miramare. Die Möbel sind z. T. etwas älter, was dem Gesamteindruck aber keinen Abbruch tut.

in: Baja Santa Reparata:
******Shardana**
Loc. Santa Reparata
☎ 07 89 75 40 31
FAX 07 89 75 41 29
E-Mail: hotelshardana@interfree.it
51 Z., TV, Tel., Bar, Restaurant, Pool, Wassersportmöglichkeiten, Disko
Die 51 Bungalows der Anlage ziehen sich einen Hang nahe dem Meer hinauf, das Restaurant und andere Einrichtungen sind im Haupthaus untergebracht. Eine Mindest-Aufenthaltsdauer von einer Woche wird vorausgesetzt.

Sassari

*****Leonardo da Vinci**
Via Roma 79
☎ 0 79 28 0744
FAX 0 79 2 85 72 33
www.leonardodavincihotel.it
119 Z., TV, Tel., Bar, Restaurant
Sehr schick und elegant sind nicht nur die Lobby und das Restaurant, sondern auch die Zimmer. Sogar Ruhe ist gewährleistet, weil das Hotel nicht direkt vorne an der Straße liegt.

****Giusy**
Piazza Sant'Antonio 21
☎ 0 79 23 33 27
FAX 0 79 23 94 90
24 Z., TV, Tel., Bar
Preisgünstig und sehr zentral beim Bahnhof ist dieses oft ausgebuchte Hotel, das allerdings leider dem Verkehrslärm ausgesetzt ist.

Siniscola

in La Caletta: **Sardinia
Via Milano
☎/FAX 07 84 81 00 60
13 Z., Tel., Bar, Restaurant
Nur zwei Minuten vom Strand entfernt liegt dieses ruhige, gemütlich wirkende, mit viel Schnickschnack ausstaffierte Hotel.

in: Lodè : **Sant'Anna
Loc. Sant'Anna
☎/FAX 07 84 89 00 37
11 Z., Bar, Restaurant, Disko
Einsam inmitten einer herrlichen Berglandschaft liegt dieses Hotel, dessen Zimmer freundlich, mit viel Holz und Balkonen ausgestattet sind, aber weder Telefon noch Fernsehen haben. Von Siniscola folgt man der Straße nach Lodè, kurz hinter dem Abzweig nach Lula trifft man auf das Hotel.

Stintino

****Lina**
Via Lepanto 30
☎ 0 79 52 30 71
FAX 0 79 52 31 92
10 Z., Bar, Restaurant
Klein und schörkellos präsentiert sich dieses Hotel, das am Hafen Stintinos mit Blick auf die Yachten liegt.

in: Capo Falcone:
*****Ancora Residence**
Loc. Ancora
☎ 0 79 52 70 85
FAX 0 79 52 70 87
E-Mail: capolino@ssnet.it
38 Z., TV, Tel., Bar, Restaurant, Pool, eigener Strand, Wassersportmöglichkeiten, Tennis
Hier am Capo Falcone wohnt man mit allem Luxus behaglich in einem der bungalowähnlichen Häuser. Allerdings ist meist Vollpension und ein Mindestaufenthalt von sieben Tagen Voraussetzung.

Tempio Pausania

*****Petit Hotel**
Largo A. de Gaspari 9/11
☎ 0 79 63 11 34
FAX 0 79 63 17 60
E-Mail: petithotel@tiscalinet.it
40 Z., TV, Tel., Bar, Restaurant
Am Rande der Altstadt steht dieses mitnichten "kleine" Hotel, das vielmehr recht geräumig und modern ohne besonderes Flair ist.

Villasimius

*****Altura**
Viale Matteotti
☎ 0 70 79 20 01
FAX 0 70 79 02 03
43 Z., TV, Tel., Bar, Restaurant, Pool, Tennisplatz, Disko
Das Altura ist ein typisches Bungalowhotel mit vielen Extras und Pflicht mindestens zur Halbpension.

****Stella D'Oro**
Via Vittorio Emanuele 25
☎ 0 70 79 12 55
FAX 0 70 79 26 32
17 Z., Bar, Restaurant
Recht billig und doch gut kann man in diesem kleinen Hotel wohnen, das einen hübschen Innenhof mit Springbrunnen besitzt und seit vielen Jahren Stammkundschaft hat. Geschätzt wird hier vor allem die familiäre Atmosphäre und die gute Küche.

Internet

Onlineportale

www.sardinien.com
Schön gestaltetes, übersichtliches virtuelles Reisemagazin in deutscher Sprache, das Informationen über Ferienhäuser, Charterflüge, die schönsten Strände und Sehenswürdigkeiten, aber auch praktische Informationen und Veranstaltungstipps liefert und somit ideal zur Reisevorbereitung ist!

Internet (Fortsetzung)

www.ferien-in-sardinien.com
Ableger obiger Internetadresse, der eine Reihe von Hotels und Ferienwohnungen ausführlich vorstellt, auch Buchungen können vorgenommen werden.

www.regione.sardegna.it
Die offizielle Seite der Autonomen Region Sardinien liefert mehrsprachig generelle Informationen über Wirtschaft und Geschichte des Landes.

www.sardegna.net
Typische Homepage mit touristischen Links zu Restaurants, Hotels, Aktivitäten und was man sonst noch so in Erfahren bringen möchte.

www.wel.it/Welcome/Sardegna/index.de.html
Hier lassen sich Informationen zu ganz Italien recherchieren, für die Region Sardinien werden Hotels, Restaurants, Museen und Einkaufsmöglichkeiten klar nach Orten sortiert vorgestellt.

Wetter

www.sardinienwetter.com
Hier erhält man die Wettervorhersage für die nächsten vier Tage.

www.sar.sardegna.it
Eine weitere Möglichkeit, die Wetterlage auf Sardinien zu erfahren.

Jugendherbergen (Ostelli della gioventù)

Allgemeines

Die italienischen Jugendherbergen sind dem Internationalen Jugendherbergsverband angeschlossen. Für die Übernachtung benötigt man einen internationalen Jugendherbergsausweis, der u. a. beim DJH erhältlich ist.
Auf Sardinien gibt es drei Jugendherbergen, in Alghero, Castelsardo und Bosa Marina, bei denen, schon allein wegen der schwankenden Öffnungszeiten, eine Voranmeldung in der Regel ratsam ist.

Auskunft, Anmeldung

Deutsches Jugendherbergswerk (DJH)
Bismarkstraße 8
D-32756 Detmold
☎ 0 52 31 740 10, FAX 74 01 49
E-Mail: service@djh.de
www.djh.de

Associazione Italiana Alberghi per la Gioventù
Via Cavour 44
I-00184 Roma
☎ 06 4 871152
FAX 06 4 88 04 92
E-Mail: aig@uni.net
www.hostels-aig.org

Literaturempfehlungen

Belletristik

Deledda, Grazia, Schilf im Wind, Stuttgart: Manesse, 1992
Die Literaturnobelpreisträgerin von 1926 beschäftigte sich in ihren Romanen mit den Menschen in und um ihre Heimatstadt Nuoro zu Beginn des 20. Jahrhunderts. Der Roman erzählt die Geschichte von Efix, dem Knecht und seiner Herrinnen Pintor sowie ihrer drohenden Armut, die trotz allem ihre Würde nicht verlieren. Deledda schrieb fast fünfzig Romane, in denen Nuoro eine Rolle spielt.

Fois, Marcello, Himmelsblut. Ein Fall für Avvocato Bustianu, München: Heyne, 2001
Avvocato Bustiano ist die Hauptperson in den Krimis des jungen sardischen Schriftstellers und Dramaturgs. Der Verteidiger von Filippo Tanchis, der des Mordes angeklagt wird, spürt, dass der Fall nicht so leicht ist, wie es zuerst scheint, denn dessen Familie scheint nicht ganz unbeteiligt zu sein an den Geschehnissen ...

Literaturempfehlungen (Fortsetzung)

Ledda, Gavino, Padre Padrone, Düsseldorf: Winkler, 2001
1938 als Sohn einer armseligen Hirtenfamilie in Siligo geboren, lernte Ledda erst mit zwanzig Jahren aus eigener Kraft Lesen und Schreiben. In seinem autobiografischen Roman schildert er schonungslos die deprimierenden Jahre seiner Kindheit und Jugend, die Konflikte mit dem rohen, despotischen Vater und den einsamen Alltag der Hirten.

Maltzan, Heinrich von, Reise auf der Insel Sardinien, Norderstedt: BoD, 2002
Amüsant, hintergründig, informativ: Dieser unterhaltsame Reisebericht von 1868 über Sardinien hat bis heute nichts von seiner Aktualität verloren. Ein Klassiker der Reiseliteratur, sachkundig kommentiert – ein ganz besonderes Lesevergnügen.

Satta, Salvatore, Der Tag des Gerichts, Frankfurt/Main: Suhrkamp, 1996
Satta, einer der bekanntesten Juristen des Landes, wurde 1902 in Nuoro geboren und erlangte Berühmtheit mit seinem einzigen literarischen Werk (1979 in Italien erschienen). In der Hommage an seine Heimat Sardinien zeichnet er ein Kollektivporträt einer Bevölkerung aus gefürchteten Hirten, armen Bauern und den Herren von Nuoro.

Bildbände

Sander, August, Eine Reise nach Sardinien, Fotografien 1927, Ostfildern: Cantz, 1998
August Sander reiste im Frühjahr 1927 drei Monate über die Insel. Ursprünglich als Illustration einer kulturgeschichtlichen Abhandlung geplant, blieb diese jedoch unrealisiert. Sander porträtierte die bäuerliche Bevölkerung Sardiniens, die Landschaft und bedeutende Baudenkmäler.

Kulinaria

Zardo, Manuela und Hellmuth Zwecker, La cucina della Sardegna. Kulinarische Entdeckungen auf Sardinien. München: Hugendubel, 2000
15 Restaurants der Insel werden näher vorgestellt, dazu gibt es die typischen Rezepte und ein Hauch von Geschichte, schließlich hat der Einfluss der Katalanen, Pisaner und Genuesen auch kulinarisch seine Spuren hinterlassen.

Mietwagen

Reservierung

Bucht man mindestens 24 Stunden im Voraus von Deutschland aus, bieten die meisten Autovermietungen günstigere Tarife an als auf Sardinien. Um in Italien ein Auto mieten zu können, muss man mindestens 21 Jahre alt sein, einen nationalen Führerschein besit-

Mietwagen (Fortsetzung)

zen und ein Jahr Fahrpraxis haben. Neben den internationalen Autovermietern (s. u.) gibt es in den größeren Städten, an den Flughäfen und in vielen Ortschaften zahlreiche einheimische Unternehmen (im Telefonbuch unter "noleggio" zu finden), die Fahrzeuge oftmals kostengünstiger anbieten.

Reservierung in Deutschland

Avis
www.avis.de
☎ 0 18 05/55 77 55

Europcar
www.europcar.de
☎ 0 18 05/80 00

Sixt
www.e-sixt.com
☎ 00 49 /(0) 18 05/23 22 223

Hertz
www. hertz.de
☎ 0 18 05/33 35 35

Notdienste

Notrufe in Italien

Allgemeiner Notruf
☎ 113

Polizei
☎ 112

Feuerwehr
☎ 115

Medizinischer Notfalldienst
☎ 118

ADAC-Ambulanzdienst

Notruf München
☎ 00 49/89/22 22 22
tgl. 24-Stunden-Dienst

Ambulanzservice
☎ 00 49/89/76 76 76
tgl. 7⁰⁰ – 23⁰⁰ Uhr

ADAC-Reiseruf
☎ 00 49/18 05/10 11 12

Öffnungszeiten

Allgemeines

Die üblichen Ladenöffnungszeiten sind von 9^{00} – 13^{00} und von 16^{00} – 19^{30} Uhr (Winter), im Sommer verschieben sich die Zeiten um eine Stunde (17^{00} – 20^{30} Uhr). In den Fremdenverkehrsorten bleiben die Geschäfte während der Saison weit über die sonst üblichen Zeiten hinaus geöffnet, vor allem abends.

Tankstellen

Mo. – Sa. 7^{30} – 12^{00} und 15^{00} – 19^{15} Uhr (im Sommer bis 19^{45} Uhr). Einige Tankstellen bieten einen 24-Stunden-Service (▶ Straßenverkehr).

Post

Allgemeines

In den italienischen Postämtern kann man nicht telefonieren (▶ Telefon), sie sind nur für den Post- und Paketdienst zuständig. Die Briefkästen in Italien sind rot.

Öffnungszeiten

Geöffnet sind die italienischen Postämter Mo. – Fr. 8^{20} – 13^{20}, Sa. 8^{20} – 12^{00} Uhr, Hauptpost bis 19^{00} Uhr.

Porto

Eine Postkarte oder ein Brief bis 20 g nach Deutschland, Österreich, Schweiz und andere EU-Länder kostet 0,41 €, Luftpostsendungen ("Posta Prioritaria") 0,62 €.
Außer auf den Postämtern kann man Briefmarken (francobolli) auch in Tabakgeschäften (erkennbar an einem Schild mit einem "T" über dem Eingang) kaufen.

Reisedokumente

Personalpapiere

Obwohl es für EU-Bürger keine Passkontrollen mehr gibt, sollte man nicht ohne Personalpapiere nach Italien reisen. Für Deutsche, Österreicher und Schweizer genügt der Personalausweis. Kinder unter 16 Jahren müssen einen Kinderausweis besitzen oder im Elternpass eingetragen sein.
Mitzuführen sind der Führerschein, der Kraftfahrzeugschein und die Internationale Grüne Versicherungskarte. Kraftfahrzeuge, die kein Euro-Kennzeichen haben, müssen das ovale Nationalitätskennzeichen tragen.

Haustiere

Wer Haustiere (Hunde, Katzen) nach Italien mitnehmen will, benötigt für diese ein amtstierärztliches Gesundheitszeugnis (höchstens 30 Tage alt), ferner ein mindestens 20 Tage und höchstens elf Monate vor der Einreise ausgestelltes Tollwut-Impfzeugnis. Maulkorb und Leine sind mitzuführen.

Reisezeit

Frühjahr und Herbst

Die idealen Reisemonate für Sardinien sind im späten Frühjahr (Mai, Juni) und im frühen Herbst (September, Oktober). In dieser Zeit ist man von der sommerlichen Hitze verschont, muss aber auf ein Bad im Meer nicht verzichten. Der Monat April bietet den Vorteil, dass man den Frühjahrsbeginn miterleben kann, doch kann es in dieser Jahreszeit auch noch kühlere Tage mit Regen oder kaltem Wind geben. In die sehr milde Frühlingszeit fallen auch die beiden größten sardischen Feste: die Sagra di Sant'Efisio in Cagliari (1. Mai) und die Cavalcata Sarda von Sassari am vorletzten Maisonntag. Wer ein blühendes Sardinien erleben will, sollte im Mai anreisen; dann leuchtet die Macchia in den schönsten Farben – in den höheren Bergen sogar bis in den Juni hinein.

Sommer

Für den Badetouristen ist nach wie vor der Sommer die beliebteste Reisezeit. Dann sind allerdings Unterkünfte und Plätze auf den Fähren knapp, so dass eine frühzeitige Reiseplanung anzuraten ist. Die große Hitze, besonders abseits der Küsten auf den weiten Hochflächen und in den Bergen im Hinterland, macht so manche Besichtigungstour schnell zur Strapaze. Man sollte sich ruhig etwas dem sardischen Tagesrhythmus anpassen und während der Mittagshitze die Siesta einhalten.

Winter

Auch der Winter hat vor allem an der Küste seinen eigenen Reiz: Zum sardischen Klima gehören winterliche Trockenzeiten mit viel Sonne im Januar, die so genannten "secche di gennaio", die sich auch bis in den Februar und März hineinziehen können. Als Nach-

Reisezeit (Fortsetzung)

teil muss zu dieser Jahreszeit (wie auch teilweise im Frühjahr und Herbst) in Kauf genommen werden, dass viele Hotels, Restaurants und sehenswerte Stätten geschlossen sind. Ebenso ist das Wetter insgesamt nicht so beständig; Wetterschwankungen mit Regenschauern und kühleren Tagen sind durchaus möglich und sollten in die Reiseplanung einkalkuliert werden.

Klimawerte

▶ Zahlen und Fakten, Klima

Restaurants

Allgemeines

In den größeren Städten und entlang der touristisch ausgebauten Küstengebiete ist die Auswahl an Restaurants groß. Einige Lokale befinden sich auch außerhalb der Ortschaften oder in kleineren, vom Hauptort entfernten Ortsteilen. An der Küste bietet die Gastronomie neben den typischen Fischgerichten auch traditionelle sardische Gerichte (▶ Baedeker-Special, S. 258/259). In den kleinen Ortschaften des Landesinneren vermindert sich die Anzahl der Restaurants beträchtlich, doch lohnt es sich, auch dort nach Restaurants mit echter sardischer Küche zu fragen.

Preiskategorien

Durchschnittlicher Preis für ein Menü mit Vor-, Haupt- und Nachspeise:

Kat. 1	über 40 €
Kat. 2	20 – 40 €
Kat. 3	unter 20 €

Alghero

Al Tuguri
Via Maiorca 113 (Nähe Piazza Sulis)
☎ 0 79 97 67 72, 2. Kat.
In diesem recht kleinen Lokal mit Atmosphäre werden vor allem sehr gute Fischgerichte serviert (So. geschlossen).

Al Pavone
Piazza Sulis 3/4
☎ 0 79 97 95 84, 2. Kat.
In dem gemütlichen Restaurant ist die Meeresküche empfehlenswert (Mi. geschlossen).

La Lepanto
Via Carlo Alberto 135 (Nähe Piazza Sulis)
☎ 0 79 97 91 16, 2. Kat.
Meeresfrüchte in vielen Variationen gibt es in diesem großen, auf Fisch und Meeresfrüchte spezialisierten Restaurant, das eine schöne Terrasse mit Blick auf die Piazza besitzt (außerhalb der Saison Mo. geschlossen).

Ravel
Via Lido 20
☎ 0 79 95 03 85, 2. Kat.
Das nicht ganz billige Restaurant mit guter Küche, vor allem mit Fischgerichten, liegt am Strand der Neustadt (Do. geschlossen).

Dieci Metri
Vico Adami 47 (Nähe Via Roma)
☎ 0 79 97 90 23, 2./3. Kat.
Nudelgerichte und Meeresspezialitäten nimmt man entweder im fantasievoll gestalteten Innenraum ein oder im Sommer draußen unter einem großen Torbogen (Mo. geschlossen).

Da Pietro
Via A. Macchini/Ecke Via Simon
☎ 0 79 97 96 45, 3. Kat.
Gute, preiswerte Meeresküche kann man erwarten, wenn man in dem dunklen, mittelalterlichen Gewölbe dieses Lokals speist (Mi. geschlossen).

Arbatax

Del Porto
In der Hotelanlage Rocce Rosso befindet sich dieses stimmungsvolle Restaurant der 2. Kat. mit Meeresküche.

La Bitta
In der Bucht Porto Frailis
☎ 07 82 66 70 80, 3. Kat.
Im gleichnamigen ▶ Hotel sind eine preisgünstige Pizzeria und ein sardisches Spezialitätenrestaurant untergebracht (beide So. geschlossen).

Aritzo

Sa Muvara
Loc. Funtana Rubia
südliches Ortsende von Aritzo
☎* 07 84 62 93 36, 2. Kat.
Sehr schmackhaftes sardisches Essen gibt es im architektonisch ausgefallenen Restaurant-Rundbau im gleichnamigen Hotelkomplex.

Arzachena

Casa Mia
Viale Costa Smeralda
☎ 07 89 8 27 90, 2. Kat.
Das große, beliebte Lokal mit regionaler Küche befindet sich im gleichnamigen Hotel am südlichen Ortsausgang.

Bosa

Borgo Sant' Ignazio
Via Sant' Iganzio
☎ 07 85 37 46 62, 1. Kat.

Das Restaurant liegt in dem kleinen Altstadtviertel unterhalb des Castello Malaspina. Zunächst hatte der Architekt das Haus nur liebevoll renoviert, bis er bald danach das Restaurant eröffnete, das eine Küche bietet, die sich an lokalen Spezialitäten orientiert (Di. geschlossen).

Giancarlo e Rita (Già Mannu)
Viale Alghero 4
☎ 07 85 37 53 06, 2. Kat.
Wirklich hervorragend ist die Küche von Giancarlo Mannu, in der der Schwerpunkt auf Gerichten mit Meeresfrüchten und Fischen liegt.

Sa Pischedda
Via Roma
☎ 07 85 37 30 65, 2. Kat.
Zum gleichnamigen ▶ Hotel gehört das empfehlenswerte und über Bosa hinaus bekannte Restaurant. Die Küche bietet täglich frische Fischgerichte, aber auch Pizza.

in Bosa Marina: Al Gabbiano
Viale Mediterraneo
☎ 07 85 37 41 23, 2. Kat.
Das Restaurant im gleichnamigen ▶ Hotel serviert u. a. gute Pizzen (außerhalb der Saison Mo. geschlossen)

Cagliari

Fast alle guten Restaurants von Cagliari finden sich im Marina-Viertel:

Al Porto
Via Sardegna 44
☎ 0 70 66 31 31, 3. Kat.

Restaurants

Hauptsächlich Meeresfrüchte bekommt man im vergleichsweise preiswerten und meist recht vollen Lokal (Mo. geschlossen).

Dal Corsaro
Viale Regina Margherita 28
☎ 0 70 66 43 18, 1./2. Kat.
Kulinarische Köstlichkeiten vom Land und aus dem Meer zu saftigen, aber für die Qualität der Speisen angemessenen Preisen werden hier in edlem Jugendstil- und 19. Jahrhundert-Ambiente serviert. Es gilt als eines der besten Lokale der Stadt (So. geschlossen).

Flora (Da Peppe)
Via Sassari 45
☎ 0 70 66 47 35, 2. Kat.
Je nach Jahreszeit kommt in dem gepflegten Ristorante Wild (Schnepfen, Hasen, Amseln), Fisch oder auch Schafsfleisch auf den Tisch, was immer delikat zubereitet wird (So. geschlossen).

Saint Remy
Via Torino 16
☎ 0 70 65 73 77, 2. Kat.
In den Gewölben eines ehemaligen Klosters unterhalb der Bastione St. Remy residiert dieses Gourmet-Restaurant, in dem man sich an schmackhaften Gerichten erfreuen kann (So. geschlossen).

Da Bruno
Via Cavour 17, 2. Kat.
Das kleine, gut besuchte Restaurant besticht durch sein Vorspeisenbüfett und seine Karte, auf der viele sardische Spezialitäten sowohl mit Fisch als auch mit Fleisch angeboten werden (So. geschlossen).

Gennargentu
Via Sardegna 60
☎ 0 70 65 82 47, 3. Kat.
Der Gastraum ist zwar sehr einfach, aber nicht ungemütlich eingerichtet, und wenn man noch einen Fensterplatz im ersten Stock ergattert, kann man auch noch das Treiben auf der Straße beobachten. Die innersardische Küche bereitet u.a. Lamm- und Ferkelfleisch zu (So. geschlossen).

Castelsardo

Fofò
Via Lungomare Anglona 1
☎ 0 79 47 01 43, 2. Kat.
Überragende Fischküche wird auch hier zubereitet (Mi. geschlossen).

Costa Smeralda

in Porto Cervo: Da Petronilla
Sa Conca
☎ 07 89 9 21 37, 1. Kat.
Preislich und vom Niveau der obersten Klasse zuzurechnen ist dieses Restaurant, das durch eine hervorragende Meeresküche besticht und eine schöne Aussicht auf den Hafen hat.

Il Pescatore
Porto Vecchio
☎ 07 89 9 22 96, 1. Kat.
Am alten Hafen liegt dieses hochpreisige Lokal, das nicht nur hervorragende Fischdelikatessen zubereitet, sondern z.B. auch ein exquisites Vorspeisenbüfett hat.

Il Pomodoro
Marina, oberhalb des Ortes
☎ 07 89 9 22 07, 3. Kat.
Nicht ohne Grund ist das Il Pomodoro ein viel besuchtes Restaurant mit guter Pizza und ländlichen Gerichten: Hier sind nämlich auch die Preise im Rahmen.

in Baja Sardinia:
Club Hotel del Casablanca
An der Bucht

☎ 07 89 9 90 06, 1. Kat.
Eine auf die Bucht hinausgehende Veranda krönt den Genuss beim exzellenten Essen in diesem teuren, eleganten Restaurant, das über 140 Weine zu seinen Delikatessen aus dem Meer anbietet.

Pizzeria Oasi
Loc. Riolta
☎ 07 89 9 88 08, 3. Kat.
Preisgünstige Pizza bekommt man in diesem stets vollen, großen Lokal.

Cuglieri

Desogos
Vico Cuglia 6
(im gleichnamigen Hotel)
☎ 07 85 3 96 60, 2. Kat.
Oberhalb der Durchgangsstraße in einer schmalen Gasse speisen auch viele Sarden in dem gemütlichen, guten Restaurant mit Kamin.

Dorgali

Panini
Viale Umberto 20, 2./3. Kat.
Die Bar und Pizzeria, die innen vor einiger Zeit modern umgestaltet wurde, wird von den Einheimischen sehr gelobt und viel besucht.

Sant' Elene
Loc. Sant' Elene
☎ 07 84 9 45 72, 2. Kat.
Gute einheimische Küche und ein Panoramablick von der Terrasse erwartet den Besucher im Sant' Elene, das auf dem Land, 2 km Richtung Madonna del Buoncammino liegt (außerhalb der Saison Mo. geschlossen).

in Cala Gonone: Il Pescatore
Via Acqua Dolce 7
☎ 07 84 9 31 74, 2. Kat.
Wer Lust auf schmackhafte Fischgerichte hat, ist hier in dem besten Fischlokal des Ortes richtig. Eine schöne Terrasse rundet das Vergnügen ab (von Okt. bis März geschlossen).

Ghilarza · Lago Omodeo

in Sedilo: Da Armando
Loc. Talasai, 3. Kat.
Gute sardische Küche, vor allem Fleischgerichte (Lamm, Zicklein, Ferkel), erwartet den Besucher an der Straße von der SS 131 zum Örtchen Sedilo beim Lago Omodeo (Mo. geschlossen).

Iglesias

Villa di Chiesa
Piazza Municipio 9/10
☎ 07 81 2 31 24, 2. Kat.
Mitten in der Altstadt, nahe des Doms, liegt eines der wenigen Restaurants der Stadt. Man isst hier gut sowohl Fleisch als auch Fisch und Pasta (Mo. geschlossen).

Isili

Del Sole
Corso Vittorio Emanuele 86
☎ 07 82 80 20 24, 2. Kat.

Das feine Restaurant mit großer Karte befindet sich im gleichnamigen Hotel im Kellergeschoss.

La Maddalena

(Stadt): Al Faone
Via Ilva 10
☎ 07 89 73 83 02, 2. Kat.
Das nur sehr kleine, aber umso feinere, alteingesessene Lokal in der Altstadt serviert Köstliches vor allem aus dem Meer (außerhalb der Saison Mo. geschlossen).

La Grotta
Via Principe di Napoli 3
☎ 07 89 73 72 28, 1./2. Kat.
In der ehemaligen Matrosenkneipe in Hafennähe (ca. 100 m entfernt) gibt es außerordentlich gut zubereitetes Essen, vorwiegend aus dem Meer, in angenehmer, ruhiger Atmosphäre.

Mangana
Via Mazzani 2
☎ 07 89 73 84 77, 2. Kat.
In dem viel besuchten, guten Restaurant in der Stadtmitte wird maritim gekocht. Draußen zu sitzen ist möglich (außerhalb der Saison Mi. geschlossen).

Nuoro

Canne al Vento
Viale Repubblica 66
☎ 07 84 20 17 62, 2. Kat.
Das beste Restaurant am Ort ist rustikal eingerichtet und besitzt eine schöne Empore; es wird gute regionale Küche mit Fleisch und Fisch serviert (So. geschlossen).

Fratelli Sacchi
Monte Ortobene
☎ 07 84 31 2 00, 2. Kat.
Hoch auf dem Hausberg von Nuoro, dem Monte Ortobene, thront das Hotel mit Restaurant, von dessen Speisesaal man einen herrlichen Blick hat. Gekocht wird typisch sardisch mit Fisch, Fleisch, (Lamm, Zicklein) und Pasta (außerhalb der Saison So. geschlossen).

Grillo
Via Monsignor Melas 14
☎ 07 84 3 86 68, 2./3. Kat.
Viele Fleischgerichte der Region Barbagia stehen auf der Karte dieses Restaurants, das sich in einem äußerlich hässlichen Betonklotz verbirgt.

Olbia

Gallura
Corso Umberto I. 145
☎ 07 89 2 46 48, 1. Kat.
Im Restaurant des gleichnamigen ▶ Hotels wird immer wieder Neues kreiert, das der sardischen Küche entspricht, allerdings auch nicht ganz billig ist: von frischem Fisch bis zartem Fleisch der Region und einer hervorragenden Käseplatte wird alles geboten (Mo. geschlossen).

Antica Osteria
Piazza Matteotti 7, 2. Kat.
Nahe der zentralen Piazza Margherita kann man in schöner, ruhiger Atmosphäre speisen; es gibt auch Tische draußen.

Il Gambero
Via Lamarmora 6, 2. Kat.
☎ 07 89 2 38 74
Das sehr kleine Restaurant mit intimer Atmosphäre und offenem Kamin hat eine gute Meeresküche (außerhalb der Saison So. geschlossen).

Oliena

C K
Via M. L. King 2/4
☎ 07 84 28 80 24, 2. Kat.
Das Lokal des Hotels Ci Kappa ist das einzige direkt im Ort, aber nicht nur deshalb viel besucht: Vielmehr herrscht hier

ein grandioses Preis-Leistungs-Verhältnis, denn die Küche ist hervorragend, vielseitig und regional geprägt (Mo. geschlossen).

Cooperative Enis Monte Macchione
Auf dem Supramonte
☎ 07 84/28 83 63, 1./2. Kat.
2 km oberhalb von Oliena auf dem Supramonte bietet die Cooperative eine exzellente Küche zu günstigen Preisen und eine herrliche Lage mit Ausblick auf die Ebene. Den Kaffee nimmt man auf der Terrasse ein, das Lokal ist ein beliebter Treff Einheimischer.

Su Gologone
▶ Sehenswürdigkeiten von A bis Z, Oliena, Baedeker-Tipp, S. 173.

Orgosolo

Ai Monti del Gennargentu
Straße Richtung Funtana Bona
☎ 07 84 40 23 74, 2. Kat.
Das gemütlich eingerichtete Landhaus liegt ruhig und idyllisch auf dem Pratobello. Sehr gute Fleischgerichte der Region werden von einer freundlichen Bedienung serviert.

Oristano

Il Faro
Via Bellini 25
☎ 07 83 70 00 02, 1./2. Kat.
Das beste (aber auch das teuerste) Lokal am Ort besticht durch sein elegantes Jugendstilambiente, seine ausgezeichnete sardische Küche und eine professionelle Bedienung (So. abends sowie Juli, Aug. und 1. Septemberwoche geschlossen).

Da Gino
Via Tirso 13
☎ 07 83 71 42 8, 2. Kat.
Nahe dem Hauptplatz von Oristano werden im Da Gino u. a. eine große Auswahl an Vorspeisen und diverse Fischgerichte angeboten.

Craf
Via De Castro 34
☎ 07 83 70 66 9, 1. Kat.

Das Restaurant, das sich in der Einrichtung ganz der Farbe Rot verschrieben hat, bietet bodenständige sardische Küche (So. geschlossen).

Orosei

Su Barchile
Via Mannu 3
☎ 07 84 9 88 79, 2. Kat.
Die Basis der Karte bildet auch hier der frische Fisch. Das Restaurant liegt zentral; im Innern kann man sardische Keramik bewundern.

Palau

Da Franco
Via Capo d'Orso 1
☎ 07 89 70 95 58, 1. Kat.
Luxus in Bezug auf Essen und Ambiente erwartet den Gast im besten – und teuersten – Restaurant am Ort. Beeindruckend sind nicht zuletzt das reiche Büfett und die große

Weinkarte (außerhalb der Saison Mo. geschlossen).

Da Graziano
An der Hauptstraße, 2. Kat.
Die Meeresküche im freundlichen Ristorante Da Graziano ist empfehlenswert, die Weinkarte umfangreich (außerhalb der Saison Mi. geschlossen).

La Griglia
Loc. Stazzu Pulcheddu, an der Straße nach Arzachena, 2. Kat.
In einem schönen, alten Bauernhaus mit hübschem Hof kann man die sardische Küche vom Grill genießen.

Porto Torres

La Tana
Via Cavour 25, 2. Kat.
Gute Pizzen, Fisch und Fleisch bekommt man im La Tana, das in einer Seitengasse des Corso Vittorio Emanuele liegt.

Scoglio Lungo
Lungomare Scogliolungo
1./2. Kat.
Eine schöne, große Terrasse mit Meerblick besitzt dieses ordentliche Restaurant der gehobenen Preisklasse.

Pula

Urru
an der SS 195, km 35,300
2. Kat.
Zwischen dichtem Grün sitzt es sich angenehm auf der Terrasse des Urru, das Gutes u.a. aus dem Meer zubereitet.

San Pietro

in Carloforte: Al Tonno di Corsa
Via Marconi 47
☎ 07 81 85 51 06, 2./3. Kat.
Die Küche des kleinen, intimen Restaurants ist von ligurischen und arabischen Einflüssen geprägt. Es gibt u.a. viele leckere Fischgerichte, besonders Tunfischspezialitäten (Mo. und So. abends geschlossen).

Da Nicolo
Corso Cavour 32
☎ 07 81 85 40 48, 2. Kat.
Gutes, für Carloforte typisches Essen mit arabischem Einschlag (u.a. die "cascà" genannte Couscous-Art) bekommt man auch hier in der Nähe des Hafens in netter Umgebung (außerhalb der Saison Mo. geschlossen).

Santa Maria Navarrese

Tancau
am Strand, 3. Kat.
Auf der großen Terrasse des Fischrestaurants Tancau direkt am Strand bekommt man neben Maritimem auch Pizza, Pasta und Fleisch.

in Lotzorai: L'Isolotto
Via Dante, 2./3. Kat.
Ein sehr gutes Lokal für Fisch und Pasta liegt an der Straße zum Strand. Auch das große Vorspeisenbüfett wird oft gelobt (Mo. geschlossen).

Sant' Antioco

(Stadt): Da Nicola
Lungomare Amerigo Vespucci, 2./3. Kat.
Fisch und Pasta bekommt man hier im schlicht-sachlich eingerichteten Lokal (außerhalb der Saison Di. geschlossen).

in Calasetta: Da Pasqualino
Via Roma 99
☎ 07 81 88 473, 2./3. Kat.
In familiärem Ambiente kann man die einfache, gute Küche mit Schwerpunkt auf Regionalem, Fisch und Gerichten wie Couscous probieren.

FJBY
Via Solferino 83
☎ 07 81 8 84 44, 3. Kat.
Sorgfältig zubereitete sardische Gerichte bekommt man im Restaurant des gleichnamigen ▶ Hotels.

Santa Teresa di Gallura

Riva
Via del Porto 29
☎ 07 89 2 94 81 96, 2. Kat.
Zahlreiche Spezialitäten des Meeres in unterschiedlichster Zubereitungsart werden im Riva serviert (nur in der Nebensaison Mi. geschlossen).

Pape Satan
Via la Marmora 20, 3. Kat.
Günstige, gute Pizza kann man abends auch im schönen Innenhof des meist recht vollen Lokals zu sich nehmen, mittags wird nur Pasta gekocht.

in Baja Santa Reparata: S'Andira
Loc. Santa Reparata, Nähe Leuchtturm am Strand, 2. Kat.
Leckere Pasta mit Meeresfrüchten und diverse Fischgerichte, auch vom Rost, gibt es im S'Andira, das aber nur zwischen Mai und September geöffnet ist.

Sassari

L'Assassino
Vicolo Ospizio Cappuccini
☎ 0 79 23 50 41, 3. Kat.
"Die" Adresse in der Altstadt: Allseits wird das preisgünstige Essen gelobt, das im alten Gewölbe aufgetischt wird (So. geschlossen).

Il Castello
Piazza Castello 6
☎ 0 79 23 20 41, 2. Kat.
Weil es zentral gelegen ist und sich durch eine gute Küche (Fisch, Fleisch) auszeichnet, ist das Ristorante nicht nur bei Touristen, sondern auch bei den Einheimischen beliebt.

Il Senato
Via Alghero 36
☎ 0 79 23 14 23, 2. Kat.
Die nicht sehr umfangreiche Speisekarte des kleinen Restaurants bietet dafür sardische Spezialitäten wie Pferd, Lamm, Muscheln, Schnecken usw. (So. geschlossen).

Siniscola

La Vernaccia
An der Straße nach Santa Lucia, 3. Kat.
In dem modern eingerichteten, nicht zu teuren Ristorante bekommt man neben Pizza und Pasta auch schmackhafte Fleisch- und Fischgerichte.

Stintino

Silvestrino
Via Sassari 12
☎ 0 79 52 30 07, 2. Kat.
Das sehr gute, nette Restaurant mit Tischen auch draußen gehört zum gleichnamigen Hotel. Hier gibt es vor allem eine empfehlenswerte Meeresküche (außerhalb der Saison Do. geschlossen).

in Capo Falcone: Capo Falcone
Am Capo Falcone, 2. Kat.
Am Kap mit schönem Blick aufs Meer liegt dieses schicke Restaurant.

Tempio Pausania

Il Giardino
Via Cavour 3
☎ 0 79 67 12 47, 2. Kat.
Zentral nahe der Piazza Gallura gelegen speist man Fleisch- und Nudelgerichte im gediegenen Ristorante Giardino

Restaurants (Fortsetzung)

Conconi (außerhalb der Saison Mi. geschlossen).

Teulada

La Mezza Luna
Am Ortsausgang Richtung Porto di Teulada, 3. Kat.
Die Panoramaterrasse am Hang könnte ein Hauptgrund für den Besuch des Restaurants sein, das u. a. gute Pizzen anbietet (Do. geschlossen).

Villasimius

Stella d'Oro
Via Vittorio Emanuele 23
2. Kat.
Fisch und Pasta werden zwar zu hohen Preisen angeboten, aber das Publikum findet trotzdem meist zahlreich hierher, da eine familiäre Atmosphäre herrscht und man hervorragend im schönen Hof mit Springbrunnen sitzt.

Giulietta
Via Umberto 16 (gegenüber der Kirche), 2. Kat.
Nicht nur im Speiseraum, auch auf der Terrasse und im lang gezogenen Garten werden Pizza, Pasta, Fleisch und Fisch serviert.

Sport

Allgemeines

Den Sardinienbesucher erwartet ein reiches Angebot an Sportmöglichkeiten. Besonders in den Hotels, Ferienanlagen und auf Campingplätzen sind Sportanlagen (z. B. Tennisplätze) oftmals vorhanden. Entlang der Küste bieten sich vor allem Wassersportarten an: Schwimmen, Tauchen, Schnorcheln, Windsurfen, Segeln, Angeln oder auch nur im Schlauchboot oder Kajak die Küste entlangpaddeln. Informationen erteilen die unter ▶ Auskunft genannten Fremdenverkehrsämter.

Surfer und Kite-Surfer sind besonders an der Westküste Sardiniens häufig anzutreffen.

Segeln und Bootssport
Dank der vielen gut ausgestatteten Sportboothäfen ist Sardinien bei Seglern und Motorsportlern sehr beliebt. Wie anderswo sein Auto, so führt man hier in manchen Küstenorten sein Boot oder seine Yacht vor. In den meisten Häfen kann man Segelboote und auch Yachten mieten. Beim E.S.I.T. (▶ Auskunft) bekommt man eine Karte der Strände und Häfen Sardiniens mit Adressangaben. Beliebt ist das Umrunden der Insel per Boot, doch nur Teilstücke der Küste lohnen sich. Ein dichtes Netz an Sportboothäfen erleichtert die Planung, doch sollte man sich über die Winde, besonders den aus dem Norden wehenden "Maestrale", genau informieren. Er kann sehr heftig werden und durchaus stürmische Böen erzeugen. Ebenso muss berücksichtigt werden, dass einige Küstenabschnitte Sardiniens militärische Sperrgebiete und damit nicht zugänglich sind.

Windsurfing

Sardinien ist auch ein Surferparadies; in allen bedeutenden Küstenorten gibt es Surfschulen und Surfbrettverleihe. Besonders beliebt sind die Nord- und Westküsten im Frühjahr und Herbst, denn dann blasen hier starke Winde. Die Ost- und Südküsten sind insgesamt ruhiger als die oft stürmischen West- und Nordküsten.

Wandern

Sardinien zu Fuß zu erkunden, um die Schönheiten der Insel kennen zu lernen, ist im Frühjahr und im Herbst ideal, im Sommer hingegen ist es oftmals zu heiß zum Wandern. Abgelegene Berggegenden und unerschlossene Küstenabschnitte sind reizvoll für geübte Wanderer, erfordern jedoch einige Vorbereitung und Bergerfahrung. Markierte oder gut beschilderte Wanderwege gibt es kaum, so dass ein Wanderführer und gutes Kartenmaterial obligatorisch sind.

Geführte Wanderungen

Mehrere Kooperativen bieten geführte Bergtouren mit ortskundiger Begleitung an. Beliebt sind besonders organisierte Wanderungen im Gennargentumassiv und im Supramonte. Die Bedingungen werden jeweils vereinbart; teilweise ist eine Anfahrt mit einem geländegängigen Fahrzeug nötig.

Reiten

Mit wachsendem Tourismus in den letzten Jahrzehnten sind etwa 50 Pferdesportzentren in verschiedenen Ortschaften Sardiniens entstanden; auch einige Hotels bieten Reitsport und Ausritte an. Es ist ratsam, sich jeweils vor Ort nach Reitmöglichkeiten zu erkundigen, da ständig neue Initiativen gegründet werden und viele Pferdehalter ihre Tiere im Sommer in die Fremdenverkehrsorte bringen und dort Ausritte anbieten. Auch für den Ungeübten gibt es Möglichkeiten, auf verschiedenen, stets sehr eindrucksvollen Strecken und in Begleitung eines Führers Ausritte zu unternehmen.

Rad fahren

Sardinien eignet sich besonders im Frühjahr und Herbst zum Fahrrad fahren, während bei den hohen Temperaturen im Sommer eher davon abzuraten ist. Je nach Kondition können in allen Schwierigkeitsgraden – von kurvigen und steilen Bergstrecken bis hin zu leichten Touren in den Ebenen – entsprechende Routen ausgewählt werden. Auch die kleinen Inseln Sant'Antioco, San Pietro und La Maddalena bieten gute Radfahrmöglichkeiten. Insgesamt sollte man bei seiner Tourenplanung aber bedenken, dass Sardinien hauptsächlich aus Hügelland und Bergen besteht.

Golf

Auf Sardinien gibt es drei 18-Loch-Golfplätze, die landschaftlich sehr schön gelegen sind.

Pevero Golf Club Costa Smeralda
I-07020 Porto Cervo
☎ 07 89 9 62 10
FAX 07 89 9 65 72
(im Nordosten Sardiniens)

Is Molas Circolo Golf
I-09010 S. Margherita di Pula
☎ 070 9 24 10 06
FAX 070 9 24 10 02
E-Mail: mail@ismols.it
www.ismolas.it
(im Süden Sardiniens)

Club Is Arenas
Loc. Pineta Is Arenas
I-09070 Narbolia
☎ 07 83 5 22 45
FAX 07 83 5 22 35
E-Mail: isares@tiscalinet.it
www.isarenas.it

Sport (Fortsetzung)

Kürzlich ausgebaut, an der Westküste gelegen.

Wandern

Società Gorropu
Via sa Preda Lada 2
I-08040 Urzulei
☎ 07 82 64 92 82
E-Mail: francescomurru@virgilio.it
Wanderungen ins Hinterland der Steilküste zwischen Arbatax und Cala Gonone, zu den Grotten des Supramonte und der Alta Ogliastra, zu den botanischen Besonderheiten der Punta Cuccudos.

Kooperative Enis
Loc. Monte Maccione
I-08025 Oliena
☎ 07 84 28 83 63, FAX 28 84 74
www.coopenis.it
Ausflüge und Wanderungen in den Bergen und zu den Höhlen von Oliena.

Reiten

Auskunft
E.S.I.T. ▶ Auskunft
Eine Liste mit ca. 50 Adressen von Reitzentren auf Sardinien findet sich im Internet unter www.sardegnacavalli.it/Associa/associa.html

Sprache

Sardisch

Sardisch ist zwar die Sprache der Insel (▶ Zahlen und Fakten, Sprache) und wird von der Bevölkerung auf dem Land auch untereinander gesprochen, aber Amts- und allgemeine Umgangssprache ist Italienisch.

Kleiner Sprachführer Italienisch

Auf einen Blick

Ja./Nein.	Sì./No.
Vielleicht.	Forse.
Bitte./Danke.	Per favore./Grazie.
Vielen Dank!	Tante grazie.
Gern geschehen.	Non c'è di che!
Entschuldigen Sie!	Scusi!/Scusa!
Wie bitte?	Come dice?
Ich verstehe Sie/dich nicht.	Non La/ti capisco.
Ich spreche nur wenig ...	Parlo solo un po' di ...
Können Sie mir bitte helfen?	Mi può aiutare, per favore?
Ich möchte ...	Vorrei ...
Das gefällt mir (nicht).	(Non) mi piace.
Haben Sie ...?	Ha ...?
Wie viel kostet es?	Quanto costa?
Wie viel Uhr ist es?	Che ore sono?/Che ora è?

Kennen lernen

Guten Morgen!/Tag!	Buon giorno!
Guten Abend!	Buona sera!
Gute Nacht!	Buona notte!
Hallo!/Grüß dich!	Ciao!
Wie geht es Ihnen/dir?	Come sta?/Come stai?
Danke. Und Ihnen/dir?	Bene, grazie. E Lei/tu?
Auf Wiedersehen!	Arrivederci!

Tschüs!	Ciao!	**Kennen lernen (Fortsetzung)**
Bis bald!	A presto!	
Bis morgen!	A domani!	
links/rechts	a sinistra/a destra	**Unterwegs**
geradeaus	diritto	
nah/weit	vicino/lontano	
Wie weit ist das?	Quanti chilometri sono?	
Ich möchte ... mieten.	Vorrei noleggiare ...	
... ein Auto	... una macchina.	
... ein Fahrrad	... una bicicletta.	
... ein Boot	... una barca.	
Bitte, wo ist ...?	Scusi, dov'è ...?	
der Hauptbahnhof	la stazione centrale	
die U-Bahn	la metro(politana)	
der Flughafen	l'aeroporto	
Zum Hotel	All'albergo	
Ich habe eine Panne.	Ho un guasto.	**Panne**
Würden Sie mir einen Abschleppwagen schicken?	Mi potrebbe mandare un carro attrezzi?	
Gibt es hier in der Nähe eine Werkstatt?	Scusi, c'è un'officina qui vicino?	
Würden Sie mir mit Benzin aushelfen?	Mi potrebbe dare un po' di benzina, per favore?	
Wo ist bitte die nächste Tankstelle?	Dov'è la prossima stazione di servizio, per favore?	**Tankstelle**
Ich möchte ... Liter ...	Vorrei ... litri di ...	
... Normalbenzin.	... benzina normale.	
... Super./... Diesel.	... super./... gasolio.	
... bleifrei/... verbleit.	... senza piombo (verde)/... con piombo.	
...mit ... Oktan.	... a ... ottani.	
Volltanken, bitte.	Il pieno, per favore.	
Umleitung	Deviazione	**Straßenverkehr**
Einbahnstraße	Senso unico	
gesperrt	Sbarrato	
langsam fahren	Rallentare	
alle Richtungen	Tutti direzioni	
rechts fahren	Tenere la destra	
Hupverbot	Zona di silenzio	
Beginn der Parkverbotszone	Zona tutelata INIZIO	
Hilfe!	Aiuto!	**Unfall**
Achtung!/Vorsicht!	Attenzione!	
Rufen Sie bitte schnell ...	Chiami subito ...	
... einen Krankenwagen.	... un'autoambulanza.	
... die Polizei.	... la polizia.	
... die Feuerwehr.	... i vigili del fuoco.	
Haben Sie Verbandszeug?	Ha materiale di pronto soccorso?	
Es war meine Schuld.	È stata colpa mia.	
Es war Ihre Schuld.	È stata colpa Sua.	

Unfall (Fortsetzung)	Geben Sie mir bitte Ihren Namen und Ihre Anschrift!	Mi dia il Suo nome e indirizzo, per favore!
Essen/ Unterhaltung	Wo gibt es hier ...	Scusi, mi potrebbe indicare ...
	... ein gutes Restaurant?	... un buon ristorante?
	... ein typisches Restaurant?	... un locale tipico?
	Gibt es in der Nähe eine Eisdiele?	C'è una gelateria qui vicino?
	Reservieren Sie uns bitte für heute Abend einen Tisch für vier Personen.	Può riservarci per stasera un tavolo per quattro persone?
	Auf Ihr Wohl!	Alla Sua salute!
	Bezahlen, bitte.	Il conto, per favore.
	Hat es geschmeckt?	Andava bene?
	Das Essen war ausgezeichnet.	Il mangiare era eccellente.
	Haben Sie einen Veranstaltungskalender?	Ha un programma delle manifestazioni?
Einkaufen	Wo finde ich ...?	Dov'è si può trovare ...?
	... eine Apotheke	... una farmacia
	... eine Bäckerei	... un panificio
	... ein Fotogeschäft	... un negozio di articoli fotografici
	... ein Kaufhaus	... un grande magazzino
	... ein Lebensmittelgeschäft	... un negozio di generi alimentari
	... den Markt	... il mercato
	... den Supermarkt	... il supermercato
	... den Tabakladen	... un tabaccaio
	... den Zeitungshändler	... un giornalaio
Übernachtung	Können Sie mir bitte ... empfehlen?	Scusi, potrebbe consigliarmi ...
	... ein Hotel	... un albergo?
	... eine Pension	... una pensione?
	Ich habe bei Ihnen ein Zimmer reserviert.	Ho prenotato una camera.
	Haben Sie noch ...?	È libera ...?
	... ein Einzelzimmer	... una singola
	... ein Zweibettzimmer	... una doppia
	... mit Dusche/Bad	... con doccia/bagno
	... für eine Nacht	... per una notte
	... für eine Woche	... per una settimana
	... mit Blick aufs Meer	... con vista sul mare
	Was kostet das Zimmer ...	Quanto costa la camera ...
	... mit Frühstück?	... con la prima colazione?
	... mit Halbpension?	... a mezza pensione?
Arzt/Apotheke	Können Sie mir einen guten Arzt empfehlen?	Mi può consigliare un buon medico?
	Geben Sie mir bitte ein Medikament gegen...	Mi puo dare una medicina per ...
	Ich habe Durchfall.	Soffro di diarrea.
	Ich habe ...	Ho ...
	... Bauchschmerzen	... mal di pancia

... Kopfschmerzen	... mal di testa	**Arzt/Apotheke (Fortsetzung)**
... Halsschmerzen	... mal di gola	
... Zahnschmerzen	... mal di denti	
... Grippe	... influenza	
... Husten	... tosse	
... Fieber	... la febbre	
... Sonnenbrand	... scottatura solare	
... Verstopfung	... costipazione	
Pflaster	cerotto	
Wo ist bitte ...	Scusi, dove posso trovare ...	**Bank**
... eine Bank?	... una banca?	
... eine Wechselstube?	... un'agenzia di cambio?	
Ich möchte diese Schweizer Franken in Euro wechseln.	Vorrei cambiare questi franchi svizzeri in Euro.	
Was kostet ...	Quanto costa ...	**Post**
... ein Brief ...	... una lettera ...	
... eine Postkarte ...	... una cartolina ...	
... nach Deutschland?	... per la Germania?	

0	zero	13	tredici	70	settanta	**Zahlen**
1	uno	14	quattordici	80	ottanta	
2	due	15	quindici	90	novanta	
3	tre	16	sedici	100	cento	
4	quattro	17	diciassette	101	centouno	
5	cinque	18	diciotto	200	duecento	
6	sei	19	diciannove	1000	mille	
7	sette	20	venti	2000	duemila	
8	otto	21	ventuno	10000	diecimila	
9	nove	30	trenta			
10	dieci	40	quaranta			
11	undici	50	cinquanta	1/2	un mezzo	
12	dodici	60	sessanta	1/4	un quarto	

Carta – Speisekarte

caffè, espresso	kleiner, starker Kaffee ohne Milch	**prima colazione – Frühstück**
caffè macchiato	kleiner, starker Kaffee mit wenig Milch	
caffellatte	Kaffee mit Milch	
caffè decaffeinato	koffeinfreier Kaffee	
cappuccino	Kaffee mit aufgeschäumter Milch	
tè al latte/al limone	Tee mit Milch/Zitrone	
tè alla menta/alla frutta	Pfefferminz-/Früchtetee	
tisana	Kräutertee	
cioccolata	Schokolade	
spremuta	frisch gepresster Fruchtsaft	
succo di frutta	Fruchtsaft	
frittata	Omelett/Pfannkuchen	
uovo alla coque	weiches Ei	
uova al tegame	Spiegeleier	
uova sode	harte Eier	

prima colazione – Frühstück (Fts.)	uova strapazzate	Rühreier
	pane/panino/pane tostato	Brot/Brötchen/Toast
	cornetto	Hörnchen
	burro	Butter
	formaggio	Käse
	salame	Wurst
	prosciutto	Schinken
	miele	Honig
	marmellata	Marmelade
	iogurt	Joghurt
	della frutta	etwas Obst
antipasti e minestre – Vorspeisen und Suppen	acciughe	Sardellen
	affettato misto	gemischter Aufschnitt
	anguilla affumicata	Räucheraal
	carciofini sott'olio	Artischockenherzen in Öl
	funghi sott'olio	Pilze in Öl
	melone e prosciutto	Melone mit Schinken
	minestrone	dicke Gemüsesuppe
	pastina in brodo	Fleischbrühe mit feinen Nudeln
	vitello tonnato	kalter Kalbsbraten mit Tunfischmayonnaise
	zuppa di pesce	Fischsuppe
Primi Piatti – Nudel- und Reisgerichte	pasta	Nudeln
	... al burro/in bianco	... mit Butter
	... alla napoletana/al pomodoro	... mit Tomatensoße (ohne Fleisch)
	... alla bolognese/al ragù	... mit Tomatensoße (mit Fleisch)
	... alle vongole	... mit kleinen Muscheln
	... alla carbonara	... mit Ei und Speck
	... alla panna	... mit Sahne
	... aglio e olio	... mit Knoblauch und Öl
	... alla puttanesca	... mit Tomatensoße, Oliven und sehr scharfen Gewürzen
	fettuccine/tagliatelle	Bandnudeln
	gnocchi	kleine Kartoffelklößchen
	polenta (alla valdostana)	Maisbrei (mit Schmelzkäse)
	agnolotti/ravioli/tortellini	gefüllte Teigtaschen
	vermicelli	Fadennudeln
	risotto alla milanese	Reisgericht mit Safran
carni e pesci – Fleisch und Fisch	agnello	Lamm
	ai ferri/alla griglia	vom Grill
	anatra	Ente
	aragosta	Languste
	brasato	Braten
	coda di rospo	Seeteufel
	coniglio	Kaninchen
	cozze/vongole	Miesmuscheln/kleine Muscheln
	fegato	Leber
	fritto di pesce	gebackene Fischchen
	gambero, granchio	Krebs, Krabbe
	maiale	Schweinefleisch
	manzo/bue	Rind-/Ochsenfleisch

carni e pesci – Fleisch und Fisch (Fortsetzung)

ossobuco	Kalbshaxenscheibe mit Soße
pesce spada	Schwertfisch
platessa	Scholle
pollo	Huhn
rognoni	Nieren
salmone	Lachs
scampi fritti	gebackene kleine (See-)Krebse
sogliola	Seezunge
spezzatino	Geschnetzeltes/Gulasch
tonno	Tunfisch
trota	Forelle
vitello	Kalbfleisch

verdura e insalate – Gemüse und Salate

asparagi	Spargel
carciofi	Artischocken
carote	Möhren, Karotten
cavolfiore	Blumenkohl
cavolo	Kohl
cicoria belga	Chicorée
cipolle	Zwiebeln
fagioli	weiße Bohnen
fagiolini	grüne Bohnen
finocchi	Fenchel
funghi	Pilze
insalata mista	gemischter Salat
insalata verde	grüner Salat
lenticchie	Linsen
melanzane	Auberginen
patate	Kartoffeln
patatine fritte	Pommes frites
peperoni	Paprika
piselli	Erbsen
pomodori	Tomaten
sedano	Sellerie
spinaci	Spinat
zucca	Kürbis

formaggi – Käse

parmigiano	Parmesankäse
pecorino	Schafskäse
ricotta	quarkähnlicher Frischkäse

Dolci e frutta Nachspeisen und Obst

albicocca	Aprikose
anguria/cocomero	Wassermelone
arancia	Orange
cassata	Eisschnitte mit kandierten Früchten
ciliegie	Kirschen
coppa assortita	gemischter Eisbecher
coppa con panna	Eisbecher mit Sahne
fichi	Feigen
fragole	Erdbeeren
gelato	Eis
lamponi	Himbeeren
macedonia	Obstsalat
mela	Apfel

Dolci e frutta Nachspeisen und Obst (Fts.)	melone/popone	Honigmelone
	nocciola	Haselnuss(-Eis)
	pera	Birne
	pesca	Pfirsich
	prugna/susina	Pflaume
	tirami su	Löffelbiskuit mit Mascarpone-Creme
	uva	Trauben
	vaniglia	Vanilleeis
	zabaione	Eierschaumcreme
	zuppa inglese	Biskuit mit Vanillecreme
Lista delle bevande – Getränkekarte	bevande	Getränke
	acqua minerale	Mineralwasser
	amabile	lieblich
	amaro	Magenbitter
	aranciata	Orangeade
	bibita	Erfrischungsgetränk
	bicchiere	Glas
	birra scura/chiara	dunkles/helles Bier
	birra alla spina	Bier vom Fass
	birra senza alcool	alkoholfreies Bier
	bottiglia	Flasche
	con ghiaccio	mit Eis
	digestivo	Digestiv
	frappé/frullato	Milchmixgetränk (oft mit Eis)
	gassata/con gas	mit Kohlensäure
	limonata	Limonade
	liquore	Likör
	naturale/senza gas	pur/ohne Kohlensäure
	secco	trocken
	spremuta d'arancia	frisch gepresster Orangensaft
	spumante	Sekt
	succo di frutta/di mele	Frucht-/Apfelsaft
	succo di pomodoro	Tomatensaft
	vino bianco/rosato/rosso	Weiß-/Rosé-/Rotwein
	vino della casa	Hauswein
	vino frizzante	Perlwein, moussierender Wein
	vino sfuso/aperto	offener Wein

Straßenverkehr

Hinweis

Die allgemeinen Verkehrsvorschriften in Italien unterscheiden sich nicht wesentlich von denen anderer europäischer Länder. Neuerdings muss man auf Autobahnen und Schnellstraßen mit Abblendlicht fahren, sonst drohen Bußgelder zwischen 22 und 108 €.

Straßennetz

Die wichtigste Nord-Süd-Verbindung auf Sardinien ist die vierspurig ausgebaute Staatsstraße 131 (Strada Statale (SS), Schnellstraße "Carlo Felice") von Cagliari nach Sassari und Porto Torres. Von ihr zweigt die SS 131 von Abbasanta über Nuoro nach Olbia ab. Als Strade di Grande Comunicazione bezeichnet man die Provinzialstraßen. Diese sind nicht mit Nummern versehen.

Strade secondarie sind Nebenstraßen, die die Nahverbindung herstellen.

Straßenverkehr (Fortsetzung)

Innerhalb geschlossener Ortschaften: 50 km/h
Außerhalb geschlossener Ortschaften: 70 km/h
Auf Autobahnen: 110 km/h, Pkw mit Anhänger 100 km/h

Höchstgeschwindigkeiten

Bei Totalschaden ist sofort die italienische Zollbehörde zu unterrichten, da sonst u. U. für das Schadensfahrzeug Einfuhrzoll bezahlt werden muss.

Totalschaden

In den größeren Städten ist es mitunter schwierig, einen Parkplatz zu finden. In Cagliari sind viele Parkplätze nur für Anwohner; es wird schnell abgeschleppt. Man erkundige sich am besten nach einem bewachten Parkplatz (parcheggio) oder Parkhaus (edificio da parcheggio). Abgesehen von den großen Städten Cagliari, Sassari und Olbia braucht man auf Sardinien aber nicht mit Parkproblemen zu rechnen. Parkverbotsschilder, auf denen ein Abschleppwagen abgebildet ist, sollte man ernst nehmen; Parken entlang von schwarz-gelb markierten Randsteinen ist ebenfalls verboten.

Parken

Die Verteilung der Tankstellen auf Sardinien ist gut, doch muss man in dünn besiedelten Gebieten, vor allem im Bergland des Inselinneren, teilweise größere Strecken bis zur nächsten Tankstelle zurücklegen. An Wochenenden, mittags und nachts haben viele Tankstellen automatische Zapfsäulen in Betrieb, die man nur mit Geldscheinen oder Kreditkarten benutzen kann. Die meisten Tankstellen bieten mittlerweile auch bleifreies Benzin an (benzina senza piombo), meist Superbenzin.

Tankstellen, Kraftstoff

Taxi

Die autorisierten Fahrer sind in fast allen Städten in Kooperativen organisiert und haben einheitliche Preise, die jedoch von Stadt zu Stadt variieren. Diese Taxis sind leicht zu identifizieren, sie sind weiß und haben ein Taxischild auf dem Dach sowie einen seitlichen Aufkleber, der die Nummer der Kooperative trägt.
Nicht autorisierte Taxen, so genannte "abusivi", sind nicht mit einem Taxameter ausgestattet und haben auch keine festen Tarife; sie sollte man nach Möglichkeit meiden oder sich vorher genau nach dem Preis erkundigen, um keine unliebsamen Überraschungen zu erleben.
Neben den Taxistationen der größeren Städte, am Flughafen, Bahnhof etc. kann man Taxis auch über die Taxizentralen herbeirufen.

Taxizentralen

Alghero
☎ 0 79 97 53 96

Cagliari
☎ 0 70 40 01 01

Sassari
☎ 079 23 46 30

Nuoro
☎ 0 78 43 14 11

Oristano
☎ 0 78 37 02 80

Telefon

Ortsvorwahl

Die Ortsvorwahlen sind Bestandteil der italienischen Rufnummern. So muss auch bei Ortsgesprächen sowie bei Anrufen aus dem Ausland die Vorwahl einschließlich der Null mitgewählt werden.

Öffentliche Telefone

Die neueren, silberfarbenen Telefone, die die alten orangefarbenen Apparate mittlerweile fast komplett abgelöst haben, akzeptieren nur noch Telefonkarten (carta telefonica), die in Bars, Tabak- und Zeitungsläden erhältlich sind.

Einer der neuen, silberfarbenen Telefonapparate

Tarife

Günstiger als tagsüber kann man während der Woche ab 18^{30} Uhr (30 Prozent verbilligt) und samstags ab 13^{00} Uhr sowie sonntags den ganzen Tag telefonieren. Ab 22^{00} Uhr jeweils bis 8^{00} Uhr morgens vergünstigt sich der Tarif nochmals auf 50 Prozent.

Tiscalicard

Die private sardische Telefongesellschaft Tiscali bietet für Fern- und Auslandsgespräche eine weitere Möglichkeit, bis zu 70 Prozent günstiger zu telefonieren. Die Tiscalicard enthält eine Telefonnummer, die man anruft, um eine persönliche Geheimnummer durchzugeben. Erst dann kann man die gewünschte Rufnummer wählen. Erhältlich ist die Karte in Bars, Tabakläden und Kiosken.

Mobil telefonieren

Die Benutzung von Mobiltelefonen ist im D1- und im D2-Netz möglich, mit einem Dual-Band-Handy auch im E-Plus-Netz. Zuweilen lohnt sich ein Preisvergleich und die manuelle Netzwahl, um die Roaminggebühren gering zu halten. Unter www.tariftip.de lässt sich der günstigste Anbieter für D1, D2, E-plus oder O_2 ermitteln.

Ländervorwahlen

Vorwahl aus Italien ...

... nach Deutschland: 00 49
... in die Schweiz: 00 41
... nach Österreich: 00 43
(danach jeweils die Ortsvorwahl ohne die "0")

Vorwahl nach Italien ...

... 00 39 (danach jeweils die Ortsvorwahl mit der "0")

Telefonauskunft

Inland ☎ 12
Ausland ☎ 176

Thermalbäder

Auf Sardinien sind drei Thermalbäder in Betrieb; ein viertes Heilbad, die Terme di Casteldoria bei Santa Maria Coghinas (Sassari), deren Salz, Brom und Jod enthaltendes Wasser bei einer Temperatur von 70 °C entspringt, ist seit Jahren geschlossen.
Wer nichts gegen Schlamm und einen leicht unangenehmen Geruch hat, kann sich aber auch ohne Heilbad im warmen Wasser der Quelle wälzen.

Benetutti

Terme di San Saturnino Terme Aurora
Die schwefel- und natriumchloridhaltigen Quellen der von den Römern Aquae Lesitanae genannten Terme di San Saturnino entspringen mit einer Temperatur von 34 bis 43 °C. Das Heilbad liegt 5 km von Benetutti (Sassari) entfernt an der Straße nach Bono. In zwei Kuranstalten werden Bade- und Fangokuren, Massagen u. a. durchgeführt:
Terme Aurora: ☎ 0 79 79 69 64, geöffnet Mai – Nov.;
Terme Angioy, ☎ 0 79 79 55 79, geöffnet Juni – Nov.

Sardara

Terme di Santa Maria
Die Terme di Santa Maria in Sardara (▶ Reiseziele von A bis Z, Sardara) nutzen das Natriumhydrogencarbonat-Wasser einer seit der Antike bekannten Thermalquelle (50 bis 68 °C).
Auch im Hotel Terme (☎ 070 9 38 70 25), das von Mai bis Dezember geöffnet ist, werden Fango- und Trinkkuren, Inhalationen, kosmetische Maßnahmen und Behandlungen von Kreislaufstörungen durchgeführt.

Trinkgeld

In den Hotels und Restaurants ist (wie in Deutschland) die Bedienung im Preis inbegriffen, jedoch sind 5 – 10 Prozent des Rechnungsbetrags als Trinkgeld üblich. In den Bars, den italienischen Cafés, ist die Bedienung nicht eingeschlossen, weshalb man 12–15 Prozent gibt.

Veranstaltungskalender

Januar

Karneval
16. Januar: Fest des hl. Antonius mit Feuern als Faschingsbeginn wird in verschiedenen Orten gefeiert.
Faschingssonntag und Faschingsdienstag: Bosa, Mamoiada, Orotelli, Ottana (archaische Masken), Cagliari, Tempio Pausania (Maskenumzug), Oristano (Sartiglia), Santu Lussurgiu (Pferderennen)

Karwoche

Castelsardo
am Montag der Karwoche Lunissanti (Prozession mit religiösen Gesängen)

in verschiedenen Orten
am Karfreitag S'Iscravamentu (Passionsspiel)

Ostern

in verschiedenen Orten
S'Incontru (Prozession) am Ostersonntag

Sant'Antioco
am zweiten Sonntag nach Ostern Festa di Sant'Antioco

Mai

Cagliari
Sagra di Sant' Efisio (Prozession in Trachten) vom 1. – 4. Mai von Cagliari nach Nora und zurück. Beginn der gut vier

Stunden dauernden Prozession ist ca. 10³⁰ Uhr, ein guter Platz zum Zuschauen die Piazza del Carmine.

Lula
Sagra di San Francesco mit Reiterspielen und Gottesdiensten vom 1.–10. Mai

Olbia
Prozession San Simplico zu Ehren des gleichnamigen Schutzheiligen Mitte Mai

Sassari
am vorletzten Maisonntag Cavalcata Sarda zu Pferd

Juni

Santu Lussurgiu
Pferdemarkt am 2. Juni

Fonni
Festa dei Martiri am Montag nach dem ersten Junisonntag: Reiterprozession zu Ehren der Madonna dei Martiri

in verschiedenen Orten
Johannisfeuer am 23. Juni

Juli

Sedilo und Pozzomaggiore
S'Ardia (Pferderennen) am 6. und 7. Juli

August

Sassari
I Candelieri (Kerzenfest) am 14. August (auch in Ploaghe und Nulvi)

Orgosolo
Processione dell'Assunta

Nuoro
Sagra del Redentore (Prozession in Trachten) am 29. August

September

Selargius
Antico Sposalizio Selargio Anfang September

Orani/Sarule
Nostra Signora di Monte Gonare am 8. September

Cabras
Corsa degli scalzi (Lauf der Barfüßigen) am ersten Septembersonntag

Mamoiada
Sagra di San Cosimo am 27. September

Bitti
Madonna del Miracolo am 28. September

Oktober

Ala dei Sardi
Sagra campestre di San Francesco am 4. Oktober

Aritzo
Sagra delle Kastanie (Fest der Kastanien- und Haselnussernte) in der letzten Oktoberwoche

Dezember

Alghero
Lu Senal del Judici (katalanische religiöse Gesänge) am 24. Dezember

Auskünfte über die einzelnen Veranstaltungen erteilen die lokalen Fremdenverkehrsämter (▶ Auskunft); Näheres zu den einzelnen Festen ist unter ▶ Zahlen und Fakten, Feste zu finden. Der jährlich erscheinende Festkalender von E.S.I.T. listet etwa 300 sardische Feste auf. Auch den Tageszeitungen kann man die aktuellen Termine für Feste und andere Veranstaltungen entnehmen.

Veranstaltungskalender (Fts.) Informationen

Zeit

Auf Sardinien gilt wie im übrigen Italien die Mitteleuropäische Zeit (MEZ). Für die Sommermonate (April bis September) wurde – wie in Deutschland – die Mitteleuropäische Sommerzeit (MEZ + 1 Std.) eingeführt.

Zeitungen, Zeitschriften

Sardische Tageszeitungen

Die zwei wichtigsten sardischen Tageszeitungen sind die in Cagliari erscheinende "L'Unione Sarda" und "La Nuova Sardegna" aus Sassari. Neben internationalem und lokalem Politikgeschehen findet man darin wichtige Informationen über das kulturelle Leben und Veranstaltungen.

Überregionale Zeitungen

Wichtige überregionale Zeitungen sind "La Repubblica", "Corriere della Sera" und "La Stampa".

Deutsche Zeitungen

Deutsche Zeitungen und Zeitschriften findet man in den größeren Städten und in den Touristenorten an der Küste.

Zollbestimmungen

Innerhalb der EU

Innerhalb der Europäischen Union ist der Warenverkehr für private Zwecke weit gehend zollfrei. Zur Abgrenzung zwischen privater und gewerblicher Verwendung gelten folgende Höchstmengen: 800 Zigaretten, 400 Zigarillos, 200 Zigarren, 1 kg Rauchtabak, 10 l Spirituosen, 20 l Zwischenerzeugnisse, 90 l Wein (davon maximal 60 l Schaumwein) und 110 l Bier. Bei Stichprobenkontrollen ist glaubhaft zu machen, dass die Waren tatsächlich nur für den privaten Verbrauch bestimmt sind.

Einreise nach Italien aus Nicht-EU-Ländern

Für Reisende aus Nicht-EU-Ländern (u.a. Schweizer Staatsbürger) liegen die Freigrenzen für Personen über 17 Jahren bei 200 Zigaretten oder 100 Zigarillos oder 50 Zigarren oder 250 g Rauchtabak, ferner bei 2 l Wein und 2 l Schaumwein oder 1 l Spirituosen mit mehr als 22 Vol.-% Alkoholgehalt oder 2 l Spirituosen mit weniger als 22 Vol.-% Alkoholgehalt, 500 g Kaffee oder 200 g Kaffeeauszüge, 100 g Tee oder 40 g Tee-Extrakt, 50 g Parfüm oder 0,25 l Eau de Toilette. Zollfrei sind ferner Geschenkartikel bis zu einem Wert von 175 €.

Wiedereinreise in die Schweiz

Abgabenfrei für Personen ab 17 Jahren sind 200 Zigaretten oder 50 Zigarren oder 250 g Rauchtabak, an alkoholischen Getränken 2 l mit bis zu 15 Vol.-% Alkoholgehalt und 1 l mit mehr als 15 Vol.-%

Wiedereinreise in die Schweiz (Fortsetzung)

Alkoholgehalt als Höchstmenge, ferner Geschenke im Wert bis 100 sfr bzw. 50 sfr für Personen unter 17 Jahren. Nähere Auskünfte erteilt die Eidgenössische Oberzolldirektion, Monbijoustr. 40, CH-3000 Bern, ☎ 0 31/3 22 61 11.

Register

Verzeichnis der Karten und grafischen Darstellungen

Bildnachweis

Associated Press: S. 38
Bildarchiv Steffens: S. 88, 228
Biskup/laif, S. 101
Branscheid, Barbara: S. 200, 211
Branscheid, Ursula: S. 111, 236
Buness: S. 4, 5 oben, 6, 18, 27, 35, 56, 70, 79, 84, 91, 93, 98, 103, 122 – 125, 143, 146, 173 – 176, 239, 260, 263 – 285, 298, 300
Celentano/laif: S. 3, 6 unten, 16, 32, 57, 118, 128, 141, 147, 186, 191, 214/215, 243, 288
Città di Bosa (Salvatore Sanna): S. 90
Friedrichsmeier/Foto: Hubert Stadler: S. 15, 51, 102, 196
Fotoagentur Helga Lade: S. 232/233
Friedrichsmeier/Foto: P. Spierenburg: S. 126
Hackenberg: S. 29, 10/11, 113, 114 – 115, 152, 157 – 158, 182 unten, 185, 189, 235
HB-Verlag: S. 19, 36, 45, 50, 73, 95, 106, 133, 205, 218 – 221
Istituto Geografico de Agostini: S. 41 – 42, 54
Janicke, München: S. 8 unten, 92
Kirchgessner: S. 5 unten, 8/9, 9 unten, 20, 24, 52, 60 – 61, 77, 121, 166, 172, 207 – 209, 226 – 227, 252, 258
laif, Köln: S. 25, 182 oben
Sopraintendenza per i Beni Archeologici per le Province di Sassari e Nuovo: S. 167
Piepenburg/laif: S. 64
SCALA, Instituto Fotografico Editoriale, Firenze: S. 1, 240 oben
Specht, Heiko/laif: S. 4, 28, 135
Stadler, Otto: S. 231
Stieglitz, Andreas: S. 14, 75
Widmann: S. 8 oben, 9 oben, 30, 39 – 40, 47 – 48, 59, 67, 76, 80, 86, 104, 116, 130, 139, 144, 148, 150, 163, 169 – 171, 180, 166, 213. 217, 240 unten, 244/245, 259

Titel: Kirchgessner – Capo Testa, Baia di San Reparata
Umschlagrückseite: Widmann – Castello di Goceano, Burgos

Impressum

Ausstattung:
155 Abbildungen
22 Karten und grafische Darstellungen, 1 große Reisekarte

Text: Auf der Basis von “Sardegna” aus der Reihe “Guide De Agostini” (Istituto Geografico De Agostini, Novara, 1990).
Beiträge von Barbara Branscheid, Jutta Buness, Claudia Smettan, Klaus Smettan (Geologie), Reinhard Strüber (Special: Die Welt der Nuraghen), Andrea Wurth (Special: Murales – Graffiti auf sardisch).

Überarbeitung: Andreas Stieglitz, Frankfurt/Main

Bearbeitung: Baedeker-Redaktion (Jutta Buness)

Kartografie: Christoph Gallus, Hohberg-Niederschopfheim, Franz Huber, München
Mairs Geographischer Verlag/Istituto Geografico De Agostini (große Reisekarte)

Chefredaktion: Rainer Eisenschmid, Baedeker Ostfildern

6. Auflage 2003
Völlig überarbeitet und neu gestaltet

Urheberschaft: Karl Baedeker GmbH, Ostfildern
Nutzungsrecht: Mairs Geographischer Verlag GmbH & Co., Ostfildern

Sprachführer: In Zusammenarbeit mit der Ernst Klett Verlag GmbH,
Redaktion PONS Wörterbücher

Printed in Germany
ISBN 3-87504-548-3

Gedruckt auf 100% chlorfreiem Papier

Baedeker Programm

Reiseziele in aller Welt

Baedeker Allianz Reiseführer

- Ägypten
- Algarve
- Amsterdam
- Andalusien
- Athen
- Australien
- Bali
- Baltikum
- Barcelona
- Belgien
- Berlin
- Bodensee · Oberschwaben
- Brasilien
- Bretagne
- Brüssel
- Budapest
- Burgund
- Chicago · Große Seen
- China
- Costa Blanca
- Costa Brava
- Dänemark
- Deutschland
- Djerba · Südtunesien
- Dominikanische Republik
- Dresden
- Elba
- Elsass · Vogesen
- Finnland
- Florenz
- Florida
- Franken
- Frankfurt am Main
- Frankreich
- Französische Atlantikküste
- Fuerteventura
- Gardasee
- Germany (engl.)
- Gomera
- Gran Canaria
- Griechenland
- Griechische Inseln
- Großbritannien
- Hamburg
- Harz
- Hongkong · Macao
- Ibiza · Formentera
- Indien
- Irland
- Ischia · Capri · Procida
- Israel
- Istanbul
- Istrien · Dalmat. Küste
- Istrien · Kvarner Bucht
- Italien
- Italien · Norden
- Italien · Süden
- Italienische Adria
- Italienische Riviera
- Japan
- Jordanien
- Kalifornien
- Kanada
- Kanada · Osten
- Kanada · Westen
- Kanalinseln
- Kenia
- Köln
- Kopenhagen
- Korfu · Ionische Inseln
- Korsika
- Kos
- Kreta
- Kuba
- Kykladen

- La Palma
- Lanzarote
- Lissabon
- Loire
- Lombardei · Mailand· Oberital. Seen
- London